교육 자료
2

JN451652

전 세계 유아를 위한

Fun Korean!

신나는 한국어

국립국어원 기획 김경령 외 집필

교사용 지도서

Hawoo Publishing Inc.

발간사

전 세계 재외동포의 수는 꾸준히 증가하여 현재 740만 명을 넘어섰습니다. 세계 곳곳의 재외동포가 건강한 정체성과 긍지를 지니고 살아가기 위해서는 재외동포의 특성에 맞는 한국어교육이 필요합니다. 특히 연령에 따라 언어 발달의 양상이 달라지기 때문에, 연령에 맞는 한국어교육을 실시할 필요가 있습니다.

국립국어원에서는 그간의 맞춤형 교재 개발 성과를 토대로 재외동포 미취학 유아(만 3~6세) 대상 한국어 교육 자료 개발을 추진해 왔습니다. 2017년에는 기초 연구와 요구 조사를 수행하였고, 2018년에는 현장 적용과 의견 수렴을 실시하였습니다. 교육 자료 개발진으로는 한국어교육 전문가, 유아 교육 전문가, 재외동포 교육 전문가가 고루 참여하였습니다. 그 결과 '전 세계 유아를 위한 신나는 한국어'라는 이름으로 유아용 활동지 6권, 교사용 지도서 2권, 한글 놀이 1권, 큰 그림책 1권을 출판하게 되었습니다.

이 교육 자료는 재외동포 유아와 교사, 부모가 모두 쉽고 편리하게 활용할 수 있을 것입니다. 유아는 폭넓은 학습 내용을 통해 한국어를 즐겁게 익힐 수 있고, 교사는 다양한 활동지를 교육 목적에 따라 유연하게 활용할 수 있으며, 부모는 가정 연계 활동을 통해 학교에서 배운 한국어를 자연스럽게 가정에서 사용할 수 있게 만들어졌습니다. 특히 이 교육 자료는 유아의 이중 언어 능력을 증진하고 올바른 언어문화 정체성을 함양하기 위해 개발되었습니다. 그래서 한국어와 한국 문화에 대한 내용을 풍성하게 담았고, 다채로운 언어와 문화의 모습들을 보여 주기 위해 노력했습니다.

'전 세계 유아를 위한 신나는 한국어'로 많은 재외동포 유아들이 신나게 한국어를 배우기를 바랍니다. 이 교육 자료가 나오기까지 애정어린 수고를 아끼지 않으신 교육 자료 개발진과 출판사 관계자 분들께 진심으로 감사드립니다.

2019년 2월

국립국어원장 소강춘

일러두기

교육 자료의 특징

'전 세계 유아를 위한 신나는 한국어(Fun Korean)'는 재외동포 미취학 유아(만 3~6세)를 대상으로 한 한국어 교육 자료이다. 본 교육 자료는 전 세계 재외동포 유아들이 이중 언어 능력과 올바른 정체성을 갖출 수 있도록 쉽고 흥미로운 언어 활동지 형태로 개발하였다. 본 교육 자료는 누구나 사용할 수 있는 범용 교육 자료이면서, 동시에 재외동포 유아 교육의 수요가 높은 영어권 교육 자료의 특성을 지니고 있다. 본 교육 자료의 특징은 다음과 같다.

첫째, 본 교육 자료는 자유롭게 선택하여 유연하게 활용할 수 있는 모듈형 구성의 활동지이다. 모듈이란 특정한 교육 목적을 달성할 수 있는 하나의 수업 단위를 뜻하는데, 여러 개의 모듈을 묶어 교수 학습을 수행할 수도 있고 하나의 모듈만으로 교수 학습을 실시할 수도 있다. 따라서 교사는 교육 목표와 교육 환경에 따라 본 교육 자료에서 필요한 주제와 활동을 자유롭게 골라 사용할 수 있으며, 반드시 처음부터 끝까지 교육 자료를 순차적으로 가르칠 필요가 없다. 이러한 형태의 활동지는 전 세계 재외동포 유아 대상 한국어 교육 기관의 특성과 실정을 감안하여 개발한 것이다. 둘째, 재외동포 유아의 언어와 인지 발달에 필요한 18개의 주제를 두 단계로 나누어 다루고 있다. 각 주제는 한국의 유아 교육과정인 누리과정에 근거하여 선정하였다. 활동지에는 유아의 인지적 발달 단계에 따라 일상생활에서 한국의 문화에 이르기까지 다양한 내용이 단계적으로 폭넓게 담겨 있다. 1단계에서는 상대적으로 쉽고 간단한 내용을, 2단계에서는 보다 복잡하고 심도 있는 내용을 다루었다. 셋째, 유아가 계승 언어 학습자(heritage learner)로서의 언어 문화 정체성을 인지할 수 있도록 유아용 활동지와 교사용 지도서를 구성하였다. 재외동포 유아의 언어 문화 정체성 형성에 도움이 되는 다양한 활동을 구성하여 넣었으며, 교사용 지도서에는 이를 지도하기 위한 자세한 지침과 설명을 기술하였다. 또한 교사가 재외동포 유아의 언어 습득 과정을 이해할 수 있도록 이중/다중 언어 발달의 특징에 대한 내용도 제시하였다. 넷째, 교사용 지도서의 내용 중 활동에 대한 지침을 영어로도 번역하여 제시하였다. 이는 각 활동에 대한 교사의 이해도를 높이고, 교실에서 보다 편리하게 활동을 지도하게 하려는 것이다. 다섯째, 학교에서 배운 활동을 가정에서도 연계하여 학습할 수 있도록 가정 연계 활동을 개발하였다. 부모는 가정 연계 활동을 통해 가정에서 유아와 자연스럽게 한국어를 사용해 볼 수 있다.

교육 자료의 구성

● 전체 구성과 주제 구성

'전 세계 유아를 위한 신나는 한국어(Fun Korean)'는 유아용 활동지, 한글 놀이, 큰 그림책, 교사용 지도서, 음원 자료로 구성되어 있다. 활동지는 2단계, 18개 주제에 따라 한 주제당 15개의 활동, 총 270개의 다양한 활동으로 구성되어 있다. 각 활동은 게임, 미술, 언어, 음악, 조작, 신체 활동으로 이루어져 있어 다채롭게 활용할 수 있다. 한글 놀이는 유아가 재미있게 한글을 익힐 수 있도록 개발된 활동지로, 한글 연습과 한글 활동으로 나누어져 있어 유아의 수준과 학습 목표에 따라 선택하여 사용할 수 있다. 큰 그림책에는 각 주제에 맞추어 그린 19개의 큰 그림 자료와 한글 자모표, 숫자표, 윷놀이 판 등 학습에 활용할 수 있는 9개의 보조 자료가 수록되어 있다. 교사는 유아들에게 그림 자료를 보여 주고 함께 이야기를 나누면서 유아의 상상력을 자극하고 의사소통 능력을 신장시킬 수 있다. 교사용 지도서에는 각 활동지에 대한 자세한 지침과 함께 주제별 그림 자료 활용을 위한 교사 발문이 실려 있다. 음원 자료는 활동지에 수록된 동요와 옛날이야기로 구성되어 있으며, 각 음원은 유아용 활동지에 QR코드로 제공되어 손쉽게 사용할 수 있다. 교육 자료의 전체 구성 및 주제 구성은 다음과 같다.

교육 자료의 전체 구성

구분	구성	내용
유아용 활동지	1단계 3권 2단계 3권	• 총 18개 주제 수록(각 권당 3개 주제 수록) • 총 270개 활동으로 구성(1주제당 15개 활동으로 구성) • 가정 연계 활동 포함
한글 놀이	1권	• 한글 연습과 한글 활동으로 구성
큰 그림책	1권	• 총 28개 그림 자료 제공 • 주제별 그림 자료 19개와 보조 자료 9개 수록
교사용 지도서	1단계 1권 2단계 1권	• 각 활동지에 대한 자세한 지침 수록 • 큰 그림책 활용을 위한 교사 발문 수록
음원 자료	1단계 mp3 음원 48개 2단계 mp3 음원 38개	• 활동지에 포함된 악기 · 동요 · 옛날이야기 음원 • 활동지 내 QR코드로 제공 • 동요 음원은 반주 음원도 함께 제공

교육 자료의 주제 구성: 1단계

주제	유아용 활동지	교사용 지도서	큰 그림책	음원 자료
1. 색깔	1가	1단계 교사용 지도서	주제별 그림 자료	1단계 음원
2. 모양				
3. 동물				
4. 악기	1나			
5. 곤충				
6. 탈것				
7. 학교생활	1다			
8. 한국 문화				
9. 생활 물건				

교육 자료의 주제 구성: 2단계

주제	유아용 활동지	교사용 지도서	큰 그림책	음원 자료
1. 가족과 친구	2가	2단계 교사용 지도서	주제별 그림 자료	2단계 음원
2. 건강과 운동				
3. 직업				
4. 우리 동네	2나			
5. 대한민국				
6. 명절				
7. 옛날이야기	2다			
8. 계절				
9. 나의 하루				

유아용 활동지 구성

유아용 활동지는 다양한 활동 유형에 따라 유아, 교사, 부모가 쉽게 활용할 수 있도록 다음과 같이 구성하였다.

교사용 지도서 구성

교사용 지도서는 교사가 각 활동을 정확하게 이해하고 지도할 수 있도록 다음과 같이 구성하였다.

4. 조각보 색칠하기 Coloring Patchwork

주제 2 모양

목표

- 활동: 조각보에서 여러 가지 모양을 찾아 그 이름을 말할 수 있다.
- 표현: '종이에 색칠을 해요.'의 의미를 이해할 수 있다.
  '에': 앞말이 어떤 장소나 자리임을 나타내는 조사이다.
  예) 조각보에 빨간색을 칠했어요.
- 어휘: 기본 모양에 대한 단어를 알 수 있다.
  예) 네모, 세모, 동그라미

자료

- 한국의 조각보(4-①)
- 조각보 색칠하기(4-②)

준비물

- 연필, 색연필, 사인펜, 크레파스

활동 수준	낮음
활동 유형	미술
집단 유형	개별
가정 연계	있음
활동지 쪽수	101~108

방법

(1) 교사가 한국의 조각보(4-①)를 학생들에게 보여 주면 학생들은 조각보에서 볼 수 있는 모양의 이름을 말해 본다.
(2) 학생들은 조각보 색칠하기(4-②)에 다양한 색깔을 칠해 나만의 조각보를 만든다.
(3) 학생들은 자신이 색칠한 조각보에 대해서 친구들과 이야기를 한다.

■ 질문 예시

- 여러분, 이것은 조각보예요. 옛날 한국 사람들은 작은 천을 이어서 조각보를 만들었어요.
- 이 조각보에는 여러 가지 모양이 있어요. 어떤 모양이 있는지 말해 볼까요?

First, show the patchwork figures to students and say the names of the shapes that can be found in the patchwork. Next, color the patchwork activity sheet using different colors to make your own patchwork then talk with friends about your work.

도움말

■ 활동

색종이를 오려 붙여 나만의 조각보를 만들어 볼 수 있다.

■ 문화와 정체성

조각보를 통해 조상들의 절약 정신과 지혜를 엿본다. 또한 독창적이고도 고유한 조각보만의 디자인을 감상한다.

- (한국의 조각보(4-①)을 보여 주며) 여러분, 이 조각보에는 무슨 모양이 있어요?
- (조각보 색칠하기(4-②)를 보여 주며) 이 조각보에는 무슨 모양이 있어요?
- 이 모양은 태극 무늬라고 해요.
- 태극 무늬를 본 적이 있어요? 어디에서 봤어요?
- 옛날 한국 사람들은 조각보에 이런 색깔을 많이 사용했어요. 여기에 여러분이 좋아하는 색깔이 있어요?
- 여러분이 갖고 있는 물건 중에서 이 색깔과 같은 것이 있어요?

■ 참고 자료

조각보

조각보는 쓰다 남은 색색의 천 조각을 이어서 만든 것이다. 이는 일상생활에서 쓰다 남은 천을 활용한다는 생활의 지혜의 소산으로서 주로 일반 서민층에서 통용되었다.

〈출처: 우리가 정말 알아야 할 우리 규방 문화〉

가정 연계

■ 종이로 조각보 만들기(4-③)

56

모양 57

● 주제, 활동 제목, 활동 유형

지도서 상단 오른쪽에는 주제를, 왼쪽에는 주제에 맞는 활동지의 제목을 제시하였다. 활동지 제목은 한국어와 영어를 병기하였다. 가장 오른쪽에는 활동 유형을 아이콘으로 표시하였다. 각 아이콘의 의미는 다음과 같다.

〈활동 유형별 아이콘〉

	언어 활동		미술 활동		조작 활동
	음악 활동		게임 활동		신체 활동

● 전체 활동지 제시

지도서 왼쪽 페이지에는 해당 활동의 활동지 모두를 한눈에 볼 수 있도록 제시하였다. 가정 연계 활동이 있는 경우 함께 제시하였다.

• 목표

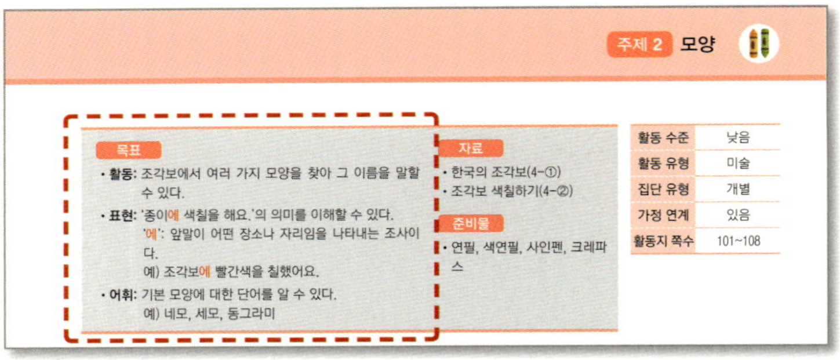
주제 2 모양

목표

• 활동: 조각보에서 여러 가지 모양을 찾아 그 이름을 말할 수 있다.
• 표현: '종이에 색칠을 해요.'의 의미를 이해할 수 있다.
  '에': 앞말이 어떤 장소나 자리임을 나타내는 조사이다.
  예) 조각보에 빨간색을 칠했어요.
• 어휘: 기본 모양에 대한 단어를 알 수 있다.
  예) 네모, 세모, 동그라미

자료

• 한국의 조각보(4-①)
• 조각보 색칠하기(4-②)

준비물

• 연필, 색연필, 사인펜, 크레파스

활동 수준	낮음
활동 유형	미술
집단 유형	개별
가정 연계	있음
활동지 쪽수	101~108

• **활동:** 해당 활동의 내용이 무엇이고, 이를 통해 어떤 목표에 도달할 수 있는지 설명하였다.

• **표현:** 교사 발화에서 사용할 수 있는 표현을 제시하여 교사가 주의를 기울일 수 있게 하였다.

• **어휘:** 활동을 하면서 다루게 되는 어휘들을 제시하였다.

• 자료, 준비물

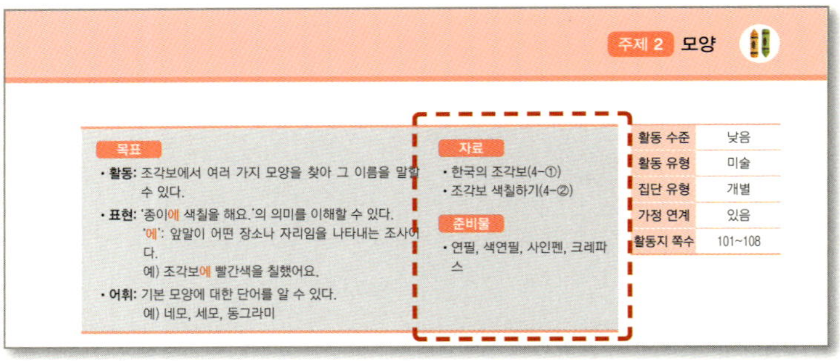

해당 활동에서 사용하게 될 활동지 번호와 준비물 목록을 제시하였다.

• 활동 수준, 활동 유형, 집단 유형, 가정 연계, 활동지 쪽수

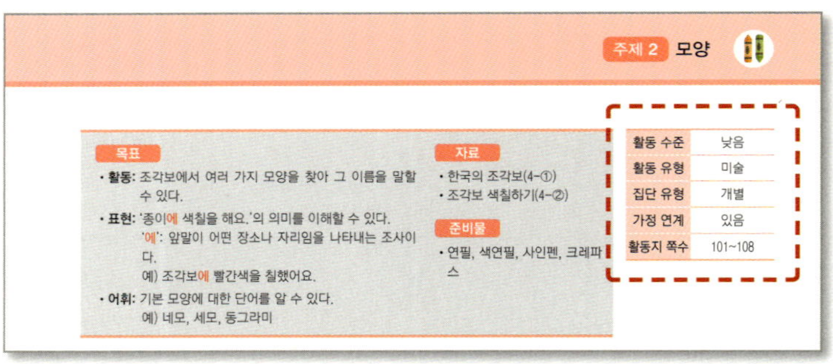

• **활동 수준:** 활동이 얼마나 복잡한지에 따라 활동 수준을 낮음/높음으로 분류하였다.

• **활동 유형:** 언어, 미술, 조작, 음악, 게임, 신체 활동으로 분류하였다. 언어 자체에 중점을 두는지, 그림을 그리면서 언어를 배우는지, 게임이나 노래를 하면서 언어를 배우는지, 만들거나 신체 활동을 하면서 언어를 배우는지에 따라 유형을 달리하여 표시하였다.

• **집단 유형:** 개별, 소집단, 대집단 활동으로 나누었다. 개별 활동은 학생 혼자 활동지를 사용하는 경우, 소집단 활동은 둘이나 셋 정도의 학생이 같이 활동지를 사용하는 경우, 대집단 활동은 셋 이상의 여러 학생들이 활동지를 함께 사용하는 경우를 의미한다.

• **가정 연계:** 가정 연계 활동이 있는 경우 표시하였다.

• **활동지 쪽수:** 각 활동이 실려 있는 활동지의 쪽수를 제시하였다.

• 방법

활동지를 어떻게 활용하는지 순서에 따라 제시하였으며, 해당 내용을 영어로 번역하여 제시하였다. 질문 예시는 활동지를 활용하는 과정에서 교사가 학생들에게 할 수 있는 질문의 예시를 목록으로 제시한 것으로, 교사가 교육 목표와 환경에 따라 자유롭게 선택, 변형하여 사용할 수 있다.

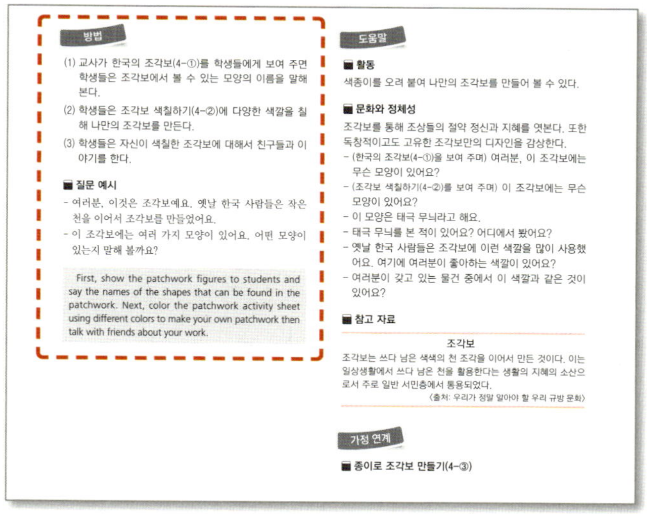

방법

(1) 교사가 한국의 조각보(4-①)를 학생들에게 보여 주면 학생들은 조각보에서 볼 수 있는 모양의 이름을 말해 본다.
(2) 학생들은 조각보 색칠하기(4-②)에 다양한 색깔을 칠해 나만의 조각보를 만든다.
(3) 학생들은 자신이 색칠한 조각보에 대해서 친구들과 이야기를 한다.

■ 질문 예시
- 여러분, 이것은 조각보예요. 옛날 한국 사람들은 작은 천을 이어서 조각보를 만들었어요.
- 이 조각보에는 여러 가지 모양이 있어요. 어떤 모양이 있는지 말해 볼까요?

First, show the patchwork figures to students and say the names of the shapes that can be found in the patchwork. Next, color the patchwork activity sheet using different colors to make your own patchwork then talk with friends about your work.

도움말

■ 활동
색종이를 오려 붙여 나만의 조각보를 만들어 볼 수 있다.

■ 문화와 정체성
조각보를 통해 조상들의 절약 정신과 지혜를 엿본다. 또한 독창적이고도 고유한 조각보만의 디자인을 감상한다.
- (한국의 조각보(4-①)을 보여 주며) 여러분, 이 조각보에는 무슨 모양이 있어요?
- (조각보 색칠하기(4-②)를 보여 주며) 이 조각보에는 무슨 모양이 있어요?
- 이 모양은 태극 무늬라고 해요.
- 태극 무늬를 본 적이 있어요? 어디에서 봤어요?
- 옛날 한국 사람들은 조각보에 이런 색깔을 많이 사용했어요. 여기에 여러분이 좋아하는 색깔이 있어요?
- 여러분이 갖고 있는 물건 중에서 이 색깔과 같은 것이 있어요?

■ 참고 자료

조각보

조각보는 쓰다 남은 색색의 천 조각을 이어서 만든 것이다. 이는 일상생활에서 쓰다 남은 천을 활용한다는 생활의 지혜의 소산으로서 주로 일반 서민층에서 통용되었다.
(출처: 우리가 정말 알아야 할 우리 규방 문화)

가정 연계

■ 종이로 조각보 만들기(4-③)

• 도움말

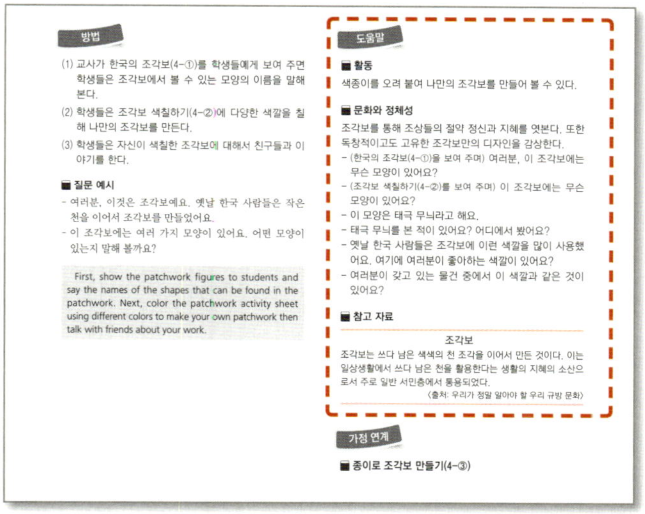

방법

(1) 교사가 한국의 조각보(4-①)를 학생들에게 보여 주면 학생들은 조각보에서 볼 수 있는 모양의 이름을 말해 본다.
(2) 학생들은 조각보 색칠하기(4-②)에 다양한 색깔을 칠해 나만의 조각보를 만든다.
(3) 학생들은 자신이 색칠한 조각보에 대해서 친구들과 이야기를 한다.

■ 질문 예시
- 여러분, 이것은 조각보예요. 옛날 한국 사람들은 작은 천을 이어서 조각보를 만들었어요.
- 이 조각보에는 여러 가지 모양이 있어요. 어떤 모양이 있는지 말해 볼까요?

First, show the patchwork figures to students and say the names of the shapes that can be found in the patchwork. Next, color the patchwork activity sheet using different colors to make your own patchwork then talk with friends about your work.

도움말

■ 활동
색종이를 오려 붙여 나만의 조각보를 만들어 볼 수 있다.

■ 문화와 정체성
조각보를 통해 조상들의 절약 정신과 지혜를 엿본다. 또한 독창적이고도 고유한 조각보만의 디자인을 감상한다.
- (한국의 조각보(4-①)을 보여 주며) 여러분, 이 조각보에는 무슨 모양이 있어요?
- (조각보 색칠하기(4-②)를 보여 주며) 이 조각보에는 무슨 모양이 있어요?
- 이 모양은 태극 무늬라고 해요.
- 태극 무늬를 본 적이 있어요? 어디에서 봤어요?
- 옛날 한국 사람들은 조각보에 이런 색깔을 많이 사용했어요. 여기에 여러분이 좋아하는 색깔이 있어요?
- 여러분이 갖고 있는 물건 중에서 이 색깔과 같은 것이 있어요?

■ 참고 자료

조각보

조각보는 쓰다 남은 색색의 천 조각을 이어서 만든 것이다. 이는 일상생활에서 쓰다 남은 천을 활용한다는 생활의 지혜의 소산으로서 주로 일반 서민층에서 통용되었다.
(출처: 우리가 정말 알아야 할 우리 규방 문화)

가정 연계

■ 종이로 조각보 만들기(4-③)

활동지 활용 팁, 활동 시 유의 사항, 발음, 한국 문화와 정체성 관련 내용 등을 다루었다. 특히 한국 문화와 정체성의 경우, 학생들이 활동을 하면서 한국 문화와 정체성 관련 내용을 자연스럽게 접할 수 있도록 교사를 위한 설명을 제시하고 교사와 유아가 나눌 수 있는 대화의 예시를 수록하였다.

• 가정 연계

가정 연계 활동이 있는 경우 가정 연계 활동의 제목을 제시하였다. 가정 연계 활동은 수업 시간에 배운 내용을 토대로 가정에서 부모와 함께 해 볼 수 있는 활동으로, 교사가 과제로 제시하거나 복습 시 활용할 수 있다.

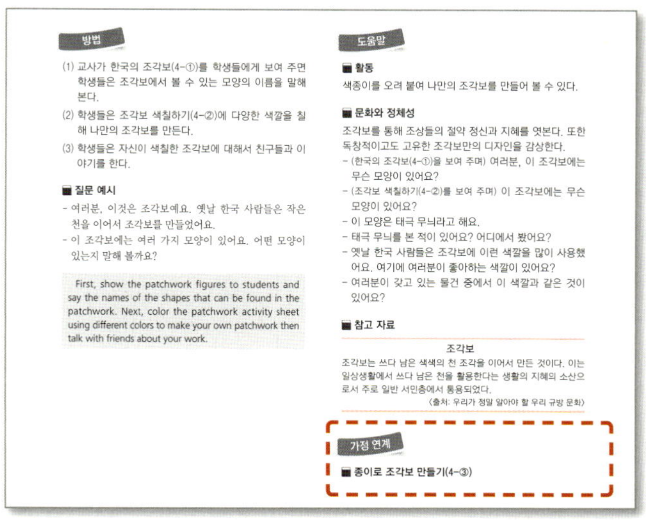

방법

(1) 교사가 한국의 조각보(4-①)를 학생들에게 보여 주면 학생들은 조각보에서 볼 수 있는 모양의 이름을 말해 본다.
(2) 학생들은 조각보 색칠하기(4-②)에 다양한 색깔을 칠해 나만의 조각보를 만든다.
(3) 학생들은 자신이 색칠한 조각보에 대해서 친구들과 이야기를 한다.

■ 질문 예시
- 여러분, 이것은 조각보예요. 옛날 한국 사람들은 작은 천을 이어서 조각보를 만들었어요.
- 이 조각보에는 여러 가지 모양이 있어요. 어떤 모양이 있는지 말해 볼까요?

First, show the patchwork figures to students and say the names of the shapes that can be found in the patchwork. Next, color the patchwork activity sheet using different colors to make your own patchwork then talk with friends about your work.

도움말

■ 활동
색종이를 오려 붙여 나만의 조각보를 만들어 볼 수 있다.

■ 문화와 정체성
조각보를 통해 조상들의 절약 정신과 지혜를 엿본다. 또한 독창적이고도 고유한 조각보만의 디자인을 감상한다.
- (한국의 조각보(4-①)을 보여 주며) 여러분, 이 조각보에는 무슨 모양이 있어요?
- (조각보 색칠하기(4-②)를 보여 주며) 이 조각보에는 무슨 모양이 있어요?
- 이 모양은 태극 무늬라고 해요.
- 태극 무늬를 본 적이 있어요? 어디에서 봤어요?
- 옛날 한국 사람들은 조각보에 이런 색깔을 많이 사용했어요. 여기에 여러분이 좋아하는 색깔이 있어요?
- 여러분이 갖고 있는 물건 중에서 이 색깔과 같은 것이 있어요?

■ 참고 자료

조각보

조각보는 쓰다 남은 색색의 천 조각을 이어서 만든 것이다. 이는 일상생활에서 쓰다 남은 천을 활용한다는 생활의 지혜의 소산으로서 주로 일반 서민층에서 통용되었다.
(출처: 우리가 정말 알아야 할 우리 규방 문화)

가정 연계

■ 종이로 조각보 만들기(4-③)

수업 구성의 예

'전 세계 유아를 위한 신나는 한국어(Fun Korean)'는 교사가 교육 기관의 특성과 실정에 맞게 자유롭게 선택하여 유연하게 활용하는 모듈형 구성의 활동지이다. 한국어 교사들이 더욱 용이하게 교육 자료를 활용할 수 있도록, 활동지를 활용한 수업 구성의 예를 수업 차시에 따라 제시한다.

교육 자료 1단계

● 10차시 수업 예시

차시	주제	활동명	활동 수준	활동 유형	집단 유형
1	1. 색깔	8. 색깔 피자 만들기	높음	게임	소집단
2	2. 모양	4. 조각보 색칠하기	낮음	미술	개별
3	3. 동물	6. 아기 동물의 엄마 찾기	낮음	언어	개별
4	4. 악기	8. 나도 연주자	낮음	미술	개별
5	5. 곤충	8. 곤충 반쪽 그리기	낮음	미술	개별
6	6. 탈것	10. 그림 조각 맞추기	높음	조작	개별
7	7. 학교생활	3. 그림책 만들기	높음	언어	개별
8	8. 한국 문화	3. 한국의 물건 글자 연결하기	낮음	조작	개별
9	9. 생활 물건	9. 쓰임이 같은 물건 찾기	높음	언어, 조작	소집단
10	7. 학교생활	10. 친구 이름 글자 찾기 게임	높음	게임, 음악	대집단

● 15차시 수업 예시

차시	주제	활동명	활동 수준	활동 유형	집단 유형
1	1. 색깔	8. 색깔 피자 만들기	높음	게임	소집단
2	2. 모양	4. 조각보 색칠하기	낮음	미술	개별
3	3. 동물	6. 아기 동물의 엄마 찾기	낮음	언어	개별
4	4. 악기	8. 나도 연주자	낮음	미술	개별
5	5. 곤충	8. 곤충 반쪽 그리기	낮음	미술	개별
6	5. 곤충	12. 곤충 수수께끼	높음	언어	대집단
7	6. 탈것	8. 주사위로 탈것 단어 맞추기	낮음	조작	소집단
8	6. 탈것	10. 그림 조각 맞추기	높음	조작	개별
9	7. 학교생활	3. 그림책 만들기	높음	언어	개별
10	7. 학교생활	4. 학교 예절 배우기	높음	언어	대집단
11	8. 한국 문화	3. 한국의 물건 글자 연결하기	낮음	조작	개별
12	8. 한국 문화	8. 탈 그리기	낮음	미술	개별

13	9. 생활 물건	9. 쓰임이 같은 물건 찾기	높음	언어, 조작	소집단
14	9. 생활 물건	10. 같은 장소에 있는 물건 찾기	높음	신체	대집단
15	7. 학교생활	10. 친구 이름 글자 찾기 게임	높음	게임, 음악	대집단

- **20차시 수업 예시**

차시	주제	활동명	활동 수준	활동 유형	집단 유형
1	1. 색깔	8. 색깔 피자 만들기	높음	게임	소집단
2	1. 색깔	13. 색깔 단어책 만들기	높음	언어	개별
3	2. 모양	4. 조각보 색칠하기	낮음	미술	개별
4	2. 모양	10. 도형 조각으로 모양 만들기	높음	조작	개별
5	3. 동물	3. 동요 '동물원에 가면'	낮음	음악	대집단
6	3. 동물	6. 아기 동물의 엄마 찾기	낮음	언어	개별
7	4. 악기	8. 나도 연주자	낮음	미술	개별
8	4. 악기	15. 숨은 글자 찾기	높음	언어, 미술	개별
9	5. 곤충	8. 곤충 반쪽 그리기	낮음	미술	개별
10	5. 곤충	12. 곤충 수수께끼	높음	언어	대집단
11	6. 탈것	8. 주사위로 탈것 단어 맞추기	낮음	조작	소집단
12	6. 탈것	10. 그림 조각 맞추기	높음	조작	개별
13	7. 학교생활	3. 그림책 만들기	높음	언어	개별
14	7. 학교생활	4. 학교 예절 배우기	높음	언어	대집단
15	8. 한국 문화	3. 한국의 물건 글자 연결하기	낮음	조작	개별
16	8. 한국 문화	8. 탈 그리기	낮음	미술	개별
17	9. 생활 물건	9. 쓰임이 같은 물건 찾기	높음	언어, 조작	소집단
18	9. 생활 물건	10. 같은 장소에 있는 물건 찾기	높음	신체	대집단
19	3. 동물	10. 동요 '여우야 여우야'	높음	음악	소집단
20	7. 학교생활	10. 친구 이름 글자 찾기 게임	높음	게임, 음악	대집단

교육 자료 2단계

• 10차시 수업 예시

차시	주제	활동명	활동 수준	활동 유형	집단 유형
1	1. 가족과 친구	13. 친구 나무 만들기	높음	언어	대집단
2	2. 건강과 운동	5. 내 몸이 좋아하는 음식	높음	조작	개별
3	3. 직업	4. 경찰관, 기자 놀이	높음	신체	소집단
4	4. 우리 동네	6. 물건 사고팔기 놀이	높음	언어	소집단
5	5. 대한민국	14. 세계 속의 대한민국	높음	언어, 미술	개별
6	6. 명절	1. 떡국 만들기	낮음	조작	개별
7	7. 옛날이야기	12. 방귀쟁이 며느리	높음	언어, 미술	개별
8	8. 계절	14. 날씨 소식 전하기	높음	언어	소집단
9	9. 나의 하루	4. 지켜야 할 생활 습관	높음	언어	소집단
10	7. 옛날이야기	9. 혹부리 할아버지	낮음	언어, 게임	소집단

• 15차시 수업 예시

차시	주제	활동명	활동 수준	활동 유형	집단 유형
1	1. 가족과 친구	13. 친구 나무 만들기	높음	언어	대집단
2	2. 건강과 운동	5. 내 몸이 좋아하는 음식	높음	조작	개별
3	3. 직업	4. 경찰관, 기자 놀이	높음	신체	소집단
4	4. 우리 동네	6. 물건 사고팔기 놀이	높음	언어	소집단
5	5. 대한민국	14. 세계 속의 대한민국	높음	언어, 미술	개별
6	5. 대한민국	11. 대한민국의 화폐 속 인물	높음	조작	개별
7	6. 명절	1. 떡국 만들기	낮음	조작	개별
8	6. 명절	5. '더위팔기' 게임	높음	게임	소집단
9	7. 옛날이야기	12. 방귀쟁이 며느리	높음	언어, 미술	개별
10	7. 옛날이야기	6. 소가 된 게으름뱅이	높음	언어, 미술	소집단
11	8. 계절	14. 날씨 소식 전하기	높음	언어	소집단
12	8. 계절	3. 물놀이 준비하기	낮음	언어	개별
13	9. 나의 하루	4. 지켜야 할 생활 습관	높음	언어	소집단
14	9. 나의 하루	10. 교통안전 게임	높음	게임	대집단
15	7. 옛날이야기	9. 혹부리 할아버지	낮음	언어, 게임	소집단

● 20차시 수업 예시

차시	주제	활동명	활동 수준	활동 유형	집단 유형
1	1. 가족과 친구	13. 친구 나무 만들기	높음	언어	대집단
2	1. 가족과 친구	6. 한글로 내 이름 만들기	낮음	언어	개별
3	2. 건강과 운동	5. 내 몸이 좋아하는 음식	높음	조작	개별
4	2. 건강과 운동	1. 건강한 생활 습관	낮음	게임	소집단
5	3. 직업	4. 경찰관, 기자 놀이	높음	신체	소집단
6	3. 직업	11. 직업 수수께끼	높음	언어	대집단
7	4. 우리 동네	6. 물건 사고팔기 놀이	높음	언어	소집단
8	4. 우리 동네	13. 친구들이 사는 마을	높음	언어	개별
9	5. 대한민국	14. 세계 속의 대한민국	높음	언어, 미술	개별
10	5. 대한민국	11. 대한민국의 화폐 속 인물	높음	조작	개별
11	6. 명절	1. 떡국 만들기	낮음	조작	개별
12	6. 명절	5. '더위팔기' 게임	높음	게임	소집단
13	7. 옛날이야기	12. 방귀쟁이 며느리	높음	언어, 미술	개별
14	7. 옛날이야기	6. 소가 된 게으름뱅이	높음	언어, 미술	소집단
15	8. 계절	14. 날씨 소식 전하기	높음	언어	소집단
16	8. 계절	3. 물놀이 준비하기	낮음	언어	개별
17	9. 나의 하루	4. 지켜야 할 생활 습관	높음	언어	소집단
18	9. 나의 하루	10. 교통안전 게임	높음	게임	대집단
19	7. 옛날이야기	9. 혹부리 할아버지	낮음	언어, 게임	소집단
20	8. 계절	15. 동요 '꼬마 눈사람'	낮음	음악	대집단

정체성 발달과 관련된 활동 목록

본 교육 자료는 유아의 정체성 발달 단계를 5단계로 나누어 내용을 개발하였다. 자연스러운 언어 활동을 통해 학습자들은 자신의 정체성을 인지하고 발달시킬 수 있다. 본 교육 자료에서 의미하는 1단계는 자신의 신체적 특징을 아는 것이며, 2단계는 자신과 다른 사람의 차이를 아는 것(신체적, 정서적)이다. 3단계는 자신이 소속된 사회 및 관계를 아는 것(집단 내에서의 관계 확립, 가족–또래)이며, 4단계는 1단계부터 3단계까지가 통합된 단계(인지 발달과 관련된 것)를 의미하며 5단계는 부모, 나라의 민족 정체성 등에 대해 인지하게 되는 것을 의미한다.

본 교육 자료에서 다룬 활동 중 정체성의 다섯 단계와 관련된 활동의 목록은 다음과 같다.

교육 자료 1단계

주제	과	주제–활동명	내용	단계
5	13	곤충–벌의 성장 과정	자아 정체성(탄생과 성장의 과정)	1
7	5	학교생활–자기소개하기	자아 정체성(자신이 누구인지를 인지)	1
1	5	색깔–설명 듣고 색칠하기	자아 정체성(인종별 신체적 특징의 다름을 인지)	2
5	3	곤충–내가 좋아하는 곤충	자아 정체성(개인별 선호도 차이를 인지)	2
7	11	학교생활–친구 얼굴 만들기	자아 정체성(다문화 인종의 신체적 차이 인지)	2
7	9	학교생활–친구 이름 기억하기 게임	자아 정체성(자신과 친구의 다름을 인지)	2
7	4	학교생활–학교 예절 배우기	사회 정체성(인사, 언어 예절, 인간 관계와 관련)	3
9	15	생활 물건–동요 '펭귄 가족'	사회 정체성(가족 구성원의 역할)	3
3	1	동물–여러 가지 동물	비교문화(전래 동화 속 동물 비교)	4
3	7	동물–색종이로 동물 만들기(1)	비교문화(동물들이 사는 곳)	4
3	9	동물–신나는 동물 음악회	비교문화(의성어–동물의 울음소리 묘사)	4
4	1	악기–악기 이름 배우기	비교문화(동서양 악기명 비교)	4
6	1	탈것–여러 가지 탈것	인지 발달(교통 수단의 모양과 특징)	4
2	4	조각보 색칠하기	한국의 전통 색깔 탐색(오방색)	5
3	13	동물–동물 띠 말하기	한국의 동물 띠 알아보기(십이간지 역할극)	5
3	14	동물–조각으로 동물 만들기	한국의 전통 놀이(칠교놀이)	5
7	12	학교생활–동요 '작은 별' 노래	언어 정체성–한글 노래	5
8	4	한국 문화–한국 음식으로 밥상 차리기	한국의 문화 정체성	5
8	5	한국 문화–한국 문화 미로 찾기	한국의 문화 정체성	5
8	6	한국 문화–동요 '대문놀이'	한국의 문화 정체성	5
8	7	한국 문화–한국 놀이 퍼즐 맞추기	한국의 문화 정체성	5
8	8	한국 문화–탈 그리기	한국의 문화 정체성	5
8	9	한국 문화–한국 놀이 수수께끼(1)	한국의 문화 정체성	5
8	10	한국 문화–한국 놀이 수수께끼(2)	한국의 문화 정체성	5
8	12	한국 문화–설명 듣고 색칠하기	한국의 문화 정체성	5
8	13	한국 문화–한국 문화 단어 찾기	한국의 문화 정체성	5
8	14	한국 문화–한국 음식 퍼즐 만들기	한국의 문화 정체성	5
8	15	한국 문화–한국 악기 암호 풀기	한국의 문화 정체성	5
9	4	생활 물건–집 안의 여러 가지 물건	한국의 식사 도구(숟가락, 젓가락)	5
9	9	생활 물건–쓰임이 같은 물건 찾기	한국의 전통 필기도구(연필, 붓)	5

교육 자료 2단계

주제	과	주제-활동명	내용	단계
1	1	가족과 친구-'나의 몸' 단어 배우기	자아 정체성	1
1	5	가족과 친구-가족 나무 만들기	자아 정체성	2
1	10	가족과 친구-감사 카드 쓰기	사회 정체성(감사를 표현하기)	3
3	13	가족과 친구-감사 편지 쓰기	사회 정체성(감사를 표현하기)	3
1	3	가족과 친구-감정 단어 배우기	자아 정체성(나의 감정 표현하기)	3
1	4	가족과 친구-감정을 그림으로 그리기	자아 정체성(나의 감정 표현하기)	3
1	9	가족과 친구-반말-존댓말 카드 게임	사회 정체성(배려를 배우기)	3
1	13	가족과 친구-친구 나무 만들기	자아 정체성(나와 친구의 관계)	3
4	13	우리 동네-친구들이 사는 마을	자아 정체성(나와 다른 너)	3
8	1	계절-한국의 사계절 시간표 만들기	사회 정체성(나라별 계절 인식하기)	3
9	10	나의 하루-교통안전 게임	사회 정체성(사회 질서 지키기)	3
8	3	계절-물놀이 준비하기	인지 발달(생활 습관 익히기)	4
1	6	가족과 친구-한글로 내 이름 만들기	자아 정체성	5
1	7	가족과 친구-나의 생일 말하기	자아 정체성	5
1	8	가족과 친구-자기소개하기	자아 정체성	5
2	1	건강과 운동-건강한 생활 습관	인지 발달(생활 습관 익히기)	5
2	2	건강과 운동-바른 자세	자아 정체성	5
2	11	건강과 운동-양궁 과녁 맞히기	한국의 문화 정체성-스포츠	5
3	4	직업-경찰관, 기자 놀이	자아 정체성	5
3	15	직업-미래의 내 모습	자아 정체성	5
4	6	우리 동네-물건 사고팔기 놀이	사회 정체성(물건의 구매와 판매)	5
4	14	우리 동네-'무궁화 꽃이 피었습니다' 게임	한국의 문화 정체성-전통 놀이	5
5	1	대한민국-동굴 그림 그리기	한국의 문화 정체성-대한민국	5
5	2	대한민국-옛날 사람들의 생활 모습	한국의 문화 정체성-대한민국	5
5	3	대한민국-단군 이야기책 만들기	한국의 문화 정체성-대한민국	5
5	4	대한민국-고구려 수렵도 퍼즐 맞추기	한국의 문화 정체성-대한민국	5
5	5	대한민국-다보탑 만들기	한국의 문화 정체성-대한민국	5
5	6	대한민국-고려청자 만들기	한국의 문화 정체성-대한민국	5
5	7	대한민국-병풍 만들기	한국의 문화 정체성-대한민국	5
5	8	대한민국-한국의 기와와 단청	한국의 문화 정체성-대한민국	5
5	9	대한민국-서울의 사대문	한국의 문화 정체성-대한민국	5
5	10	대한민국-거북선 만들기	한국의 문화 정체성-대한민국	5
5	11	대한민국-대한민국의 화폐 속 인물	한국의 문화 정체성-대한민국	5
5	12	대한민국-한복 종이접기	한국의 문화 정체성-대한민국	5
5	13	대한민국-무궁화 붙이기	한국의 문화 정체성-대한민국	5
5	14	대한민국-세계 속의 대한민국	한국의 문화 정체성-대한민국	5
5	15	대한민국-대한민국의 자랑거리	한국의 문화 정체성-대한민국	5

6	1	명절–떡국 만들기	한국의 문화 정체성–명절	5
6	2	명절–윷놀이	한국의 문화 정체성–명절	5
6	3	명절–세배하기	한국의 문화 정체성–명절	5
6	4	명절–고깔 만들기	한국의 문화 정체성–명절	5
6	5	명절–'더위팔기' 게임	한국의 문화 정체성–명절	5
6	6	명절–연 만들기	한국의 문화 정체성–명절	5
6	7	명절–씨름하기	한국의 문화 정체성–명절	5
6	8	명절–부채 만들기	한국의 문화 정체성–명절	5
6	9	명절–송편 만들기	한국의 문화 정체성–명절	5
6	10	명절–추석 차례 상 차리기 게임	한국의 문화 정체성–명절	5
6	11	명절–동요 '강강술래'	한국의 문화 정체성–명절	5
6	12	명절–제기차기 놀이	한국의 문화 정체성–명절	5
6	13	명절–팽이 놀이	한국의 문화 정체성–명절	5
6	14	명절–명절 단어책 만들기	한국의 문화 정체성–명절	5
6	15	명절–동요 '설날'	한국의 문화 정체성–명절	5
7	1	옛날이야기–금도끼 은도끼	한국의 문화 정체성–옛날이야기	5
7	2	옛날이야기–호랑이와 곶감	한국의 문화 정체성–옛날이야기	5
7	3	옛날이야기–개와 고양이	한국의 문화 정체성–옛날이야기	5
7	4	옛날이야기–청개구리 이야기	한국의 문화 정체성–옛날이야기	5
7	6	옛날이야기–소가 된 게으름뱅이	한국의 문화 정체성–옛날이야기	5
7	7	옛날이야기–지혜로운 아들	한국의 문화 정체성–옛날이야기	5
7	8	옛날이야기–소금을 만드는 맷돌	한국의 문화 정체성–옛날이야기	5
7	9	옛날이야기–혹부리 할아버지	한국의 문화 정체성–옛날이야기	5
7	10	옛날이야기–의좋은 형제	한국의 문화 정체성–옛날이야기	5
7	12	옛날이야기–방귀쟁이 며느리	한국의 문화 정체성–옛날이야기	5
7	14	옛날이야기–흥부와 놀부	한국의 문화 정체성–옛날이야기	5
8	7	계절–여름과 겨울에 먹는 음식	한국의 문화 정체성–음식	5
9	6	나의 하루–집안일 돕기	한국의 문화 정체성–집안 규칙	5
9	11	나의 하루–하루 일과 시작하기	한국의 문화 정체성–비언어적 표현	5
9	13	나의 하루–좋은 습관 칭찬하기	자아 정체성(자존감)	5

차례

일러두기 • 2

주제 1 가족과 친구 • 17

주제 2 건강과 운동 • 49

주제 3 직업 • 81

주제 4 우리 동네 • 113

주제 5 대한민국 • 147

주제 6 명절 • 179

주제 7 옛날이야기 • 211

주제 8 계절 • 243

주제 9 나의 하루 • 275

부록

표현 • 308

어휘 • 311

옛날이야기 대본 • 316

QR코드 모음 • 326

가족과 친구 Family and Friends

	활동명	활동 수준	활동 유형	집단 유형	가정 연계	활동지 쪽수	지도서 쪽수
1	'나의 몸' 단어 배우기	낮음	언어	소집단		3~6	18~19
2	동요 '머리 어깨 무릎 발'	낮음	음악	대집단		7~8	20~21
3	감정 단어 배우기	낮음	언어	대집단		9~12	22~23
4	감정을 그림으로 그리기	낮음	미술	개별		13~16	24~25
5	가족 나무 만들기	낮음	조작	개별		17~20	26~27
6	한글로 내 이름 만들기	낮음	언어	개별	○	21~32	28~29
7	나의 생일 말하기	높음	언어	개별	○	33~46	30~31
8	자기소개하기	낮음	언어	대집단		47~48	32~33
9	반말-존댓말 카드 게임	높음	게임	소집단	○	49~60	34~35
10	감사 카드 쓰기	높음	언어, 조작	개별	○	61~70	36~37
11	캠핑 가방 준비하기	높음	게임	대집단		71~74	38~39
12	생일 파티 준비하기	높음	조작	개별		75~82	40~41
13	친구 나무 만들기	높음	언어	대집단		83~84	42~43
14	선물 상자 만들기	높음	게임	소집단		85~88	44~45
15	동요 '곰 세 마리'	낮음	음악	대집단		89~90	46~47

교육 자료의 주제 및 내용 구성

'가족과 친구' 주제에서는 유아가 자신의 몸과 마음에 대한 이해를 토대로 긍정적인 자아 개념을 형성하고 가족과 친구의 소중함을 알 수 있도록 하였다. 그리고 유아가 교실 수업을 통해 가족 및 친구의 의미와 소중함을 알고 함께 생활하기 위해 필요한 배려와 존중, 사회적 기술 등을 배울 수 있도록 계획하였다.

본 교육 자료를 통해 유아는 한국어 의사소통 능력을 향상시킬 수 있다. 예를 들어 '1. '나의 몸' 단어 배우기', '2. 동요 '머리 어깨 무릎 발''에서는 놀이와 노래, 게임을 활용하여 나의 몸에 대한 어휘 및 듣기와 말하기 연습이 가능하다. 또한 '3. 감정 단어 배우기', '4. 감정을 그림으로 그리기'에서는 자신과 다른 사람의 감정을 언어와 그림으로 표현할 수 있다. 이외에도 '5. 가족 나무 만들기', '10. 감사 카드 쓰기', '9. 반말-존댓말 카드 게임', '13. 친구 나무 만들기' 등을 통해 가족과 친구 관계에서 필요한 사회언어학적인 능력을 기를 수 있을 것이다. 유아들은 '가족과 친구' 주제를 통해 긍정적인 자아 개념을 형성하고 가족 및 친구와의 관계에서 필요한 사회적인 경험을 할 수 있다.

1. '나의 몸' 단어 배우기 Learning Words to Describe 'My Body'

앞면

눈	코	입
귀	목	머리
어깨	가슴	무릎
발	손	배

뒷면

입	코	눈
머리	목	귀
무릎	가슴	어깨
배	손	발

목표	자료
• **활동:** 나의 몸에 대해 말할 수 있다. • **표현:** '눈이 어디에 있어요?'의 의미를 이해할 수 있다. '에': 앞말이 어떤 장소나 자리임을 나타내는 조사이다. 예) 귀가 여기에 있어요. • **어휘:** 몸의 부위를 나타내는 단어를 알 수 있다. 예) 눈, 입, 목, 가슴, 무릎, 발, 머리, 귀, 코, 어깨, 배, 손	• 나의 몸(1-①) • 나의 몸 단어 카드(1-②)

활동 수준	낮음
활동 유형	언어
집단 유형	소집단
활동지 쪽수	3~6

방법

(1) 교사는 학생들이 몸의 여러 부위를 알고 있는지 물어본다.

(2) 교사와 학생들은 나의 몸(1-①)에서 단어를 하나씩 가리키며 읽는다.

(3) 교사는 학생을 두 명씩 짝지어 앉힌 후 한 명이 나의 몸(1-①) 단어 중에서 하나를 말하면 다른 학생이 나의 몸 단어 카드(1-②)에서 그 단어를 찾게 한다.

(4) 교사가 나의 몸(1-①) 단어 중에서 하나를 말하면 학생들은 교사가 말한 단어의 신체 부위를 손으로 가리킨다.

질문 예시

- (교사가 몸의 여러 부위를 가리키며) 이게 뭐예요?
- 여러분 몸에서 손(발, 코, 눈 등)을 찾으세요.

First, the teacher points at a word on the 'about my body' card (1-①) and asks what it is one by one. Next, students work in pairs to ask each other. One student reacs a word from the 'my body' word card (1-①) and another student listens and finds that word from the other 'my body' card (1-②). Finally, the teacher says a word from the 'my body' card, students try to understand what it is and point at that part of their body.

도움말

활동

- 같은 색의 자음을 찾아보고 해당 단어를 함께 읽으며 같은 소리를 익힌다. 또는 초성이 같은 단어를 찾는 활동을 할 수 있다.
- 나의 몸 단어 카드(1-②)의 뒷면에 있는 글자를 따라 쓰는 활동으로 확장할 수 있다.

문화와 정체성

이 활동을 통해 유아들은 나의 몸을 긍정적으로 인식하고 소중하게 여길 수 있다. 우리 몸 각 부분의 특성을 이해하고 활용하여 움직일 수 있다.

- 우리 손(발, 귀, 얼굴 등 신체의 각 부분)은 어디에 있어요?
- 우리 손은 무슨 일을 할까요? 우리는 손으로 무엇을 할 수 있어요?

2. 동요 '머리 어깨 무릎 발' Sing 'Head, Shoulders, Knees and Toes'

활동 수준	낮음
활동 유형	음악
집단 유형	대집단
활동지 쪽수	7~8

Track 01 Track 01_반주

목표

- **활동:** 동요의 노랫말을 이해하고 따라 부를 수 있다.
- **표현:** '다 같이 노래를 따라 부르세요.'의 의미를 이해할 수 있다.
  '-(으)세요': (동사에 붙어) 상대방에게 어떤 행동을 할 것을 명령하거나 요청할 때 사용하는 존댓말로 앞말에 받침이 있으면 '-으세요'를 사용하고, 받침이 없거나 'ㄹ' 받침이면 '-세요'를 사용한다.
  예) 책을 읽으세요.
- **어휘:** 나의 몸과 관련된 단어를 알 수 있다.
  예) 머리, 어깨, 무릎, 발, 귀, 코, 눈, 입

자료

- '머리 어깨 무릎 발' 노래(2-①)

준비물

- 가위, 풀

방법

(1) 교사는 학생들이 '머리, 어깨, 무릎, 발'의 위치를 알고 있는지 확인한 후 활동을 소개한다.

(2) 학생들은 '머리 어깨 무릎 발' 노래(2-①)의 노랫말을 한 소절씩 들어 보고 노래에 맞춰 따라 부른다.

(3) 학생들은 '머리 어깨 무릎 발' 노래(2-①)를 한 소절씩 함께 읽는다. 이때 활동지 하단의 노랫말을 잘라 노랫말의 빈칸에 붙이는 활동을 한다.

(4) 다 같이 노래를 듣고 따라 부르며 활동지의 그림을 참고하여 율동을 한다.

질문 예시

- 여러분 우리 몸에 머리/어깨/무릎/발이 어디에 있어요?
- 우리 오늘 '머리 어깨 무릎 발' 노래를 배워요.

First, listen to the song, 'Head, Shoulders, Knees and Toes'. Next, read the lyrics for the music, one measure at a time, and sing along. Finally, dance while singing.

도움말

활동

- 팀 또는 개인별로 가사를 나눠 부를 수 있다.
- 노랫말의 마지막을 다른 얼굴 부위(눈, 입, 배, 가슴 등)나 다른 신체 부위로 바꿔 부를 수 있다.
- '나의 몸' 단어 배우기(1-①, 1-②)의 활동을 마친 후에 본 활동을 바로 이어서 할 수 있다.

머리 어깨 무릎 발

작사 미상 • 외국 곡

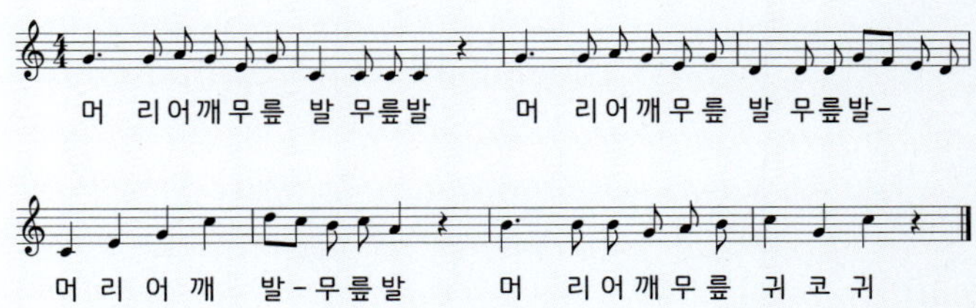

앞면

뒷면

목표

- **활동:** 자신과 다른 사람의 감정에 대해 말할 수 있다.
- **표현:** '친구가 슬퍼 보여요.'의 의미를 이해할 수 있다.
  '-아/어 보이다': (형용사에 붙어) 겉으로 볼 때 앞의 말이 나타내는 것처럼 느껴지거나 추측됨을 나타내는 표현으로 '-아 보이다'는 끝음절의 모음이 'ㅏ, ㅗ'로 끝나는 형용사 뒤에 붙여 쓰고, '-어 보이다'는 끝음절의 모음이 'ㅏ, ㅗ'로 끝나지 않는 형용사 뒤에 붙여 쓴다. '-해 보이다'는 '하다'가 붙는 형용사 뒤에 붙여 쓴다.
  예) 친구가 기뻐 보여요.
- **어휘:** 감정을 나타내는 단어를 알 수 있다.
  예) 기쁘다, 슬프다, 무섭다, 화나다

자료

- 감정 상황(3-①)
- 감정 단어 카드(3-②)

준비물

- 가위, 풀, 연필, 사인펜

활동 수준	낮음
활동 유형	언어
집단 유형	대집단
활동지 쪽수	9~12

방법

(1) 교사는 감정 상황(3-①)을 보고 그림 속 친구의 기분에 대해 학생들과 이야기를 나눈다.

(2) 교사가 감정 단어 카드(3-②)를 읽으면 학생들은 따라 읽는다.

(3) 학생들은 감정 단어 카드(3-②)의 글자를 따라 쓴다. 그리고 자르는 선을 따라 감정 상황(3-①)과 감정 단어 카드(3-②)를 모두 잘라 자른 카드를 앞에 펼쳐 둔다.

(4) 교사가 감정 상황(3-①) 중 하나를 이야기하면 학생들은 감정 단어 카드(3-②) 중에서 맞는 표현을 선택하여 이야기한다.
예) 선생님께 칭찬을 받았어요. 기분이 어때요?

(5) 학생들은 교사가 설명한 감정 상황(3-①) 카드를 뒤집어 자신이 고른 감정 단어 카드(3-②)의 표현과 감정 상황(3-①) 카드의 뒷면의 글자가 일치하는지 확인한다.

질문 예시

- (감정 상황(3-①) 카드를 보며) 이 친구는 기분이 어떤 것 같아요?
- 여러분은 언제 기뻐요? 언제 슬퍼요?

First, look at the emotional situations card (3-①) and discuss the content with your partner. Next, read the emotion word cards (3-②) and repeat them out loud several times to your partner. Your partner should then try to write down the words you have just read out loud. When the teacher talks about one of the emotions (3-①), students should choose the correct expression from the emotional word card (3-②). Students flip the emotion situation (3-①) card over to check if the picture on the emotion word card (3-②) matches the word on the back of the emotion situation (3-①) card.

도움말

활동

- 한국어에 능숙한 학생의 경우, '기분이 좋다, 즐겁다, 지루하다, 피곤하다, 심심하다, 외롭다, 부끄럽다' 등의 단어도 활용할 수 있다.
- 본 활동이 끝나고 감정을 그림으로 그리기(4-①, 4-②)를 이어서 할 수 있다.

문화와 정체성

이 활동을 통해 유아들은 자신에게 여러 가지 감정이 있음을 알고 자신의 감정을 조절할 수 있다. 또한 다른 사람의 감정에 관심을 가질 수 있다.

- ○○(이)는 뭐 할 때 기분이 좋아요?
- 기분이 안 좋을 때 엄마가 뭘 해 주면 기분이 좋아져요?
- 울고 있는 친구를 보면 어떤 기분이에요?

4. 감정을 그림으로 그리기 Drawing Pictures to Express Emotions

활동 수준	낮음
활동 유형	미술
집단 유형	개별
활동지 쪽수	13~16

목표

- **활동:** 나의 감정을 표현할 수 있다.
- **표현:** '나는 슬프지 않아요.'의 의미를 이해할 수 있다.
  '-지 않다': 앞의 말이 나타내는 행위나 상태를 부정하는 뜻을 나타내는 표현이다.
  예) 나는 무섭지 않아요.
- **어휘:** 감정을 나타내는 단어를 알 수 있다.
  예) 기쁘다, 슬프다, 화나다, 무섭다

자료

- 표정 그리기(4-①)
- 감정 상황 그리기(4-②)

준비물

- 색연필, 크레파스

방법

(1) 교사는 학생들이 언제 기쁜지에 대해 물어본다. 그리고 교사가 기쁘거나 슬픈 표정을 지으며 학생들에게 선생님의 기분이 어떤지 물어본 후, 교사의 기분에 대해 알려 준다.

(2) 학생들은 표정 그리기(4-①)에 알맞은 표정을 그린다.

(3) 보다 높은 수준의 활동이 가능한 학생은 감정 상황 그리기(4-②)에 기쁠 때, 슬플 때, 화날 때, 무서울 때를 그림으로 그리고 같이 이야기를 나눈다.

질문 예시

- 여러분은 언제 기뻐요?
- (교사가 기쁜 표정을 지으며) 선생님은 기분이 좋아요?
  네, 선생님은 기분이 좋아요. 선생님은 기뻐요.
- (교사가 슬픈 표정을 지으며) 선생님은 기뻐요?
  아니요, 선생님은 기쁘지 않아요. 선생님은 슬퍼요.
- 여러분도 선생님처럼 해 볼까요?

First, read the sentences in the facial expressions drawing (4-①). Next, draw faces matching the facial expressions drawing (4-①). Finally, let students who are good at drawing draw happy, sad, angry and scared situations on the emotional situation drawing (4-②).

도움말

활동

학생의 한국어 수준에 따라 표정 그리기(4-①)와 감정 상황 그리기(4-②)를 선택하여 사용한다.

문화와 정체성

이 활동을 통해 유아들은 자신에게 여러 가지 감정이 있음을 인식하고 자신의 감정을 조절할 수 있다. 또한 다른 사람의 감정에 관심을 가질 수 있다.

- ○○(이)는 뭐 할 때 기분이 좋아요(안 좋아요, 슬퍼요, 화가 나요)?
- 울고 있는 친구를 보면 어떤 기분이 들어요? 뭘 해 주면 친구가 안 울 것 같아요?
- 화가 날 때 어떤 생각을 하면 기분이 좋아질까요?

5. 가족 나무 만들기 Making a Family Tree

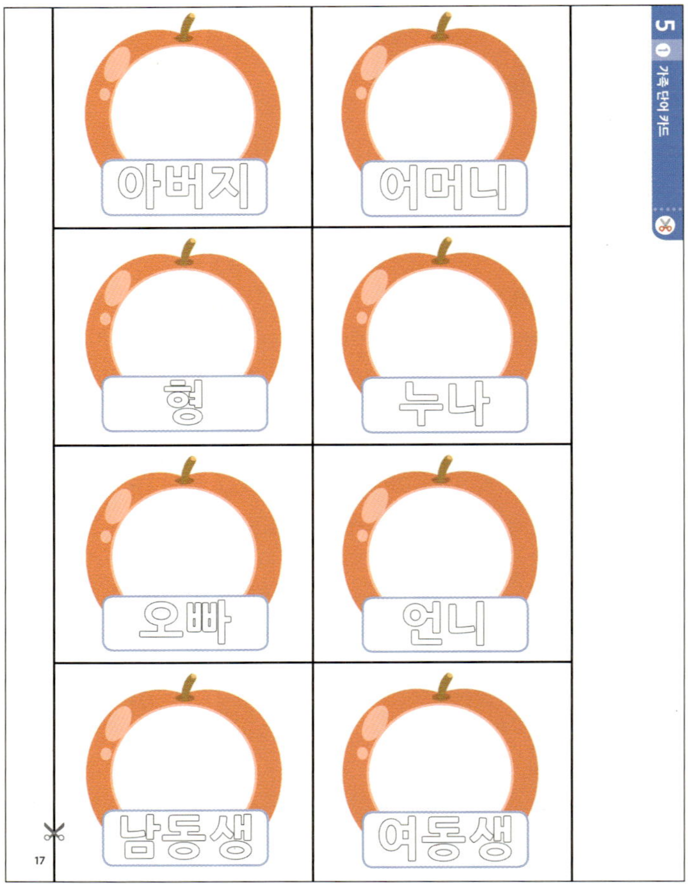

목표

- **활동:** 가족 구성원에 대해 말할 수 있다.
- **표현:** '엄마를 그려요.'의 의미를 이해할 수 있다.
  '을/를': 동작이 직접적으로 영향을 미치는 대상을 나타내는 조사이다. 앞말에 받침이 있으면 '을'을 사용하고, 받침이 없으면 '를'을 사용한다.
  예) 동생을 그려요.
- **어휘:** 가족을 나타내는 단어와 표현을 알 수 있다.
  예) 아버지, 어머니, 형, 누나, 오빠, 언니, 동생

자료

- 가족 단어 카드(5-①)
- 나무 그림판(5-②)

준비물

- 가위, 풀, 색연필, 크레파스

활동 수준	낮음
활동 유형	조작
집단 유형	개별
활동지 쪽수	17~20

방법

(1) 교사는 학생들이 누구와 사는지에 대해 질문하며 가족 구성원에 대해 알려 준다.

(2) 교사가 가족 단어 카드(5-①)를 읽으면 학생들은 따라 읽는다.

(3) 학생들은 가족 단어 카드(5-①)에 있는 가족 단어를 따라 쓰고 읽는다.

(4) 학생들은 가족 단어 카드(5-①)에서 자신의 가족 구성원을 나타내는 단어 카드를 골라 얼굴을 그린 후 나무 그림판(5-②)에 붙인다.

질문 예시

- 우리는 누구랑 살아요? 이렇게 같이 사는 사람들을 뭐라고 할까요?
- 여기에 가족 나무가 있어요. 여러분의 가족 나무에는 누가 있을까요?

First, talk about family members. Next, read the family word cards (5-①) together then pick a family member from them, draw a face and put him/her on the wooden picture board.

도움말

활동

한국어에 능숙한 학생의 경우 제시된 가족 이외에도 '할머니, 할아버지, 이모, 삼촌, 고모' 등의 단어를 알려 줄 수 있다.

문화와 정체성

이 활동을 통해 유아들은 가족 구성원에 대해 알고 가족의 소중함에 대한 인식을 높일 수 있다.

- ○○(이) 가족은 누구누구일까요?
- 우리 가족은 몇 명일까요?
- 우리는 가족 모두를 아주 좋아해요.

교사를 위한 도움말

- 자신보다 나이가 많은 남자 형제를 남자는 형, 여자는 오빠라고 부른다.
- 자신보다 나이가 많은 여자 형제를 남자는 누나, 여자는 언니라고 부른다.

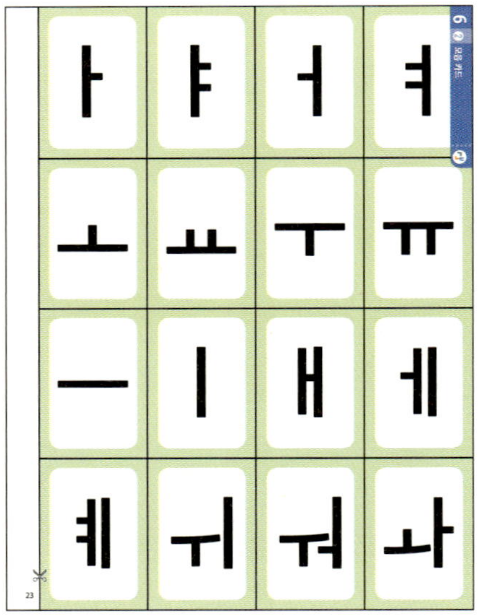

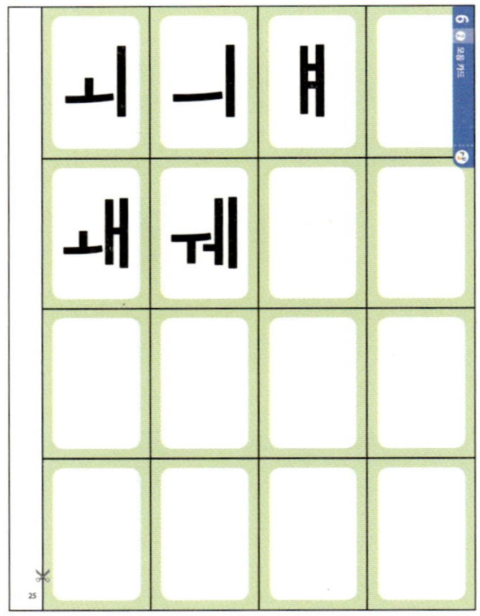

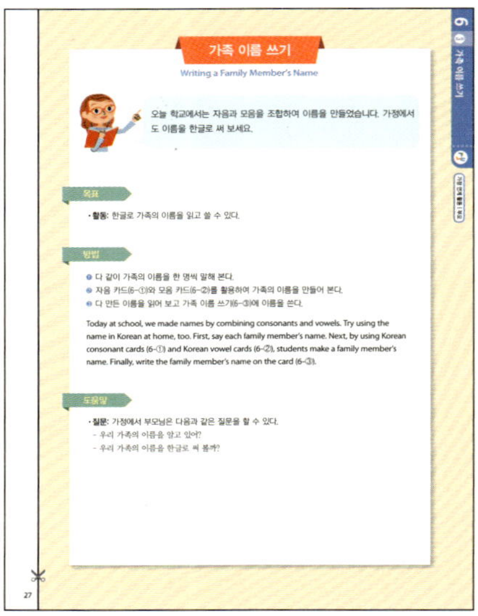

가족 이름 쓰기

Writing a Family Member's Name

오늘 학교에서는 자음과 모음을 조합하여 이름을 만들었습니다. 가정에서도 이름을 한글로 써 보세요.

목표

- 활동: 한글로 가족의 이름을 읽고 쓸 수 있다.

방법

- 다 같이 가족의 이름을 한 명씩 말해 본다.
- 자음 카드(6-①)와 모음 카드(6-②)를 활용하여 가족의 이름을 만들어 본다.
- 다 만든 이름을 읽어 보고 가족 이름 쓰기(6-③)에 이름을 쓴다.

Today at school, we made names by combining consonants and vowels. Try using the name in Korean at home, too. First, say each family member's name. Next, by using Korean consonant cards (6-①) and Korean vowel cards (6-②), students make a family member's name. Finally, write the family member's name on the card (6-③).

도움말

- 질문: 가정에서 부모님은 다음과 같은 질문을 할 수 있다.
  - 우리 가족의 이름을 알고 있어?
  - 우리 가족의 이름을 한글로 써 볼까?

앞면

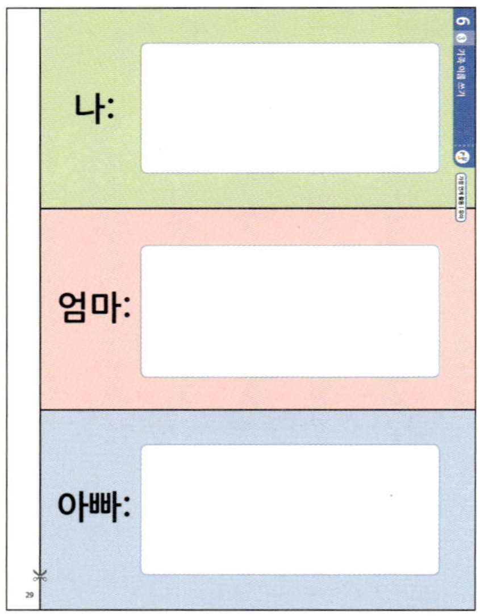

뒷면

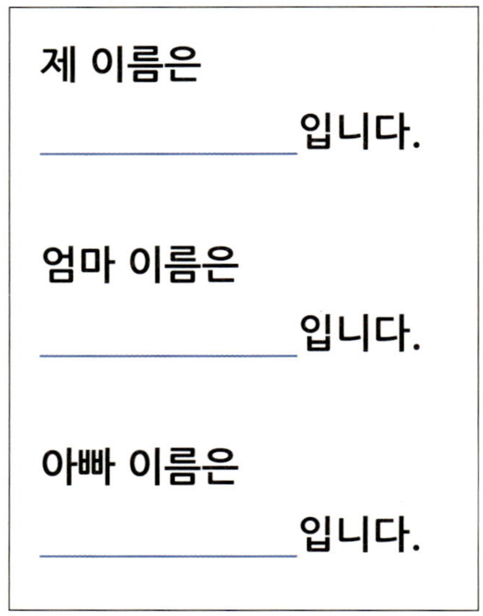

앞면

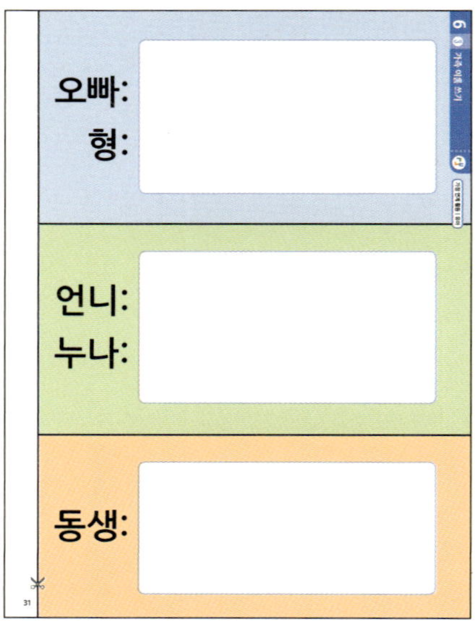

뒷면

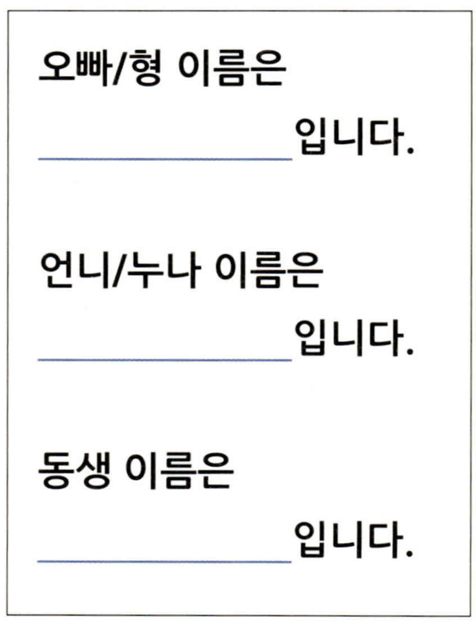

목표

- **활동:** 나의 이름을 읽고 다른 사람에게 소개할 수 있다.
- **표현:** '제 이름은 ○○입니다.'의 의미를 이해할 수 있다.
  '입니다': (명사에 붙어) 격식적인 상황에서 문장을 끝맺을 때 사용하는 표현이다.
  예) 친구의 이름은 ○○입니다.
- **어휘:** 한글로 자기 이름을 표현할 수 있다.
  예) 제, 이름, 엄마, 오빠, 형, 언니, 누나, 동생, 가족, 자음, 모음

자료

- 자음 카드(6-①)
- 모음 카드(6-②)

준비물

- 가위, 풀, 빈 종이

활동 수준	낮음
활동 유형	언어
집단 유형	개별
가정 연계	있음
활동지 쪽수	21~32

방법

(1) 교사는 학생들에게 교사의 이름을 아는지 물어본 후 교사의 이름을 소개한다. 다음으로 학생 한 명을 지목한 후 이름을 물어보고 다른 학생들에게 이름을 소개한다.

(2) 교사는 학생들에게 자음 카드(6-①)와 모음 카드(6-②)로 학생 중 한 명의 이름을 만드는 것을 보여 준다.

(3) 학생들은 자음 카드(6-①), 모음 카드(6-②)를 오린 후에 카드를 이용하여 자신의 이름을 만들고 빈 종이에 붙인다.

(4) 학생들은 만든 이름을 읽은 후에 친구들에게 발표한다. (예: 제 이름은 ○○○입니다.)

질문 예시

- 여러분, 선생님의 이름을 알아요? 제 이름은 ○○○입니다.
- (학성 한 명을 지목한 뒤) 이름이 뭐예요?
- (학성이 자신의 이름을 말하면) 친구의 이름은 ○○○입니다.
- 여러분은 이름을 읽을 수 있어요? 오늘은 한국어로 이름을 만들고 친구에게 소개해 봐요.

First, use the consonant cards (6-①) and vowel cards (6-②) to make your name then read the name that you created.

도움말

활동

- 한국어가 능숙한 학생의 경우, 자신의 성과 이름을 직접 쓰거나 친구의 이름을 직접 쓸 수 있다.
- 한국어가 능숙하지 않은 학생의 경우, 교사가 글자를 만드는 것을 보여 준다.
- 학생의 이름에 따라 자음/모음 카드가 부족한 경우 활동지의 빈칸에 필요한 자음이나 모음을 써서 사용할 수 있다.
- 미리 만들어 둔 학생들의 이름 카드가 있으면 친구의 이름 카드를 하나씩 보고 글자를 따라 쓰기와 같은 활동으로 확장할 수 있다.

문화와 정체성

유아들은 나에 대해 관심을 가지며 나를 알고 존중할 수 있다. 이 활동을 통해 유아들은 한글로 된 나의 이름에 관심을 가지고 읽을 수 있다.

- (이름 카드를 보여 주며) 이게 무엇일까요? 여러분의 이름 카드예요.
- 오늘은 한글로 여러분의 이름을 만들어 봐요.
- 여러분의 이름을 이렇게 한글로 만들 수 있어요.

가정 연계

가족 이름 쓰기(6-③)

7. 나의 생일 말하기 My Birthday

앞면

1	2	3
4	5	6
7	8	9
10	11	12

뒷면

삼월	이월	일월
유월	오월	사월
구월	팔월	칠월
십이월	십일월	시월

앞면

1	2	3	4
5	6	7	8
9	10	11	12
13	14	15	16

뒷면

사일	삼일	이일	일일
팔일	칠일	육일	오일
십이일	십일일	십일	구일
십육일	십오일	십사일	십삼일

앞면

17	18	19	
20	21	22	23
24	25	26	27
28	29	30	31

뒷면

	십구일	십팔일	십칠일
이십삼일	이십이일	이십일일	이십일
이십칠일	이십육일	이십오일	이십사일
삼십일일	삼십일	이십구일	이십팔일

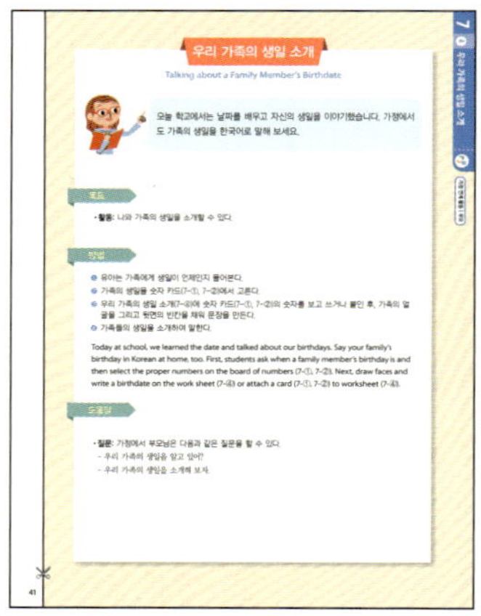

앞면

우리 가족의 생일

아빠 월 일

엄마 월 일

뒷면

아빠 생일은
____ 월 ____ 일입니다.

엄마 생일은
____ 월 ____ 일입니다.

앞면

언니·누나 월 일

오빠·형 월 일

동생 월 일

뒷면

언니/누나 생일은
____ 월 ____ 일입니다.

오빠/형 생일은
____ 월 ____ 일입니다.

동생 생일은
____ 월 ____ 일입니다.

목표

- **활동:** 숫자를 읽고 생일(월/일)을 말할 수 있다.
- **표현:** '내 생일은 12월 15일**입니다**.'의 의미를 이해할 수 있다.
  '**입니다**': (명사에 붙어) 격식적인 상황에서 문장을 끝맺을 때 사용하는 표현이다.
  예) 엄마의 생일은 ○월 ○일**입니다**.
- **어휘:** 숫자와 날짜를 읽을 때 필요한 표현을 안다.
  예) 월, 일, 생일

자료

- 숫자(월) 카드(7-①)
- 숫자(일) 카드(7-②)
- 내 생일(7-③)

준비물

- 가위, 풀

활동 수준	높음
활동 유형	언어
집단 유형	개별
가정 연계	있음
활동지 쪽수	33~46

방법

(1) 교사가 숫자(월) 카드(7-①)와 숫자(일) 카드(7-②)를 읽으면 학생들은 따라 읽는다.

(2) 학생들은 숫자(월) 카드(7-①)와 숫자(일) 카드(7-②)를 오린다.

(3) 학생들은 자신의 생일에 해당하는 숫자 카드를 내 생일(7-③)에 붙인다.

(4) 학생들은 자신의 생일을 문장으로 이야기한다.

질문 예시

- 오늘은 몇 월 며칠이에요?
- ○○(이)는 생일이 언제예요?
- 오늘은 여러분의 생일을 말해 봐요.

First, read the number (month) card (7-①) and the number (day) card (7-②) together. Next, cut out the number (month) card (7-①) and the number (day) card (7-②). Finally, attach the number cards that correspond to your birthday to your birthday activity sheet (7-③) then say your birthday in a sentence.

도움말

활동

- 교사는 학생의 생일을 미리 파악해 둔다.
- 특히 6월(유월)과 10월(시월)의 발음에 유의한다.
- 큰 그림책의 '활동지 1. 날짜와 요일'을 활용하여 날짜를 읽는 방법을 연습할 수 있다.

문화와 정체성

이 활동을 통해 유아들은 자신의 생일을 알고 나에 대해 알 수 있다.

- (케이크 그림을 보여 주며) 이 케이크를 보면 무슨 노래가 생각나요?
- 그 노래는 언제 불러요? 생일은 무슨 날이에요?
- 우리 친구들은 생일이 언제예요? 우리 같이 생일 노래를 부를까요?

가정 연계

우리 가족의 생일 소개(7-④)

8. 자기소개하기 Introducing Myself

앞면

8 자기소개하기

이름:

생일: 월 일

학교:

47

뒷면

제 이름은 __________ 입니다.

제 생일은 ____ 월 ____ 일입니다.

저는 __________ 에 다닙니다.

활동 수준	낮음
활동 유형	언어
집단 유형	대집단
활동지 쪽수	47~48

목표

- **활동:** 다른 사람에게 자기를 소개할 수 있다.
- **표현:** '저는 일곱 살**입니다**.'의 의미를 이해할 수 있다.
  '**입니다**': (명사에 붙어) 격식적인 상황에서 문장을 끝맺을 때 사용하는 표현이다.
  예) 제 이름은 ○○○**입니다**.
- **어휘:** 나를 소개하는 표현을 알 수 있다.
  예) 이름, 나이, ○살, 제 이름은 ○○○입니다, 저는 ○살입니다

자료

- 자기소개하기(8-①)

준비물

- 학생의 사진, 가위, 풀, 연필, 사인펜

방법

(1) 교사는 학생 한 명에게 이름과 나이를 물어본 후 다른 학생들에게 소개해 주며 활동에 대해 안내한다.

(2) 교사가 자기를 소개하는 내용을 한 문장씩 말하면 학생들은 따라 말한다.
"제 이름은 ○○○입니다. 제 생일은 □월 □일입니다. 저는 △△ 학교에 다닙니다."

(3) 학생은 나를 소개하는 문장을 사용하여 자기소개를 한다.

(4) 학생들은 자기소개하기(8-①)에 사진을 붙이고 빈칸에 알맞은 내용을 쓴 후에 활동지의 뒷면에 있는 문장을 사용하여 자기소개를 한다.

■ 질문 예시

- (학생 한 명을 지목하여) 이름이 뭐예요? 몇 살이에요?
- 친구 이름은 ○○○입니다. 친구는 □살입니다.
- 여러분도 자기소개를 해 봐요.

To begin, show photographs prepared by the teacher for demonstration such as, "My name is ______. I am years old. I go to the Korean School." Next, put photos of students on the self-introduction activity sheet (8-①) and students introduce themselves using sentences.

도움말

■ 활동

- 학생이 미리 자신의 사진을 가져올 수 있도록 한다. 사진을 준비하기 어려우면 그림을 그려도 좋다.
- 학생들이 교실을 돌아다니면서 친구들을 만나 자기소개를 한다. 이때 인사 예절을 가르칠 수도 있다.
- 쓰기가 어려운 학생들에게 교사가 도움을 줄 수 있다.

■ 문화와 정체성

이 활동을 통해 유아들은 나에 대해 알고 존중하며, 나는 사회의 구성원임을 알고 표현할 수 있다.

- (반 친구 사진 등을 준비하여) 누구예요?
- (그림 또는 사진을 함께 보면서) 누구일까요? 선생님에게 이 친구를 소개해 볼까요?

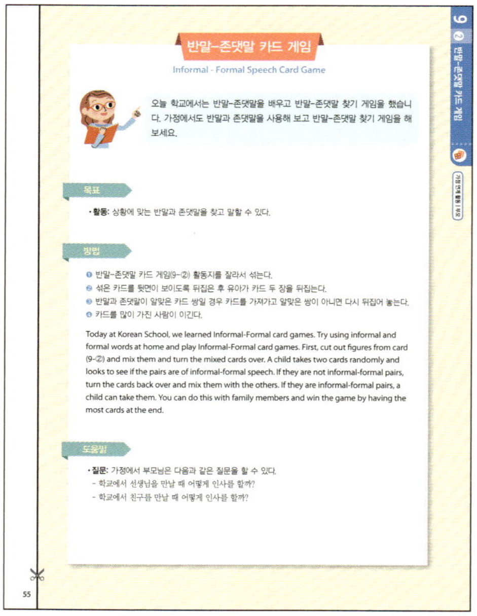
반말–존댓말 카드 게임

Informal - Formal Speech Card Game

오늘 학교에서는 반말–존댓말을 배우고 반말–존댓말 찾기 게임을 했습니다. 가정에서도 반말과 존댓말을 사용해 보고 반말–존댓말 찾기 게임을 해 보세요.

목표

- **활동:** 상황에 맞는 반말과 존댓말을 찾고 말할 수 있다.

방법

❶ 반말–존댓말 카드 게임(9–②) 활동지를 잘라서 섞는다.
❷ 섞은 카드를 뒷면이 보이도록 뒤집은 후 유아가 카드 두 장을 뒤집는다.
❸ 반말과 존댓말이 알맞은 카드 쌍일 경우 카드를 가져가고 알맞은 쌍이 아니면 다시 뒤집어 놓는다.
❹ 카드를 많이 가진 사람이 이긴다.

Today at Korean School, we learned Informal-Formal card games. Try using informal and formal words at home and play Informal-Formal card games. First, cut out figures from card (9-②) and mix them and turn the mixed cards over. A child takes two cards randomly and looks to see if the pairs are of informal-formal speech. If they are not informal-formal pairs, turn the cards back over and mix them with the others. If they are informal-formal pairs, a child can take them. You can do this with family members and win the game by having the most cards at the end.

도움말

- **질문:** 가정에서 부모님은 다음과 같은 질문을 할 수 있다.
  - 학교에서 선생님을 만날 때 어떻게 인사를 할까?
  - 학교에서 친구를 만날 때 어떻게 인사를 할까?

55

활동 수준	높음
활동 유형	게임
집단 유형	소집단
가정 연계	있음
활동지 쪽수	49~60

목표

- **활동:** 존댓말과 반말을 구분해서 말할 수 있다.
- **표현:** '안녕하세요?'의 의미를 이해할 수 있다.
  '-(으)세요': (동사에 붙어) 상대방에게 어떤 행동을 할 것을 명령하거나 요청할 때 사용하는 존댓말로 앞말에 받침이 있으면 '-으세요'를 사용하고, 받침이 없거나 'ㄹ' 받침이면 '-세요'를 사용한다.
  예) 안녕히 가세요.
- **어휘:** 존댓말과 반말의 짝이 되는 단어를 알 수 있다.
  예) 고맙습니다-고마워, 안녕하세요-안녕, 안녕히 주무세요-잘 자, 맛있게 드세요-맛있게 먹어, 안녕히 가세요-잘 가, 죄송해요-미안해

자료

- 반말-존댓말 카드(9-①)

방법

(1) 교사는 학생들과 친구나 선생님이 도와줄 때 어떤 말을 해야 하는지에 대해 이야기를 나눈다.

(2) 교사와 학생들은 반말-존댓말 카드(9-①)를 함께 읽으며 무엇이 다른지 이야기를 나눈다.

(3) 교사와 학생들은 존댓말을 함께 읽으며 누구에게 사용하는 말인지 말해 본다. 존댓말을 다 읽은 후에 반말을 함께 읽으며 누구에게 사용하는 말인지 이야기한다.

게임 방법

❶ 카드를 보이지 않게 뒤집어서 골고루 섞는다.
❷ 학생이 카드 두 장을 뒤집는다.
❸ 반말과 존댓말이 알맞은 카드 쌍일 경우 카드를 가져간다.
❹ 알맞은 쌍이 아니면 다시 뒤집어 놓는다.
❺ 카드를 많이 가진 학생이 이긴다.

질문 예시

- 친구가 도와주면 친구에게 어떻게 말해요?
- 선생님이 도와주면 선생님께 어떻게 말해야 돼요?

First, show a pair of formal-informal speech cards (9-①) and talk about the situations in the figure. Next, read the formal and informal speeches together and talk about the differences. Finally, play the game to find formal-informal card pairs.

How to play the game

First, mix the cards and put them upside down. Then students flip over two cards. Next, if the cards are a formal and informal speech pair, take the cards, but if they are not, flip them back over. Finally, the student with the most cards wins.

도움말

활동

- 학생 수준에 따라 카드의 수를 변경하거나 팀으로 활동할 수 있다. 두 명이 한 팀이 되어, '어른', '학생'의 역할을 맡아 존댓말을 사용해 본다.
- '감사합니다', '(헤어질 때) 안녕' 등의 반말-존댓말 표현을 추가하여 가르칠 수 있다.
- 한국어에서는 '존댓말'을 '높임말'이라고도 한다.

문화와 정체성

이 활동을 통해 유아들은 다른 사람과 더불어 생활하기 위해 지켜야 할 예절에 대해 알 수 있다. 또한 친구와 어른께 예의 바른 행동을 하는 사회적 가치를 알고 지킬 수 있다.

- 우리가 하는 말에는 '친구에게 하는 말'과 '어른께 하는 말'이 있어요.
- 친구에게(선생님이나 부모님께) 인사할 때 어떻게 인사하면 좋을까요?
- 친구에게(선생님이나 부모님께) 학교에서 헤어질 때 어떻게 인사하면 좋을까요?

가정 연계

반말-존댓말 카드 게임(9-②)

10. 감사 카드 쓰기 Writing a Thank You Card

앞면

뒷면

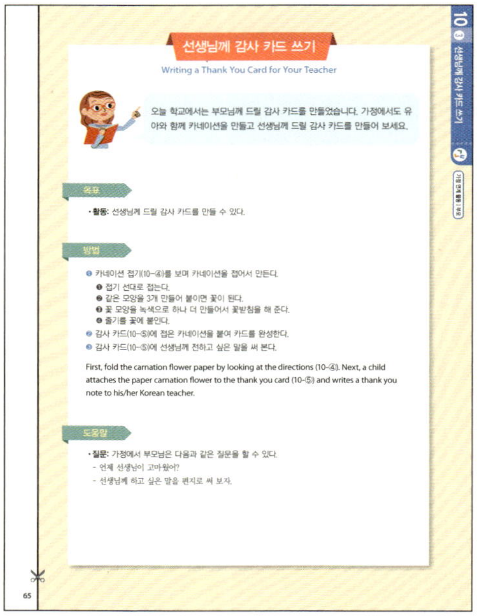

선생님께 감사 카드 쓰기

Writing a Thank You Card for Your Teacher

오늘 학교에서는 부모님께 드릴 감사 카드를 만들었습니다. 가정에서도 유아와 함께 카네이션을 만들고 선생님께 드릴 감사 카드를 만들어 보세요.

목표

• **활동:** 선생님께 드릴 감사 카드를 만들 수 있다.

방법

❶ 카네이션 접기(10-④)를 보며 카네이션을 접어서 만든다.
  ❶ 접기 선대로 접는다.
  ❷ 같은 모양을 3개 만들어 붙이면 꽃이 된다.
  ❸ 꽃 모양을 녹색으로 하나 더 만들어서 꽃받침을 해 준다.
  ❹ 줄기를 꽃에 붙인다.
❷ 감사 카드(10-⑤)에 접은 카네이션을 붙여 카드를 완성한다.
❸ 감사 카드(10-⑤)에 선생님께 전하고 싶은 말을 써 본다.

First, fold the carnation flower paper by looking at the directions (10-④). Next, a child attaches the paper carnation flower to the thank you card (10-⑤) and writes a thank you note to his/her Korean teacher.

도움말

• **질문:** 가정에서 부모님은 다음과 같은 질문을 할 수 있다.
- 언제 선생님이 고마웠어?
- 선생님께 하고 싶은 말을 편지로 써 보자.

10 ③ 선생님께 감사 카드 쓰기

65

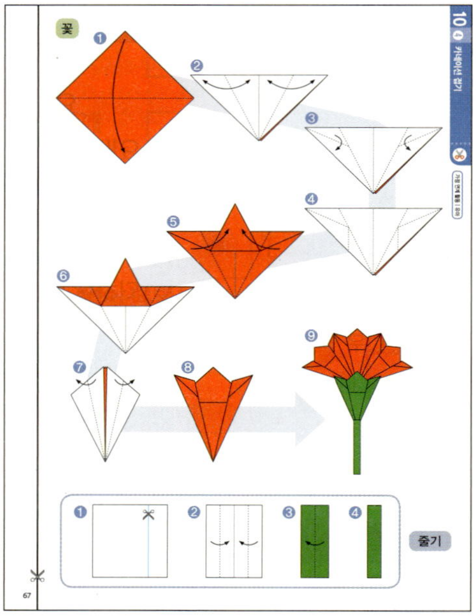

목표	자료
• **활동:** 어버이날의 의미를 알고 감사 카드를 쓸 수 있다. • **표현:** '할아버지께 카드를 써요.'의 의미를 이해할 수 있다. '께': '에게'의 존댓말로 대상을 높여 부르는 말이다. 예) 할머니께 편지를 써요. • **어휘:** 어버이날과 관련된 단어와 표현을 알 수 있다. 예) 어버이날, 감사 카드, 카네이션, 감사합니다, 사랑해요, 께, 올림	• 카네이션 만들기(10-①) • 감사 카드(10-②) **준비물** • 학생의 가족사진 1장, 가위, 풀, 연필, 사인펜, 색연필, 크레파스

활동 수준	높음
활동 유형	언어, 조작
집단 유형	개별
가정 연계	있음
활동지 쪽수	61~70

방법

(1) 교사는 학생들과 어버이날에 대해서(날짜, 의미, 하는 일 등) 이야기를 나눈다.

(2) 교사가 학생들에게 카네이션 사진을 보여 주면 학생들은 카네이션 만들기(10-①)를 색칠하고 오려 카네이션을 만든다.

(3) 학생들은 감사 카드(10-②)에 카네이션과 미리 준비한 가족 사진을 붙여 카드를 완성한다.

(4) 학생들은 감사 카드(10-②)에 부모님께 전하고 싶은 말을 써 본다.

질문 예시

- (부모님 그림을 보며) 누구일까요?
- 부모님은 항상 우리를 도와주세요. 여러분은 언제 아빠, 엄마께 "고마워요."라고 이야기했어요?

Before you begin, talk about 'Parents Day' in the United States and Korea such as dates, meanings and what people do, etc. Next, students color and cut out the carnation figure (10-①) then glue it on the thank you card (10-②) to complete the card. Finally, write a letter to parents.

도움말

활동

- 문장 만들기를 어려워하는 학생을 위해 교사가 여러 가지 예시 문장을 알려 줄 수 있다.
- 학생이 사진을 가져올 수 없는 경우 학생이 직접 그린 그림으로 대체할 수 있다.
- 가정 연계 활동의 색종이 카네이션을 접어 붙일 수 있다.
- 학생이 카드 겉면에 그림을 그려 꾸미게 할 수 있다.

문화와 정체성

이 활동을 통해 유아들은 교사 및 주변 사람과 화목하게 지낼 수 있으며 공동체의 구성원에 대해 감사하는 마음을 가지고 이를 표현할 수 있다.

- 엄마(아빠, 선생님 등)는 우리들을 위해서 어떤 일을 하실까요?
- 여러분은 엄마(아빠, 선생님 등)가 언제 고마웠어요?

가정 연계

선생님께 감사 카드 쓰기(10-③), 카네이션 접기(10-④), 감사 카드(10-⑤)

11. 캠핑 가방 준비하기 Packing a Camping Bag

앞면

뒷면

텐트 우산

도시락 고기

운동화 모자

손전등 과자 물통

활동 수준	높음
활동 유형	게임
집단 유형	대집단
활동지 쪽수	71~74

목표

- **활동:** 가족과 함께 하는 캠핑이나 소풍에 대해 말할 수 있다.
- **표현:** '소풍을 갈 때 모자를 가지고 가요.'의 의미를 이해할 수 있다.
  '-(으)ㄹ 때': 어떤 행동이나 상황이 일어나는 동안이나 그 시기 또는 그러한 일이 일어난 경우를 나타낼 때 사용한다. 앞말에 받침이 있으면 '-을 때'를 사용하고, 받침이 없거나 'ㄹ'이면 '-ㄹ 때'를 사용한다.
  예) 캠핑을 갈 때 과자를 가지고 가요.
- **어휘:** 캠핑 준비물과 관련된 단어를 알 수 있다.
  예) 도시락, 과자, 우산, 텐트, 모자, 물통, 운동화, 손전등, 고기

자료

- 캠핑 준비물(11-①)
- 캠핑 가방(11-②)

준비물

- 가위, 풀

방법

(1) 다 같이 가족, 친구와 함께 캠핑이나 소풍을 가 본 경험에 대해 이야기를 나눈다.

(2) 캠핑 준비물(11-①)을 보고 캠핑이나 소풍을 갈 때 필요한 물건에 대해 이야기를 나눈다.

(3) 학생들은 캠핑을 갈 때 가져가고 싶은 물건을 캠핑 준비물(11-①)에서 오려 캠핑 가방(11-②)에 붙인다.

(4) 학생들은 자신이 준비한 물건을 소개하고, 그 물건을 선택한 이유를 말한다.

(5) 학생들은 캠핑이나 소풍을 가서 하고 싶은 일에 대해 이야기를 나눈다.

(6) 교사는 캠핑이나 소풍을 가서 자주 하는 활동인 '보물찾기' 게임을 진행한다.

게임 방법

❶ 교사는 '보물'을 쓸 수 있는 종이를 미리 준비하여 학생들에게 한 장씩 나누어 준다.
❷ 학생들은 종이에 자신의 이름과, 자신이 친구에게 해 줄 수 있는 일을 쓴다(예: 친구를 안아 주기, 친구에게 노래해 주기).
❸ 학생들은 자신이 쓴 종이를 접어 교실 안에 숨긴다.
❹ 학생들은 1분 동안 다른 학생이 숨긴 보물을 찾는다.
❺ 자신이 쓴 보물을 찾은 친구를 만나서 친구에게 종이에 쓴 행동을 한다.

질문 예시

- ○○(이)는 가족과 함께 하고 싶은 일이 뭐예요?
- 가족과 함께 소풍을 가고 싶어요. 어디에 가면 좋을까요?
- 가족과 함께 캠핑을 하고 싶어요. 뭐가 필요할까요?

First, talk about camping or picnic experiences with family and friends then look at the camping preparation figures (11-①) and talk about what is needed for camping or field trips. Next, cut out things to bring camping from the activity sheet (11-①) and put them on/in the camping bag (11-②). In addition, introduce things you prepared and explain your reasons why. Then talk about what you want to do with the camping bag. Finally, play the'treasure hunting'activity, which is often done during camping.

도움말

활동

- 교사는 보물찾기 활동을 할 때 쓰기를 어려워하는 학생을 도와준다.
- 실제 선물을 준비하여 보물찾기 활동을 진행할 수 있다.

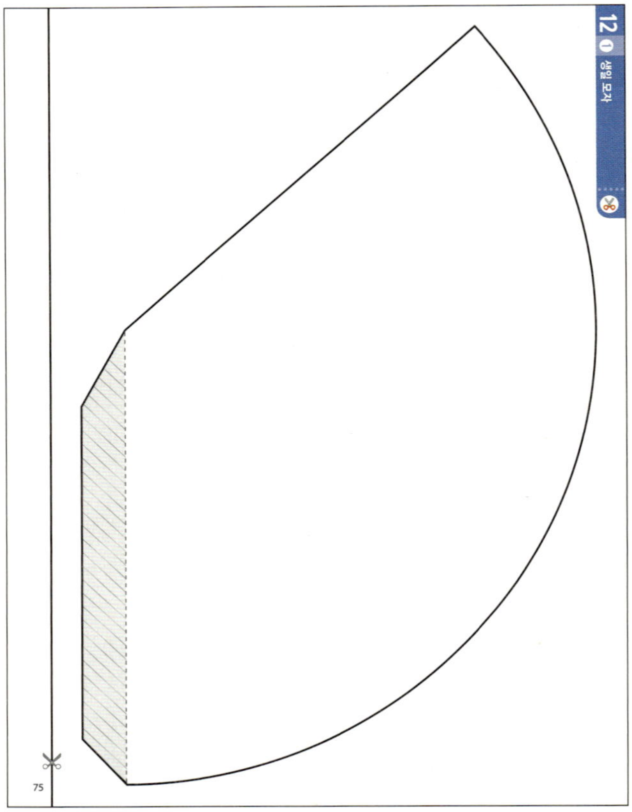
12 ① 생일 모자
75

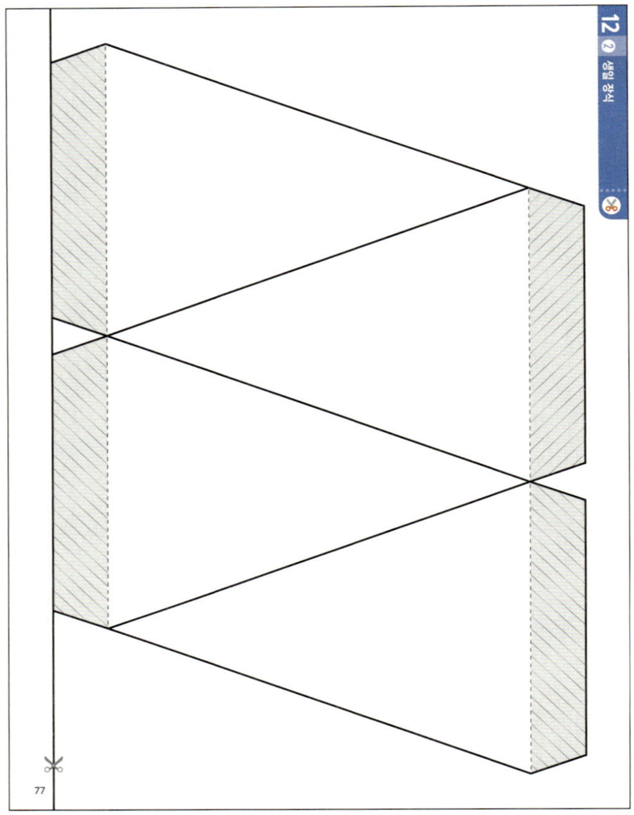
12 ② 생일 장식
77

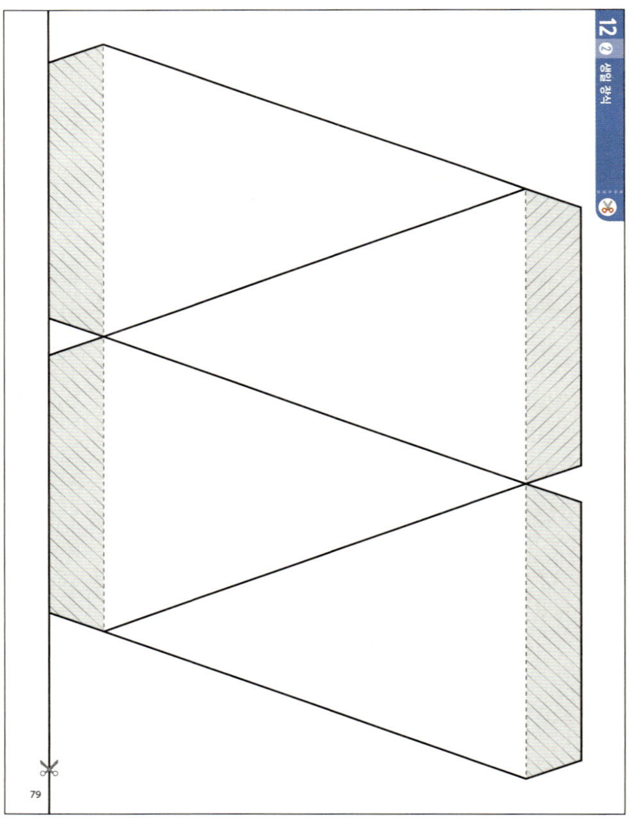
12 ② 생일 장식
79

12 ③ 생일 초대장
의 생일 파티
♥ 날짜: 월 일
♥ 장소: 의 집
81

목표

- **활동:** 생일 파티에 대해 말할 수 있다.
- **표현:** '친구한테서 생일 초대를 받았어요.'의 의미를 이해할 수 있다.
  '한테서': '에게서'와 같은 뜻으로 어떤 행동이 시작되는 대상임을 나타내는 조사이다.
  예) 엄마한테서 선물을 받았어요.
- **어휘:** 생일 파티와 관련된 단어를 알 수 있다.
  예) 생일, 파티, 초대장, 날짜, 장소, 축하하다

자료

- 생일 모자(12-①)
- 생일 장식(12-②)
- 생일 초대장(12-③)

준비물

- 긴 줄, 고무줄, 가위, 풀, 테이프, 연필, 사인펜, 색연필

활동 수준	높음
활동 유형	조작
집단 유형	개별
활동지 쪽수	75~82

방법

(1) 교사는 학생들에게 생일이 언제인지 물어보며 활동을 소개한다.

(2) 학생들은 생일 모자(12-①)에 그림을 그리거나 색칠한 후, 오려서 생일 모자를 만든다.

(3) 학생들은 생일 장식(12-②)에 글씨를 쓰거나 그림을 그리고 색칠해서 꾸민다. 다 꾸민 장식은 오린 후에 줄이 통과되도록 붙이는 선을 바깥쪽으로 접어서 붙인다.

(4) 교사는 학생들이 완성한 생일 장식(12-②)을 모아 줄에 붙여 벽에 건다.

(5) 학생들은 생일 초대장(12-③)의 빈칸을 채워서 초대장을 만든다.

(6) 학생들은 생일 파티에 초대하고 싶은 친구에게 초대장을 준다.

(7) 교사와 학생들은 함께 생일 축하 노래를 부른다.

질문 예시

- 여러분은 생일이 언제예요?
- (생일이 가까운 학생 한 명을 지목하여) 우리 오늘 ○○(이)의 생일 파티를 해 볼까요?
- 여러분의 생일 파티에 초대할 친구들에게 초대장을 만들어 봐요.

Draw a picture and color the birthday hat activity sheet (12-①) and cut it out to make a birthday hat and write letters or draw pictures on the birthday decoration activity sheet (12-②) then color it and cut it out. At this point, the teacher gathers the activity sheets (12-②) from students, attaches them to a string and hangs the birthday decorations on the wall. While the teacher makes the birthday decorations, students write birthday invitations (12-③) then give the invitations to friends they want to invite. Finally, students sing the happy birthday song together.

도움말

활동

- 교사는 학생의 수를 생각하여 고무줄을 준비하고, 학생이 생일 모자를 쓸 수 있게 구멍을 뚫어 고무줄을 끼워 준다.
- 교사는 완성된 작품이나 그림 자료를 준비하여 학생의 이해를 돕는다.
- 교사는 생일 초대장(12-③) 쓰기를 어려워하는 학생에게 도움을 준다.

13. 친구 나무 만들기 Making a Friend Tree

활동 수준	높음
활동 유형	언어
집단 유형	대집단
활동지 쪽수	83~84

목표

- **활동:** 다른 사람에게 친구를 소개할 수 있다.
- **표현:** '제 친구의 이름은 ○○○이에요.'의 의미를 이해할 수 있다.
  '의': 뒤에 나오는 명사가 나타내는 대상이 앞에 있는 명사에 소유되거나 소속됨을 나타내는 조사이다.
  예) 친구의 생일은 ○월 ○일이에요.
- **어휘:** 친구 나무 만들기와 관련된 단어를 알 수 있다.
  예) 친구, 나무, 소개하다

자료

- 친구 나무 그림판(13-①)

준비물

- 연필, 사인펜, 색연필, 크레파스

방법

(1) 교사는 반 학생 중 한 명에 대한 수수께끼를 만들어 질문하고 학생들이 누구인지 대답하게 한 후에 활동에 대해 안내한다.

(2) 학생들은 친구 나무 그림판(13-①) 맨 아래 빈칸에 자기 이름을 쓴다. 그리고 교실을 자유롭게 돌아다니며 친구를 만나서 자신의 이름과 생일을 소개하고 친구 나무 그림판(13-①)의 사과 아래에 친구의 이름과 생일을 쓴다.

(3) 학생들은 친구 나무 그림판(13-①)에 친구들의 얼굴을 그려 넣어 그림판을 완성한 다음, 친구들에게 그림판의 친구를 소개한다.
"제 친구 이름은 ○○○이에요/예요. 생일은 ○월 ○일이에요."

질문 예시

- 교사는 친구 한 명을 다음과 같이 소개한다. "이 친구의 키가 커요. 친구의 옷이 노란색이에요. 누구일까요?"
- 우리 오늘 친구들에게 자기 이름과 생일을 소개해요.

First, the teacher asks about students' friends in the class and students answer by saying, "This friend likes to swim and is the tallest in the class. Who is this person?" Next, students move around the classroom to introduce themselves to a friend and write a friend's name in the tree book figure (13-①). Draw pictures of classmates on the friend tree book figure (13-①) and introduce them. For example, "My friend's name is ______. His birthday is ______, ______."

도움말

활동

- 그림 그리기 대신 사과 그림 안에 친구의 사진을 붙이는 것으로 대체할 수 있다.
- 학생들의 그리기 속도를 생각해서 그리는 인원수를 조절한다.

문화와 정체성

이 활동을 통해 유아들은 자신에 대해 관심을 갖는 것을 넘어서 다른 친구들에게 관심을 가질 수 있다.

- 여러분은 친구가 몇 명 있어요? 누구하고 친해요?
- 그 친구랑 여러분이랑 생일이 같아요? 이름에 들어간 글자가 같아요, 달라요?

14. 선물 상자 만들기 Making a Gift Box

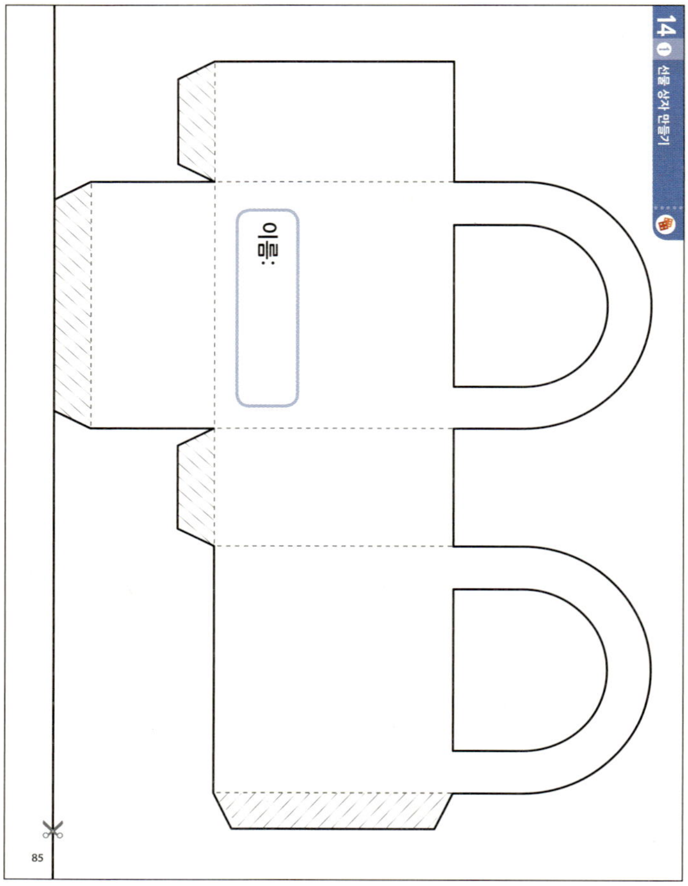

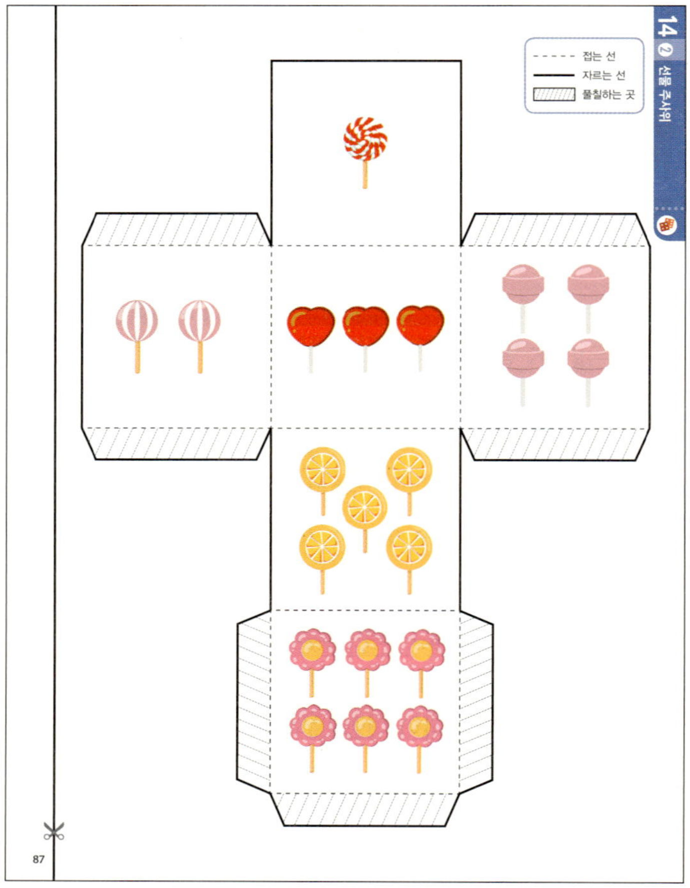

활동 수준	높음
활동 유형	게임
집단 유형	소집단
활동지 쪽수	85~88

목표

- **활동:** 주사위 놀이를 통해 숫자를 말할 수 있다.
- **표현:** '종이로 상자를 만들어요.'의 의미를 이해할 수 있다.
  '(으)로': 어떤 일의 수단이나 도구를 나타내는 조사로 앞말에 받침이 있으면 '으로'를 사용하고, 받침이 없거나 'ㄹ'이면 '로'를 사용한다.
  예) 주사위로 게임을 해요.
- **어휘:** 선물 상자 만들기와 관련된 단어를 알 수 있다.
  예) 선물, 상자, 접다, 자르다, 풀칠하다, 가위, 풀, 리본, 묶다

자료

- 선물 상자 만들기(14-①)
- 선물 주사위(14-②)

준비물

- 사탕, 리본, 가위, 풀, 사인펜

방법

(1) 교사와 학생들은 친구에게 생일 선물로 무엇을 줄 수 있는지 이야기한다.

(2) 학생들은 선물 상자 만들기(14-①)와 선물 주사위(14-②)를 오린 후 선물 상자와 선물 주사위를 만든다.

(3) 학생들은 선물을 줄 친구의 이름을 상자의 한쪽 면에 쓰고 리본 장식을 한다.

(4) 학생들은 3~4명이 한 팀이 되어 돌아가면서 선물 주사위(14-②)를 던져 해당 숫자만큼 사탕을 가져갈 수 있는 게임을 한다.

(5) 학생들은 주사위를 던져서 나온 숫자를 사용해 교사에게 말한다.
예) 숫자 2가 나왔을 때, "사탕 2개 주세요."라고 말한다.

(6) 학생들은 교사에게서 받은 사탕을 상자에 넣어 친구에게 선물한다.

질문 예시

- 오늘이 친구 생일이에요. 여러분은 무엇을 주고 싶어요?
- 오늘은 종이로 선물 상자를 만들어서 친구에게 선물해 보세요.

To introduce this activity, talk about what we can give to friends as birthday presents then make a gift box using the gift box drawing (14-①). Next, write the name of the friend who will receive the present and decorate the gift box with a ribbon. Also, take turns to throw the dice to get as many candies as the number shows on the dice. Finally, throw the dice and say the number that appears, so you can get that many candies, but you have to say, "Give me ____ candies, please." Put the candy in the box and then present a gift box to your friend.

도움말

활동

- 사탕 대신 각자 친구에게 주고 싶은 선물을 준비해 완성된 상자에 넣을 수도 있다.
- 시간을 고려하여 주사위 만들기는 생략하고 기존의 주사위를 활용할 수도 있다.

15. 동요 '곰 세 마리' Sing 'Three Bears'

15 ① '곰 세 마리' 노래

곰 세 마리

반주

곰 세 마리가 한 집에 있어

아빠 곰 엄마 곰 아기 곰

풀 곰은 뚱뚱해

풀 곰은 날씬해

풀 곰은 너무 귀여워

히쭉히쭉 잘한다

89

엄마	아기	아빠

활동 수준	낮음
활동 유형	음악
집단 유형	대집단
활동지 쪽수	89~90

Track 02　Track 02_반주

목표

- **활동:** 동요의 노랫말을 이해하고 부를 수 있다.
- **표현:** '곰 세 마리가 한 집에 있어요.'의 의미를 이해할 수 있다.
  '에': 앞말이 어떤 장소나 자리임을 나타내는 조사이다.
  예) 선생님은 학교에 있어요.
- **어휘:** 동요에 나오는 단어와 표현을 알 수 있다.
  예) 곰, 엄마, 아빠, 아기, 세, 한, 뚱뚱하다, 날씬하다, 귀엽다

자료

- '곰 세 마리' 노래(15-①)

준비물

- 가위, 풀

방법

(1) 교사는 학생들이 누구와 살고 있는지, 함께 사는 사람을 뭐라고 부르는지를 물어본다.

(2) 다 같이 노랫말에 나오는 곰에 대해 이야기를 나눈다.

(3) 교사는 학생들과 '아빠, 엄마, 아기' 단어의 의미를 먼저 확인한 후 곰들이 어떤 모습일지 추측하며 이야기를 나눈다.

(4) 교사가 노래를 한 소절씩 들려주면 학생들은 '곰 세 마리' 노래(15-①)의 빈칸에 들어갈 알맞은 글자를 잘라서 붙인다.

(5) 다 같이 노랫말에 나오는 곰들의 모습을 몸으로 표현하며 노래를 부른다.
예) 아빠 곰은 뚱뚱해(양 팔을 배 앞으로 둥글게 원을 그리며), 엄마 곰은 날씬해(양 손을 허리 옆에 두며), 아기 곰은 너무 귀여워(양 손으로 주먹을 살짝 쥔 채로 가볍게 흔들며)

질문 예시

- 여러분은 누구와 같이 살아요?
- 한 집에 같이 사는 사람을 뭐라고 해요?
- 아기 곰은 누구랑 같이 살까요?

First, listen to the song, 'three bears' then talk about bears that appear in the lyrics. Students cut figures from the worksheet page and attach them to the bottom of worksheet page (15-①). Next, sing the song with 'Lalala' then sing it with the actual lyrics. Finally, imitate the motions of the bears in the lyrics while singing.

도움말

활동

- 학생들의 수준을 고려하여 외모와 성격을 나타내는 다른 단어로 바꿔서 노래를 부를 수도 있다.
- 학생들의 가족 상황에 맞게 가사를 바꿔서 부를 수도 있다.

곰 세 마리

작자 미상

본 큰 그림책 자료는 '가족과 친구'와 관련된 활동지를 통해 습득한 언어 지식을 다시 한번 활용할 수 있도록 개발하였다. 학생은 그림을 보면서 교사와 '가족과 친구'에 관련된 이야기를 재미있게 나눌 수 있다. 이 자료는 유아가 자신의 몸과 마음에 대한 이해를 토대로 긍정적인 자아 개념을 형성하고 가족과 친구의 소중함을 알 수 있도록 이와 관련된 어휘와 활동 내용을 모두 포함하는 그림으로 표현하였다. 유아들이 본 큰 그림책 자료를 활용하여 자신의 몸에 대한 긍정적인 인식과 자신의 감정을 표현하는 것은 물론 가족과 친구의 감정도 살펴 가족 및 친구와의 관계에서 필요한 사회적인 경험을 할 수 있도록 제작하였다. 교사와 학생들이 주제와 관련된 그림 자료를 같이 보면서 대화를 나누는 수업은 의사소통 능력을 신장시키고 장기적으로 언어에 대한 흥미도 높일 수 있으며 가족과 친구에 대한 다양한 이야기를 할 수 있게 한다.

교사 질문

큰 그림책 자료를 활용하여 자신의 몸과 다양한 감정에 대해 말할 수 있다. 다음의 질문을 통해 자신의 몸과 다양한 감정에 관한 어휘와 표현을 확인할 수 있다.

예시

- (교사가 몸의 여러 부위를 가리키며) 이게 뭐예요?
- 여러분 몸에서 손(머리, 눈, 코, 입, 팔, 다리, 배, 가슴)을 찾으세요.
- 여러분은 언제 기뻐요? 언제 슬퍼요? 언제 화나요? 언제 무서워요?
- (교사가 기쁜 표정을 지으며) 선생님은 기분이 어떤 것 같아요? 여러분도 선생님처럼 해 볼까요?
- 친구가 도와주면 기분이 어때요? 친구에게 어떻게 말해요?
- 친구와 싸우면 기분이 어때요? 친구에게 어떻게 말해요?
- 엄마 아빠가 항상 우리를 도와주세요. 그럴 때 기분이 어때요? 엄마에게 무슨 말을 하고 싶어요?
- 오늘이 여러분의 생일이에요. 친구에게 선물을 받으면 기분이 어때요? 뭐라고 인사하면 좋을까요?

건강과 운동 Health and Exercise

	활동명	활동 수준	활동 유형	집단 유형	가정 연계	활동지 쪽수	지도서 쪽수
1	건강한 생활 습관	낮음	게임	소집단	○	93~104	50~51
2	바른 자세	낮음	조작	개별		105~108	52~53
3	손 씻기 게임	낮음	게임	소집단		109~116	54~55
4	이 닦기 게임	낮음	게임	대집단		117~120	56~57
5	내 몸이 좋아하는 음식	높음	조작	개별		121~124	58~59
6	건강 샌드위치 만들기	낮음	조작	개별	○	125~136	60~61
7	채소 도장으로 그림 그리기	낮음	미술	개별		137~140	62~63
8	아픈 이유 말하기	높음	언어	소집단		141~144	64~65
9	운동 도구 찾기 게임	높음	게임	소집단		145~148	66~67
10	운동을 할 수 있는 곳	높음	조작	개별	○	149~158	68~69
11	양궁 과녁 맞히기	낮음	신체	대집단	○	159~166	70~71
12	동서남북 게임	낮음	게임	소집단		167~170	72~73
13	손가락 축구	낮음	신체	소집단		171~172	74~75
14	운동 경기 수수께끼	높음	언어	대집단		173~176	76~77
15	그림 보면서 이야기 만들기	높음	언어	소집단		177~180	78~79

교육 자료의 주제 및 내용 구성

건강하고 안정된 삶은 행복하고 즐거운 생활의 기본적인 조건이다. 인간은 심신이 건강하고 안전이 유지되었을 때, 주변 세계를 즐겁게 탐색하여 다른 사람과 긍정적인 관계를 맺게 된다. 그러므로 유아는 생애 초기부터 건강과 건강한 삶을 유지하기 위한 운동의 중요성을 인식하고 건강한 생활을 습관화할 필요가 있다. 이와 같은 측면에서 '건강과 운동' 주제는 유아가 건강한 삶을 영위할 수 있게 도와주는 중요한 주제이다.

본 교육 자료를 통해 유아는 한국어 의사소통 능력을 향상시킬 수 있다. 예를 들어 유아는 '1. 건강한 생활 습관', '2. 바른 자세', '6. 건강 샌드위치 만들기', '8. 아픈 이유 말하기' 활동 등을 통해 자신의 느낌, 생각, 경험을 말하는 연습을 함으로써 한국어 말하기 능력의 향상을 꾀할 수 있다. 또한 유아는 '14. 운동 경기 수수께끼'와 같은 활동을 통해 다른 사람이 말한 낱말, 문장, 이야기 내용을 이해하는 듣기 능력을 기를 수 있다. 그리고 바른 태도로 다른 사람의 이야기를 주의 깊게 듣는 법도 배울 수 있다. 아울러 유아들은 '15. 그림 보면서 이야기 만들기'와 같은 활동을 통해 상상력을 키울 수 있을 뿐만 아니라 자신이 상상한 이야기를 다양한 어휘와 표현을 사용해 이야기해 봄으로써 표현력도 기를 수 있다.

1. 건강한 생활 습관 Healthy Daily Habits

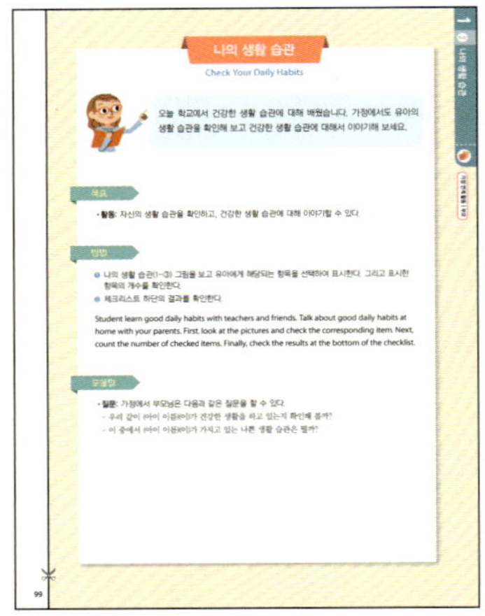

앞면

뒷면

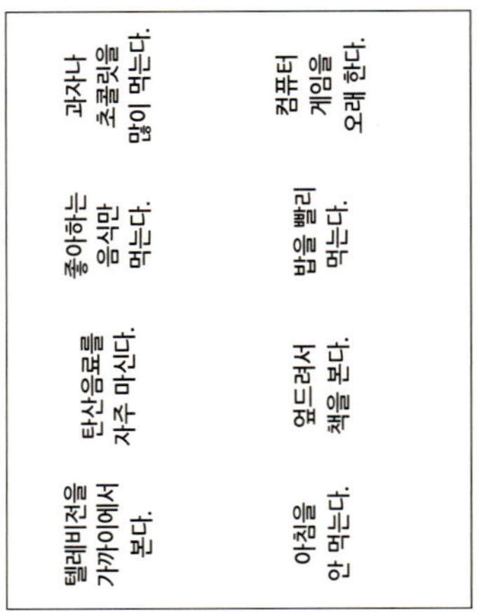

앞면

뒷면

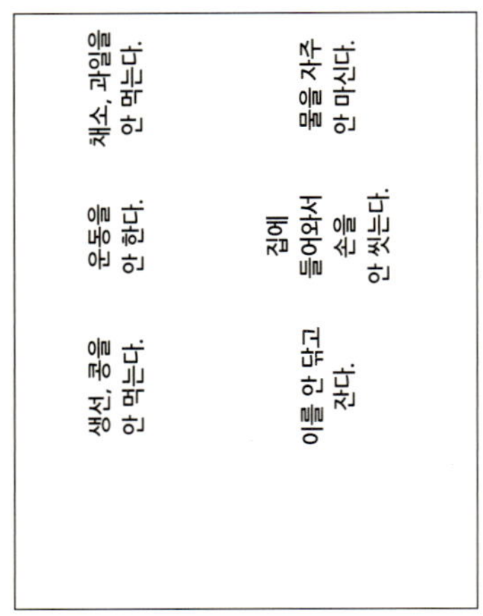

목표

- **활동:** 건강한 생활 습관에 대해 말할 수 있다.
- **표현:** '좋은 생활 습관에는 무엇이 있어요?'의 의미를 이해할 수 있다.
  '-(으)ㄴ': (형용사에 붙어) 앞의 말이 뒤에 오는 단어를 꾸며주는 기능을 하게 만들고 현재의 상태를 나타내는 표현으로 앞말에 받침이 있으면 '-은'을 사용하고, 받침이 없거나 'ㄹ'이면 '-ㄴ'을 사용한다.
  예) 나쁜 생활 습관은 버려야 해요.
- **어휘:** 건강한 생활 습관에 대한 단어와 표현을 알 수 있다.
  예) 채소와 과일을 많이 먹는다, 식사 30분 전에 물을 마신다, 매일 운동을 한다

자료

- 생활 습관 카드(1-①)
- 생활 습관 게임 판(1-②)

준비물

- 가위, 게임 말이 될 만한 물건
  예) 바둑알, 체스 말

활동 수준	낮음
활동 유형	게임
집단 유형	소집단
가정 연계	있음
활동지 쪽수	93~104

방법

(1) 교사는 좋은 생활 습관, 나쁜 생활 습관에는 무엇이 있는지 학생들에게 질문한다.

(2) 학생들은 생활 습관 카드(1-①)를 함께 오린 후 각 카드가 무엇을 말하는지 추측해 이야기한다. 그리고 교사와 같이 확인한다.

(3) 학생들이 두 명씩 짝을 이루어 건강한 생활 습관 게임을 한다.

게임 방법

❶ 각자 자신의 말을 골라 '출발' 지점에 놓는다.
❷ 생활 습관 카드(1-①)를 오리고 섞어서 뒤집어 놓는다.
❸ 한 명씩 돌아가면서 카드를 뒤집어 확인한다.
❹ 좋은 생활 습관 카드면 한 칸 앞으로 가고, 나쁜 생활 습관 카드면 한 칸 뒤로 간다. 그리고 카드를 뽑은 후에는 뽑은 카드가 무엇을 의미하는지 이야기한다.
예) (과자나 초콜릿을 많이 먹는 나쁜 생활 습관 카드를 뽑은 경우) "과자나 초콜릿을 많이 먹어요."
(단, '출발' 지점에 있을 때는 나쁜 생활 카드를 뽑아도 뒤로 가지 않는다. 또한 만약 움직인 자신의 말이 함정에 빠지거나 뱀과 가시덤불과 같은 장애물을 만나면 그 말 주인은 다음 차례에 한 번 쉰다.)
❺ 확인한 카드는 뒤집은 채로 카드 더미의 가장 밑에 넣어 둔다.
❻ 말이 가장 빨리 '도착' 지점에 들어오는 학생이 이긴다.

■ 질문 예시

- 여러분, 여러분은 매일 운동을 해요? 아니면 운동을 전혀 안 해요?
- 운동을 전혀 안 하면 어떻게 돼요? 맞아요. 건강이 안 좋아져요.
- 운동을 매일 하는 것은 좋은 생활 습관이고 운동을 전혀 안 하는 것은 나쁜 생활 습관이에요.
- 우리 좋은 생활 습관에는 무엇이 있는지 같이 이야기해요.
- 그러면 나쁜 생활 습관에는 무엇이 있을까요?

Before beginning the game, talk about healthy daily habits. Next, read the daily habit cards (1-①) together and cut them out. Finally, play the healthy daily habits game.

How to play the game

First, put the daily habit figure cards (1-①) upside down and take turns to flip a card over and read it. Next, move forward according to the number on the card if it is a healthy daily habit card, but move backward by the same number if it is an unhealthy daily habit card. Finally, the student who arrives at the finish first, wins.

도움말

■ 활동

- 활동지에 제시된 카드는 다음을 의미한다.

나쁜 생활 습관	좋은 생활 습관
① 과자나 초콜릿을 많이 먹는다.	① 채소와 과일을 많이 먹는다.
② 텔레비전을 가까이에서 본다.	② 식사 30분 전에 물을 마신다.
③ 좋아하는 음식만 먹는다.	③ 매일 운동을 한다.
④ 밥을 빨리 먹는다.	④ 아침에 일어나서 물을 마신다.
⑤ 탄산음료를 자주 마신다.	⑤ 생선, 콩을 자주 먹는다.
⑥ 누워서 책을 본다.	⑥ 손을 깨끗이 씻는다.
⑦ 화장실 사용 후 손을 안 씻는다.	⑦ 자기 전에 이를 닦는다.
⑧ 아침을 안 먹는다.	⑧ 잠은 8시간 정도 잔다.
⑨ 컴퓨터 게임을 많이 한다.	⑨ 책과 장난감을 잘 정리한다.

- 게임 전 건강한 생활 습관에 대해서 충분히 이야기 나눈다.
- 나라나 문화에 따라 생활 습관이 다를 수 있다는 점에 유의하여 학생들에게 충분히 설명해 준다.

■ 발음

먹는다[멍는다] 발음을 연습한다. 앞 자음에 있는 장애음이 뒤에 오는 비음의 영향을 받아 비음으로 바뀐다. 자음 'ㄱ, ㄷ, ㅂ'이 비음의 영향을 받아 'ㅇ, ㄴ, ㅁ'으로 바뀐다.

가정 연계

■ 나의 생활 습관(1-③)

2. 바른 자세 Correct Posture

앞면

뒷면

❶ 의자 등받이에 등을 바짝 붙이고 앉아야 해요.

❷ 가방은 양쪽 어깨에 메야 해요.

❸ 핸드폰을 너무 가까이 보면 안 돼요.

❹ 엎드려서 책을 읽으면 안 돼요.

앞면

뒷면

의자 등받이에 등을 바짝 붙이고 앉아야 해요.

가방은 양쪽 어깨에 메야 해요.

엎드려서 책을 읽으면 안 돼요.

핸드폰을 너무 가까이 보면 안 돼요.

활동 수준	낮음
활동 유형	조작
집단 유형	개별
활동지 쪽수	105~108

목표

- **활동:** 교실에서의 바른 자세에 대해 말할 수 있다.
- **표현:** '바른 자세를 가져요.'의 의미를 이해할 수 있다.
  '-(으)ㄴ': (형용사에 붙어) 앞의 말이 뒤에 오는 단어를 꾸며주는 기능을 하게 만들고 현재의 상태를 나타내는 표현으로 앞말에 받침이 있으면 '-은'을 사용하고, 받침이 없거나 'ㄹ'이면 '-ㄴ'을 사용한다.
  예) 나쁜 자세는 좋지 않아요.
- **어휘:** 바른 자세에 대한 단어와 표현을 알 수 있다.
  예) 등받이에 등을 바짝 붙이고 앉다, 가방을 양쪽 어깨에 메다, 핸드폰을 가까이에서 보다, 엎드려서 책을 읽다

자료

- 나쁜 자세 그림(2-①)
- 바른 자세 그림 카드(2-②)

준비물

- 가위, 풀

방법

(1) 교사는 학생들에게 나쁜 자세 그림(2-①)을 보고 그림 속 학생들의 자세가 왜 잘못되었는지 묻는다.

(2) 학생들은 나쁜 자세 그림(2-①)을 보고 각 학생들의 자세가 왜 잘못되었는지 이야기한다. 그리고 바른 자세 그림 카드(2-②)를 오려서 바꿔야 하는 나쁜 자세 그림에 붙인다.

(3) 학생들이 바른 자세를 직접 해 본다.

질문 예시

- 여러분, 우리 나쁜 자세 그림(2-①)을 같이 볼까요? 여기에는 몇 명의 학생들이 있어요?
- 맞아요. 네 명의 학생들이 있어요. 그런데 이 학생들의 자세가 어때요?
- 네, 좋지 않아요. 이 학생은 자세가 왜 안 좋아요?
- 맞아요. 엎드려서 책을 보고 있어요. 왜 엎드려서 책을 보면 안 돼요?

First, look at the bad posture figures (2-①) and talk about healthy postures. Next, cut out the correct posture figure cards (2-②) and glue them on the bad posture figures that need to be fixed. Finally, try to use correct postures.

도움말

활동

교실에서 직접 바른 자세를 해 보며 교정을 할 수 있다.

발음

붙이다[부치다] 발음을 연습한다. 자음 'ㄷ, ㅌ'이 모음 'ㅣ'를 만나 'ㅈ, ㅊ'으로 소리가 바뀌는 구개음화 현상이다.

3. 손 씻기 게임 Hand Washing Game

앞면

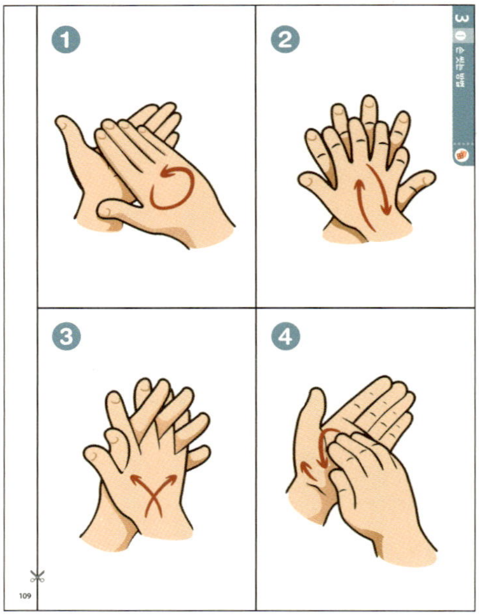

뒷면

손등과 손바닥을 문질러요.

손바닥과 손바닥을 마주 대고 문질러요.

손가락을 손바닥에 놓고 문질러요.

손가락을 서로 문질러요.

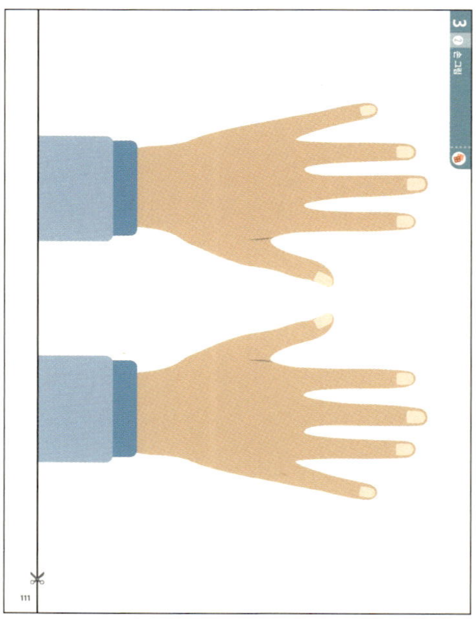

활동 수준	낮음
활동 유형	게임
집단 유형	소집단
활동지 쪽수	109~116

목표

- **활동:** 손 씻는 방법과 습관에 대해 말할 수 있다.
- **표현:** '손을 깨끗이 씻어요.'의 의미를 이해할 수 있다.
  '-아/어요': 어떤 사실을 설명하거나 질문, 명령, 권유함을 나타내는 표현으로 문장의 마지막에서 쓰인다. '-아요'는 끝음절의 모음이 'ㅏ, ㅗ'로 끝나는 동사와 형용사 뒤에 붙여 쓰고, '-어요'는 끝음절의 모음이 'ㅏ, ㅗ'로 끝나지 않는 동사와 형용사 뒤에 붙여 쓴다. '-해요'는 '하다'나 '하다'가 붙는 동사와 형용사 뒤에 붙여 쓴다.
  예) 손가락을 문질러요.
- **어휘:** 손 씻는 방법에 대한 단어와 표현을 알 수 있다.
  예) 손바닥, 손등, 손가락, 병균, 문지르다

자료

- 손 씻는 방법(3-①)
- 손 그림(3-②)
- 병균 그림 카드(3-③)
- 손 씻기 주사위(3-④)

준비물

- 가위, 풀

방법

(1) 교사는 학생들에게 손을 자주 씻는지, 언제, 어떻게 씻는지 질문한다. 그리고 왜 손을 씻어야 하는지, 어떻게 손을 씻으면 좋을지 생각해 보게 한다.

(2) 교사는 손 씻는 방법(3-①)을 보면서 손 씻는 올바른 방법에 대해서 설명한다.

(3) 학생들은 병균 그림 카드(3-③)를 잘라 놓고 손 씻기 주사위(3-④)를 만든 후 두세 명씩 짝을 지어 손 씻기 게임을 한다.

게임 방법

❶ 각자 병균 그림 카드(3-③)를 손 그림(3-②)에 올려놓는다.
❷ 번갈아가며 손 씻기 주사위(3-④)를 굴려서 손 씻는 그림이 나오면 손 그림(3-②)에 있는 병균 그림 카드를 한 장 뗀다.
❸ 손 그림(3-②)에서 모든 병균 그림 카드를 가장 빨리 떼는 학생이 이긴다.

■ 질문 예시

- 여러분은 손을 자주 씻어요?
- 언제 손을 씻어요?
- 어떻게 손을 씻어요?
- 우리는 왜 손을 씻어야 해요?
- 어떻게 손을 씻으면 좋을까요?

First, discuss when and why hands need to be washed. Next, look at the hand washing instructions on (3-①) and talk about the correct method for hand washing. Next, play the hand washing game.

How to play the game

First, cut out the germ cards (3-③) and put them on top of the hand figure (3-②). Next, roll the hand washing dice (3-④) then take off a 'germ' card if the hand washing figure appears on the dice. Finally, the student who gets rid of all the germ cards from the hand washing sheet first, wins.

도움말

■ 활동

- 흙장난하는 그림이 나올 경우 병균 카드를 붙이는 규칙을 더할 수 있다.
- 교사가 손 씻는 방법을 설명한 후 학생들로 하여금 배운 방법으로 직접 손을 씻어 보게 할 수 있다.

4. 이 닦기 게임 Tooth Brushing Game

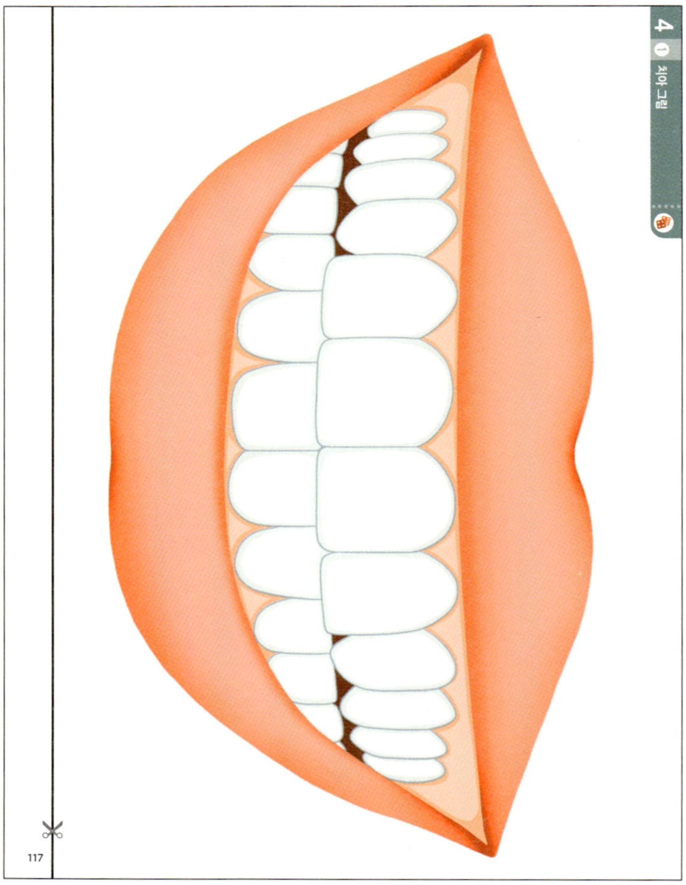

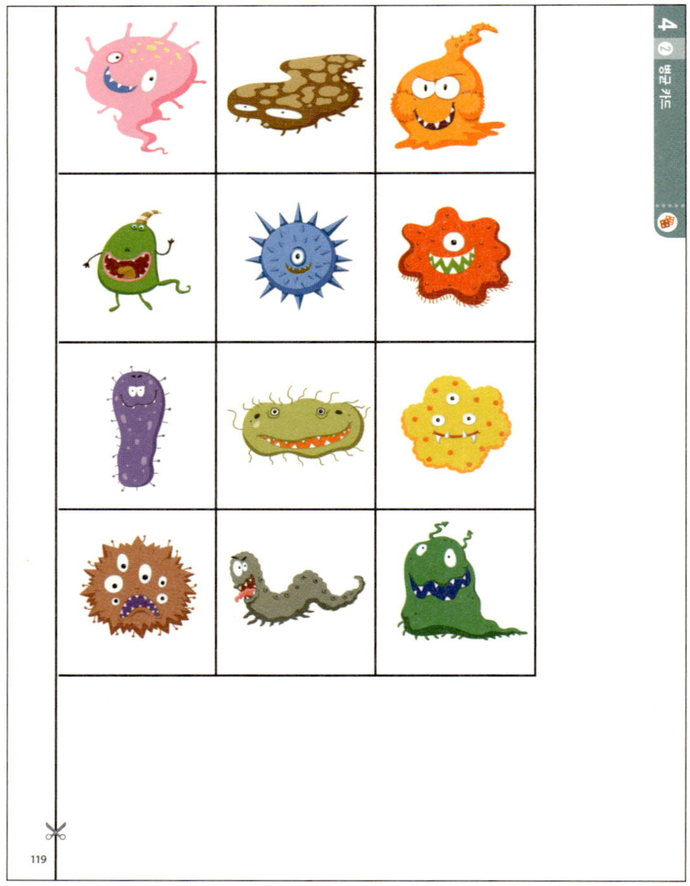

활동 수준	낮음
활동 유형	게임
집단 유형	대집단
활동지 쪽수	117~120

목표

- **활동:** 이 닦는 방법과 습관에 대해 말할 수 있다.
- **표현:** '밥을 먹고 나서 이를 닦아요.'의 의미를 이해할 수 있다.
  '-고 나서': (동사에 붙어) 앞의 동작을 끝낸 다음에 다른 동작을 하는 것을 나타내는 표현이다.
  예) 이를 닦고 나서 학교에 가요.
- **어휘:** 이 닦기에 대한 단어와 표현을 알 수 있다.
  예) 이를 닦다, 윗니, 아랫니, 칫솔, 치약

자료

- 치아 그림(4-①)
- 병균 카드(4-②)

준비물

- 가위, 풀, 잘 떨어지는 테이프 또는 자석, 칫솔

방법

(1) 교사는 학생들에게 이를 자주 닦는지, 언제 이를 닦는지 질문한다.

(2) 교사는 학생들에게 이 닦는 올바른 방법에 대해 제시한다.
- 윗니와 아랫니를 골고루 닦아야 해요.
- 칫솔을 위아래로 움직여야 해요.
- 안쪽의 이도 깨끗이 닦아야 해요.

(3) 교사들은 학생들을 두 팀으로 나누어 게임을 진행한다.

게임 방법

❶ 교사는 칠판 쪽에 두 개의 치아 그림(4-①)을 붙인다. 그리고 병균 카드(4-②)를 두 세트 잘라 각각의 치아 그림에 붙여 놓는다.
❷ 학생들을 두 팀으로 나누고 칠판 맞은편에 학생들을 팀별로 세운다. 그리고 팀별로 각각 칫솔 한 개씩을 나눠 준다.
❸ 교실 바닥에 테이프로 출발선을 표시한 후 교사가 출발 신호를 보내면(예: 한 손을 올리거나 박수를 친다) 팀별로 한 명이 칫솔을 들고 자기 팀의 치아 그림(4-①)으로 뛰어간다.
❹ 치아 그림(4-①)에 도착하면 뛰어간 학생은 양치질을 하는 동작을 하고 병균 카드(4-②)를 한 장 뗀다.
❺ 다시 출발선까지 돌아와서 다음 학생에게 칫솔을 건넨다.
❻ 치아 그림(4-①)에서 병균 카드(4-②)를 먼저 다 떼는 팀이 이긴다.

질문 예시

- 여러분은 이를 자주 닦아요?
- 언제 이를 닦아요?
- 어떻게 이를 닦아요?

First, ask students how many times they brush their teeth and when they do it. Next, explain the correct methods to brushing teeth and then start a game.

How to play the game

First, cut out the germ cards (4-②) and put them on the teeth figure (4-①). Next, make two teams and attach a teeth figure for each team on a chalkboard. Once they are in place, one student on each team runs from the starting line to the teeth figure and upon arrival, the student makes tooth brushing motions and takes off a germ card. Finally, the student returns to the starting line and hands over the toothbrush to the next student. This continues until one team takes off all the germ cards first to win.

도움말

활동

- 이 닦는 동작의 규칙을 정할 수 있다.
  예) 위아래로 이를 세 번 닦는다.
- 병균 카드를 붙였다가 떼어야 하므로 교사는 잘 떨어지는 테이프, 자석 등을 미리 준비한다.
- 교사는 팀의 수에 맞게 칫솔을 준비한다.

발음

윗니[윈니], 아랫니[아랜니] 발음을 연습한다. 받침 'ㄱ(ㄲ, ㅋ, ㄳ, ㄺ), ㄷ(ㅅ, ㅆ, ㅈ, ㅊ, ㅌ, ㅎ), ㅂ(ㅍ, ㄼ, ㄿ, ㅄ)'은 'ㄴ, ㅁ' 앞에서 'ㅇ, ㄴ, ㅁ'으로 발음한다.

5. 내 몸이 좋아하는 음식 My Favorite Food

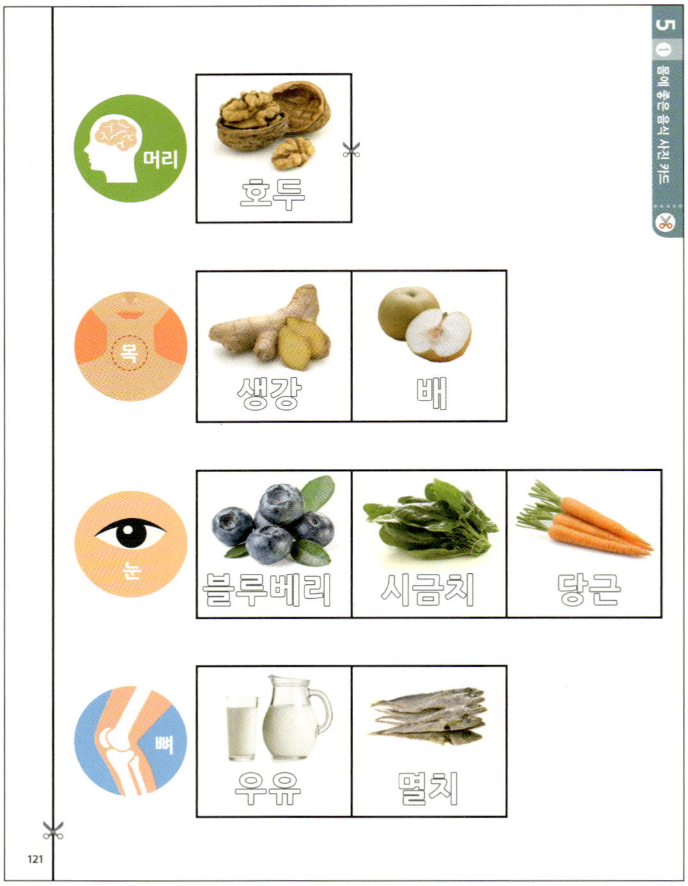

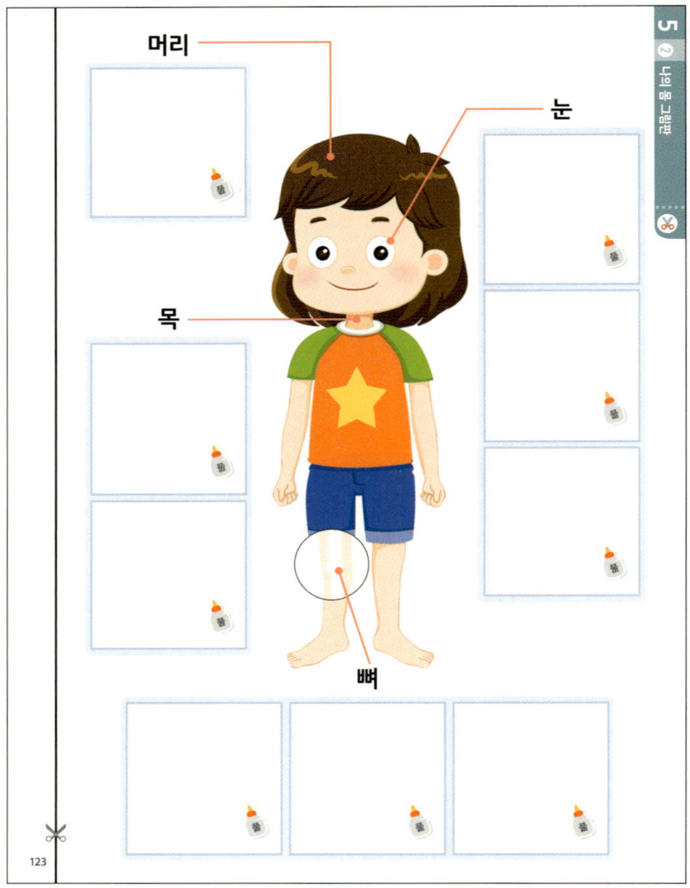

목표

- **활동:** 몸에 좋은 과일과 채소의 이름을 말할 수 있다.
- **표현:** '몸에 좋은 과일을 먹어요.'의 의미를 이해할 수 있다.
  '에': 앞말이 어떤 행위나 작용이 미치는 대상임을 나타내는 조사이다.
  예) 눈에 좋은 음식은 당근이에요.
- **어휘:** 과일과 채소에 대한 단어와 표현을 알 수 있다.
  예) 우유, 생강, 배, 시금치, 당근, 멸치, 호두, 블루베리

자료

- 몸에 좋은 음식 사진 카드(5-①)
- 나의 몸 그림판(5-②)

준비물

- 가위, 풀, 연필, 사인펜

활동 수준	높음
활동 유형	조작
집단 유형	개별
활동지 쪽수	121~124

방법

(1) 교사는 학생들에게 평소 어떤 과일과 채소를 자주 먹는지 질문한다. 그리고 그 과일과 채소를 먹으면 우리 몸에 좋을지, 나쁠지 질문한다.

(2) 학생들은 교사와 함께 몸에 좋은 음식 사진 카드(5-①)를 읽고 테두리 글자를 쓴 다음 오린다.

(3) 학생들은 나의 몸 그림판(5-②)에 있는 신체 부위를 보고 각 신체 부위에 도움이 되는 몸에 좋은 음식 사진 카드(5-①)를 찾아 붙인다.

질문 예시

- 사과를 자주 먹어요? 사과를 먹으면 건강이 좋아질까요? 나빠질까요?
- 네, 건강이 좋아져요. 사과는 우리 몸에 좋은 과일이에요.
- 그럼, 어떤 채소를 많이 먹어요? 당근을 많이 먹어요?
- 당근도 사과처럼 우리 몸에 좋은 음식일까요? 당근을 먹으면 뭐가 좋을까요?

Begin by talking about your favorite fruits and vegetables. Next, read the healthy food figure cards (5-①), write the letters then cut them out. Finally, attach vegetables and fruits to your body picture board (5-②) to show what body parts they help grow.

도움말

활동

학생들의 언어 수준에 따라 신체 부위의 명칭(머리, 목, 눈, 뼈)도 함께 이야기할 수 있다. (예: "목에 좋은 음식은 배예요.")

발음

단어 '우유'를 통해 모음 'ㅜ', 'ㅠ' 발음을 연습한다.

6. 건강 샌드위치 만들기 Making a Healthy Sandwich

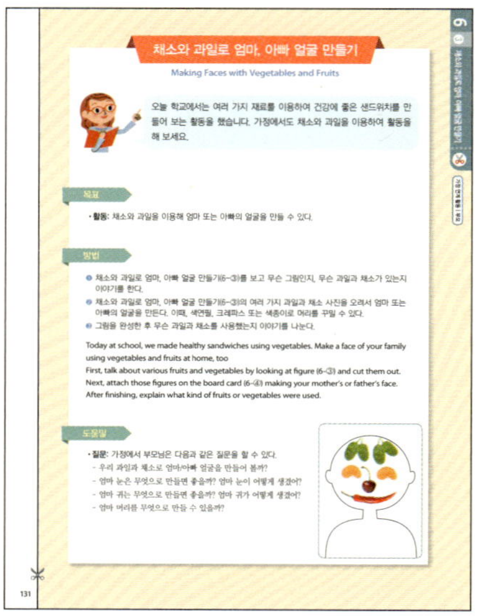

채소와 과일로 엄마, 아빠 얼굴 만들기

Making Faces with Vegetables and Fruits

오늘 학교에서는 여러 가지 재료를 이용하여 건강에 좋은 샌드위치를 만들어 보는 활동을 했습니다. 가정에서도 채소와 과일을 이용하여 활동을 해 보세요.

목표

- **활동:** 채소와 과일을 이용해 엄마 또는 아빠의 얼굴을 만들 수 있다.

방법

1. 채소와 과일로 엄마, 아빠 얼굴 만들기(6-③)를 보고 무슨 그림인지, 무슨 과일과 채소가 있는지 이야기를 한다.
2. 채소와 과일로 엄마, 아빠 얼굴 만들기(6-③)의 여러 가지 과일과 채소 사진을 오려서 엄마 또는 아빠의 얼굴을 만든다. 이때, 색연필, 크레파스 또는 색종이로 머리를 꾸밀 수 있다.
3. 그림을 완성한 후 무슨 과일과 채소를 사용했는지 이야기를 나눈다.

Today at school, we made healthy sandwiches using vegetables. Make a face of your family using vegetables and fruits at home, too
First, talk about various fruits and vegetables by looking at figure (6-③) and cut them out.
Next, attach those figures on the board card (6-④) making your mother's or father's face.
After finishing, explain what kind of fruits or vegetables were used.

도움말

- **질문:** 가정에서 부모님은 다음과 같은 질문을 할 수 있다.
  - 우리 과일과 채소로 엄마/아빠 얼굴을 만들어 볼까?
  - 엄마 눈은 무엇으로 만들면 좋을까? 엄마 눈이 어떻게 생겼어?
  - 엄마 귀는 무엇으로 만들면 좋을까? 엄마 귀가 어떻게 생겼어?
  - 엄마 머리를 무엇으로 만들 수 있을까?

앞면

뒷면

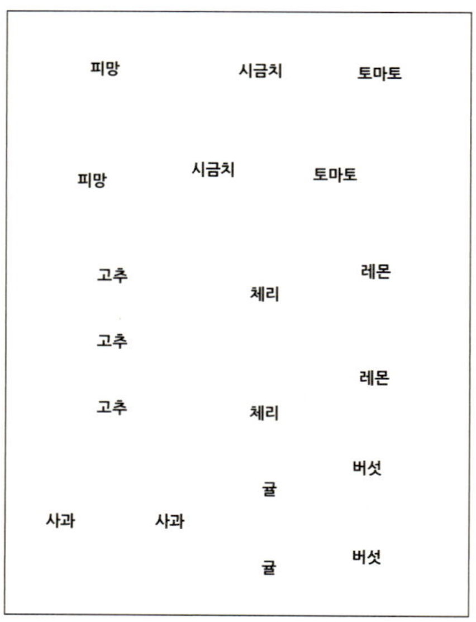

목표

- **활동:** 여러 가지 재료를 가지고 샌드위치를 만들 수 있다.
- **표현:** '샌드위치를 만들어요.'의 의미를 이해할 수 있다.
  '을/를': 동작이 직접적으로 영향을 미치는 대상을 나타내는 조사이다. 앞말에 받침이 있으면 '을'을 사용하고, 받침이 없으면 '를'을 사용한다.
  예) 샌드위치에 토마토를 넣어요.
- **어휘:** 샌드위치 재료 단어와 표현을 알 수 있다.
  예) 토마토, 양상추, 오이, 달걀, 햄, 빵, 치즈, 당근

자료

- 샌드위치 재료(6-①)
- 샌드위치 빵(6-②)

준비물

- 가위, 풀

활동 수준	낮음
활동 유형	조작
집단 유형	개별
가정 연계	있음
활동지 쪽수	125~136

방법

(1) 교사는 학생들에게 샌드위치를 좋아하는지, 좋아한다면 어떤 샌드위치를 좋아하는지 묻는다.

(2) 교사는 샌드위치에는 우리 건강에 좋은 재료가 많이 들어 있다는 것을 이야기하고, 건강에 좋은 샌드위치 재료에 대해 학생들과 같이 이야기를 나눈다.

(3) 학생들은 샌드위치 재료(6-①)를 오린다.

(4) 학생들은 자신이 원하는 재료를 선택하여 샌드위치 빵(6-②) 위에 붙인다.

(5) 학생들은 자신이 만든 샌드위치를 소개하고, 그 재료를 선택한 이유를 말한다.

질문 예시

- 여러분, 샌드위치를 좋아해요?
- 언제 샌드위치를 먹었어요?
- 샌드의치에는 햄 샌드위치, 달걀 샌드위치처럼 여러 종류가 있어요. 여러분은 어떤 샌드위치를 좋아해요?
- 샌드의치에는 건강에 좋은 재료가 많이 들어가요. 샌드위치를 만들려면 어떤 재료들이 필요할까요?

First, talk about your favorite sandwich ingredients. Next, talk about healthy ingredients used to make a sandwich then cut out the sandwich ingredient cards (6-①). Also, choose the healthy ingredients and attach them to the bread (6-②). Finally, students present their sandwiches and their reasons for selecting the ingredients.

도움말

활동

실제 재료를 준비하여 수업을 진행할 수 있다.

가정 연계

채소와 과일로 엄마, 아빠 얼굴 만들기(6-③)

앞면

뒷면

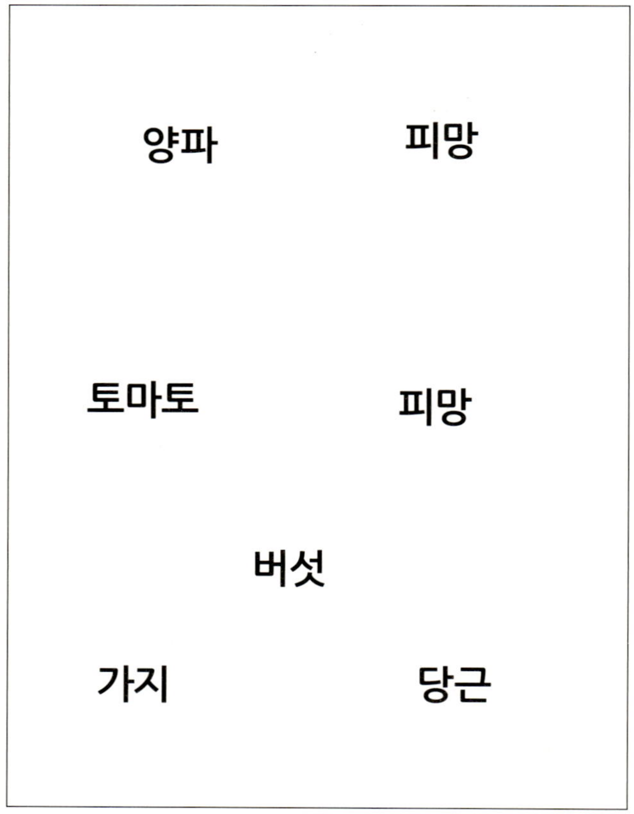

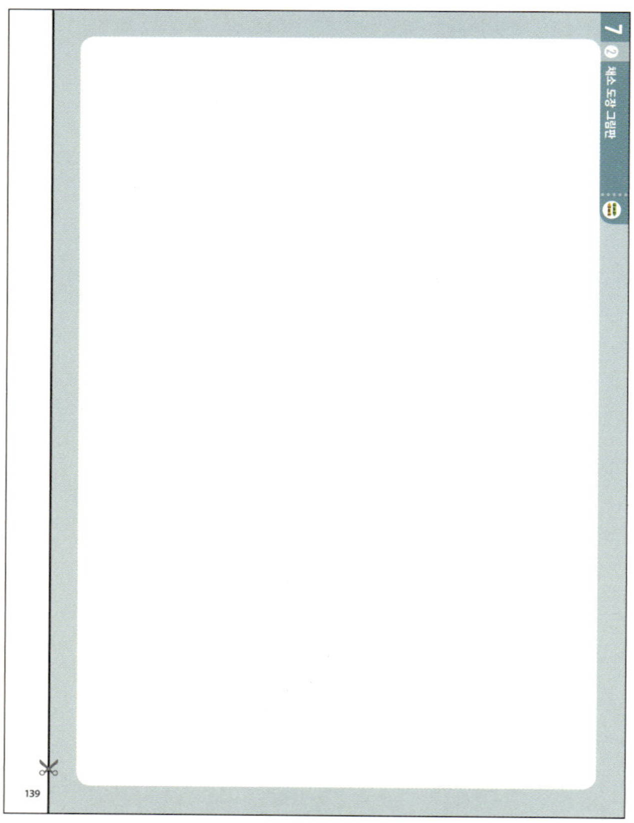

목표

- **활동:** 건강에 좋은 채소의 특징을 이해하고, 이름을 말할 수 있다. 또한 자른 채소의 단면으로 도장을 찍어 그림을 완성할 수 있다.
- **표현:** '그림을 그릴 거예요.'의 의미를 이해할 수 있다.
  '-(으)ㄹ 거예요': 앞으로 어떤 행위를 하겠다는 생각을 나타낼 때 쓰는 표현으로, 앞말에 받침이 있으면 '-을 거예요'를 사용하고 단어에 받침이 없거나 'ㄹ'이면 '-ㄹ 거예요'를 사용한다.
  예) 양파 도장을 사용할 거예요.
- **어휘:** 채소에 대한 단어와 표현을 알 수 있다.
  예) 양파, 토마토, 당근, 가지, 버섯, 피망

자료

- 채소 단면 사진(7-①)
- 채소 도장 그림판(7-②)

준비물

- 여러 가지 채소(양파, 당근, 버섯, 토마토, 가지, 피망, 브로콜리, 레몬, 연근 등), 일회용 접시, 물감

활동 수준	낮음
활동 유형	미술
집단 유형	개별
활동지 쪽수	137~140

방법

(1) 교사는 학생들에게 건강에 좋은 채소가 무엇인지 질문하고 그것이 어떻게 생겼는지 묻는다.

(2) 학생들은 채소 단면 사진(7-①)을 보고, 그것이 어떤 채소의 단면일지 추측해 이야기한다.

(3) 교사는 학생들에게 오늘 우리가 채소의 단면을 이용해 채소 도장 그림을 만들 것이라고 이야기한다. 그리고 교사는 미리 잘라 놓은 채소를 나누어 준다.

(4) 학생들은 일회용 접시에 물감을 담는다. 교사는 채소의 종류에 따라 여러 가지 모양을 만들 수 있다는 것을 설명한다.

(5) 학생들은 여러 가지 채소의 단면에 물감을 묻히고 채소 도장 그림판(7-②)에 도장을 찍어 그림을 구성한다.

(6) 학생들은 자신의 작품을 소개하고, 어떤 채소를 사용하였는지 이야기한다.

■ 질문 예시

- 여러분, 우리 건강에 좋은 채소에는 무엇이 있어요?
- 그것은 어떻게 생겼어요? 동그라미예요? 네모예요?
- 그 채소는 무슨 색깔이에요?

First, begin by talking about healthy vegetables and their shapes. Next, look at sliced sections of vegetables and talk about their shapes. In addition, put watercolors on a disposable plate then put a paper on top to make a watercolor stamp. Continue by explaining to students that different shapes can be made depending on the type of vegetable. Finally, stamp different vegetables on a paper to draw a picture then introduce your work and describe what vegetables are used.

도움말

■ 활동

- 교사는 학생의 수를 생각해서 채소와 물감을 준비하고, 채소는 미리 잘라 놓는다.
- 채소를 자를 때, '채소 단면 사진(7-①)'과 같은 모양이 나오도록 자른다.
- 교사는 완성된 작품이나 그림 자료를 준비하여 학생의 이해를 돕는다.
- 그림을 구성한 후, 어떤 채소를 사용하였는지 맞혀 보는 활동으로 진행할 수 있다.

8. 아픈 이유 말하기 Talking about Sickness

목표

- **활동:** 아픈 곳과 아픈 이유에 대해 말할 수 있다.
- **표현:** '단것을 많이 먹어서 이가 아파요.'의 의미를 이해할 수 있다.
  '-아/어서': 앞말이 뒤에 나오는 내용의 이유나 근거를 나타내는 표현이다. '-아서'는 끝음절의 모음이 'ㅏ, ㅗ'인 동사와 형용사 뒤에 붙여 쓰고 '-어서'는 끝음절의 모음이 'ㅏ, ㅗ'가 아닌 동사와 형용사 뒤에 붙여 쓴다. '-해서'는 '하다'나 '하다'가 붙는 동사와 형용사 뒤에 붙여 쓴다.
  예) 더러운 손으로 눈을 비벼서 눈병이 났어요.
- **어휘:** 아픈 곳과 관련된 단어와 표현을 알 수 있다.
  예) 눈병이 나다, 배탈이 나다, 감기에 걸리다, 무릎에 상처가 나다, 이가 아프다

자료

- 어디가 아플까요?(8-①)
- 왜 아플까요?(8-②)

준비물

- 가위, 풀

활동 수준	높음
활동 유형	언어
집단 유형	소집단
활동지 쪽수	141~144

방법

(1) 교사는 학생들에게 아팠던 경험과 아팠던 이유를 질문하고 이야기를 듣는다.

(2) 학생들은 어디가 아플까요?(8-①)를 오려서 이 사람은 어디가 아픈지 말하고, 아픈 이유를 추측하여 말한다.

(3) 학생들은 왜 아플까요?(8-②) 카드를 오린 후 어디가 아플까요?(8-①)의 아픈 이유를 나타내는 카드를 찾아 서로 뒷면을 붙인다.

(4) 학생들은 한 명씩 돌아가면서 만든 카드를 보여 주고 아픈 곳과 아픈 이유를 소개한다.
예) "아이스크림을 많이 먹어서 배탈이 났어요."

질문 예시

- 여러분, 혹시 아팠던 적이 있어요?
- 어디가 아팠어요?
- 왜 아팠어요?

Begin by talking about experiences of getting sick or hurt and the reasons why. Next, cut out the activity sheet (8-①) and talk about where people feel pain and why. Also, cut out the reason cards (8-②) and attach them to the back of the matching symptom cards (8-①). Finally, take turns to show the card that causes pain in different parts of the body and explain the reasons why. For example, "I got a stomachache because I ate too much candy."

도움말

활동

- 활동지에 제시된 카드는 다음을 의미한다.

아픈 곳	아픈 이유
① 눈병이 나다.	① 더러운 손으로 눈을 비비다.
② 배탈이 나다.	② 차가운 음식을 많이 먹다.
③ 감기에 걸리다.	③ 추운 날 밖에서 오래 놀다.
④ 무릎에 상처가 나다.	④ 자전거를 타다가 넘어지다.
⑤ 이가 아프다.	⑤ 단것을 많이 먹다.
⑥ 배탈이 나다.	⑥ 더러운 손으로 음식을 먹다.

- 활동 도입 시 아픈 곳을 말하는 법과 병의 이름(감기, 배탈, 눈병 등)에 대해 충분히 이야기를 나눈다.
- 교사가 미리 예시 카드를 만들어 학생들에게 보여 준다.
- 학생의 수준에 따라 어디가 아플까요?(8-①)를 보고 왜 아플까요?(8-②) 외에 다른 이유를 말하게 할 수 있다.
  예) "이를 깨끗하게 닦지 않아서 이가 아파요."

9. 운동 도구 찾기 게임 Finding Sports Equipment

앞면

뒷면

운동선수 카드	운동선수 카드
운동선수 카드	운동선수 카드
운동선수 카드	운동선수 카드

앞면

뒷면

운동 도구 카드	운동 도구 카드
운동 도구 카드	운동 도구 카드
운동 도구 카드	운동 도구 카드

목표

- **활동:** 운동할 때 필요한 도구에 대해 말할 수 있다.
- **표현:** '축구할 때 공이 필요해요.'의 의미를 이해할 수 있다.
  '-(으)ㄹ 때': 어떤 행동이나 상황이 일어나는 동안이나 그 시기 또는 그러한 일이 일어난 경우를 나타낼 때 사용한다. 앞말에 받침이 있으면 '-을 때'를 사용하고, 받침이 없거나 'ㄹ'이면 '-ㄹ 때'를 사용한다.
  예) 야구할 때 공이 필요해요.
- **어휘:** 운동과 관련된 단어와 표현을 알 수 있다.
  예) 축구, 야구, 농구, 양궁, 배드민턴, 골프, 축구공, 농구공, 야구공, 야구 방망이, 활, 라켓, 골프채

자료

- 운동선수 카드(9-①)
- 운동 도구 카드(9-②)

준비물

- 가위

활동 수준	높음
활동 유형	게임
집단 유형	소집단
활동지 쪽수	145~148

방법

(1) 교사는 학생들에게 운동을 자주 하는 편인지, 어떤 운동을 좋아하는지 질문한다.

(2) 교사는 학생들에게 운동선수 카드(9-①)를 보고 어떤 운동인지, 그 운동은 어떤 도구를 사용해야 하는지를 추측하게 한다.

(3) 교사는 운동 도구 카드(9-②)를 보면서 운동할 때 필요한 물건에 대해 설명한다.

(4) 학성들은 두세 명씩 짝을 지어 운동 도구 찾기 게임을 한다.

게임 방법

❶ 두세 명이 한 팀이 된다.
❷ 운동선수 카드(9-①), 운동 도구 카드(9-②)를 모두 오려 카드를 뒤집어 펼쳐 놓는다.
❸ 한 사람씩 운동선수 카드(9-①) 한 장, 운동 도구 카드(9-②) 한 장을 골라 뒤집어 보고, 운동선수에게 알맞은 운동 도구가 나오면 해당 카드를 가져가고 그렇지 않으면 다시 뒤집어 놓는다.
❹ 카드가 없어질 때까지 반복한다. 가장 많은 카드를 가진 학생이 이긴다.

(5) 학생들은 한 명씩 돌아가면서 자신이 가진 운동선수 카드와 운동 도구 카드를 소개한다.

질문 예시

- 여러분, 운동을 좋아해요?
- 어떤 운동을 좋아해요? 얼마나 자주 그 운동을 해요?
- 누구와 같이 그 운동을 해요?
- 그 운동을 하려면 무엇을 준비해야 해요?

Begin by talking about what exercises require equipment. Next, look at the activity sheet (9-②) and explain what is necessary during exercises. Finally, play the game 'finding exercise/sports equipment'.

How to play the game

First, make two teams and cut out all the athlete cards (9-①) and exercise equipment cards (9-②) and put them upside down. Next, pick an athlete card and an exercise equipment card, flip them over and if the exercise equipment matches the athlete, take the cards. If not, flip them back over. Finally, repeat until all the cards are taken and the student with the most cards wins.

도움말

활동

- 교사는 여러 가지 운동 그림이나 사진 자료를 준비하여 사용할 수 있다.
- 운동선수 카드(9-①)는 뒷면이 빨간색이고 운동 도구 카드(9-②)는 뒷면이 파란색이므로 학생들이 게임을 할 때 빨간색 카드, 파란색 카드를 각각 한 장씩 뒤집어 보게 지도한다.
- 학생들의 수준에 따라 카드를 가져갈 때 다음의 표현을 사용해서 문장을 말하고 가져가도록 할 수 있다.
  "_____-(으)ㄹ 때 _____이/가 필요해요."

발음

단어 '야구'를 통해 'ㅑ' 발음을 연습한다.

10. 운동을 할 수 있는 곳 The Places Where Sports Are Played

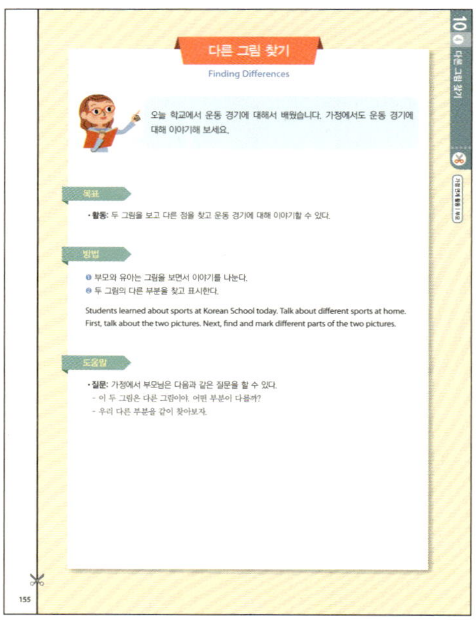

활동 수준	높음
활동 유형	조작
집단 유형	개별
가정 연계	있음
활동지 쪽수	149~158

목표

- **활동:** 운동하는 장소에 대해 말할 수 있다.
- **표현:** '바다에서 수영을 해요.'의 의미를 이해할 수 있다.
  '에서': 어떤 행위나 동작이 이루어지고 있는 장소임을 나타낸다.
  예) 공원에서 줄넘기를 해요.
- **어휘:** 운동하는 장소에 대한 단어와 표현을 알 수 있다.
  예) 공원, 바다, 골프장, 농구장, 축구장, 스케이트장, 스키장

자료

- 여러 운동 장소-봄, 여름(10-①)
- 여러 운동 장소-가을, 겨울(10-②)
- 운동하는 모습(10-③)

준비물

- 가위, 풀

방법

(1) 교사는 학생들이 좋아하는 운동이 무엇이고 어디에서 그 운동을 하는지에 대해 질문한다.

(2) 학생들은 여러 운동 장소-봄, 여름(10-①), 여러 운동 장소-가을, 겨울(10-②)을 보면서 운동을 할 수 있는 장소에 대해 이야기를 나눈다.

(3) 학생들은 운동하는 모습(10-③)을 오려 여러 운동 장소-봄, 여름(10-①), 여러 운동 장소-가을, 겨울(10-②)에 알맞게 붙인다.

(4) 학생들은 돌아가면서 각각의 장소에서 할 수 있는 운동을 말한다.

질문 예시

- 여러분은 어떤 운동을 좋아해요?
- 어디에서 그 운동을 해요?

First, talk about your favorite sports and where they are played then talk about different places to play sports. Next, look at the figures on (10-①)(10-②), cut out the athletes (10-③) and attach them to the appropriate places (10-①)(10-②). Finally, take turns to tell what sports can be played in the same place.

도움말

활동

- 교사는 여러 가지 운동 그림이나 사진 자료를 준비하여 사용할 수 있다. (〈활동 9〉의 운동선수 카드(9-①)의 농구, 축구, 야구 사진 자료를 활용할 수도 있다.)
- 이 활동을 마무리한 후 큰 그림책과 큰 그림책 하단의 질문을 활용해 말하기 활동을 이어나갈 수 있다.
- 학생의 수준에 따라 운동의 이름을 쓰는 활동을 추가하여 진행할 수 있다.

가정 연계

다른 그림 찾기(10-④)

11. 양궁 과녁 맞히기 Hitting an Archery Target

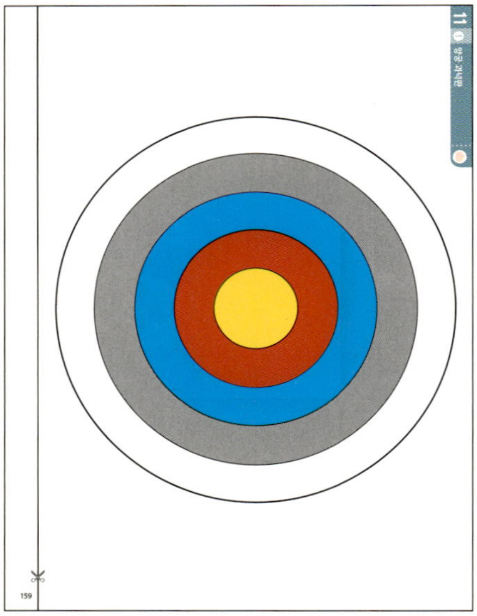

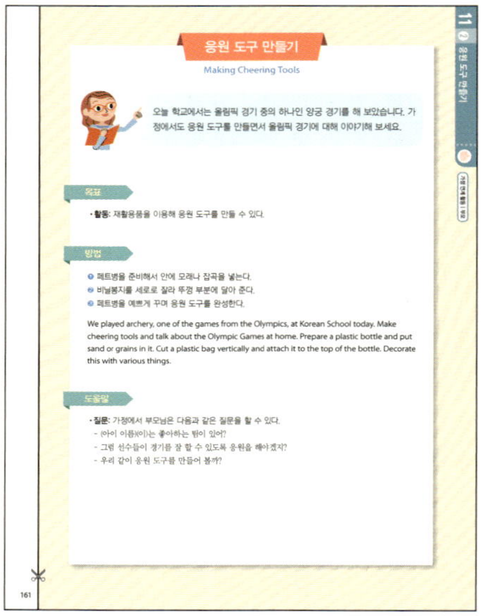

응원 도구 만들기

Making Cheering Tools

오늘 학교에서는 올림픽 경기 중의 하나인 양궁 경기를 해 보았습니다. 가정에서도 응원 도구를 만들면서 올림픽 경기에 대해 이야기해 보세요.

목표

- **활동**: 재활용품을 이용해 응원 도구를 만들 수 있다.

방법

1. 페트병을 준비해서 안에 모래나 잡곡을 넣는다.
2. 비닐봉지를 세로로 잘라 뚜껑 부분에 달아 준다.
3. 페트병을 예쁘게 꾸며 응원 도구를 완성한다.

We played archery, one of the games from the Olympics, at Korean School today. Make cheering tools and talk about the Olympic Games at home. Prepare a plastic bottle and put sand or grains in it. Cut a plastic bag vertically and attach it to the top of the bottle. Decorate this with various things.

도움말

- **질문**: 가정에서 부모님은 다음과 같은 질문을 할 수 있다.
  - (아이 이름)(이)는 좋아하는 팀이 있어?
  - 그럼 선수들이 경기를 잘 할 수 있도록 응원을 해야겠지?
  - 우리 같이 응원 도구를 만들어 볼까?

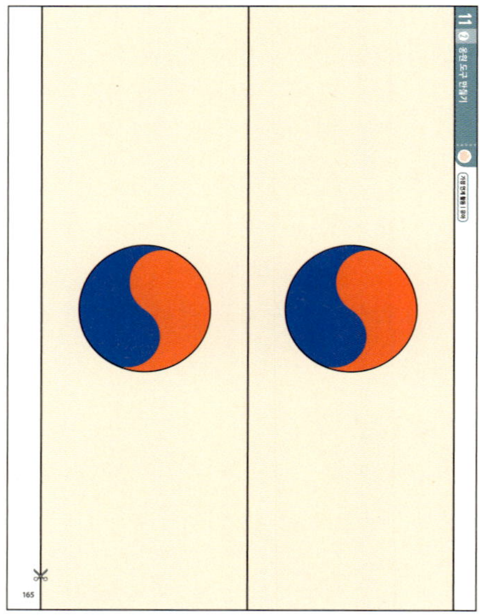

목표

- **활동**: 올림픽 종목인 양궁에 대해 알고 양궁 과녁 맞히기 게임을 할 수 있다.
- **표현**: '게임을 하면서 놀아요.'의 의미를 이해할 수 있다.
  '-(으)면서': 두 가지 이상의 동작이나 상태가 함께 일어남을 나타내는 표현으로 앞말에 받침이 있으면 '-으면서'를 사용하고, 받침이 없거나 'ㄹ'이면 '-면서'를 사용한다.
  예) 과녁판을 보면서 공을 던져요.
- **어휘**: 양궁에 대한 단어와 표현을 알 수 있다.
  예) 양궁, 과녁판, 공, 올림픽

자료

- 양궁 과녁판(11-①)

준비물

- 하드보드지(20cm×20cm), 솜방울, 물감, 팔레트

활동 수준	낮음
활동 유형	신체
집단 유형	대집단
가정 연계	있음
활동지 쪽수	159~166

방법

(1) 교사는 운동선수 카드(9-①)와 운동 도구 카드(9-②)의 양궁 관련 사진을 학생들에게 보여 주며 양궁을 아는지 묻는다. 그리고 오늘은 양궁 과녁 맞히기 게임을 할 것이라고 소개한다.

(2) 교사는 양궁 과녁판(11-①)을 하드보드지에 붙인다. 한쪽에는 솜방울에 물감을 묻힐 수 있도록 팔레트에 물감을 풀어 놓는다.

(3) 교사는 다음과 같이 게임을 진행한다.

게임 방법

❶ 학생들의 눈높이에 맞춰 양궁 과녁판(11-①)을 칠판이나 벽에 건다.
❷ 1인당 솜방울을 5개씩 나누어 준다.
❸ 각 원마다 점수를 정한다. (예를 들어 가운데 원부터 10-8-6-4점으로 점수를 정한다.)
❹ 학생들의 신체 조건을 고려해 어느 정도 거리를 두고 선을 그린 후 솜방울에 물감을 묻힌다.
❺ 학생들은 지정된 선에 선 다음 솜방울을 손에 쥐고 던져서 판에 맞힌다.
❻ 점수가 높은 사람이 이긴다.

질문 예시

- (양궁 관련 사진을 보여 주며) 여러분, 이런 운동을 본 적이 있어요?
- 이것은 어떻게 하는 운동일까요?

First, attach the archery target (11-①) to some cardboard paper and then prepare various watercolors to color the ball. Finally, explain the game.

How to play the game

First, hang the game board on a chalkboard or wall at eye level of the students. Next, hand out 5 cotton balls to every student and they stand at the line and throw balls at the board (students can take turns or all team members can throw at the same time). Finally, decide the scores for each circle, such as 10-8-6-4 and play the game.

도움말

활동

- 밝은 색이나 진한 색의 물감을 준비해 과녁판에 공이 닿은 위치가 정확히 나타날 수 있게 한다.
- 팀이나 개인으로 게임을 진행할 수 있다.
  예) 전체 인원을 두 팀으로 나누어 게임을 진행하거나 두세 명이 한 조가 되어 개인별로 과녁 맞히기 경기를 한다.

발음

단어 '양궁'을 통해 받침 'ㅇ'을 연습한다.

문화와 정체성

활은 전 세계적으로 사용되어 왔는데 특히 '양궁'이라는 용어는 한국의 전통 활쏘기와 구별하기 위해 붙인 이름이다.
- 옛날에는 왜 활쏘기를 했을까요?
- 활쏘기를 하려면 뭐가 필요할까요?
- 활쏘기를 하려면 어디의 힘이 제일 많이 필요할까요?
- 우리 한번 활쏘기를 해 볼까요?

참고 자료

양궁

서양식으로 만든 활 또는 그 활에 화살을 먹여 일정한 거리 밖에 있는 표적을 겨냥하여 쏘아 맞히는 경기. 16세기 영국에서 오락용 활쏘기 대회의 형태로 시작한 것이 유럽과 아메리카 대륙에 전파되어 스포츠의 한 분야로 정착되었다. 1900년 제2회 올림픽 대회에 정식 종목으로 채택되었다가 제외, 재채택의 기복을 겪은 뒤 경기 방식 통합과 규정 정립을 거쳐 1972년 제20회 뮌헨올림픽 대회부터 정식 종목으로 다시 채택되었다. 올림픽 대회에서는 남녀 개인 경기와 단체 경기를 치른다. 〈출처: 두산백과〉

가정연계

응원 도구 만들기(11-②)

12. 동서남북 게임 The East-West-South-North Game

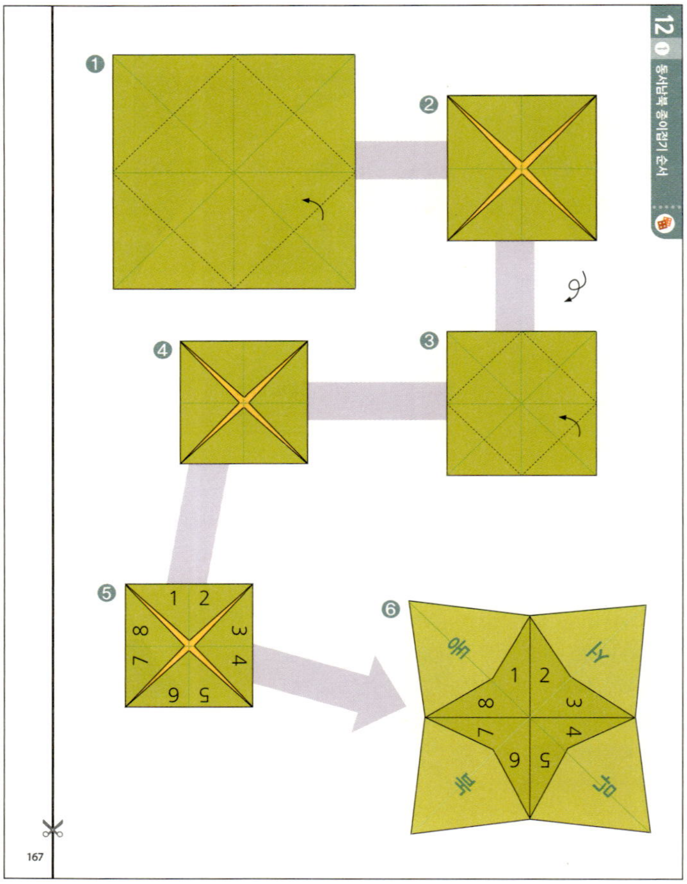

활동 수준	낮음
활동 유형	게임
집단 유형	소집단
활동지 쪽수	167~170

목표

- **활동:** 동서남북 종이접기를 한 후 신체 활동을 할 수 있다.
- **표현:** '앉았다 일어나세요.'의 의미를 이해할 수 있다.
  '-(으)세요': (동사에 붙어) 상대방에게 어떤 행동을 할 것을 명령하거나 요청할 때 사용하는 존댓말로 앞말에 받침이 있으면 '-으세요'를 사용하고, 받침이 없거나 'ㄹ' 받침이면 '-세요'를 사용한다.
  예) 종이를 반으로 접으세요.
- **어휘:** 신체 운동 표현을 알 수 있다.
  예) 박수를 치다, 앉다, 일어나다, 팔을 흔들다, 허리를 돌리다, 한 발로 서 있다

자료

- 동서남북 종이접기 순서(12-①)
- 동서남북 게임(12-②)

준비물

- 색종이, 사인펜

방법

(1) 교사는 미리 접어 둔 동서남북을 보여 주며 이런 것을 본 적이 있는지 질문한다. 그리고 오늘은 동서남북을 이용한 게임을 할 것이라고 소개한다.

(2) 교사는 동서남북 종이접기 순서(12-①)를 보고 학생들에게 종이접기 순서를 알려 준다. 학생들은 선생님의 지시와 더불어 동서남북 종이접기 순서(12-①)를 참고하여 종이접기를 한다.
❶ 종이를 위와 같이 접었다 펼친다.
❷ 네 꼭지점이 중앙에 모이도록 접는다.
❸ 접은 종이를 뒤집는다.
❹ ❷번처럼 다시 네 꼭지점이 중앙에 모이도록 접는다.
❺ 안쪽 8개 칸에는 1~8의 숫자를 쓴다.
❻ 바깥쪽의 4개 칸에는 '동, 서, 남, 북'이라고 쓴다.

(3) 학생들은 두 명씩 짝을 이루어 한 명은 지시를 하고 다른 한 명은 지시에 따라 엄지와 검지 손가락으로 움직여 동작을 반복한다.
가: 동쪽으로 아홉 번.
나: (손가락으로 종이를 위아래로 아홉 번 열고 동쪽에 있는 숫자를 읽는다.)

(4) 학생들은 해당되는 숫자를 동서남북 게임(12-②)에서 찾아 크게 읽고 따라서 해 본다.
가: 다섯 번 앉았다가 일어나세요.
나: (다섯 번 앉았다가 일어난다.)

■ 질문 예시

- (미리 접어 둔 동서남북을 보여 주며) 여러분, 이런 것을 본 적이 있어요?
- 여러분은 동서남북이라는 게임을 들어 본 적이 있어요?
- 오늘은 동서남북이라는 종이접기를 할 거예요. 그리고 동서남북을 가지고 게임도 해 볼 거예요.

First, look at figure (12-①) and learn how to fold the paper into the correct form. Next, write the numbers 1-8 on the inside of the paper. Then in pairs, start the game. If one student says, "move East, 9," the other students follow his/her direction and move their papers.

도움말

■ 활동

- 교사는 미리 동서남북을 준비해 도입 단계에서 이를 활용한다.
- 학습자들의 신체 발달 정도에 따라 활동의 개수나 운동의 횟수를 바꿔서 난이도를 조정할 수 있다. (예: 동서남북 게임(12-②)의 ①, ③, ⑥, ⑧만 활용한다.)

13. 손가락 축구 Playing Finger Football

목표

- **활동:** 손가락을 이용해 축구 게임을 할 수 있다.
- **표현:** '축구를 해 보세요.'의 의미를 이해할 수 있다.
  '-아/어 보다': (동사에 붙어) 앞의 말이 나타내는 행동을 시험 삼아 함을 나타내는 표현이다. '-아 보다'는 끝음절의 모음이 'ㅏ, ㅗ'인 동사 뒤에 붙여 쓰고, '-어 보다'는 끝음절의 모음이 'ㅏ, ㅗ'가 아닌 동사 뒤에 붙여 쓴다. '-해 보다'는 '하다'나 '하다'가 붙는 동사 뒤에 붙여 쓴다.
  예) 손가락 축구 게임을 해 보세요.
- **어휘:** 손에 대한 단어를 알 수 있다.
  예) 엄지손가락, 집게손가락, 가운뎃손가락, 새끼손가락

자료

- 종이 인형(13-①)

준비물

- 종이 상자(가로 15cm×세로 10cm 정도), 가위, 점토나 찰흙, (양면)테이프, 물감, 흰 종이(서너 명일 경우 가로 30cm×세로 25cm 크기의 종이), 색연필, 크레파스

활동 수준	낮음
활동 유형	신체
집단 유형	소집단
활동지 쪽수	171~172

방법

(1) 교사는 학생들에게 축구 경기를 하거나 본 적이 있는지 묻는다. 그러면서 오늘은 손가락 축구를 할 것이라고 한다.

(2) 교사는 종이로 축구장을 만들어 준다. 축구장으로 사용할 흰 종이는 축구장처럼 전체 배경 선과 가운데 선을 그리고 바닥에 고정한다.

(3) 교사는 종이 상자를 반으로 자른 후 골대 모양으로 축구장 양 끝에 세워서 고정한다.

(4) 학생들은 점토나 찰흙으로 축구공을 만든 후 색칠한다.

(5) 서너 명이 한 팀이 되도록 팀을 나누고 학생들은 각자 인형을 고른다.

(6) 같은 팀이 된 학생들은 종이 인형(13-①)의 옷을 같은 색으로 색칠한다.

(7) 학생들은 테이프를 사용해 자신이 고른 종이 인형(13-①)을 인형의 발 부분을 접어 손등에 붙인다.

(8) 교사는 손가락 축구 게임 방법을 설명한 후 게임을 진행한다.

게임 방법

❶ 모든 선수는 축구장 안에 위치한다. 위치는 자유롭게 선택할 수 있지만 움직일 수 없으며 손가락을 이용해 공만 찰 수 있다.
❷ 집거손가락과 가운뎃손가락만을 이용해 공을 찬다.
❸ 한번에 공을 차서 골에 넣으면 3점, 패스를 해서 골을 넣은 경우 1점을 준다.
❹ 집게손가락과 가운뎃손가락을 사용하지 않고 다른 손가락을 사용한 경우에는 상대방에게 기회가 넘어간다.
❺ 공을 찼을 때 상대방에게 공이 가면 상대방에게 기회가 간다.

질문 예시

- 여러분 축구를 해 본 적이 있어요?
- 축구 경기를 본 적이 있어요?
- 축구를 하려면 무엇이 필요해요?
- 사람들은 어디에서 축구를 해요?

First, cut a paper box into half and erect and fix it to look like goalposts then make a round football using clay and color it. Next, draw outer lines and a centerline like a football field on a piece of white paper to be used as the football field, and fix it onto the floor. Also, attach the paper doll (13-①) to the back of your hand. Finally, explain the method of playing football with fingers and play the game.

Rules of the game

First, only use your index and middle fingers to kick the ball. Next, each student gets 3 points if the ball goes between the goal posts (into the box) in a single kick and 1 point if the goal is made by passing. Finally, if a student uses fingers other than their index and middle fingers, the turn goes to the opponent.

도움말

활동

- 교사는 심판의 역할을 맡아 손가락 축구 게임의 진행을 돕는다.
- 교사는 학생 수에 맞추어 축구 골대로 사용할 종이 상자와 축구장으로 쓸 종이를 미리 준비한다.
- 종이의 크기는 인원 수에 따라 조정한다.
- 공으로 사용할 작은 공이 있으면 활용할 수 있다.
- 종이 인형을 붙일 때 집게손가락과 가운뎃손가락 위쪽 손등에 인형이 올 수 있도록 지도한다.

교사를 위한 도움말

넷째 손가락을 '약손가락'이라고 부르기도 하나 많이 사용하지 않는다.

14. 운동 경기 수수께끼 Solving Sports Riddles

활동 수준	높음
활동 유형	언어
집단 유형	대집단
활동지 쪽수	173~176

목표

- **활동:** 다양한 종류의 운동에 대해 수수께끼를 내고 맞힐 수 있다.
- **표현:** '이 운동은 여러 사람이 같이 할 수 있어요.'의 의미를 이해할 수 있다.
  '-(으)ㄹ 수 있다/없다': 앞에 오는 말이 나타내는 행동이나 상태가 가능함을 나타내는 표현으로 앞말에 받침이 있으면 '-을 수 있다/없다'를 사용하고, 받침이 없거나 'ㄹ'이면 '-ㄹ 수 있다/없다'를 사용한다.
  예) 이 운동은 물에서만 할 수 있어요.
- **어휘:** 여러 운동과 관련된 단어를 알 수 있다.
  예) 축구, 양궁, 태권도, 수영, 골프, 테니스, 배구, 체조, 농구, 승마

자료

- 수수께끼 카드(14-①)
- 수수께끼 카드-몸으로 표현하기(14-②)

방법

(1) 교사는 교실 안에 있는 물건을 하나 정해 수수께끼를 낸다. 학생들이 정답을 말하면 교사는 오늘은 운동과 관련된 수수께끼 놀이를 할 것이라고 이야기한다.

(2) 교사가 '수수께끼 카드(14-①)'를 이용하여 수수께끼를 내거나 학생 한 명이 '수수께끼 카드-몸으로 표현하기(14-②)'를 보고 몸으로 표현하면 다른 학생들은 그 운동이 무슨 운동인지 추측하여 대답한다.

수수께끼 질문

축구
- 손을 사용하면 안 돼요.
- 주로 발을 사용해요.
- 가끔 몸과 머리를 사용해요.

태권도
- 한국 전통 운동이에요.
- 공을 사용하지 않아요.
- 손과 발을 사용해요.

골프
- 특별한 도구를 사용해서 구멍에 공을 넣어요.
- 구멍은 모두 18개가 있어요.
- 공을 적게 쳐야 이겨요.

양궁
- 혼자서도 할 수 있어요.
- 활과 화살을 사용해요.
- 가장 가운데에 화살을 쏘면 점수가 높아요.

수영
- 공이 필요 없어요.
- 특별한 옷과 모자가 필요해요.
- 물에서만 할 수 있어요.

테니스
- 두 사람이 서로 공을 쳐요.
- 노란색 공을 사용해요.
- 라켓을 사용해요.

■ **질문 예시**
- 여러분, 제가 지금부터 수수께끼를 하나 낼게요. 여러분이 잘 듣고 맞혀 보세요.
- 이 물건은 팔이 두 개 있어요. 그리고 얼굴에 숫자가 쓰여 있어요. 이 물건은 동그라미 모양이에요. 이것이 무엇일까요? (정답: 시계)
- 맞아요. 오늘은 저랑 같이 이러한 수수께끼 놀이를 해 볼 거예요.
- 한국 전통 운동이에요. 공이 없어요. 손과 발로 해요. 무슨 운동일까요?

First, ask and answer questions about different sports ask by using the puzzle cards (14-①) or a student expresses them using body motions, and other students try to guess the answer.

도움말

■ **활동**
- 몸으로 수수께끼 문제를 낼 때 수수께끼 카드(14-①)에 있는 운동과 운동선수 카드(9-①)도 활용할 수 있다.
- 일반적으로 친숙하게 할 수 있는 운동 경기에서 덜 친숙한 운동 경기 종목으로 확장시켜 수수께끼 문제를 내면 좋다. (예: 수영, 축구 → 테니스, 양궁)
- 학생들이 카드를 보고 설명을 할 수 있으면 수수께끼 문제를 직접 내도록 할 수 있다.

15. 그림 보면서 이야기 만들기 Storytelling with a Picture

목표

- **활동:** 앙리 루소의 '공놀이 하는 남자들' 그림을 보고 이야기를 상상해 말할 수 있다.
- **표현:** '무엇을 하고 있어요?'의 의미를 이해할 수 있다.
  '-고 있다': 어떤 동작이 진행 중이거나 계속됨을 나타낸다.
  예) 공놀이를 하고 있어요.
- **어휘:** 그림에서 표현된 공놀이와 관련된 단어를 알 수 있다.
  예) 공을 던지다, 공을 받다, 손을 내밀다, 공이 날아가다

자료

- 앙리 루소의 '공놀이하는 남자들'(15-①)
- 말풍선 채우기(15-②)

준비물

- 연필, 사인펜

활동 수준	높음
활동 유형	언어
집단 유형	소집단
활동지 쪽수	177~180

방법

(1) 교사는 학생들에게 앙리 루소의 '공놀이 하는 남자들(15-①)'을 보여 주고 화가와 그림에 대한 간단한 도입 설명을 한다.

(2) 교사가 그림과 관련된 질문을 하면 학생들이 대답을 한다.
예) 누가, 어디에서, 무엇을 하고 있어요? 이곳에서 무슨 소리가 들릴 것 같아요? 이 사람들의 표정이 어때요?

(3) 교사는 학생들과 이야기를 하면서 공을 튕길 때 나는 소리, 새 소리, 바람 소리 등의 의성어/의태어를 제시한다.
- 손에서 공이 통 하고 튕겨 나갔어요.
- 짹짹 새 소리가 들려요.
- 공이 휙 하고 날아가요.

(4) 학생들은 두 명씩 짝이 되어 어떤 대화를 했을지 상상해 본 후 말풍선 안에 들어갈 말을 이야기해 보고 쓴다.

질문 예시

- 여러분, 우리 이 그림(15-①)을 한번 같이 볼까요?
- 이 그림을 그린 사람은 앙리 루소라는 프랑스 화가예요. 이 그림 안에는 재미있는 이야기가 있어요. 우리 같이 그 이야기를 상상해 봐요.

To begin, briefly explain the painter and painting then ask and answer meaningful questions about the painting such as, "What are they doing and where are they doing it? What sounds can be heard in this place? How do the men appear? What expressions are on their faces?" Next, use onomatopoeia to make sounds of a bouncing ball, birds and wind. Finally, imagine conversations of figures in the painting then talk about it and write down what should be in the speech bubbles.

도움말

활동

쓰기가 어려운 학생의 경우 교사가 도와준다.

참고자료

작가 및 작품 소개

작품: 공놀이하는 남자들

작가: 앙리 루소(Henri Rousseau, 1844~1910년)

루소는 프랑스 화가로 사람을 그릴 때 표정은 사실적으로 그렸지만 몸의 크기나 모습은 마음대로 상상하여 그렸다. 루소는 아이들의 그림처럼 실제와 전혀 다르면서 우습게 그렸기 때문에 처음에는 사람들에게 인정을 받지 못했지만 말년에 많은 인기를 얻게 되었다. 〈출처: 천재학습백과 초등명화미술관〉

본 큰 그림책 자료는 '건강과 운동'과 관련된 활동지를 통해 습득한 언어 지식을 다시 한번 활용할 수 있도록 개발하였다. 학생은 그림을 보면서 교사와 '건강과 운동'에 관련된 이야기를 재미있게 나눌 수 있다. 이 자료는 '건강과 운동' 주제와 관련된 어휘와 활동 내용을 모두 포함하는 그림으로 표현하였으며 유아들이 보다 친근감을 가지고 접근할 수 있는 그림으로 제작하였다. 교사와 학생들이 자료를 보면서 대화를 나누는 수업은 의사소통 능력도 신장시켜 주고 장기적으로 언어에 대한 흥미도 높일 수 있다.

교사 질문

큰 그림책 자료를 활용하여 여러 가지 운동에 대해 말할 수 있다. 다음의 질문을 통해 건강, 운동에 관한 다양한 어휘와 표현을 확인할 수 있다.

예시

- 여러분은 평소에 운동을 자주 해요? 어떤 운동을 자주 해요?
- 어떤 운동을 좋아해요? 누구하고 같이 그 운동을 해요?
- 여러분이 알고 있는 운동에는 무엇이 있어요?
- 이 그림의 운동들이 무엇인지 말해 볼까요?
- 축구는 어디에서 할 수 있어요? 축구를 하려면 무엇을 준비해야 해요?
- 이 운동은 무엇일까요?
- 맞아요. 농구예요. 농구 경기를 본 적이 있어요?
- 태권도를 할 때 어떤 동작들을 해요?
- 이 사람은 무엇을 하고 있어요?
- 네, 수영을 하고 있어요. 수영은 어디에서 해요? 무슨 옷을 입어야 해요?
- 수영을 하려면 또 무엇을 준비해야 해요?
- 수영을 하기 전에 준비 운동을 하지요? 준비 운동은 어떻게 하면 돼요?
- 이 사람들은 무엇을 타고 있어요?
- 맞아요. 자전거를 타고 있어요. 자전거를 타려면 머리에 무엇을 꼭 써야 돼요?
- 왜 헬멧을 써야 해요?

직업 Jobs

	활동명	활동 수준	활동 유형	집단 유형	가정 연계	활동지 쪽수	지도서 쪽수
1	여러 가지 직업(1)	낮음	언어	대집단		183~186	82~83
2	일하는 장소 찾기	낮음	언어	개별		187~192	84~85
3	직업 도구 찾기(1)	높음	언어	대집단		193~196	86~87
4	경찰관, 기자 놀이	높음	신체	소집단		197~204	88~89
5	여러 가지 직업(2)	낮음	언어	대집단	○	205~214	90~91
6	직업 도구 찾기(2)	높음	언어	대집단		215~220	92~93
7	소방관, 의사 놀이	높음	신체	소집단	○	221~228	94~95
8	케이크 꾸미기	낮음	미술	개별	○	229~234	96~97
9	나도 미용사	낮음	미술	개별		235~236	98~99
10	직업과 상황 연결하기	낮음	언어	개별		237~238	100~101
11	직업 수수께끼	높음	언어	대집단		239~240	102~103
12	직업 단어책 만들기	높음	미술	개별		241~242	104~105
13	감사 편지 쓰기	높음	언어	개별		243~246	106~107
14	직업 주사위 만들기	높음	조작	대집단		247~252	108~109
15	미래의 내 모습	높음	미술	개별		253~256	110~111

교육 자료의 주제 및 내용 구성

유아는 성장하면서 점차 '나' 중심적인 사고에서 벗어나 주변 사람과 환경에 관심을 갖기 시작한다. 본 교육 자료의 '직업' 주제를 통해 유아는 다양한 사람들과 함께 살고 있으며, 자신의 동네에 서로 도움을 주고받을 수 있는 다양한 직업을 가진 사람들이 있음을 안다. 또한 이 주제를 통해서 자신이 자라서 어떠한 직업을 갖고 싶은지에 대해 생각할 수 있다.

본 교육 자료를 통해 유아는 한국어 의사소통 능력을 향상시킬 수 있다. 예를 들어, '2. 일하는 장소 찾기', '3. 직업 도구 찾기(1)', '10. 직업과 상황 연결하기'와 같은 활동을 통해 말하기, 듣기를 기본으로 하는 의사소통 활동을 통합적으로 경험할 수 있다. 또한 '4. 경찰관, 기자 놀이', '7. 소방관, 의사 놀이', '8. 케이크 꾸미기', '9. 나도 미용사'와 같은 활동을 통해 간접적인 놀이를 통해 직업 세계를 체험하면서 즐겁게 한국어를 익힐 수 있다. 아울러 '13. 감사 편지 쓰기', '15. 미래의 내 모습'과 같은 활동을 통해 자신의 느낌, 생각, 경험을 말하는 연습을 함으로써 한국어 말하기 능력의 향상을 꾀할 수 있다.

1. 여러 가지 직업(1) Various Jobs

앞면

183

뒷면

경찰관

소방관

앞면

185

뒷면

기자

선생님

목표

- **활동:** 여러 직업의 이름을 말할 수 있다.
- **표현:** '이 사람이 누구예요?'의 의미를 이해할 수 있다.
  '이에요/예요': (명사에 붙어) 문장을 끝맺을 때 사용하며 앞말에 받침이 있으면 '이에요', 받침이 없으면 '예요'를 사용한다.
  예) 이 사람이 경찰관이에요.
- **어휘:** 직업과 관련된 단어를 알 수 있다.
  예) 경찰관, 소방관, 기자, 선생님

자료

- 직업 사진과 단어 카드(1-①)

준비물

- 가위, 연필, 사인펜

활동 수준	낮음
활동 유형	언어
집단 유형	대집단
활동지 쪽수	183~186

방법

(1) 교사는 학생에게 직업 개념을 소개하면서 오늘은 직업에 대해 배울 것이라고 이야기를 한다.

(2) 교사는 학생에게 수수께끼를 내면서 무슨 직업인지 물어본다.

(3) 교사는 학생이 정답을 맞히면 그에 해당하는 직업 사진과 단어 카드(1-①)를 보여 주면서 직업의 이름을 말해 준다.

(4) 학생은 직업 사진과 단어 카드(1-①)를 보고 직업의 특징을 말한다.

(5) 학생은 활동지 뒷면의 글자를 읽고 따라 쓴다.

질문 예시

- 여러분은 학교에서 뭘 해요?
- 저는 뭘 해요? 네, 저는 한국어를 가르쳐요. 선생님이에요.
- 이렇게 사람들이 하는 일을 '직업'이라고 해요.
- 경찰관: 우리 집과 우리 동네를 안전하게 지켜 주는 사람이에요. 누구일까요?
- 소방관: 불이 났을 때 이 사람이 제일 먼저 와서 불을 꺼 줘요. 누구일까요?
- 기자: 사람들에게 여러 가지 소식을 전해 줘요. 누구일까요?
- 선생님: 우리들에게 모르는 것을 쉽게 잘 가르쳐 줘요. 누구일까요?

Begin by talking about different types of jobs then look at the job figures cards (1-①) to learn about them. A teacher writes words about various jobs on the board. After that, create a puzzle about a job and ask students to guess what it is.

도움말

활동

활동 후 학생들이 직업 이름을 익힐 수 있도록 한쪽 벽면에 다양한 직업 사진과 단어 카드(1-①)를 붙여 놓을 수 있다.

발음

'경찰관'과 '선생님' 발음에 나오는 받침 'ㅇ'을 연습한다.

앞면

뒷면

경찰서

방송국

앞면

뒷면

학교

소방서

목표

- **활동:** 직업에 따라 일하는 장소가 다르다는 것을 알 수 있다.
- **표현:** '선생님은 학교에서 일해요.'의 의미를 이해할 수 있다.
  '에서': 어떤 행위나 동작이 이루어지고 있는 장소임을 나타낸다.
  예) 경찰관은 경찰서에서 일해요.
- **어휘:** 일하는 장소와 관련된 단어를 알 수 있다.
  예) 경찰서, 방송국, 학교, 소방서

자료

- 직업 사진과 단어 카드(1-①)
- 일하는 장소 찾기(2-①)
- 직업 그림(2-②)

준비물

- 가위, 풀

활동 수준	낮음
활동 유형	언어
집단 유형	개별
활동지 쪽수	187~192

방법

(1) 교사는 학생에게 직업 사진과 단어 카드(1-①)의 직업 하나를 골라서 보여 주며 이 직업을 가진 사람이 일하는 장소를 묻는다.

(2) 교사는 직업에 따라 일하는 장소도 다르다는 것에 대해 이야기를 한다.

(3) 학생은 일하는 장소 찾기(2-①)를 보면서 어떤 장소가 있는지 말하면 교사는 장소의 이름을 정확히 알려 준다.

(4) 학생은 직업 그림(2-②)의 직업을 하나씩 오린 후 알맞은 직업을 찾아서 일하는 장소 찾기(2-①)에 붙인다.

질문 예시

- 여러분은 선생님을 어디에서 만나지요?
  그럼 이분들은 어디에서 만날 수 있을까요?
- 오늘은 이 사람들이 어디에서 일하는지 알아볼까요?

First, talk about different types of jobs and different work places. Next, look at the workplace figures sheet (2-①) and talk about them then cut out the job figure cards (2-②) and attach them to the work place sheet (2-①).

도움말

활동

학생이 글을 읽고 쓸 수 있으면 일하는 장소 찾기(2-①) 뒷면에 있는 글자를 따라 써 볼 수 있다.

발음

'학교'를 공부할 때 [학꾜] 발음을 연습한다. 받침 'ㅂ, ㄷ, ㄱ' 뒤에 'ㅂ, ㄷ, ㅅ, ㅈ, ㄱ'이 오면 'ㅃ, ㄸ, ㅆ, ㅉ, ㄲ'으로 바뀐다.

3. 직업 도구 찾기(1) Finding the Tools

활동 수준	높음
활동 유형	언어
집단 유형	대집단
활동지 쪽수	193~196

목표

- **활동:** 직업에 따라 필요한 도구가 다른 것을 알 수 있다.
- **표현:** '소방관은 불을 끌 때 호스가 필요해요.'의 의미를 이해할 수 있다.
  '-(으)ㄹ 때': 어떤 행동이나 상황이 일어나는 동안이나 그 시기 또는 그러한 일이 일어난 경우를 나타낼 때 사용한다. 앞말에 받침이 있으면 '-을 때'를 사용하고, 받침이 없거나 'ㄹ'이면 '-ㄹ 때'를 사용한다.
  예) 기자는 소식을 전할 때 마이크가 필요해요.
- **어휘:** 다양한 직업과 관련된 도구의 이름을 알 수 있다.
  예) 호스, 마이크, 책, 무전기

자료

- 직업 도구(3-①)

준비물

- 사인펜, 색연필

방법

(1) 교사는 학생에게 직업에 따라 필요한 도구가 다르다는 것을 알려 준다.

(2) 교사는 직업 도구(3-①)의 직업 중에서 하나를 선택해 무슨 직업인지 학생에게 질문한 후 그 직업에 어떤 도구가 필요한지 물어본다.

(3) 학생은 직업 도구(3-①)의 그림을 보면서 도구의 이름이 무엇인지 추측해서 말하면 교사는 도구의 이름을 정확히 알려 준다.

(4) 학생은 각 직업에 맞는 도구에 색칠한다.

질문 예시

- 선생님은 여러분을 가르칠 때 무엇이 필요할까요? 네, 맞아요. 책이 필요해요.
- 그럼 다른 사람들은 일을 할 때 무엇이 필요한지 알아볼까요?
- 소방관은 불을 끌 때 무엇이 필요해요? 네, 맞아요. 호스가 필요해요.
- 기자는 소식을 전할 때 무엇이 필요해요? 네, 맞아요. 마이크가 필요해요.
- 경찰관은 나쁜 사람을 잡을 때 무엇이 필요해요? 네, 맞아요. 무전기가 필요해요.

First, explain that different jobs use different tools then pick one of the job figure cards (3-①) and ask what the job is. Also, talk about what tool is needed for the job. Next, look at the job tool cards (3-②) and say the names of the tools. Finally, attach tools to their respective job figure cards (3-①), talk about what the tools are for and then co or them.

도움말

활동

직업에 따라 사용하는 도구의 이름이 학생에게 어려운 경우 교사는 쉬운 말로 바꿔서 알려 주거나 사진을 보여 주면서 도구를 가리키는 등의 활동을 할 수 있다.

4. 경찰관, 기자 놀이 Pretending Game-Police Officer & Reporter

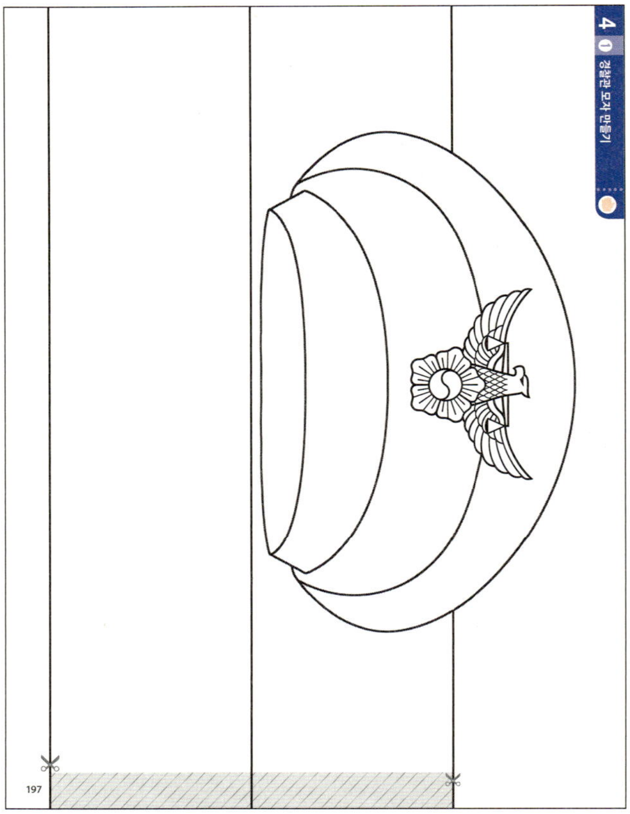

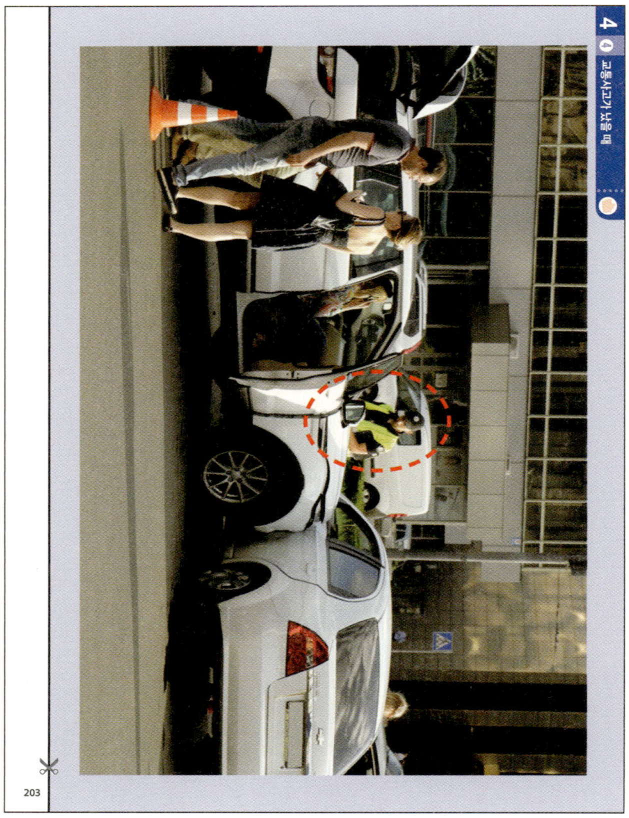

활동 수준	높음
활동 유형	신체
집단 유형	소집단
활동지 쪽수	197~204

목표

- **활동:** 경찰관과 기자가 되어 역할 놀이를 할 수 있다.
- **표현:** '나는 경찰관입니다.'의 의미를 이해할 수 있다.
  '입니다': (명사에 붙어) 격식적인 상황에서 명사에 붙여 문장을 끝맺을 때 사용하는 표현이다.
  예) 나는 기자입니다.
- **어휘:** 경찰관과 기자에게 필요한 물건을 알 수 있다.
  예) 모자, 무전기, 마이크

자료

- 직업 사진과 단어 카드(1-①)
- 경찰관 모자 만들기(4-①)
- 경찰관 소품(4-②)
- 기자 소품(4-③)
- 교통사고가 났을 때(4-④)

준비물

- 가위, 풀, 색연필, 크레파스

방법

(1) 교사는 학생에게 교통사고가 났을 때(4-④)를 보여 주면서 경찰관을 소개한다.

(2) 교사는 교통사고 소식을 알려주는 사람이 누구인지 묻고 기자를 소개한다.

(3) 교사는 학생에게 직업 사진과 단어 카드(1-①)에서 경찰관과 기자를 보여 주면서 경찰관과 기자의 모습에 대해서 이야기를 나눈다.

(4) 교사는 직업에 따라 복장과 필요한 도구가 다르다는 것을 말한다.

(5) 학생은 경찰관 모자 만들기(4-①)를 오리고 색칠하여 착용한다.

(6) 학생은 경찰관, 기자 소품(4-②, 4-③)을 이용해 각각 경찰관과 기자가 되어 역할 놀이를 한다.

질문 예시

- (교사는 교통사고가 났을 때(4-④)를 보여 주며) 교통사고가 났을 때 도움을 주는 사람들이 있어요. 누구일까요? 바로 경찰관이에요.
- 경찰관 모자를 쓰고 경찰관이 되어 볼까요?
- 텔레비전에서 교통사고 소식을 알려 주는 사람은 누구일까요?
- 기자는 소식을 전할 때 무엇을 사용해요?
- 마이크를 들고 기자가 되어 볼까요?

First, look at the job figure cards (1-①) and talk about the jobs. Next, introduce jobs that require special uniforms. For example, police, firefighter, nurse, cook, doctor. Finally, cut out and wear the police hat drawing (4-①) then try role playing.

도움말

활동

학생은 짝을 지어서 각각 경찰관과 기자가 되어 역할 놀이를 한 후, 다시 역할을 바꾸어서 놀이를 한다.

문화와 정체성

역할 놀이를 통해 직업의 특성을 정확히 알 수 있다.
- 이 모자를 쓰는 사람은 무슨 일을 할까요?
- 경찰은 어떤 사람이 잘 할 수 있을까요?
- 기자는 어떤 사람이 잘 할 수 있을까요?

5. 여러 가지 직업(2) Various Jobs

앞면

뒷면

의사

간호사

앞면

뒷면

요리사

제빵사

앞면

뒷면

가수

미용사

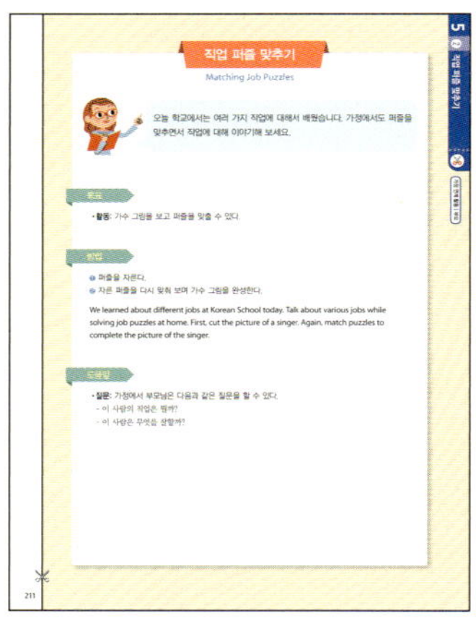

직업 퍼즐 맞추기

Matching Job Puzzles

오늘 학교에서는 여러 가지 직업에 대해서 배웠습니다. 가정에서도 퍼즐을 맞추면서 직업에 대해 이야기해 보세요.

• **활동**: 가수 그림을 보고 퍼즐을 맞출 수 있다.

① 퍼즐을 자른다.

② 자른 퍼즐을 다시 맞춰 보며 가수 그림을 완성한다.

We learned about different jobs at Korean School today. Talk about various jobs while solving job puzzles at home. First, cut the picture of a singer. Again, match puzzles to complete the picture of the singer.

• **질문**: 가정에서 부모님은 다음과 같은 질문을 할 수 있다.

- 이 사람의 직업은 뭘까?
- 이 사람은 무엇을 잘할까?

211

목표

- **활동:** 여러 직업의 이름을 말할 수 있다.
- **표현:** '이 사람의 직업이 뭐예요?'의 의미를 이해할 수 있다.
  '의': 뒤에 나오는 명사가 나타내는 대상이 앞에 있는 명사에 소유되거나 소속됨을 나타내는 조사이다.
  예) 이 사람의 직업은 의사예요.
- **어휘:** 직업과 관련된 단어를 알 수 있다.
  예) 의사, 간호사, 요리사, 제빵사, 가수, 미용사

자료

- 직업 그림과 단어 카드(5-①)

준비물

- 가위, 연필, 사인펜

활동 수준	낮음
활동 유형	언어
집단 유형	대집단
가정 연계	있음
활동지 쪽수	205~214

방법

(1) 교사는 학생에게 수수께끼로 여러 직업을 소개한다.

(2) 교사는 학생이 정답을 맞히면 그에 해당하는 직업 그림과 단어 카드(5-①)를 보여 주면서 직업의 이름을 말해 준다.

(3) 학생은 직업 그림과 단어 카드(5-①)를 보고 직업의 특징을 말한다.

(4) 학생은 활동지 뒷면의 글자를 읽고 따라 쓴다.

질문 예시

- 여러분, 이제부터 제가 어떤 직업을 말할 거예요. 잘 듣고 누구인지 맞혀 보세요.
- 의사: 아픈 사람을 치료해 주는 사람이에요. 누구일까요?
- 간호사: 의사를 도와서 아픈 사람을 돌보는 사람이에요. 누구일까요?
- 요리사: 음식을 맛있게 만드는 사람이에요. 누구일까요?
- 제빵사: 빵을 맛있게 만드는 사람이에요. 누구일까요?
- 가수: 노래를 잘 하고 춤을 잘 추는 사람이에요. 누구일까요?
- 미용사: 머리를 예쁘게 자르고 파마도 해 주는 사람이에요. 누구일까요?

Begin by talking about different types of jobs then look at the job figures (5-①) to learn about them. A teacher writes words related to various jobs on the board. After that, create a puzzle about a job and ask students to guess what it is.

도움말

활동

활동 후 학생들이 직업 이름을 익힐 수 있도록 한쪽 벽면에 다양한 직업 그림과 단어 카드(5-①)를 붙여 놓을 수 있다.

발음

'제빵사'와 '미용사'에 나오는 받침 'ㅇ' 발음을 연습한다.

가정 연계

직업 퍼즐 맞추기(5-②)

앞면

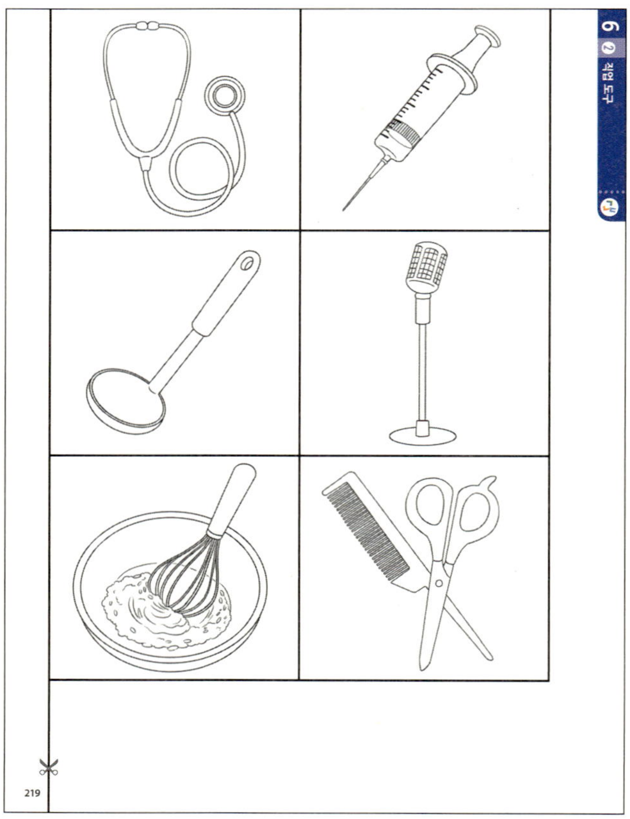

뒷면

주사기 청진기

마이크 국자

가위, 빗 거품기

활동 수준	높음
활동 유형	언어
집단 유형	대집단
활동지 쪽수	215~220

목표

- **활동:** 직업에 따라 필요한 도구가 다른 것을 알 수 있다.
- **표현:** '가수는 노래를 할 때 마이크가 필요해요.'의 의미를 이해할 수 있다.
  '-(으)ㄹ 때': 어떤 행동이나 상황이 일어나는 동안이나 그 시기 또는 그러한 일이 일어난 경우를 나타낼 때 사용한다. 앞말에 받침이 있으면 '-을 때'를 사용하고, 받침이 없거나 'ㄹ'이면 '-ㄹ 때'를 사용한다.
  예) 간호사는 주사를 놓을 때 주사기가 필요해요.
- **어휘:** 다양한 직업과 관련된 도구의 이름을 알 수 있다.
  예) 청진기, 주사기, 국자, 마이크, 거품기, 가위, 빗

자료

- 직업 그림(6-①)
- 직업 도구(6-②)

준비물

- 가위, 풀, 사인펜, 색연필

방법

(1) 교사는 학생에게 직업에 따라 사용하는 도구가 다르다고 말한다.
(2) 교사는 직업 그림(6-①)의 직업 중에서 하나를 선택해 무슨 직업인지 학생에게 질문한 후 어떤 도구가 필요한지 물어본다.
(3) 학생이 직업에 알맞은 직업 도구(6-②)의 그림을 보면서 도구의 이름이 무엇인지 추측해서 말하면 교사는 도구의 이름을 정확히 알려 준다.
(4) 학생은 직업 도구(6-②)를 색칠한 후 각 직업에 맞는 도구를 선택해 직업 그림(6-①)에 붙이고 그 사람이 무엇을 할 때 이 도구를 사용하는지 말한다.
예) 요리사는 요리할 때 국자가 필요해요.

질문 예시

- 여러분, 오늘은 직업에 따라 사용하는 도구를 알아볼까요?
- 의사는 진찰을 할 때 무엇이 필요해요?
- 간호사는 주사를 놓을 때 무엇이 필요해요?
- 요리사는 요리를 할 때 무엇이 필요해요?
- 가수는 노래를 할 때 무엇이 필요해요?
- 제빵사는 빵을 만들 때 무엇이 필요해요?
- 미용사는 머리를 자를 때 무엇이 필요해요?

First, explain that different jobs use different tools then pick one of the job figure cards (6-①) and ask what the job is. Also, talk about what tool is needed for the job. Next, look at the job tool cards (6-②) and say the names of the tools. Finally, attach tools to their respective job figure cards (6-①) and talk about what the tools are for. For example, "Doctors treat patients using stethoscopes."

도움말

활동

- 직업에 따라 사용되는 도구의 이름이 학생에게 어려운 경우 교사는 쉬운 말로 바꿔서 알려 주거나 사진을 보여 주면서 도구를 가리키는 등의 활동을 할 수 있다.
- 학생의 수준에 따라 더 많은 도구를 자유롭게 말해 볼 수 있도록 한다.

7 ① 소방관 모자 만들기

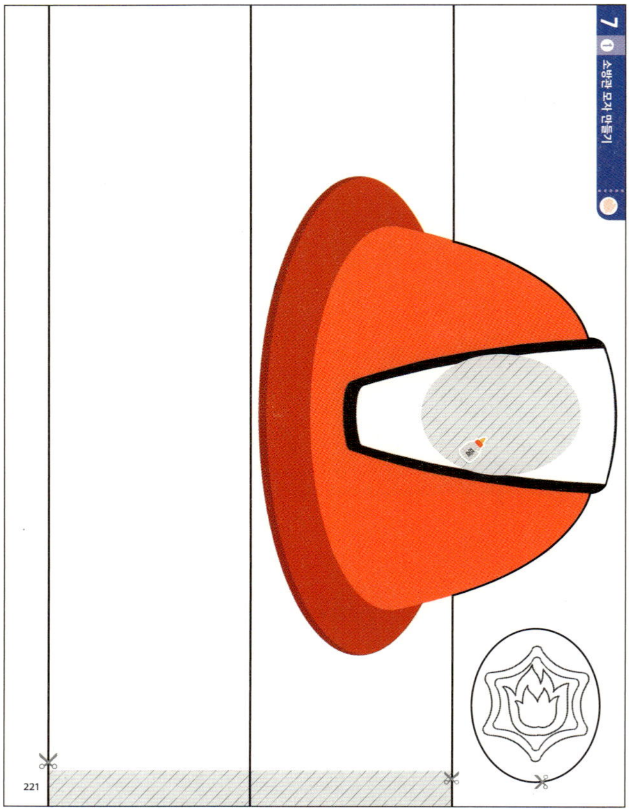

221

7 ② 의사 모자 만들기

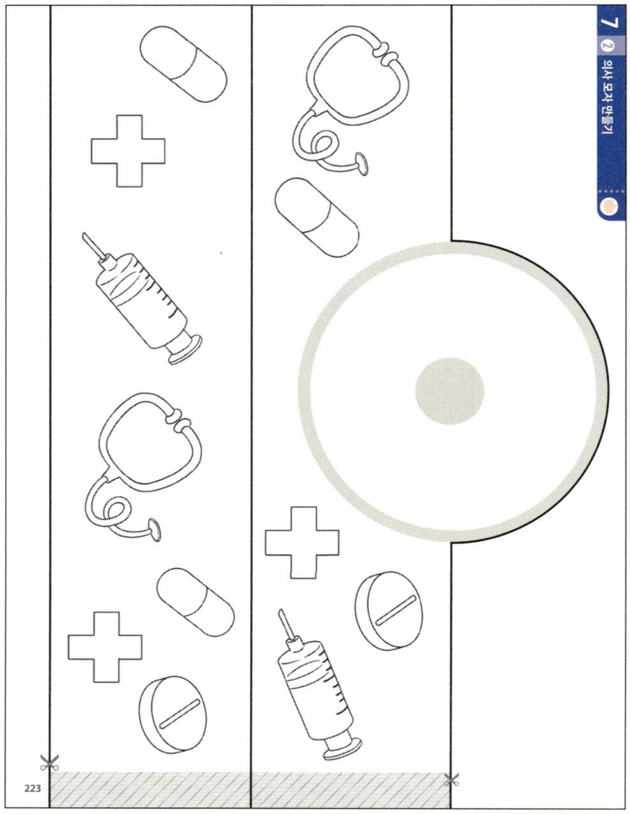

223

7 ③ 도와주세요!

가정 연계 활동 | 부모

도와주세요!

Help me!

오늘 학교에서는 소방관 모자 만들기 활동을 했습니다. 가정에서는 소방관, 의사, 간호사의 역할을 정해 놀이를 해 보세요.

목표

- **활동:** 화재 상황에서 어떤 직업의 사람들이 도움을 주는지 알 수 있다.

방법

❶ 그림을 보면서 이야기를 나눈다.
❷ 그림을 자른다.
❷ 불이 난 학교에 있는 사람들을 도와주려면 누가 필요한지 역할 놀이를 해 본다.

Today at school, we worked on making firefighter hats. In the home, play the role of a firefighter, doctor, and nurse. First, Parents and children should discuss the content of the pictures. Cut out the picture. Next the child will do a role play in which they save a person from a burning school.

도움말

- **질문:** 가정에서 부모님은 다음과 같은 질문을 할 수 있다.
  - 지금 학교에 불이 났네. 누가 와야 할까?
  - 사람들이 아파하고 있지? 그럼 누가 필요할까?

225

7 ③ 도와주세요!

가정 연계 활동 | 유아

227

목표

- **활동:** 소방관과 의사가 되어 역할 놀이를 할 수 있다.
- **표현:** '나는 소방관입니다.'의 의미를 이해할 수 있다.
  '입니다': (명사에 붙어) 격식적인 상황에서 명사에 붙여 문장을 끝맺을 때 사용하는 표현이다.
  예) 나는 의사입니다.
- **어휘:** 소방관과 의사에게 필요한 물건을 알 수 있다.
  예) 모자, 호스, 청진기

자료

- 직업 사진과 단어 카드(1-①), 직업 그림과 단어 카드(5-①)
- 소방관 모자 만들기(7-①)
- 의사 모자 만들기(7-②)

준비물

- 가위, 풀, 색연필, 크레파스

활동 수준	높음
활동 유형	신체
집단 유형	소집단
가정 연계	있음
활동지 쪽수	221~228

방법

(1) 교사는 학생에게 도와주세요!(7-③)를 보여 주면서 소방관과 의사를 소개한다.

(2) 교사는 학생에게 직업 사진과 단어 카드(1-①)에서 소방관을, 직업 그림과 단어 카드(5-①)에서 의사를 보여 주면서 소방관과 의사의 모습에 대해서 이야기를 나눈다.

(3) 교사는 직업에 따라 복장과 필요한 도구가 다르다는 것을 말한다.

(4) 학생은 소방관 모자 만들기(7-①), 의사 모자 만들기(7-②)를 오리고 색칠한 후 착용한다.

(5) 교사와 학생은 소방관과 의사가 언제 필요한지, 어떤 일을 하는지 이야기를 나눈 후 역할 놀이를 한다.

질문 예시

- 학교에 큰 불이 났어요. 누가 도와줄 수 있을까요? 바로 소방관과 의사예요.
- (직업 사진과 단어 카드(1-①)에서 소방관을 보여 주며) 여러분, 누구예요?
- 소방관의 모습이 어때요?
- 우리 오늘은 소방관 모자를 쓰고 불을 꺼 볼까요?
- (직업 그림과 단어 카드(5-①)에서 의사를 보여 주며) 여러분, 누구예요?
- 우리 오늘은 의사가 되어 다친 사람을 도와줄까요?

First, look at the job figure card (1-①) and talk about the jobs. Next, introduce jobs that require special uniforms. For example, police, firefighter, nurse, cook, doctor. Finally, cut out and wear the police hat (7-①) and doctor hat (7-②) drawings and try role playing.

도움말

활동

- 세 명의 학생이 한 팀이 되어 각각 위험에 빠진 사람, 소방관, 의사가 되어 역할 놀이를 한다.
- 가정 연계 활동의 도와주세요!(7-③)를 활용하여 상황을 설명한다.

교사를 위한 도움말

유아는 이러한 놀이를 통해 실제 세상을 접하면서 주도성을 기를 수 있다. 또한 반복 활동을 통해서 심화 확장을 할 수 있다.

가정 연계

도와주세요!(7-③)

8. 케이크 꾸미기 Let's Decorate a Cake!

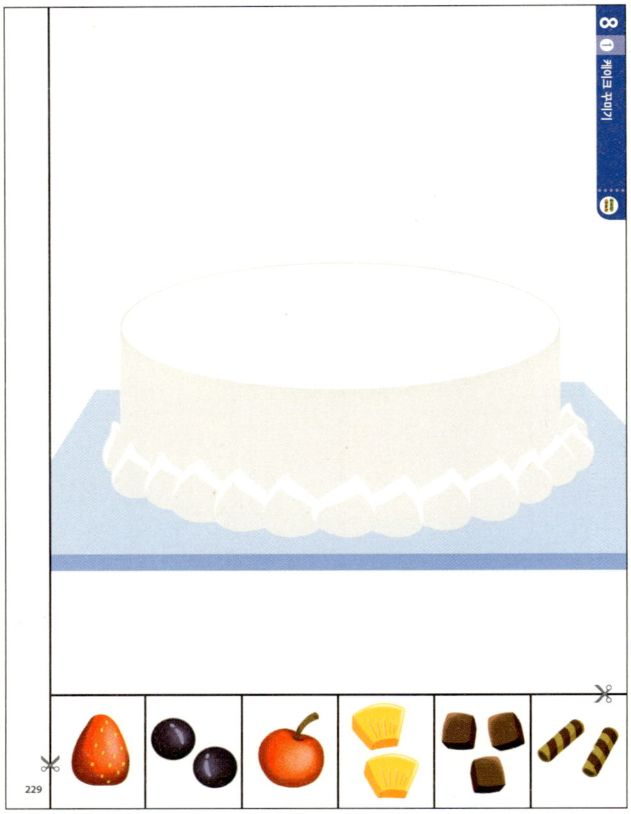

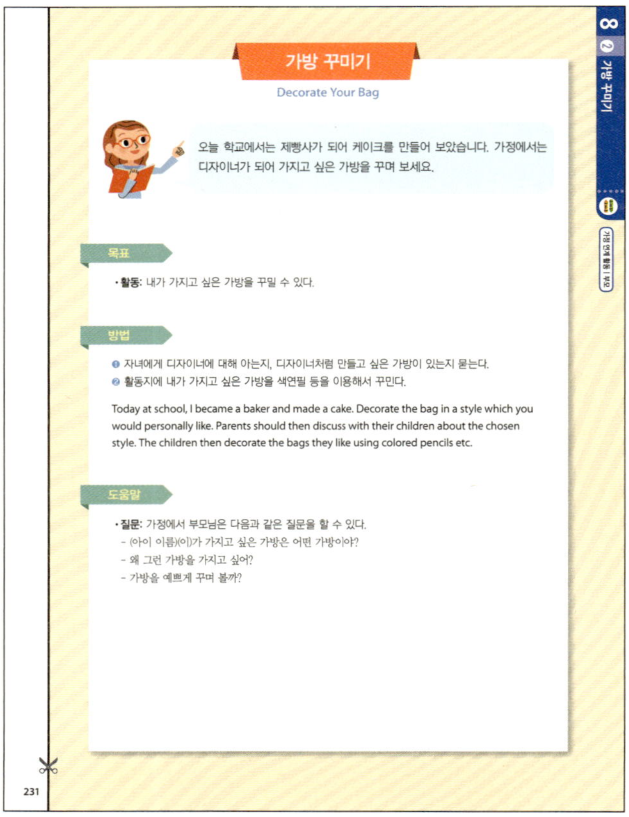
8 2 가방 꾸미기

가정 연계 활동 | 부모

가방 꾸미기

Decorate Your Bag

오늘 학교에서는 제빵사가 되어 케이크를 만들어 보았습니다. 가정에서는 디자이너가 되어 가지고 싶은 가방을 꾸며 보세요.

목표

- **활동:** 내가 가지고 싶은 가방을 꾸밀 수 있다.

방법

1. 자녀에게 디자이너에 대해 아는지, 디자이너처럼 만들고 싶은 가방이 있는지 묻는다.
2. 활동지에 내가 가지고 싶은 가방을 색연필 등을 이용해서 꾸민다.

Today at school, I became a baker and made a cake. Decorate the bag in a style which you would personally like. Parents should then discuss with their children about the chosen style. The children then decorate the bags they like using colored pencils etc.

도움말

- **질문:** 가정에서 부모님은 다음과 같은 질문을 할 수 있다.
  - (아이 이름)(이)가 가지고 싶은 가방은 어떤 가방이야?
  - 왜 그런 가방을 가지고 싶어?
  - 가방을 예쁘게 꾸며 볼까?

231

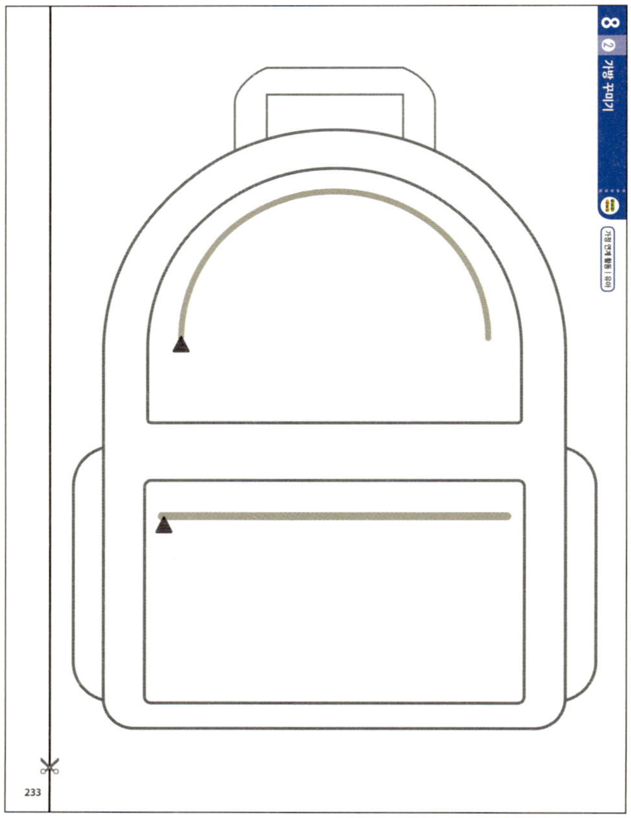

목표

- **활동:** 제빵사가 되어 케이크를 꾸밀 수 있다.
- **표현:** '예쁜 케이크를 만들어요.'의 의미를 이해할 수 있다.
  '-(으)ㄴ': (형용사에 붙어) 앞의 말이 뒤에 오는 단어를 꾸며주는 기능을 하게 만들고 현재의 상태를 나타내는 표현으로 앞말에 받침이 있으면 '-은'을 사용하고, 받침이 없거나 'ㄹ'이면 '-ㄴ'을 사용한다.
  예) 달콤한 케이크를 만들어요.
- **어휘:** 케이크를 꾸밀 때 필요한 단어를 알 수 있다.
  예) 케이크, 꾸미다

자료

- 케이크 꾸미기(8-①)

준비물

- 가위, 풀

활동 수준	낮음
활동 유형	미술
집단 유형	개별
가정 연계	있음
활동지 쪽수	229~234

방법

(1) 교사는 학생에게 언제 케이크를 먹어 봤는지, 어떤 케이크를 좋아하는지 물어본다. 그리고 케이크를 직접 만들어 봤는지 묻는다.

(2) 학생은 케이크 꾸미기(8-①)에 있는 흰색 케이크에 활동지 하단의 다양한 과일 등을 이용해서 자신이 좋아하고 먹고 싶은 케이크를 꾸민다.

(3) 학생은 자신이 만든 케이크에 대해서 발표한다.

질문 예시

- 여러분은 언제 케이크를 먹어요?
  어떤 케이크를 좋아해요?
- 케이크를 만들거나 꾸며 본 적이 있어요?
- 오늘은 제빵사가 되어 여러분이 먹고 싶은 케이크를 만들어 볼까요?

The teacher asks the students when they eat cake and if they have ever made or decorated one. Next, the student decorates a cake using various fruits at the bottom of the activity paper (8-①) that he or she likes. Finally, students present their cakes to the class.

도움말

활동

흰색 케이크에 색을 칠해 다른 맛의 케이크로 만들 수도 있다. 또한 활동지에 제시된 과일 이외에도 여러 가지 토핑을 그려 거나 잡지에서 오려 붙여 자유롭게 장식을 할 수도 있다. 케이크에 원하는 문구를 쓸 수도 있다.
예) 생일 축하해, 사랑해 등

가정 연계

가방 꾸미기(8-②)

9. 나도 미용사 I am a Hair Stylist!

목표

- **활동:** 미용사가 되어 머리를 꾸밀 수 있다.
- **표현:** '머리를 예쁘게 해 주세요.'의 의미를 이해할 수 있다.
  '–게': 뒤에 나오는 동작이나 상태의 방법이나 정도 등을 나타내는 표현이다.
  예) 머리를 짧게 자르고 싶어요.
- **어휘:** 미용사가 하는 일과 관련된 단어를 알 수 있다.
  예) 가위, 빗, 자르다, 다듬다

자료

- 미용사 놀이(9-①)

준비물

- 색연필, 크레파스

활동 수준	낮음
활동 유형	미술
집단 유형	개별
활동지 쪽수	235~236

방법

(1) 교사는 학생에게 자신이 좋아하거나 원하는 머리 모양에 대해 묻는다. 그리고 그런 머리를 하고 싶으면 어디에 가야 하는지 묻는다.

(2) 학생은 미용사 놀이(9-①) 활동지에 자신이 원하는 머리 모양을 그리고 얼굴을 색칠한다.

(3) 학생은 자신이 그린 머리 모양에 대해 발표한다.

질문 예시

- 여러분이 좋아하는 머리는 어떤 모양이에요?
- 미용실에 가 봤어요? 미용실에서 무엇을 했어요?

To begin, talk about your favorite hair styles. Then discuss different hair styles and where people should to go to change their hair. Finally, draw your favorite hair style on the activity sheet (9-①) then present the hair style you drew.

도움말

활동

- 머리 모양을 그리는 대신 잡지나 사진 자료에서 머리를 오려서 붙이는 활동으로 응용할 수 있다.
- 학생이 머리 모양을 꾸밀 때 성별에 구애받지 않고 자유롭게 활동할 수 있도록 지도한다.

10. 직업과 상황 연결하기 Matching Between Jobs and Situations

활동 수준	낮음
활동 유형	언어
집단 유형	개별
활동지 쪽수	237~238

목표

- **활동:** 도움이 필요한 상황에 맞는 직업을 말할 수 있다.
- **표현:** '불이 나면 소방관이 필요해요.'의 의미를 이해할 수 있다.
  '-(으)면': 뒤에 오는 말에 대한 근거나 조건이 됨을 나타내는 표현으로 앞말에 받침이 있으면 '-으면'을 사용하고, 받침이 없거나 'ㄹ'이면 '-면'을 사용한다.
  예) 사람들이 아프면 의사가 필요해요.
- **어휘:** 상황과 그에 대한 직업 단어를 알 수 있다.
  예) 불, 소방관, 교통사고, 의사, 도둑, 경찰

자료

- 직업과 상황(10-①)

준비물

- 가위

방법

(1) 교사는 학생에게 상황에 따라 필요한 직업이 다르다는 것을 알려 준다.

(2) 교사는 학생에게 직업과 상황(10-①)에서 하나를 선택해 무슨 직업인지 질문하고 어떤 상황에 그 직업이 필요한지 이야기를 나눈다.

(3) 학생은 직업과 상황(10-①)의 소방관, 의사, 경찰관과 각각의 상황을 퍼즐 모양에 따라 자른다.

(4) 자른 직업과 상황(10-①) 퍼즐 조각을 섞은 후, 상황에 맞는 직업을 찾아 퍼즐을 완성한다.

예) 불이 난 상황-소방관, 환자가 쓰러져 있는 상황-의사, 도둑이 물건을 훔치는 상황-경찰

질문 예시

- 학교에서 학생들이 공부할 때 누구의 도움이 필요해요?
- 여러분이 도움이 필요할 때 도와주는 사람들이 있어요.
- 우리 오늘은 도움이 필요할 때 누가 도와주는지 알아봐요.
- 불이 나면 누가 필요해요?
- 교통사고가 나서 사람이 아파요. 누가 필요해요?
- 도둑이 있어요. 잡아야 해요. 누가 필요해요?

First, ask and answer about commonly known jobs then choose a figure from the card (10-①) and ask what the job is. Next, talk about what the job is good for, and how our lives could be more difficult if the job did not exist. Color and cut out figures from (10-①) and find an appropriate situation for each job. Finally, students finish completing the cards.

도움말

활동

퍼즐의 모양대로 자르기가 어려운 경우 교사가 도와주거나 미리 잘라서 준비한다.

11. 직업 수수께끼 Playing a Job Card Game

11 ① 직업 수수께끼

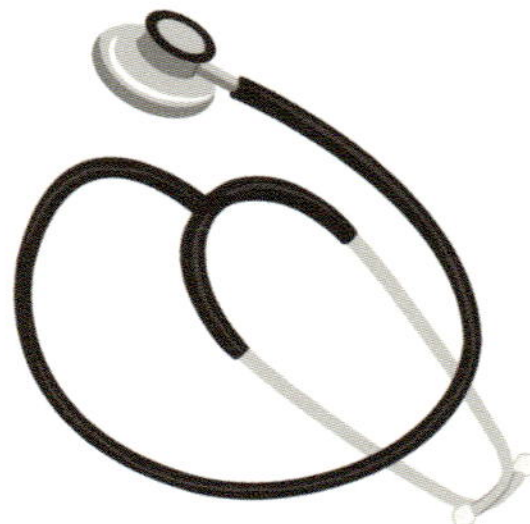

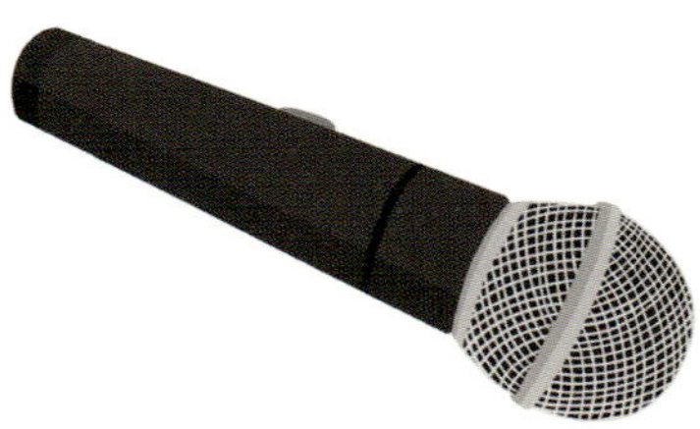

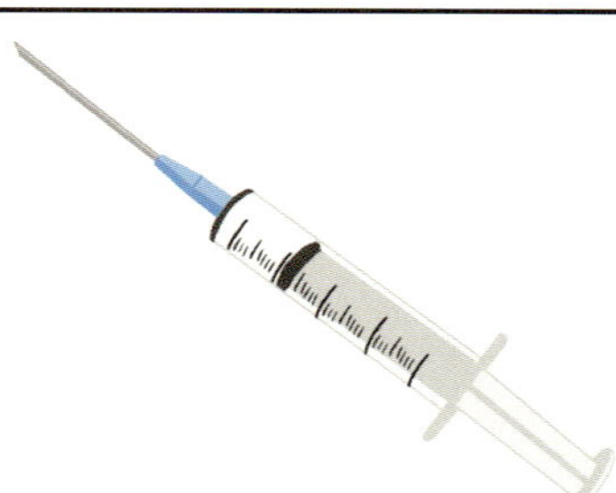

239

활동 수준	높음
활동 유형	언어
집단 유형	대집단
활동지 쪽수	239~240

목표

- **활동:** 직업의 특징을 알고 이를 설명할 수 있다.
- **표현:** '가수들은 노래를 부를 때 마이크를 사용해요.'의 의미를 이해할 수 있다.
  '을/를': 동작이 직접적으로 영향을 미치는 대상을 나타내는 조사이다. 앞말에 받침이 있으면 '을'을 사용하고, 받침이 없으면 '를'을 사용한다.
  예) 미용사는 머리를 자를 때 가위와 빗을 사용해요.
- **어휘:** 여러 가지 직업과 관련된 도구 단어를 알 수 있다.
  예) 청진기, 호스, 책, 무전기, 마이크, 가위, 빗, 주사기, 국자

자료

- 직업 수수께끼(11-①)

방법

(1) 교사는 학생에게 미리 준비한 수수께끼 상자에서 직업 수수께끼(11-①) 하나를 뽑아 수수께끼 방법의 예시를 보여 준다.

(2) 교사는 학생 한 명을 앞에 나오게 해서 미리 준비한 뽑기 상자에서 카드 하나를 뽑게 한다. 이때 뽑은 카드는 카드를 뽑은 학생만 본다.

(3) 학생은 자신이 뽑은 카드에 있는 물건의 모양, 특징, 사용 방법 등을 반 친구들에게 설명한다.

(4) 반 친구들이 정답을 맞히면 자신이 뽑은 카드를 모두에게 보여 준다.

(5) 정답을 맞힌 학생이 앞으로 나와서 같은 방법으로 활동을 한다.

First, one student picks up a card from a riddle box and looks at it alone. Next, the student explains about the shape, features, methods of use, drawn on the card to the other students. Students try to say what it is and find an answer. Finally, the student who finds an answer will be the next presenter picking up a card from a riddle box.

질문 예시

- (교사는 미리 준비한 수수께끼 상자에서 카드 하나를 꺼낸 후) 자, 선생님이 말하는 물건을 맞혀 보세요. 이것은 가수들이 노래를 부를 때, 기자들이 텔레비전에서 소식을 전할 때 사용해요. 그리고 목소리가 크게 들려요. 이것은 무엇일까요?
- 이 사람은 가수예요. 노래를 잘해요. 그리고 춤을 잘 춰요. 노래를 할 때 이것을 사용해요. 이것은 무엇일까요?
- 이 사람은 일을 할 때 호스를 사용해요. 이 사람은 누구일까요?

도움말

활동

- 교사는 수업 전에 미리 직업 수수께끼(11-①)를 모두 오린 후 한 번만 접어서 상자에 넣는다.
- 학생의 수준에 따라 도구의 이름을 맞히는 문제를 낼 수도 있고, 직업을 말하는 문제를 낼 수도 있다.

발음

국자[국짜] 발음을 연습한다. 받침 'ㅂ, ㄷ, ㄱ' 뒤에 'ㅂ, ㄷ, ㅅ, ㅈ, ㄱ'이 'ㅃ, ㄸ, ㅆ, ㅉ, ㄲ'으로 바뀐다.

교사를 위한 도움말

뽑기 활동은 유아의 흥미와 호기심을 자극하여 집중력을 향상시키고 흥미 유발에 도움을 준다. 뽑기 활동은 혼합 연령인 교실 상황에서도 발달적 차이를 줄일 수 있는 놀이이다.

앞면

뒷면

목표

- **활동:** 지금까지 배운 직업 단어로 단어책을 만들 수 있다.
- **표현:** '경찰서에 경찰이 있어요.'의 의미를 이해할 수 있다.
  '에': 앞말이 어떤 장소나 자리임을 나타내는 조사이다.
  예) 병원에 의사가 있어요.
- **어휘:** 직업과 관련된 단어를 알 수 있다.
  예) 경찰, 소방관, 선생님, 기자, 의사, 간호사, 요리사, 제빵사, 미용사, 가수

자료

- 직업 단어책(12-①)

준비물

- 가위, 풀, 연필, 사인펜, 색연필, 크레파스

활동 수준	높음
활동 유형	미술
집단 유형	개별
활동지 쪽수	241~242

방법

(1) 교사는 학생에게 이전에 알려 주었던 직업 단어를 다시 알려 주면서 오늘은 단어책을 만들 것이라고 이야기를 한다.

(2) 교사는 지금까지 한 활동을 회상할 수 있게 직업 이름, 상황, 도구, 장소 등에 대해 학생과 충분히 이야기를 나눈다.

(3) 학생은 직업 단어책(12-①)에 제시된 직업을 자유롭게 그린다. 이때 각 직업명 하단에 있는 작은 그림 조각을 힌트로 삼는다.
예) 국자를 들고 있는 요리사를 색연필로 그린다. 병원 복도에서 차트를 들고 여러 동료들과 걸어가고 있는 의사를 색연필로 그린다.

(4) 학생은 종이를 접어서 단어책을 만든다.

질문 예시

- 여러분, 우리가 지금까지 어떤 직업을 배웠지요?
- 오늘은 지금까지 배웠던 단어들이 들어간 직업 단어책을 만들 거예요.
- 우리 같이 직업 단어로 책을 만들어요.

First, talk about various jobs with students. Students color (12-①) figure cards and fold them in order to make a book.

도움말

활동

교사는 학생의 이해를 돕기 위해 미리 책을 만들어 보여 주면서 책 만드는 방법을 설명할 수 있다.

13 고맙습니다
환경미화원
농부
집배원
243

13 감사 편지 쓰기
청소해 주셔서
채소를 주셔서
배달해 주셔서
님께
고맙습니다.
245

목표	자료
• **활동:** 환경미화원, 농부, 집배원에게 감사 편지를 쓸 수 있다. • **표현:** '청소해 주셔서 고맙습니다.'의 의미를 이해할 수 있다. '-아/어서': 앞말이 뒤에 나오는 내용의 이유나 근거를 나타내는 표현이다. '-아서'는 끝음절의 모음이 'ㅏ, ㅗ'인 동사와 형용사 뒤에 붙여 쓰고 '-어서'는 끝음절의 모음이 'ㅏ, ㅗ'가 아닌 동사와 형용사 뒤에 붙여 쓴다. '-해서'는 '하다'나 '하다'가 붙는 동사와 형용사 뒤에 붙여 쓴다. 예) 배달해 주셔서 고맙습니다. • **어휘:** 직업의 종류와 특징을 설명하는 단어와 표현을 알 수 있다. 예) 환경미화원, 농부, 집배원, 청소, 채소, 배달	• 고맙습니다(13-①) • 감사 편지 쓰기(13-②) **준비물** • 가위, 풀, 연필, 사인펜

활동 수준	높음
활동 유형	언어
집단 유형	개별
활동지 쪽수	243~246

방법

(1) 교사는 학생에게 직업과 관련된 고마운 사람들이 있음을 이야기하며 그 사람들에게 감사의 마음을 전하는 편지를 쓸 거라고 이야기를 한다.

(2) 교사와 학생은 고맙습니다(13-①)를 보면서 그림 속의 사람들이 하는 일과 감사한 일에 대해 이야기를 한다.

(3) 학생은 고맙습니다(13-①)를 보고 그림 상황에 맞는 직업을 찾아서 연결한 후에 활동지 하단에 있는 직업 글자 '환경미화원, 농부, 집배원'을 따라 쓴다.

(4) 학생은 감사 편지 쓰기(13-②)의 글자를 따라 쓰거나 색칠한 후 하나의 직업을 선택하고 고맙습니다(13-①)와 감사 편지 쓰기(13-②)에서 글자를 잘라 붙인다.

(5) 학생은 자신이 만든 편지를 발표하고 감사 카드를 쓴 이유를 말해 본다.

질문 예시

- 우리가 건강하게 자라기까지 우리를 도와준 수많은 사람들이 있어요. 여러분은 어떤 직업의 사람에게 도움을 받아 봤어요?
- 오늘은 우리를 도와주는 직업을 가진 어른들께 고마움을 전하는 편지를 써 볼까요?
- 길이 아주 깨끗해요. 누가 청소를 해 주었지요?
- 우리는 매일 맛있고 싱싱한 과일과 채소를 먹을 수 있어요. 누가 길러줬지요?
- 띵동, 집에 물건이 배달되었어요. 누가 가져다 주었지요?
- 우리 환경미화원, 농부, 집배원 분들에게 고맙다는 편지를 써 볼까요?

First, look at the job cards (13-①) and talk about the different jobs. Also, talk about what people in the photographs do and why they should be thanked. Next, on the picture of the ladder, link related jobs and situations. Students write job-related words then choose a job and write a word picture of what that job does on the thank you letter (13-②). Finally, present the reason for being thankful.

도움말

활동

쓰기를 어려워하는 학생은 뒷면에 그림을 그려 감사 편지를 완성하도록 할 수 있다.

문화와 정체성

자신이 속한 사회에서 중요한 역할을 담당하고 있는 각 분야의 사람들에 대해 감사하는 마음을 가진다.

- 우리 동네에 불이 났어요. 그때 누가 불을 꺼요?
- 소방관은 불이 뜨거워도 우리를 위해 불을 꺼 주세요. 소방관 분들께 '고맙습니다.' 인사를 해야겠지요? 그러면 또 어떤 사람에게 '고맙습니다.'라고 인사해야 할까요?

14. 직업 주사위 만들기 Making a Job Dice

목표

- **활동:** 직업의 특징에 대해 말할 수 있다.
- **표현:** '소방관은 멋지고 용감해요.'의 의미를 이해할 수 있다.
  '-고': 두 가지 이상의 대등한 사실을 나열할 때 쓰는 연결 어미이다.
  예) 의사는 똑똑하고 친절해요.
- **어휘:** 직업에 대한 자신의 느낌을 설명하는 단어와 표현을 알 수 있다.
  예) 멋지다, 용감하다, 똑똑하다, 친절하다

자료

- 직업 그림(14-①)
- 직업 주사위(1)(14-②)
- 직업 주사위(2)(14-③)

준비물

- 가위, 풀, 우유갑(우유팩)이나 상자 두 개

활동 수준	높음
활동 유형	조작
집단 유형	대집단
활동지 쪽수	247~252

방법

(1) 교사와 학생은 직업 그림(14-①)을 함께 보면서 어떤 직업이 있는지 이야기를 나눈다.

(2) 교사는 학생에게 미리 준비한 주사위를 보여 주며 활동을 소개한다.

(3) 학생은 직업 주사위(1), (2)(14-②, 14-③)를 오리고 우유갑에 붙여 두 개의 주사위를 만든다.

(3) 교사가 하나의 직업을 말하면 학생은 두 개의 주사위를 돌려서 직업 그림을 맞춘다.
 예) 교사가 '의사'라고 말하면 학생은 두 개의 주사위의 그림을 맞추어 의사가 청진기로 환자를 진료하는 그림을 완성한다.

(4) 빨리 주사위를 맞춘 학생이 직업의 이름을 크게 말한다.

(5) 교사와 학생은 해당 직업에 대해 이야기를 나눈다.

질문 예시

- (교사는 완성된 주사위 중 한 개의 주사위를 보여 주며) 이 그림은 우리가 배운 직업 중 하나예요. 그런데 그림이 반쪽만 있지요? 이 그림에 있는 사람의 직업은 무엇일까요?
- (교사는 다른 주사위와 맞추어 완성된 그림을 보여 주며) 네, 이 사람은 의사예요.
- 우리 오늘은 주사위 두 개를 만들어요. 그리고 선생님이 직업의 이름을 말하면 듣고 두 개의 주사위를 맞춰서 직업 그림을 완성해 보세요.
- 소방관 아저씨를 보면 어떤 생각이 들어요?
- 의사 선생님을 보면 어떤 생각이 들어요?

First, cut out and make the job puzzle dice (14-①) for two then when the teacher says a job, roll the dice to find the job. Next, the student who solves the puzzle first says the name of the job out loud. Finally, talk about what people with that job do and what they wear.

도움말

활동

- 직업 주사위 만들기
  우유갑(우유팩)의 윗부분을 평평하게 만들어서 정육면체 모양으로 만든다. 그 다음 직업 주사위(1)(14-②)를 오려서 우유갑(우유팩)의 여섯 면에 붙이면 주사위를 만들 수 있다. 직업 주사위(2)(14-③)도 같은 방법으로 만든다. 우유갑(우유팩)을 구하기 힘들면 상자로 주사위를 만들 수 있다.
- 교사는 수업 전에 주사위 두 개를 미리 만들어 준비한다.
- 한 명이 주사위 두 개를 만들 수도 있고 짝을 이뤄 서로 다른 주사위를 만들어서 함께 그림을 완성해 볼 수도 있다.

15. 미래의 내 모습 Talking about My Dreams

활동 수준	높음
활동 유형	미술
집단 유형	개별
활동지 쪽수	253~256

목표

- **활동:** 자신이 원하는 미래의 직업에 대해 말할 수 있다.
- **표현:** '선생님이 되고 싶어요.'의 의미를 이해할 수 있다.
  '-고 싶다': (동사에 붙어) 어떤 행위를 하기를 원함을 나타내는 표현이다.
  예) 요리사가 되고 싶어요.
- **어휘:** 미래의 내 모습을 말할 때 필요한 표현을 알 수 있다.
  예) 자라다, 되다

자료

- 여러 가지 직업(15-①)
- 미래의 내 모습(15-②)

준비물

- 색연필, 크레파스

방법

(1) 교사와 학생들은 여러 가지 직업(15-①)의 사진을 보면서 사진 속의 사람들이 어떤 일을 하는 사람인지에 대해 이야기를 나눈다.

(2) 학생들은 자신이 미래에 하고 싶은 일이 무엇인지에 대해 다른 친구들과 함께 이야기한다.

(3) 학생들은 미래의 내 모습(15-②) 그림에 미래의 자신의 모습을 생각하며 꾸민 후 하단의 빈칸에 알맞은 직업의 이름을 써 넣어 그림을 완성한다.

(4) 학생들은 이 직업을 왜 가지고 싶은지, 앞으로 어떻게 해야 하는지 등에 대해서 발표한다.

질문 예시

- 여러분은 자라서 무엇이 되고 싶어요?
- 왜 그 일을 하고 싶어요?

To begin, talk about the various jobs in the photos (15-①) with students. Then ask students to talk about their own dreams that they want to do. Next, draw pictures or glue photos to the dream picture board (15-②) and write the name of the job in the blank. After that each student can talk about why they want to do this job.

도움말

활동

교사는 다양한 직업을 소개하기 위해 사전에 사진 자료나 그림 자료를 잡지 등에서 오려서 준비해 놓을 수도 있다.

발음

'싶어요'[시퍼요] 발음을 연습한다.

문화와 정체성

여러 가지 직업에 대해 이야기하는 과정을 통해 미래에 내가 하고 싶은 일에 대해 생각해 보는 기회를 갖는다.

- 여러분은 나중에 커서 무엇이 되고 싶어요? 왜 그것을 하고 싶어요?
- (학생들의 대답을 바탕으로) 요리사는 어디에서 일해요? 어떤 일을 해요? 요리사가 되려면 어떻게 해야 해요?
- 또 이 세상에는 어떤 직업이 있을까요? 그러한 일을 하려면 어떻게 해야 할까요?

직업 2단계 주제3, 주제4

본 큰 그림책 자료는 '직업'과 관련된 활동지를 통해 습득한 언어 지식을 다시 한번 활용할 수 있도록 개발하였다. 학생은 그림을 보면서 교사와 '직업'에 관련된 이야기를 재미있게 나눌 수 있다. 이 자료는 '직업' 주제와 관련된 어휘와 활동 내용을 모두 포함하는 그림으로 표현하였으며 유아들이 보다 친근함을 가지고 접근할 수 있는 그림으로 제작하였다. 교사와 학생들이 자료를 보면서 대화를 나누는 수업은 의사소통 능력을 신장시키고 장기적으로 언어에 대한 흥미도 높일 수 있다.

교사 질문

큰 그림책 자료를 활용하여 직업에 대해 말할 수 있다. 다음의 질문을 통해 직업에 관한 다양한 어휘와 표현을 확인할 수 있다.

예시

- 여기는 어디예요?
- 여기에서 일하는 사람은 누구예요?
- 우리 집과 우리 동네를 안전하게 지켜주는 사람이에요. 누구일까요?
- 불이 났을 때 이 사람이 제일 먼저 와서 불을 꺼 줘요. 누구일까요?
- 우리들에게 모르는 것을 쉽게 잘 가르쳐 줘요. 누구일까요?
- 새로운 소식을 빨리 전해 주는 사람이에요. 누구일까요?
- 아픈 사람을 치료해 줘요. 누구일까요?
- 의사를 도와서 아픈 사람을 돌보는 사람이에요. 누구일까요?
- 음식을 맛있게 만드는 사람이에요. 누구일까요?
- 빵을 맛있게 만드는 사람이에요. 누구일까요?
- 노래를 잘 하고 춤을 잘 춰야 해요. 누구일까요?
- 머리를 예쁘게 자르고 파마도 해 줘요. 누구일까요?
- 소방관은 불을 끌 때 무엇을 사용해요?
- 기자는 소식을 전할 때 무엇을 사용해요?
- 선생님은 학생들을 가르칠 때 무엇이 필요할까요?
- 경찰은 다른 경찰들과 연락할 때 무엇을 사용해요?
- 의사는 아픈 사람을 치료할 때 무엇을 사용할까요?
- 요리사가 요리할 때 이것을 사용해요. 이것은 무엇일까요?
- 가수들이 이것을 손에 들고 노래를 불러요. 이것은 무엇일까요?
- 제빵사가 빵을 만들 때 무엇이 필요해요?
- 미용사가 머리를 자를 때 무엇을 사용해요?
- 여러분은 자라서 무엇이 되고 싶어요?
- 왜 그 일을 하고 싶어요?

주제 4 우리 동네 Our Neighborhood

	활동명	활동 수준	활동 유형	집단 유형	가정 연계	활동지 쪽수	지도서 쪽수
1	동요 '동네 한 바퀴'	낮음	음악	대집단		3~4	114~115
2	우리 집의 위치 말하기	높음	언어	개별	○	5~14	116~117
3	'어디까지 왔나' 게임	낮음	게임	대집단		15~18	118~119
4	물건 진열하기 게임	높음	게임	소집단		19~26	120~121
5	숫자 세기	높음	언어	소집단		27~34	122~123
6	물건 사고팔기 놀이	높음	언어	소집단		35~46	124~125
7	안 쓰는 물건 사고팔기	높음	언어	대집단		47~48	126~127
8	여러 공공 기관	높음	언어	개별		49~62	128~129
9	공공 기관 책 만들기	낮음	언어	개별	○	63~72	130~131
10	공공 기관 수수께끼	높음	언어	대집단		73~76	132~133
11	내가 살고 싶은 동네	낮음	미술	개별		77~80	134~135
12	우리 학교 주변 지도 그리기	높음	미술	대집단	○	81~86	136~137
13	친구들이 사는 마을	높음	언어	개별		87~90	138~139
14	'무궁화 꽃이 피었습니다' 게임	낮음	게임	대집단		91~92	140~141
15	동요 '가게 놀이'	낮음	음악	대집단		93~94	142~143

교육 자료의 주제 및 내용 구성

'우리 동네' 주제에서는 유아가 자신이 사는 동네의 가게나 공공 기관 또는 시설의 특성을 알고 그곳에서 일하는 사람들의 역할이나 해당 장소의 기능 등을 경험하면서, 필요한 사회적 지식과 정보를 얻을 수 있도록 계획하였다.

본 교육 자료를 통해 유아는 한국어 의사소통 능력을 향상시킬 수 있다. 유아들은 '2. 우리 집의 위치 말하기', '3. '어디까지 왔나' 게임', '8. 여러 공공 기관', '10. 공공 기관 수수께끼'와 같은 교실 수업을 통해 자신이 살고 있는 동네에 관심을 갖고 공공 기관이나 생활 공간의 기능과 역할을 아는 과정에서 한국어 듣기와 말하기, 읽기, 쓰기 능력을 고르게 발달시킬 수 있다. 또한 '11. 내가 살고 싶은 동네', '12. 우리 학교 주변 지도 그리기', '13. 친구들이 사는 마을'과 같은 활동을 통해 유아가 자신이 살고 있는 동네와 다른 모습도 알고 이를 언어로 표현할 수 있도록 계획하였다. '우리 동네' 주제를 통해 유아들은 자신이 살고 있는 동네의 모습을 구체적으로 알고 동네를 아끼고 사랑하는 태도를 지닐 수 있을 것이다.

1 ① '동네 한 바퀴' 노래

동네 한 바퀴

반주

다 같이 돌자 동네 한 바퀴

아침 일찍 일어나 [풀] 한 바퀴

우리 보고 나팔꽃 인사합니다

우리도 인사하며 동네 [풀] 바퀴

바둑이도 같이 돌자 동네 한 [풀]

바퀴	동네	한

3

목표

- **활동:** 동요에 나오는 표현을 이해하고 따라 부를 수 있다.
- **표현:** '우리도 인사하며 동네 한 바퀴'의 의미를 이해할 수 있다.
  '-(으)며': 두 가지 이상의 동작이나 상태가 함께 일어남을 나타내는 표현으로 앞말에 받침이 있으면 '-으며'를 사용하고, 받침이 없거나 'ㄹ' 받침이면 '-며'를 사용한다.
  예) 노래를 부르며 춤을 춰요.
- **어휘:** 동요에 나오는 단어를 알 수 있다.
  예) 동네, 바퀴, 아침, 일찍, 일어나다, 나팔꽃, 바둑이

자료

- '동네 한 바퀴' 노래(1-①)

준비물

- 가위, 풀

활동 수준	낮음
활동 유형	음악
집단 유형	대집단
활동지 쪽수	3~4

Track 03　　Track 03_반주

방법

(1) 교사는 학생들이 살고 있는 동네가 어디 있고, 동네 근처에서 무엇을 할 수 있는지에 대해 학생들과 이야기를 나눈다.

(2) 노래를 들어 보고 노랫말에 대해 이야기를 나눈다.

(3) 학생들은 노래를 한 소절씩 듣는다.

(4) 교사가 노래를 한 소절씩 읽으면 학생들이 따라 읽는다. 이때 '동네 한 바퀴' 노래(1-①)의 빈칸에 들어갈 알맞은 노랫말을 활동지 하단에서 잘라 붙인다.

(5) 교사가 노래를 부르면 학생들은 '랄랄라~'로 따라 부른다.

(6) 다 같이 노랫말에 나오는 행동을 몸으로 표현하며 노래를 부른다.

예) 다 같이 돌자 동네 한 바퀴 → 학생들이 작은 원을 그리며 걷는다.
우리도 인사하며 동네 한 바퀴 → 학생들이 두 줄로 서로 마주보고 지나가며 인사한다.

■ 질문 예시

- 여러분 동네는 어디에 있어요?
- 동네 근처에서 무엇을 할 수 있어요?

First, listen to the song, 'Round the Neighborhood' and talk about the lyrics. Next, read the lyrics, one measure at a time then sing the song with 'Lalala' before singing it with the original lyrics. Also, describe actions in the lyrics using body motions while singing. Finally, cut out words from the worksheet and attach them at the bottom.

도움말

■ 발음

'바퀴'를 발음하면서 모음 'ㅟ'를 연습한다.

동네 한 바퀴

윤석중 작사 • 프랑스 동요

2. 우리 집의 위치 말하기 Talking about Directions to My House

앞면

뒷면

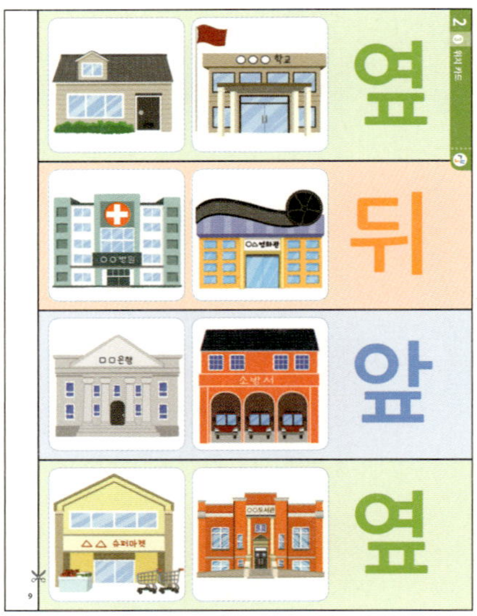

우리 집은 학교 ______에 있어요.

병원은 영화관 ______에 있어요.

은행은 소방서 ______에 있어요.

슈퍼마켓은 도서관 ______에 있어요.

앞면

뒷면

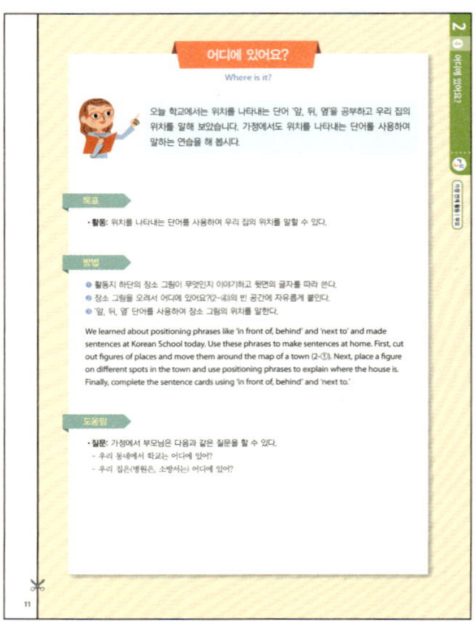

어디에 있어요?

Where is it?

오늘 학교에서는 위치를 나타내는 단어 '앞, 뒤, 옆'을 공부하고 우리 집의 위치를 말해 보았습니다. 가정에서도 위치를 나타내는 단어를 사용하여 말하는 연습을 해 봅시다.

목표

- **활동**: 위치를 나타내는 단어를 사용하여 우리 집의 위치를 말할 수 있다.

방법

1. 활동지 하단의 장소 그림이 무엇인지 이야기하고 뒷면의 글자를 따라 쓴다.
2. 장소 그림을 오려서 어디에 있어요?(2-④)의 빈 공간에 자유롭게 붙인다.
3. '앞, 뒤, 옆' 단어를 사용하여 장소 그림의 위치를 말한다.

We learned about positioning phrases like 'in front of, behind' and 'next to' and made sentences at Korean School today. Use these phrases to make sentences at home. First, cut out figures of places and move them around the map of a town (2-①). Next, place a figure on different spots in the town and use positioning phrases to explain where the house is. Finally, complete the sentence cards using 'in front of, behind' and 'next to.'

도움말

- **질문**: 가정에서 부모님은 다음과 같은 질문을 할 수 있다.
  - 우리 동네에서 학교는 어디에 있어?
  - 우리 집은(병원은, 소방서는) 어디에 있어?

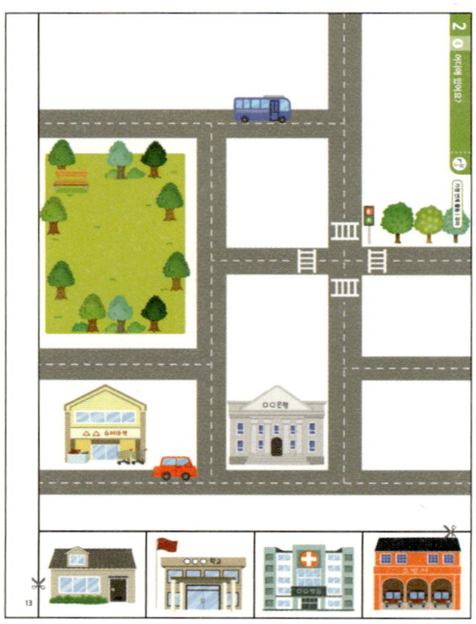

소방서 병원 학교 집

목표

- **활동:** 위치를 나타내는 단어를 읽고 말할 수 있다.
- **표현:** '우리집은 학교 옆에 있어요.'의 의미를 이해할 수 있다.
  '에': 앞말이 어떤 장소나 자리임을 나타내는 조사이다.
  예) 병원은 영화관 뒤에 있어요.
- **어휘:** 위치를 나타내는 단어를 알 수 있다.
  예) 앞, 뒤, 옆, 학교, 병원, 소방서, 공원, 은행, 슈퍼마켓, 경찰서, 도서관, 영화관, 백화점, 카페, 빵집

자료

- 동네 그림판(2-①)
- 위치 단어 카드(2-②)
- 위치 카드(2-③)

준비물

- 가위, 연필, 사인펜

활동 수준	높음
활동 유형	언어
집단 유형	개별
가정 연계	있음
활동지 쪽수	5~14

방법

(1) 교사는 학생을 한두 명 지목하며 학생들의 위치에 대한 이야기를 나눈 후 활동에 대해 이야기한다.

(2) 교사는 동네 그림판(2-①)을 보며 동네에 있는 장소를 학생과 함께 이야기한다.

(3) 교사가 위치 단어 카드(2-②)를 보여 주면서 읽어 주면 학생들은 따라 읽는다.

(4) 교사가 우리 집 그림을 오려서 동네 그림판(2-①) 위에 놓고 움직이며 위치를 나타내는 단어를 사용하여 집의 위치를 말한다.

(5) 학생들은 위치 단어를 사용해서 위치 카드(2-③)의 뒷면에 있는 문장의 빈칸에 알맞은 말을 쓰고 읽는다.
예) 우리 집은 학교 옆에 있어요.

(6) 교사가 학생들에게 동네 그림판(2-①)을 보며 장소 그림의 위치를 물으면 학생들은 '앞, 뒤, 옆' 단어를 사용하여 (5)의 예문처럼 말한다.

질문 예시

- (학생 한 명을 지목하며) 여러분, ○○(이)는 어디에 있어요?
- (지목한 학생의 옆에 있는 학생을 가리키며) □□(이)는 어디에 있어요?
- ○○(이)는 □□(이) 옆에 있어요.
- 그러면 우리 학교 옆에는 뭐가 있을까요?

First, look at the alley figure (2-①), introduce the 'alley'. For example, "An alley is a narrow path that branches off from main streets." Next, read the direction words (2-②). Then the teacher cuts out and puts the house figures on the alley board (2-①) and uses direction words to say where the house is. For example, "My house is in front of the police station." Students move the house figure and say where the new location is, such as, "My house is behind the police station." Finally, write a direction word on the sentence card (2-③) to complete the sentence.

도움말

활동

교사는 위치 단어 카드(2-②)의 우리 집 그림을 미리 오려서 '앞, 뒤, 옆'을 공부할 때 사용한다. 이 때 학생들의 수준에 따라서 그림이나 글자를 선택하여 보여 준다.

발음

'앞에'와 '옆에'를 공부할 때 [아페]와 [여페]로 발음을 연습한다.

가정 연계

어디에 있어요?(2-④)

3. '어디까지 왔나' 게임 Playing the 'Where Are You?' Game

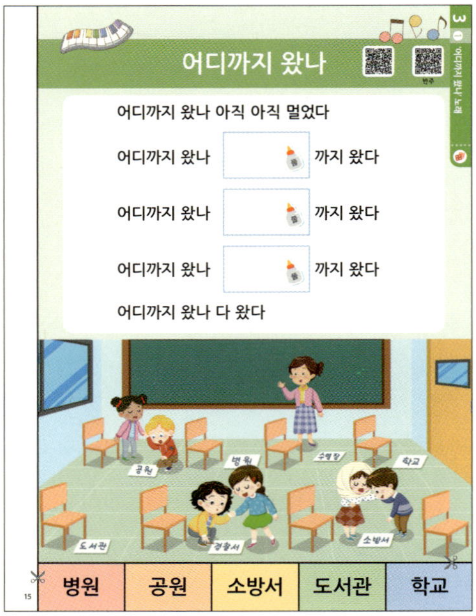

앞면

뒷면

병원	도서관
공원	소방서
경찰서	학교
햄버거 가게	슈퍼마켓
은행	수영장

목표

- **활동:** 동요에 나오는 표현을 이해하고 따라 부를 수 있다.
- **표현:** '어디까지 왔나?'의 의미를 이해할 수 있다.
  '까지': 어떤 범위의 끝임을 나타내는 조사이다.
  예) 학교까지 왔다.
- **어휘:** 장소를 나타내는 단어를 알 수 있다.
  예) 도서관, 병원, 소방서, 공원, 학교, 경찰서, 슈퍼마켓, 햄버거 가게, 수영장, 은행

자료

- '어디까지 왔나' 노래(3-①)
- 장소 단어 카드(3-②)

준비물

- 가위, 풀, 양면테이프, 연필, 사인펜

활동 수준	낮음
활동 유형	게임
집단 유형	대집단
활동지 쪽수	15~18

Track 04 Track 04_반주

방법

(1) 교사는 학생들에게 학교에 올 때 길에서 어떤 장소를 지나 왔는지 물어본다.

(2) 교사는 학생들에게 학교에 도착한 순서를 물어본 후 활동을 소개한다.

(3) 학생들은 교사의 설명을 들은 후 장소 단어 카드(3-②)가 어디인지 말해 보고 따라 읽고 뒷면의 글자를 따라 쓴다.

(4) 다 같이 동요 '어디까지 왔나'를 듣고 '어디까지 왔나' 노래(3-①)의 빈칸에 알맞은 장소를 잘라서 붙인다.

(5) 교사는 게임 방법을 설명하고 게임을 진행한다.

게임 방법

❶ 교사는 교실의 한 지점을 목적지로 정한 후 장소 단어 카드(3-②) 여러 개를 목적지까지 놓아둔다.
❷ 두 명이 한 팀이 되어 한 명은 눈을 감고, 다른 한 명은 눈을 감은 학생의 앞에 서서 눈 감은 학생을 인도하면서 장소 단어 카드(3-②)가 있는 곳마다 멈춰 선다.
❸ 눈을 감은 학생이 "어디까지 왔나?"라고 질문하면, 앞에 선 학생은 도착한 곳의 장소 단어 카드(3-②)를 주우며 "○○까지 왔다."라고 말한다.
❹ 목적지에 도착할 때까지 같은 방식으로 질문하고 대답한다.
❺ 목적지에 도착했다면 서로 역할을 바꾸어 진행해 본다.

질문 예시

- 여러분, 학교에 올 때 길에 공원이 있었어요? 공원 말고 또 뭐가 있었어요?
- 오늘 누가 학교에 제일 먼저 왔어요?
- ○○(이)가 제일 먼저 학교에 왔어요. 그때 다른 친구들은 어디까지 왔을까요?
- 오늘은 '어디까지 왔나' 게임을 해 봐요.
- 여기에는 아픈 사람들이 가요. 여기가 어디예요?

First, a teacher reads and explains about words which relate to certain places (3-②). And then listen to the song, 'Where are you?' and talk about the lyrics. Next, cut out words and attach them to the bottom of worksheet (3-①). Finally, explain the game.

How to play the game

First, form teams of two. Next, designate one person to guide/engine and the other person to follow/caboose. The person who is the caboose has to close their eyes for the entire game. The caboose has to stand behind the guide and hold the guides' hands while the guide leads the caboose throughout the entire game (the engine will have their back facing the caboose). The goal of the team is to reach the finish mark/destination. The guide has to lead the caboose to several stations throughout the game and eventually to the final destination. Whenever a team stops at a station the caboose has to ask the engine, "Where are we?" After the caboose asks that question, the guide will remove the card at each station and tell the caboose where they are. "We are at ○○○." After each team has visited all the stations and reached their final destination, the students switch roles and start over again.

도움말

활동

'어디까지 왔나' 노래를 들을 때 활동지 하단의 여러 장소를 교체하여 활동을 반복할 수 있다.

어디까지 왔나

전래 동요

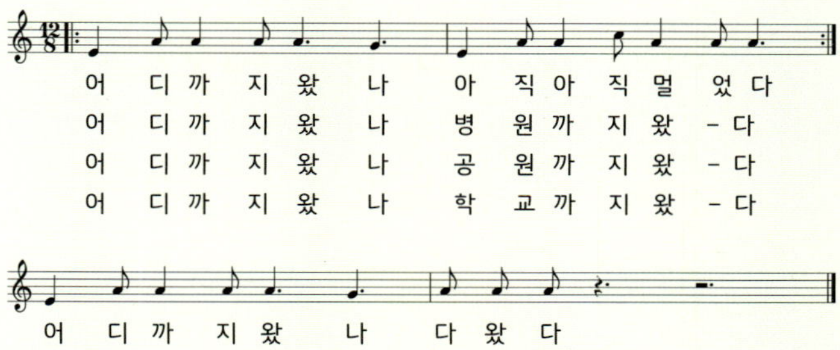

※ 자료 활용도를 높이기 위해 노랫말 일부를 개사하였음.

4. 물건 진열하기 게임 Object Display Game

앞면

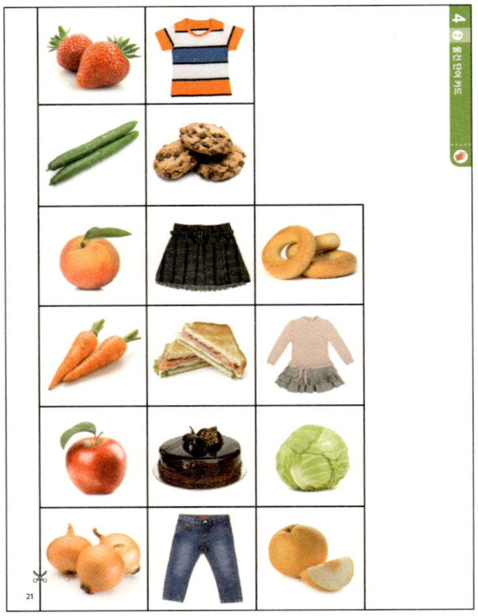

뒷면

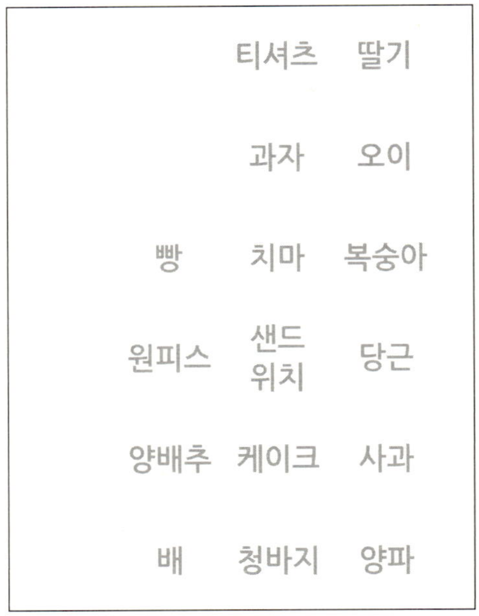

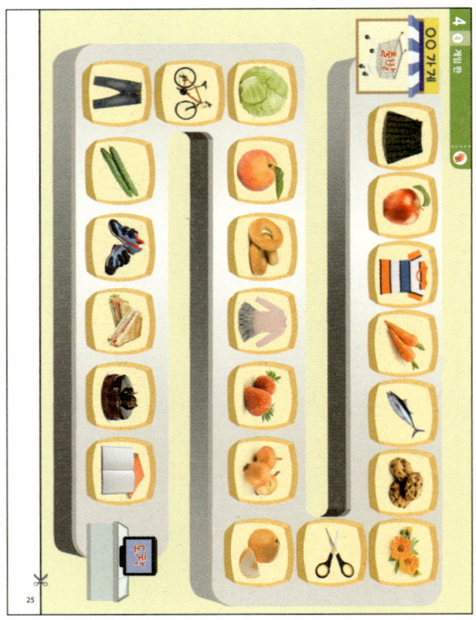

활동 수준	높음
활동 유형	게임
집단 유형	소집단
활동지 쪽수	19~26

목표

- **활동:** 물건의 이름과 그 물건을 파는 곳을 알고 말할 수 있다.
- **표현:** '가게에서 물건을 사요.'의 의미를 이해할 수 있다.
  '에서': 어떤 행위나 동작이 이루어지고 있는 장소임을 나타낸다.
  예) 과일 가게에서 딸기를 사요.
- **어휘:** 물건을 나타내는 단어를 알 수 있다.
  예) 과일 가게, 옷 가게, 채소 가게, 빵집, 청바지, 치마, 딸기, 사과, 오이, 당근

자료

- 가게 그림판(4-①)
- 물건 단어 카드(4-②)
- 주사위, 게임 말(4-③)
- 게임 판(4-④)

준비물

- 가위, 풀

방법

(1) 교사는 학생들과 물건을 산 경험과 물건을 살 수 있는 장소에 대해 이야기를 나눈다.

(2) 다 같이 가게 그림판(4-①)을 보고 무슨 가게인지, 무슨 물건이 있을지 이야기를 나눈다.

(3) 다 같이 물건 단어 카드(4-②)를 하나씩 읽고 어떤 가게에 있는 물건인지 이야기를 나눈다.

(4) 학생들은 물건 단어 카드(4-②)를 오리고 주사위와 게임 말(4-③)을 오린 후에 주사위와 게임 말을 만든다.

(5) 교사는 게임 방법에 대해 설명하고 게임을 진행한다.

(6) 학생들은 게임을 마친 후 가져온 물건 단어 카드(4-②)를 가게 그림판(4-①)에 붙인다.

(7) 학생들은 무슨 가게에 무슨 물건이 있는지 소개한다.

게임 방법

❶ 2~3명이 한 팀이 되어 게임 판(4-④)의 '출발'에 게임 말(4-③)을 올려놓고, 번갈아 가면서 주사위를 던진다.
❷ 주사위(4-③)에 나온 숫자만큼 게임 말(4-③)을 움직인다.
❸ 게임 말이 멈추는 곳에 물건 그림이 있으면 해당되는 물건 단어 카드(4-②)를 읽은 후 가져간다.
❹ 말이 '도착'까지 가면 게임이 끝난다.

질문 예시

- 여러분은 부모님과 함께 과일(옷, 채소, 빵 등)을 사 봤어요?
- 그 과일(옷, 채소, 빵 등)은 어디에서 사요? 네, 과일 가게에서 사요.

First, look at the figures related to stores (4-①, 4-②) and talk about different stores then read names of objects in the stores. Next, cut out the word cards (4-②), dice and game markers (4-③). A teacher explains and plays the game. After finishing a game, attach word cards (4-②) to a board of a store (4-①) and present it.

How to play a game

First, 2 or 3 students will be a team and throw dice turn by turn. Next, students move game markers following the number shown on the dice they throw. Finally, when the game marker lands on the same position on the board as the opponent, the other team can take it.

도움말

활동

- 게임을 마친 뒤 물건 단어 읽기를 어려워하는 학생의 경우, 교사가 물건 단어를 읽어 주고 따라 읽을 수 있도록 한다.
- 물건 단어 카드(4-②)를 보고 뒤집은 후 사진과 단어의 이름을 맞히는 활동을 할 수 있다.

앞면

뒷면

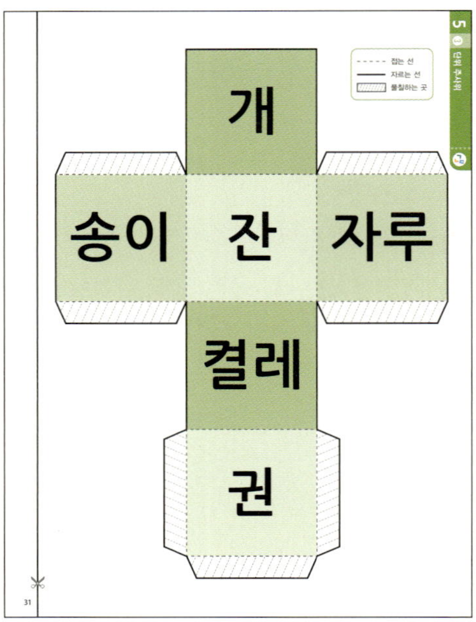

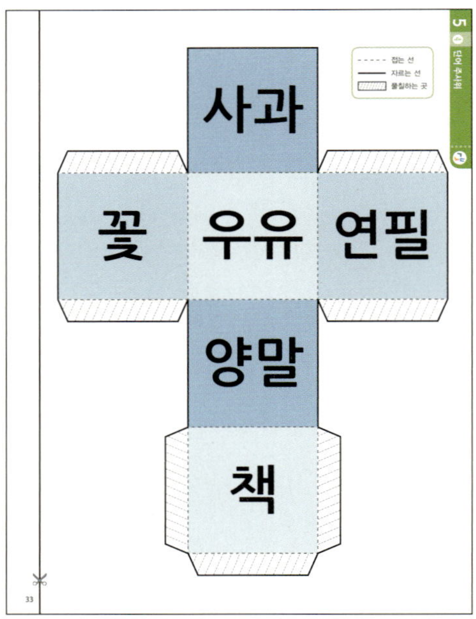

활동 수준	높음
활동 유형	언어
집단 유형	소집단
활동지 쪽수	27~34

목표

- **활동:** 물건에 따라 세는 단위가 달라지는 것을 알 수 있다.
- **표현:** '사과가 몇 개 있어요?'의 의미를 이해할 수 있다.
  '이/가': 어떤 상태나 상황의 대상이나 동작의 주체를 나타내는 조사로 앞말에 받침이 있으면 '이'를 사용하고, 받침이 없으면 '가'를 사용한다.
  예) 책이 세 권 있어요.
- **어휘:** 물건을 세는 단어를 알 수 있다.
  예) 개, 송이, 잔, 자루, 켤레, 권

자료

- 물건 단어 카드(5-①)
- 단위 단어 카드(5-②)
- 단위 주사위(5-③)
- 단어 주사위(5-④)

준비물

- 가위, 풀, 색연필, 사인펜

방법

(1) 교사는 학생들에게 사탕을 보여 주며 물건의 이름과 수량을 물어본다.

(2) 교사가 물건 단어 카드(5-①)를 읽으면 학생들은 따라 읽고 쓴다.

(3) 교사가 단위 단어 카드(5-②)를 읽으면 학생들은 따라 읽고 쓴다.

(4) 교사는 각각의 물건 단어 카드(5-①)와 단위 단어 카드(5-②)를 짝지어 물건을 세는 단위에 대해 설명한다.

(5) 학생들은 단위 주사위(5-③)와 단어 주사위(5-④)를 각각 만든다.

(6) 교사가 단위 주사위(5-③)를 먼저 던져서 나온 단위를 학생들에게 보여 준다. 학생들은 단어 주사위(5-④)를 던져서 단위 주사위(5-③)에 알맞은 단어가 나올 때까지 단어 주사위(5-④)를 다시 던진다.
예) 권-양말(다시 던짐), 켤레-양말(그만 던짐)

(7) 교사는 학생들과 단위 주사위(5-③)에 알맞은 단어 주사위(5-④)의 단어를 함께 이야기한다.

(8) 교사가 학생들을 2~4명의 소집단으로 구성하면 학생들은 친구들과 위의 활동을 다시 반복한다.

질문 예시

- (사탕을 한 개 보여 주며) 여러분, 이게 뭐예요?
- 네, 사탕이에요. 사탕이 많이 있어요?
- 사탕이 한 개 있어요.
- (사탕을 두 개 보여 주며) 사탕이 몇 개 있어요?

First, read the objects card (5-①) and numbers word cards (5-②) then pair up object word cards with number word cards and explain counting objects. Next, make dice for numbers (5-③) and words (5-④). Finally, throw the number die and then throw the word die. If they pair up, say the word and number.

도움말

활동

- 단위 단어 카드(5-②)를 잘라 물건과 단위를 맞게 짝짓는 연습을 한 후에 주사위 활동을 하면 더 좋다.
- 교육 자료 1의 [주제 7]에서 〈활동 6〉을 활용해 '개, 마리, 명, 송이'를 먼저 연습한 후 수업을 할 수 있다.
  예) 양말/신발-켤레, 주스-잔, 꽃-송이
- 한국어가 능숙한 학생들이 많이 있을 경우 개별 활동으로 확장한 후 서로 만든 단어와 단위를 연결하여 연습할 수 있다.
- 본 활동이 끝난 후에 큰 그림책의 '활동지 8. 고유어 수'를 활용해 물건의 개수를 세어 보는 활동으로 확장하면 좋다.

발음

'켤레'를 공부할 때 자음 'ㅋ' 발음을 연습한다.

6. 물건 사고팔기 놀이 Buying and Selling Goods

앞면

뒷면

복숭아	꽃	빵
구두	운동화	딸기
꽃	슬리퍼	케이크
배	과자	꽃

목표

- **활동:** 물건을 살 때 사용하는 표현을 알고 말할 수 있다.
- **표현:** '이것은 얼마예요?'의 의미를 이해할 수 있다.
  '은/는': 문장의 주제가 되는 단어를 알릴 때 사용하는 조사로 앞말에 받침이 있으면 '은'을 사용하고, 받침이 없으면 '는'을 사용한다.
  예) 사과는 천 원이에요.
- **어휘:** 물건을 살 때 사용하는 단어를 알 수 있다.
  예) 빵, 꽃, 과일, 신발, 개, 켤레, 송이, 가게, 케이크, 복숭아, 버, 구두, 운동화, 딸기, 과자, 슬리퍼

자료

- 상황 그림 카드(6-①)
- 물건 단어 카드(6-②)
- 문장 카드(6-③)
- 장바구니 그림(6-④)
- 가게 그림(6-⑤)

준비물

- 가위, 풀, 연필, 사인펜, 색연필

활동 수준	높음
활동 유형	언어
집단 유형	소집단
활동지 쪽수	35~46

방법

(1) 교사는 학생들과 사고 싶은 물건에 대해 이야기를 나눈 후 활동을 소개한다.

(2) 교사는 학생들에게 상황 그림 카드(6-①)를 보여 주고 무슨 상황인지 물어본다.

(3) 교사는 물건 단어 카드(6-②)를 학생들과 함께 보며 각 물건을 세는 단위를 알려 준다.

(4) 학생들은 물건 단어 카드(6-②), 장바구니 그림(6-④)을 오린다.

(5) 학생들은 물건 단어 카드(6-②)를 자른 후, 하나씩 골라서 문장 카드(6-③)를 보고 알맞은 문장을 말하면서 장바구니 그림(6-④)에 놓으며 연습한다.

(6) 학생들은 가게 그림(6-⑤) 간판을 꾸미고, 가게에 알맞은 물건 단어 카드(6-②)를 붙인다.
예) 사과 - 과일 가게, 빵 - 빵집

(7) 학생들은 문장 카드(6-③)를 보며 손님과 점원의 대화를 연습한다.
예) 어서 오세요, 뭘 드릴까요? 딸기가 얼마예요? 운동화 있어요?

(8) 2명이 한 팀이 되어 역할 놀이를 한다.

질문 예시

- 여러분은 무엇을 사고 싶어요?
  예) 과자, 사탕, 장난감 등
- 그 물건을 어디에서 살 수 있어요?
- 물건을 살 때 한국어로 어떻게 말해야 할까요?

First, show the situation figure card (6-①) and talk about the situations such as, "What is this place? What are they doing?" Next, cut out the object word cards (6-②) and shopping basket cards (6-④) then choose an object word card (6-②) to make a sentence (6-③) and put it into the shopping basket figure (6-④). For example, "Give me an apple." or, "Give me a pair of shoes." Also, decorate the store figure (6-⑤) signboard and attach goods (6-②) appropriate for each store such as, 'apple' for a fruit store and 'bread' for a bakery. Students practice dialogues by looking at a sentence card (6-③) that can be said by customers and owners like, "Welcome! How may I help you?" or, "How much is this strawberry?" and, "Do you have a pair of shoes?" Finally, work in pairs to role play.

도움말

활동

- 문장 카드(6-③) 활동을 하기 전에 물건 단어 카드(6-②)를 잘라서 단어의 사진을 보고 이름을 맞히는 활동을 하면 좋다.
- 시간이 있으면 안 쓰는 물건 사고팔기(활동 7)를 이어서 할 수 있다.
- 큰 그림책의 '활동지 4. 화폐', '활동지 9. 숫자' 자료를 활용할 수 있다.

문화와 정체성

물건 사고팔기 놀이를 통해 일상생활에서 돈의 쓰임에 대해 안다. 또한 물건을 살 때는 돈이 필요함을 안다.
- 물건을 사려면 뭐가 필요해요?
- 돈이 있으면 슈퍼마켓에서 무엇을 사고 싶어요?

7 ① 가격표

47

활동 수준	높음
활동 유형	언어
집단 유형	대집단
활동지 쪽수	47~48

목표

- **활동:** 물건을 사고팔 때 사용하는 표현을 말할 수 있다.
- **표현:** '안 쓰는 물건을 주세요.'의 의미를 이해할 수 있다.
  '안': 부정이나 반대의 뜻을 나타내는 표현이다.
  예) 안 입는 옷을 팔 수 있어요.
- **어휘:** 물건을 사고팔 때 사용하는 단어와 표현을 알 수 있다.
  예) 사다, 팔다, 가격표

자료

- 가격표(7-①)

준비물

- 가위, 풀, 연필, 사인펜, 안 쓰는 물건

방법

(1) 다 같이 각자 가져온 안 쓰는 물건에 무엇이 있는지 이야기를 나눈다.

(2) 학생들은 판매할 물건을 책상 위에 진열하고 가격표(7-①)에 물건의 이름과 가격을 쓴 다음 자신의 물건 앞에 세운다.
예) 양말 한 켤레, 1000원

(3) 학생들은 친구들과 같이 안 쓰는 물건을 팔거나 필요한 물건을 사는 놀이를 한다.

■ 질문 예시

- (연필이나 색연필 등을 여러 개 보여 주며) 선생님은 안 쓰는 색연필이 많이 있어요.
- 선생님이 안 쓰는 색연필을 다른 친구가 쓸 수 있어요? 선생님은 이 색연필을 다른 친구에게 팔고 싶어요.
- 여러분은 안 쓰는 물건이 있어요? 무슨 물건을 팔고 싶어요?

Talk about the used objects each person brought. Make price tags (7-①) and shop names for each object, place them in front of each object, and then put them on display. Buy and sell used goods with friends.

도움말

■ 활동

- 교사는 미리 학생들에게 안 쓰는 물건을 가져오게 한다.
- 물물교환 활동으로 바꾸어 진행할 수 있다.
- 물건 사고팔기 놀이(6-③)의 '뭘 드릴까요?, 얼마예요?' 등의 표현을 학습한 후에 이어서 활동을 시작할 수 있다.
- 큰 그림책의 '활동지 4. 화폐', '활동지 9. 숫자' 자료를 활용할 수 있다.

8. 여러 공공 기관 Public Institutions

경	우	도	학
소	관	병	서
체	찰	서	원
교	방	국	서

활동 수준	높음
활동 유형	언어
집단 유형	개별
활동지 쪽수	49~62

목표

- **활동:** 공공 기관에 대해 말할 수 있다.
- **표현:** '아플 때 병원에 가요.'의 의미를 이해할 수 있다.
  '-(으)ㄹ 때': 어떤 행동이나 상황이 일어나는 동안이나 그 시기 또는 그러한 일이 일어난 경우를 나타낼 때 사용한다. 앞말에 받침이 있으면 '-을 때'를 사용하고, 받침이 없거나 'ㄹ'이면 '-ㄹ 때'를 사용한다.
  예) 편지를 보낼 때 우체국에 가요.
- **어휘:** 공공 기관과 관련된 단어와 표현을 알 수 있다.
  예) 소방서, 불을 끄다, 경찰서, 잡다, 학교, 배우다, 병원, 아프다, 우체국, 편지를 보내다, 도서관, 빌리다

자료

- 공공 기관에서 하는 일(8-①)
- 공공 기관 단어 카드(8-②)

준비물

- 가위, 풀

방법

(1) 교사는 학생들과 공공 기관에 언제 가는지에 대해 이야기를 나눈다.

(2) 다 같이 공공 기관에서 하는 일(8-①)의 그림을 보고 공공 기관의 이름과 언제 가는지에 대해 이야기를 나눈다.

(3) 공공 기관 단어 카드(8-②)를 오려서 공공 기관에서 하는 일(8-①)의 그림 하단에 알맞게 붙인다.

■ 질문 예시

- 여러분, 배가 아파요. 그때 어디에 가요? 맞아요. 배가 아플 때 병원에 가요.
- 여러분이 할머니께 편지를 썼어요. 그래서 할머니께 편지를 보내고 싶어요. 그때 어디에 가요? 네, 편지를 보낼 때 우체국에 가요.

First, review the public institution word cards (8-②). Next, look at the public institution role figures (8-①) and explain what can be done at public institutions. For example, "Fire stations help you when something is on fire." Finally, cut out the word cards (8-②) and put them on the words in figure (8-①) appropriately.

도움말

■ 활동

학생들이 공공 기관의 역할을 익힐 수 있도록 반복하여 읽어 준다.

■ 발음

'병원'을 공부할 때 모음 'ㅝ'를 연습한다.

앞면

뒷면

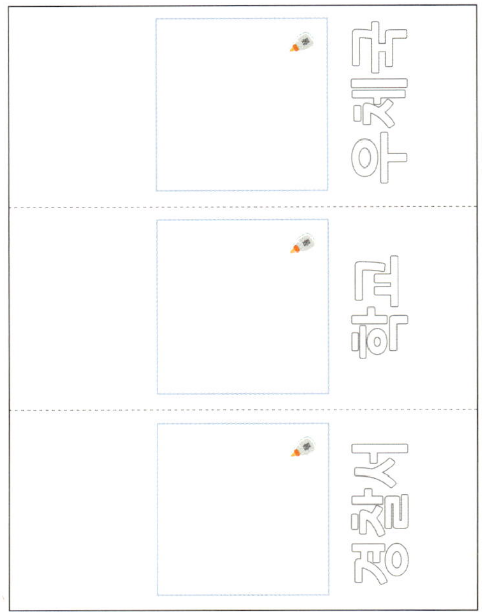

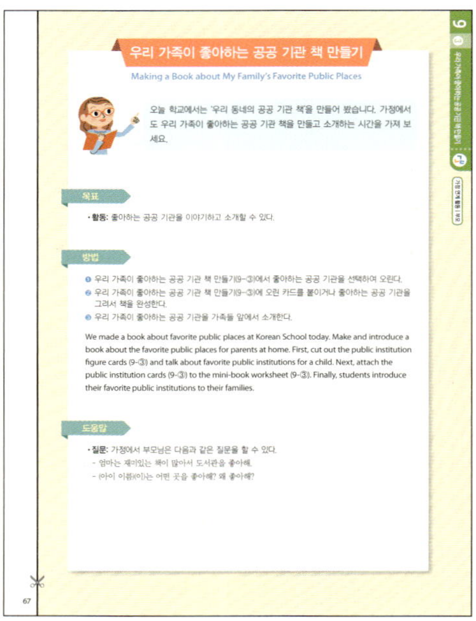

우리 가족이 좋아하는 공공 기관 책 만들기

Making a Book about My Family's Favorite Public Places

오늘 학교에서는 '우리 동네의 공공 기관 책'을 만들어 봤습니다. 가정에서도 우리 가족이 좋아하는 공공 기관 책을 만들고 소개하는 시간을 가져 보세요.

목표

- **활동:** 좋아하는 공공 기관을 이야기하고 소개할 수 있다.

방법

1. 우리 가족이 좋아하는 공공 기관 책 만들기(9-③)에서 좋아하는 공공 기관을 선택하여 오린다.
2. 우리 가족이 좋아하는 공공 기관 책 만들기(9-③)에 오린 카드를 붙이거나 좋아하는 공공 기관을 그려서 책을 완성한다.
3. 우리 가족이 좋아하는 공공 기관을 가족들 앞에서 소개한다.

We made a book about favorite public places at Korean School today. Make and introduce a book about the favorite public places for parents at home. First, cut out the public institution figure cards (9-③) and talk about favorite public institutions for a child. Next, attach the public institution cards (9-③) to the mini-book worksheet (9-③). Finally, students introduce their favorite public institutions to their families.

도움말

- **질문:** 가정에서 부모님은 다음과 같은 질문을 할 수 있다.
  - 엄마는 재미있는 책이 많아서 도서관을 좋아해.
  - (아이 이름)(이)는 어떤 곳을 좋아해? 왜 좋아해?

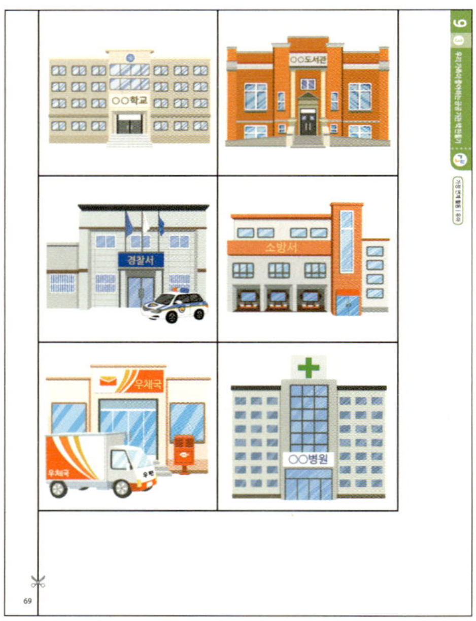

활동 수준	낮음
활동 유형	언어
집단 유형	개별
가정 연계	있음
활동지 쪽수	63~72

목표

- **활동:** 우리 동네에 있는 공공 기관을 책으로 만들어 소개할 수 있다.
- **표현:** '우리 동네에 도서관하고 소방서가 있어요.'의 의미를 이해할 수 있다.
  '하고': 앞과 뒤의 명사를 같은 자격으로 이어주는 조사이다.
  예) 우리 동네에 학교하고 우체국이 있어요.
- **어휘:** 동네에서 볼 수 있는 공공 기관의 이름을 알 수 있다.
  예) 도서관, 학교, 소방서, 경찰서, 병원, 우체국

자료

- 공공 기관 그림 카드(9-①)
- 공공 기관 책 만들기(9-②)

준비물

- 가위, 풀, 연필, 사인펜

방법

(1) 교사는 학생들과 우리 동네에 무슨 공공 기관이 있는지에 대해 이야기를 나누고 활동에 대해 소개한다.

(2) 교사가 공공 기관 그림 카드(9-①)에 있는 공공 기관을 하나씩 보여 주면 학생들은 해당 카드의 공공 기관의 이름을 말한다.

(3) 학생들은 동네에 있는 공공 기관을 선택해서 오린다.

(4) 학생들은 오린 공공 기관 그림 카드(9-①)를 공공 기관 책 만들기(9-②)에 붙이고 글자를 따라 쓴다.

(5) 학생들은 친구들에게 자신이 만든 '우리 동네의 공공 기관' 책을 소개한다.

질문 예시

- 여러분 동네에 경찰서가 있어요? 도서관이 있어요?
- 선생님 동네에는 도서관이 있어요. 그리고 경찰서가 있어요. 선생님 동네에 도서관하고 경찰서가 있어요. 여러분 동네에 뭐가 있어요? 그리고 또 뭐가 있어요?

To begin, hand out the activity sheet to students and read the public institutions on the public institution figure card (9-①). Then cut out the public institution figure cards (9-①) and talk about favorite public institutions for students. For example, "I like school because I can meet others at school. Which institution do you like?" Next, write words and attach the public institution cards to the public institution figure (9-②). Finally, students introduce their favorite public institutions to friends.

도움말

활동

한국어가 능숙한 학생의 경우 동네에 있는 공공 기관을 소개하면서 자주 가는 공공 기관이 무엇인지와 그 이유에 대해서도 말할 수 있도록 활동을 확장할 수 있다.

교사를 위한 도움말

'하고'는 '과', '와', '이랑'과 유사한 의미를 가진다. '하고'와 '이랑'은 구어(spoken language)에서 주로 사용하고 '과'나 '와'는 문어(written language)에서 주로 사용한다.

가정 연계

우리 가족이 좋아하는 공공 기관 책 만들기(9-③)

10. 공공 기관 수수께끼 Public Institution Riddles

앞면

뒷면

미용실 공원

도서관 학교

소방서 병원

경찰서 박물관

목표

- **활동:** 공공 기관에 대한 설명을 듣고 알맞은 공공 기관을 맞힐 수 있다.
- **표현:** '학교에서 공부해요.'의 의미를 이해할 수 있다.
  '에서': 어떤 행위나 동작이 이루어지고 있는 장소임을 나타낸다.
  예) 공원에서 산책해요.
- **어휘:** 공공 기관의 이름을 알 수 있다.
  예) 공원, 미용실, 학교, 도서관, 병원, 소방서, 박물관, 경찰서

자료

- 공공 기관 단어 카드(10-①)
- 공공 기관 수수께끼 카드(10-②)

준비물

- 가위, 연필, 사인펜

활동 수준	높음
활동 유형	언어
집단 유형	대집단
활동지 쪽수	73~76

방법

(1) 교사는 학생들에게 학교에 대해 몇 개의 질문을 한다. 학생들이 정답을 잘 맞히면 활동을 소개한다.

(2) 교사가 공공 기관 단어 카드(10-①)를 한 개씩 읽어 주면 학생들은 뒷면의 글자를 따라 쓰고 읽는다.

(3) 학생들은 공공 기관 단어 카드(10-①)를 오린다.

(4) 교사가 공공 기관 수수께끼 카드(10-②)를 이용하여 수수께끼를 낸다.

(5) 학생들은 교사의 수수께끼 질문을 듣고 공공 기관 단어 카드(10-①)에서 정답 카드를 찾는다.

수수께끼 질문

공원
- 나무가 많아요.
- 가족들과 놀 수 있어요.
- 여기는 어디일까요?

미용실
- 의자와 거울이 많아요.
- 머리 모양을 바꿔요.
- 여기는 어디일까요?

학교
- 매일 공부하러 가요.
- 선생님과 학생이 있어요.
- 여기는 어디일까요?

도서관
- 책이 아주 많이 있어요.
- 재미있는 책을 빌려요.
- 여기는 어디일까요?

병원
- 아플 때 가요.
- 의사와 간호사가 있어요.
- 여기는 어디일까요?

소방서
- 불이 나면 도와줘요.
- 소방차가 있어요.
- 여기는 어디일까요?

박물관
- 옛날 물건이 아주 많아요.
- 여기에 옛날 물건을 보러 가요.
- 여기는 어디일까요?

경찰서
- 나쁜 사람을 만나면 여기에 전화해요.
- 경찰관이 있어요.
- 여기는 어디일까요?

질문 예시

- 여러분은 여기에서 한국어를 공부해요. 선생님도 있고 친구들도 있어요. 여기는 어디예요? 네, 맞아요. 학교예요.
- 선생님이 이렇게 수수께끼를 내면 여러분이 잘 듣고 맞혀 보세요.

First, explain and read the public institution word cards (10-①), one at a time then cut out the public institution word cards (10-①) on the activity sheet. Next, the teacher uses the public institution cards (10-②) to pose riddles. Finally, students listen to the riddles told by the teacher and find the answer cards.

도움말

활동

학생들끼리 수수께끼를 내고 맞혀 볼 수 있다.

발음

'박물관'을 공부할 때 [방물관] 발음을 연습한다. 받침에 있는 'ㄱ, ㄷ, ㅂ'이 다음에 오는 비음의 영향을 받아 'ㅇ, ㄴ, ㅁ'으로 소리가 바뀐다.

11. 내가 살고 싶은 동네 My Neighborhood

활동 수준	낮음
활동 유형	미술
집단 유형	개별
활동지 쪽수	77~80

목표

- **활동:** 자신이 살고 싶은 동네에 대해 말할 수 있다.
- **표현:** '은행도 있고, 학교도 있어요.'의 의미를 이해할 수 있다.
  '도 -고, 도': 이미 있는 어떤 것에 다른 것을 더하거나 포함함을 나타내는 표현이다.
  예) 책도 있고 연필도 있어요.
- **어휘:** 다양한 공공 기관에 대한 단어를 알 수 있다.
  예) 병원, 주유소, 은행, 소방서, 경찰서, 슈퍼마켓, 학교

자료

- 장소 그림 카드(11-①)
- 우리 동네 그림판(11-②)

준비물

- 가위, 풀, 사인펜, 색연필, 크레파스

방법

(1) 교사는 학생들과 자신이 살고 싶은 동네에 대해 이야기를 나눈 후 활동을 소개한다.

(2) 교사는 학생들에게 장소 그림 카드(11-①)를 보여 주며 공공 기관의 이름을 읽어 주고 학생들의 동네에 그 공공 기관이 있는지 물어본다.

(3) 학생들은 장소 그림 카드(11-①) 중에서 원하는 카드를 선택하여 색칠하고 오린다.

(4) 학생들은 오린 장소 그림 카드(11-①)의 접는 선을 따라 접은 후, 우리 동네 그림판(11-②)에 세워서 풀로 붙인다.

(5) 학생들은 완성한 우리 동네 그림판(11-②)을 들고 친구들에게 소개한다.

질문 예시

- 선생님은 공원도 있고 경찰서도 있는 동네에 살고 싶어요.
- 여러분은 뭐가 있는 동네에 살고 싶어요?
- 여러분이 살고 싶은 동네에 뭐가 있으면 좋을지 친구들에게 이야기해 보세요.

First, color and cut out the wanted figure cards (11-①). Next, glue the cards onto the neighborhood picture board (11-②) then introduce your neighborhood to friends.

도움말

활동

- 주어진 카드 외에 자신이 원하는 그림을 그려서 붙일 수도 있다.
- 카드를 모두 오려 친구와 가위바위보 게임을 하면서 동네를 완성시킬 수 있다.

12. 우리 학교 주변 지도 그리기 Drawing a Map of the Neighborhood Around Our School

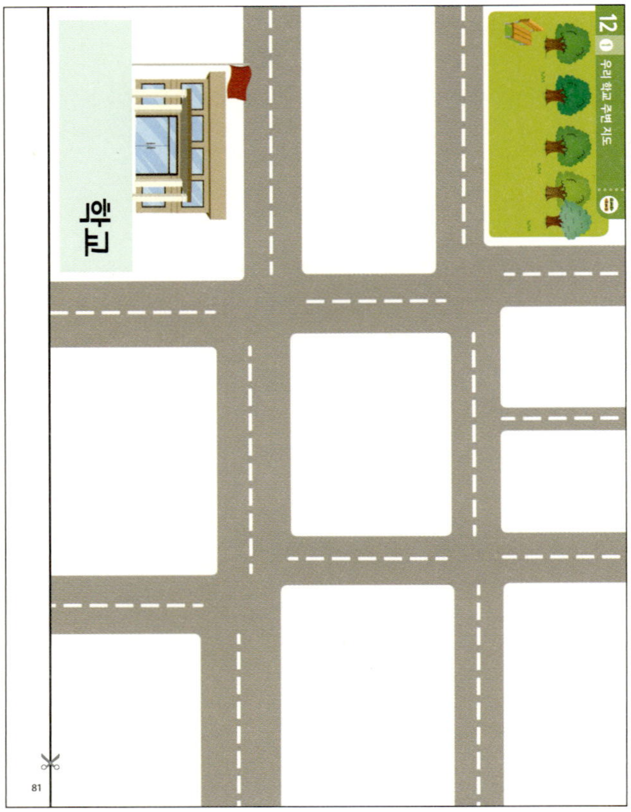

12 ② 우리 동네 지도

가정 연계 활동 | 부모

우리 동네 지도

My Town Map

오늘 학교에서는 우리 학교 주변 지도를 그렸습니다. 가정에서도 우리 동네 지도를 그려 보세요.

목표

• **활동:** 우리 동네 주변에 대해 말할 수 있다.

방법

❶ 부모님은 자녀와 우리 동네에 무엇이 있는지, 학교에서 집에 갈 때 무엇이 있는지 함께 이야기해 본다.
❷ 우리 동네 지도(12–②)에 동네의 모습을 그려서 지도를 완성한다.
❸ 완성한 지도로 우리 동네를 소개해 본다.

We drew a map of the area near Korean School today. Draw your town map at home. First, talk together about things that are around town and what can be found on the way home from school. Next, draw a map of our neighborhood and then introduce it to family.

도움말

• **질문:** 가정에서 부모님은 다음과 같은 질문을 할 수 있다.
- 우리 동네에는 뭐가 있어? 소방서가 있어?
- 우리 동네에는 공원이 있어? 어디에 있어?

83

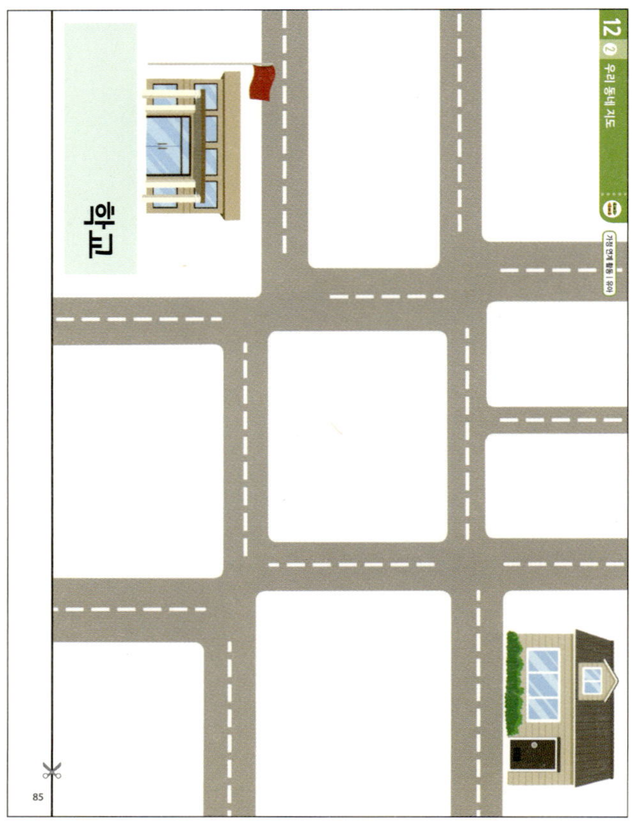

목표

- **활동:** 학교 주변에 있는 공공 기관에 대해 말할 수 있다.
- **표현:** '학교에서 집까지 병원도 있고 은행도 있어요.'의 의미를 이해할 수 있다.
  '까지': 어떤 범위의 끝임을 나타내는 조사이다.
  예) 집에서 학교까지 공원도 있고 경찰서도 있어요.
- **어휘:** 학교 주변에 있는 다양한 장소의 단어를 알 수 있다.
  예) 동네, 공원, 학교, 주유소, 슈퍼마켓

자료

- 우리 학교 주변 지도(12-①)

준비물

- 색연필, 크레파스

활동 수준	높음
활동 유형	미술
집단 유형	대집단
가정 연계	있음
활동지 쪽수	81~86

방법

(1) 교사는 학생들과 학교 근처에 무엇이 있는지, 학교에서 학생들의 집까지 가는 길에 무엇이 있는지에 대해 함께 이야기를 나눈다.

(2) 교사는 학생들이 이야기하는 것을 듣고 칠판에 그려서 정리해 준다.

(3) 학생들은 학교 주변 지도(12-①)에 동네의 모습을 그려 지도를 완성한다.

질문 예시

- 우리 학교 근처에 무엇이 있어요?
- 학교에서 거기까지 갈 때 길에서 무엇을 봤어요?

First, talk together about things that are around school and what can be found on the way home from school. Next, the teacher summarizes what students say on a chalkboard. Finally, draw a picture of the neighborhood around our school (12-①) to complete the map.

도움말

활동

- 수업 전에 먼저 집에서부터 학교까지 무엇이 있는지 생각해 보도록 지도할 수 있다.
- 전체를 대상으로 할 수도 있고 각자 완성할 수도 있다.
- 주어진 활동지 외에 더 큰 종이에 지도를 그릴 수 있다.
- 그리기를 어려워하는 학생의 경우 장소 단어 카드(3-②)를 활용할 수 있다.

가정 연계

우리 동네 지도(12-②)

13. 친구들이 사는 마을 Neighborhood of Friends

앞면

뒷면

당근 콩 옥수수 밀

딸기 사과 양파 감자

조개 소금 가재 생선

소 꿀 나무 버섯

활동 수준	높음
활동 유형	언어
집단 유형	개별
활동지 쪽수	87~90

목표

- **활동:** 다양한 종류의 마을에 대해 알고 말할 수 있다.
- **표현:** '바다에서 물고기를 볼 수 있어요.'의 의미를 이해할 수 있다.
  '에서': 어떤 행위나 동작이 이루어지고 있는 장소임을 나타낸다.
  예) 산에서 버섯을 볼 수 있어요.
- **어휘:** 다양한 형태의 마을을 설명하는 단어를 알 수 있다.
  예) 농촌, 어촌, 산촌, 도시

자료

- 우리 학교 주변 지도(12-①)
- 친구들이 사는 마을 배경 판(13-①)
- 물건 단어 카드(13-②)

준비물

- 가위, 풀

방법

(1) 교사는 학생들이 살고 있는 동네에 무엇이 있는지, 동네의 종류에는 어떤 것이 있는지 묻는다.

(2) 교사가 우리 학교 주변 지도(12-①)를 활용해 학교가 있는 동네의 주변에 무엇이 있는지(학교, 소방서, 경찰서, 백화점 등) 질문하면 학생들이 대답해 본다.

(3) 교사는 친구들이 사는 마을 배경 판(13-①)을 보면서 농촌(밭), 어촌(바다), 산촌(산) 등 다양한 동네가 있다는 것을 말해 준다.

(4) 학생들은 물건 단어 카드(13-②)의 이름을 하나씩 읽으면서 어디에서 볼 수 있는 것인지 말한 다음 오려서 친구들이 사는 마을 배경 판(13-①)에 붙인다. (생선-바다, 밭-밀, 산-나무)

(5) 학생들은 농촌, 산촌, 어촌의 모습을 모두 완성한 후 각 마을의 모습과 무슨 일을 하는지 친구에게 소개한다.

질문 예시

- 여러분이 사는 동네에 뭐가 있어요?
- 여러분이 사는 동네의 사람들은 무슨 일을 할까요?
- 친구들이 사는 동네에 뭐가 있을까요?

First, use Activity 12 to ask and answer questions about things around the neighborhood such as, apartments, theaters, police stations and department stores. Then look at the neighborhood background board and tell students if there are rural farms and fields, fishing neighborhoods (sea) and mountain neighborhoods with mountains. Next, read the names of each object word card (13-②) and say where it can be seen. Also, cut the cards out and attach them to the village background board such as the sea/fish, fields/rice and mountains/trees. Finally, after making the rural areas such as farms, mountain villages and fishing villages, introduce each village. For example, "There are fields, beans, rice and fruits in the farm."

도움말

활동

- 학생들의 수준에 따라 버섯, 곡식, 우유 등이 우리에게 오는 과정을 이야기해 주고 고마운 마음을 표현해 볼 수 있다.
  예) 바다에서 물고기를 얻는 과정, 산에서 버섯을 얻는 과정, 밭에서 곡식을 얻는 과정
- 큰 그림책의 '우리 동네 ③' 그림을 활용해 산촌, 어촌, 농촌을 이해할 수 있도록 한다.

문화와 정체성

내가 살고 있는 우리 마을에 대해 배움으로써 집단 속의 나에 대해 인지한다. 또한 나의 친구가 살고 있는 마을에 대해 배움으로 나와 다른 친구에 대해 인식할 수 있다.

- 다른 친구들이 살고 있는 마을은 우리가 살고 있는 마을과 어떻게 다를까요?
- 친구들이 사는 마을 사람들은 어떤 일을 많이 할까요?

14. '무궁화 꽃이 피었습니다' 게임 'Rose of Sharon (Mugunghwa) Has Blossomed' Game

활동 수준	낮음
활동 유형	게임
집단 유형	대집단
활동지 쪽수	91~92

목표

- **활동:** 동네에서 할 수 있는 전래 놀이를 직접 해 볼 수 있다.
- **표현:** '무궁화 꽃이 피었습니다.'의 의미를 이해할 수 있다.
  '-았/었-': 어떤 일이 과거에 일어났음을 나타내는 표현으로 '-았-'은 끝음절의 모음이 'ㅏ, ㅗ'로 끝나는 동사와 형용사 뒤에 붙여 쓰고, '-었-'은 끝음절의 모음이 'ㅏ, ㅗ'로 끝나지 않는 동사와 형용사 뒤에 붙여 쓴다. '-했-'은 '하다'나 '하다'가 붙는 동사와 형용사 뒤에 붙여 쓴다.
  예) 술래가 친구를 잡았습니다.
- **어휘:** 놀이와 관련된 단어를 알 수 있다.
  예) 무궁화, 피다, 술래, 멈추다, 도망가다

자료

- '무궁화 꽃이 피었습니다' 게임(14-①)

준비물

- 가위

방법

(1) 교사는 학생들과 무궁화 꽃을 알고 있는지, 본 적이 있는지에 대해 이야기를 나눈 후에 활동을 소개한다.

(2) 교사는 '무궁화 꽃이 피었습니다'(14-①) 게임을 보여 주며 게임 방법을 차례대로 설명한다.

(3) 학생들이 게임의 규칙을 이해했으면 교사는 게임을 진행한다.

게임 방법

❶ 가위바위보를 해서 술래를 정한다.
❷ 술래는 눈을 가리고 벽에 서고 다른 학생들은 출발선에 선다.
❸ 술래가 '무궁화 꽃이 피었습니다'를 외치는 동안 다른 학생들은 술래를 향해 간다.
❹ 술래가 '무궁화 꽃이 피었습니다'를 외치고 뒤돌아 보았을 때 학생들은 움직임을 멈춘다.
❺ 한 학생이 술래의 등을 두드리면 학생들은 출발선으로 도망간다.
❻ 도망갈 때 술래가 잡은 학생이 새로운 술래가 된다.

질문 예시

- 여러분은 무궁화 꽃을 알아요?
- 무궁화 꽃을 본 적이 있어요? 무슨 색이에요?
- 재미있는 '무궁화 꽃' 놀이가 있어요. 우리는 오늘 '무궁화 꽃이 피었습니다' 게임을 할 거예요.

Before playing the game, introduce the game in (14-①), 'Rose of Sharon (Mugunghwa) has blossomed'. Next, look at the game pictures (14-①) and explain the game. Finally, play the game.

How to play the game

First, play rock-paper-scissors to decide a tagger, and the tagger stands against a wall with eyes covered, and other students stand behind the starting line. While the tagger yells, 'Rose of Sharon (Mugunghwa) has blossomed', other students approach the tagger. When the tagger turns around after yelling 'Rose of Sharon (Mugunghwa) has blossomed', students must stop moving. Next, when a student taps the back of the tagger, students run away to the starting line. Finally, the student caught by the tagger becomes the new tagger.

도움말

활동

- 교사는 노래처럼 음률을 붙여서 '무궁화 꽃이 피었습니다'를 직접 학생들에게 시범을 보여 준다.
- 꽃의 이름을 바꾸어 게임을 진행할 수 있다.
  예) 나팔꽃, 진달래, 개나리 등
- 교육 자료 2의 [주제 5] 활동 '13. 무궁화 붙이기'에서 무궁화 꽃을 보여 줄 수있다.

문화와 정체성

한국의 놀이 중에 여러 명이 함께하는 놀이가 있음을 안다. 또한 게임을 할 때 안전에 유의해야 함을 알 수 있다.

- 이 게임에서 술래가 이기려면 어떻게 해야 할까요?
- 도망갈 때 다치지 않으려면 어떻게 할까요?

15. 동요 '가게 놀이' Sing 'Play Market'

가게 놀이

반주

아이 재밌다 아이 재밌다

가게 놀이 참 재밌다

천 원에 두 개짜리 과자도 사고요

오천 원하는 그림책도 사고요

아이 재밌다 아이 재밌다

가게 놀이 참 재밌다

활동 수준	낮음
활동 유형	음악
집단 유형	대집단
활동지 쪽수	93~94

Track 05

Track 05_반주

목표

- **활동:** 동요를 부르며 노랫말의 의미를 이해한다.
- **표현:** '가게 놀이가 재미있다.'의 의미를 이해할 수 있다.
  '-다': 어떤 일이나 사실, 상태를 서술하는 표현으로 문장의 끝에서 사용된다.
  예) 한국어 공부가 재미있다.
- **어휘:** 동요에 나오는 단어와 표현을 알 수 있다.
  예) 가게 놀이, 재미있다, 짜리, 과자, 사다, 그림책, 참

자료

- '가게 놀이' 노래(15-①)

준비물

- 가위, 풀

방법

(1) 교사는 학생들과 슈퍼마켓에서 사고 싶은 물건에 대해 이야기를 나눈 후 노래를 소개한다.

(2) 다 같이 '가게 놀이' 노래를 듣는다.

(3) 교사는 학생들에게 노래에 나오는 물건과 가격에 대해 물어보고, 요즘의 상황에 맞게 가격을 수정해서 노래를 불러 보겠다고 말한다.

(4) 교사가 먼저 노랫말을 붙여 노래를 부르면 학생들은 '랄랄라~'로 따라 부른다.

(5) 학생들은 '가게 놀이' 노래(15-①)의 활동지 하단에서 자유롭게 물건을 골라서 그림 속에 있는 장바구니에 오려서 붙인다.

(6) 학생들은 각자의 장바구니에 있는 물건을 친구들에게 소개한다.

질문 예시

- 슈퍼마켓에 가면 무엇을 사고 싶어요?
- 그 물건은 얼마예요? 한국어로 물건을 사고파는 것을 할 수 있어요?

First, listen to the song, 'Play Stores' then talk about products and prices that appear in the lyrics. Next, students can hum along to the melody and sing the words that they know Finally, students select and cut out figures at the lower part of the worksheet and attach them to the shopping basket drawn at the bottom of worksheet (15-①). Then each student can introduce the things they put in the shopping basket to other students.

도움말

활동

- 활동이 빨리 끝나면 활동지에 있는 다른 물건으로 대체하여 노래를 불러도 좋다.
- 동요 가사의 가격을 현실에 맞게 바꿔 부를 수 있다.
- 큰 그림책의 '활동지 4. 화폐' 자료를 활용할 수 있다.

교사를 위한 도움말

'재밌다'는 '재미있다'의 준말로 둘 다 사용할 수 있다.
예) 가게 놀이 재밌다. (○)
가게 놀이 재미있다. (○)

가게 놀이

박경종 작사 • 정혜옥 작곡

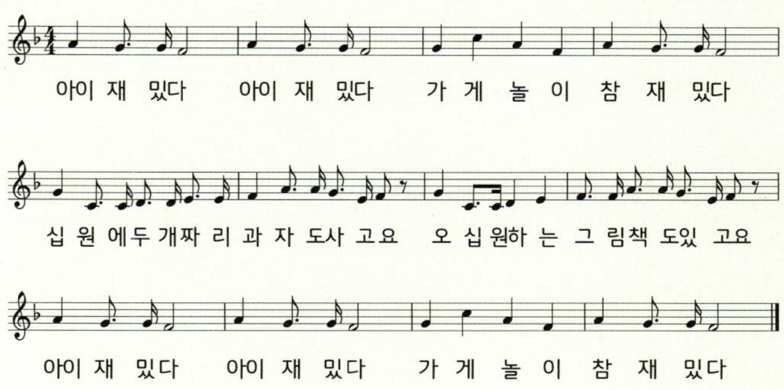

우리 동네 2단계 주제4, 주제3

본 큰 그림책 자료는 '직업', '우리 동네'와 관련된 활동지를 통해 습득한 언어 지식을 다시 한번 활용할 수 있도록 개발하였다. 학생은 그림을 보면서 교사와 '직업', '우리 동네'에 관련된 이야기를 재미있게 나눌 수 있다. 이 자료는 유아가 우리 동네에 대한 이해를 토대로 동네에 대한 자긍심을 형성하고 동네에 있는 다양한 공공 기관의 명칭과 하는 일을 익힐 수 있도록 이와 관련된 어휘와 활동 내용을 모두 포함하는 그림으로 표현하였다. 교사와 학생들이 자료를 보면서 대화를 나누는 수업은 의사소통 능력도 신장시켜 주고 장기적으로 언어에 대한 흥미도 높일 수 있다. 동네 모습과 더불어 일하는 사람들의 모습 속에서 직업에 대한 이야기를 할 수 있다.

교사 질문

큰 그림책 자료를 활용하여 여러 가지 종류의 공공 기관에 대해 말할 수 있다. 다음의 질문을 통해 우리 동네에 관한 다양한 어휘와 표현을 확인할 수 있다.

예시

- 여러분 동네에는 뭐가 있어요? 이 그림에 있는 동네에는 뭐가 있어요?
- 아플 때 가요. 의사와 간호사가 있어요. 여기는 어디일까요?
- 의자와 거울이 많아요. 머리 모양을 바꿀 수 있어요. 여기는 어디일까요?
- 맛있는 빵이 많아요. 여기는 어디일까요?
- 우리 학교 근처에 무엇이 있어요?
- 여러분의 집 근처에는 뭐가 있어요?
- 여러분 동네에서 어디가 좋아요? 거기에서 무엇을 할 수 있어요?
- 여러분이 살고 싶은 동네에 뭐가 있으면 좋을지 친구들에게 소개해 보세요.

본 큰 그림책 자료는 '우리 동네'와 관련된 활동지를 통해 습득한 언어 지식을 다시 한번 활용할 수 있도록 개발하였다. 학생은 그림을 보면서 교사와 '우리 동네'에 관련된 이야기를 재미있게 나눌 수 있다. 이 자료는 유아가 동네에서 흔히 볼 수 있고 직접 경험할 수 있는 마트에 대한 어휘와 활동 내용을 모두 포함하는 그림으로 표현하였다. 교사와 학생들이 자료를 보면서 대화를 나누는 수업은 의사소통 능력도 신장시켜 주고 장기적으로 언어에 대한 흥미도 높일 수 있다. 동네에 있는 슈퍼마켓에 가서 물건이나 음식을 보고 고르고 사는 과정에 대해 즐겁게 이야기를 할 수 있다.

교사 질문

큰 그림책 자료를 활용하여 우리 동네의 슈퍼마켓에서 하는 여러 활동에 대해 말할 수 있다. 다음의 질문을 통해 슈퍼마켓에 관한 다양한 어휘와 표현을 확인할 수 있다.

예시

- 여러분은 부모님과 함께 과일(채소, 빵)을 사 봤어요?
- 그 과일(채소, 빵)은 어디에서 사요?
- 여러분은 무엇을 사고 싶어요?
- 그 물건을 어디에서 사요?
- 여러분은 한국어로 물건을 살 수 있어요?
- 물건을 살 때 한국어로 어떻게 말해야 할까요?
- 여러분은 슈퍼마켓에 가면 뭐 사고 싶어요? 그 물건은 얼마예요?

본 큰 그림책 자료는 '우리 동네'와 관련된 활동지를 통해 습득한 언어 지식을 다시 한번 활용할 수 있도록 개발하였다. 학생은 그림을 보면서 교사와 '우리 동네'에 관련된 이야기를 재미있게 나눌 수 있다. 이 자료는 유아가 우리 동네에 대한 이해를 토대로 다양한 동네의 모습과 하는 일에 대해 익힐 수 있도록 이와 관련된 어휘와 활동 내용을 모두 포함하는 그림으로 표현하였다. 교사와 학생들이 자료를 보면서 대화를 나누는 수업은 의사소통 능력도 신장시켜 주고 장기적으로 언어에 대한 흥미도 높일 수 있다. 농촌, 어촌, 산촌 등의 동네 모습을 보면서 학생들이 사는 동네에 대해 이야기를 할 수 있다.

교사 질문

큰 그림책 자료를 활용하여 여러 종류의 동네에 대해 말할 수 있다. 다음의 질문을 통해 우리 동네에 대한 다양한 어휘도 말할 수 있다.

예시

- 여러분이 사는 동네에 뭐가 있어요?
- 여러분이 사는 동네의 사람들은 무슨 일을 할까요?
- 친구들이 사는 동네에 뭐가 있을까요?
- 동네의 모습이 달라요. 뭐가 다른지 찾아볼까요?
- 우리 동네 사람들이 무슨 일을 할까요?
- 우리 동네에 뭐가 많이 있어요? 찾아보세요.
- 여러분은 어떤 동네에 살고 싶어요?

대한민국 Republic of Korea

	활동명	활동 수준	활동 유형	집단 유형	가정 연계	활동지 쪽수	지도서 쪽수
1	동굴 그림 그리기	낮음	언어, 미술	개별	○	97~104	148~149
2	옛날 사람들의 생활 모습	낮음	언어	개별	○	105~112	150~151
3	단군 이야기책 만들기	높음	언어, 미술	개별		113~120	152~153
4	고구려 수렵도 퍼즐 맞추기	높음	조작	개별	○	121~128	154~155
5	다보탑 만들기	낮음	조작	개별		129~132	156~157
6	고려청자 꾸미기	낮음	조작	개별		133~138	158~159
7	병풍 만들기	낮음	미술	개별		139~142	160~161
8	한국의 기와와 단청	높음	미술	개별		143~146	162~163
9	서울의 사대문	낮음	미술	개별		147~152	164~165
10	거북선 만들기	낮음	조작	개별		153~156	166~167
11	대한민국의 화폐 속 인물	높음	조작	개별		157~160	168~169
12	한복 종이접기	높음	조작	개별		161~164	170~171
13	무궁화 붙이기	낮음	게임	소집단	○	165~174	172~173
14	세계 속의 대한민국	높음	언어, 미술	개별		175~180	174~175
15	대한민국의 자랑거리	높음	언어	소집단	○	181~186	176~177

교육 자료의 주제 및 내용 구성

유아기는 자기 자신에 대한 신뢰감과 함께 정체성의 기초를 형성하는 중요한 시기이다. 본 교육 자료의 '대한민국'은 유아가 자신의 뿌리인 대한민국에 대한 정확한 이해와 친숙함을 분명히 가지도록 하는 중요한 주제이다. 여기에서는 대한민국의 과거, 현재, 미래의 모습을 순차적으로 놀이와 만들기 등을 통해 재미있게 배운다. 또한, 현재 대한민국의 자랑거리를 알고 자긍심을 가져 문화적 정체성을 가질 수 있다.

본 교육 자료를 통해 유아는 한국어 의사소통 능력을 향상시킬 수 있다. 예를 들어, '1. 동굴 그림 그리기', '2. 옛날 사람들의 생활 모습'을 통해 우리나라의 시작을 알고 말하기, 듣기를 기본으로 하는 의사소통 활동을 통합적으로 경험할 수 있다. 또한, '3. 단군 이야기책 만들기'를 통해 대한민국의 탄생과 관련된 이야기를 글로 표현하는 법을 배울 수 있다. 아울러, '5. 다보탑 만들기', '6. 고려청자 만들기', '7. 병풍 만들기', '10. 거북선 만들기', '11. 대한민국의 화폐 속 인물', '12. 한복 종이접기' 등과 같은 유아들이 흥미를 가질 수 있는 만들기를 중심으로 하여 한국어 말하기, 듣기, 읽기, 쓰기와 같은 의사소통 활동이 통합적으로 이루어지도록 구성되었다.

1 ③ 동굴 그림일기 그리기

가정 연계 활동 | 부모

동굴 그림일기 그리기

Drawing a Cave Picture Diary

오늘 학교에서는 동굴 벽화를 그려 보는 활동을 했습니다. 가정에서도 동굴 벽에 오늘 무슨 일을 했는지 그림으로 그려 보세요.

목표

- **활동:** 오늘 있었던 일을 그림으로 표현하고 말할 수 있다.

방법

❶ 자녀와 오늘 있었던 일에 대해 이야기한다.
❷ 가장 기억에 남는 일 하나를 정해서 무엇을 그릴지 이야기한다.
❸ 동굴 그림일기 그리기(1-③)에 그림을 그리고 오늘 있었던 일을 이야기한다.

We learned about cave wall paintings from the prehistoric times and drew cave wall paintings. Draw a cave picture diary at home. Draw a picture describing daily activities of the student. First, talk about what your child did today and what s/he wants to draw for a cave diary. Draw a picture of a cave diary on the board (1-③) and talk about this.

도움말

- **질문:** 가정에서 부모님은 다음과 같은 질문을 할 수 있다.
  - 오늘 무슨 일이 가장 재미있었어?
  - 그 일을 그림으로 그려 볼까?

101

활동 수준	낮음
활동 유형	언어, 미술
집단 유형	개별
가정 연계	있음
활동지 쪽수	97~104

목표

- **활동:** 동굴 그림을 그릴 수 있다.
- **표현:** '동굴에 그림을 그려요.'의 의미를 이해할 수 있다.
  '에': 앞말이 어떤 장소나 자리임을 나타내는 조사이다.
  예) 종이에 그림을 그려요.
- **어휘:** 동굴 그림과 관련된 단어를 알 수 있다.
  예) 바위, 긁다, 그리다, 잡다, 물건, 그리다

자료

- 동굴과 동굴 벽화(1-①)
- 동굴 그림 그리기(1-②)

준비물

- 나무 막대, 연필, 볼펜 등과 같은 뾰족한 물건, 검은색 크레파스

방법

(1) 교사는 학생들에게 우리는 현재 어디에서 살고 옛날 사람들은 어디에서 살았는지 질문하면서 동굴 생활에 대해 배울 것이라고 이야기한다.

(2) 교사와 학생은 동굴과 동굴 벽화(1-①)를 보면서 옛날 사람들의 생활에 대해 이야기를 나눈다.

(3) 교사는 학생에게 동굴에 그림을 그린다면 어떤 그림을 그리고 싶은지 묻는다.

(4) 동굴 그림 그리기 활동을 위해 동굴 그림 그리기(1-②)를 검은색 크레파스로 색칠한다.

(5) 학생은 동굴과 동굴 벽화(1-①)의 동굴 벽화를 참고하여 연필이나 나무 막대 등 끝이 뾰족한 물건으로 검은색 크레파스로 칠한 동굴 그림 그리기(1-②)의 표면을 긁어 그림을 그린다.

(6) 학생은 자신이 완성한 그림에 대해 발표한다.

질문 예시

- 여러분은 어디에 살아요?
- 그럼, 아주 먼 옛날 사람들은 어디에서 살았을까요?
- 아주 먼 옛날 사람들은 동굴에서 살았어요. 동굴은 자연이 만들어 준 깊고 넓은 공간이에요. 우리 오늘은 옛날 사람들이 동굴에서 무엇을 했고 어떻게 살았는지 알아 볼까요?
- 여러분은 어디에 그림을 그려요? 옛날 사람들은 어디에 그림을 그렸을까요?
- 이 그림은 옛날 사람들이 바위에 뾰족한 것으로 긁어서 그린 거예요.
- (그림을 함께 보며) 무슨 일이 있었는지 이야기해 볼까요?
- 우리도 옛날 사람들처럼 동굴 그림을 그릴 거예요.

First, teachers and students talk about the lives of ancient people while looking at a cave painting (1-①). The teacher asks the student what the student would like to paint if they were in such a position. Next, the student should color the top of the cave drawing (1-②) with black crayons. The student draws a picture of a cave painted with black crayons which includes pointed objects such as pencils or wooden sticks. Finally, the student explains the picture he or she has completed.

도움말

활동

그림의 주제는 교사의 선택에 따라 바뀔 수 있다. 옛날의 동굴 생활과 다른 오늘날의 나의 생활에 대해 그릴 수도 있고 옛날에 내가 동굴에 살았다면 어떤 생활을 했을지를 상상하는 그림을 그릴 수도 있다.

문화와 정체성

동굴 그림 그리기 활동을 통해 당시 사람들의 생활 모습을 상상할 수 있다.
- 옛날 사람들은 어떻게 그림을 그렸을까요?
- 옛날 사람들은 무엇이 필요했을까요?
- 옛날 사람들은 무엇을 좋아했을까요?

참고 자료

선사 시대

선사 시대는 책에 기록으로 남아 있지 않은 역사를 말한다. 인간이 처음 출현한 때로부터 글자가 만들어져 역사를 기록하기 시작한 바로 전까지를 말하는데 이 기간에는 동굴에 그림을 새겨 기록을 남겼다. 이 기간은 수백만 년에 달하는 인류의 역사에서 95% 이상을 차지하는 긴 시간이다. 〈출처: 한국의 박물관(양구선사박물관)〉

구석기 시대

구석기 시대는 사람이 처음으로 나타난 시기부터 약 일만 년 전에 신석기 시대가 시작되기 전까지 동굴에서 생활하며 돌을 깨뜨려 도구를 만들어 사용하고 사냥을 하던 시기를 말한다.
〈출처: 한국민족문화대백과〉

가정 연계

동굴 그림일기 그리기(1-③)

2. 옛날 사람들의 생활 모습 People of the New Stone Age

2 ③ 빗살무늬 토기 그리기

가정 연계 활동 | 부모

빗살무늬 토기 그리기

Making a Comb Pattern Pottery

오늘 학교에서는 옛날 사람들의 생활 모습에 대해서 배웠습니다. 가정에서도 옛날 사람들이 많이 사용하던 빗살무늬 토기를 만들어 보세요.

목표

• **활동:** 신석기 시대의 사람들이 사용하던 물건에 대해 알 수 있다.

방법

❶ 빗살무늬 토기는 연한 색깔로 색칠한다.
❷ 진한 색깔로 빗살무늬를 다양하게 넣어서 꾸민다.

We learned about new stone age people's lives in Korea. Try to imagine that period of time and draw comb pattern pottery at home. By looking at picture (2-③), try to draw comb pattern pottery.

도움말

• **질문:** 가정에서 부모님은 다음과 같은 질문을 할 수 있다.
- 옛날 사람들은 이 물건을 어떻게 사용했을까?
- (아이 이름)(이)는 이 물건을 어떻게 사용하고 싶어?

〈출처: 국립중앙박물관〉

109

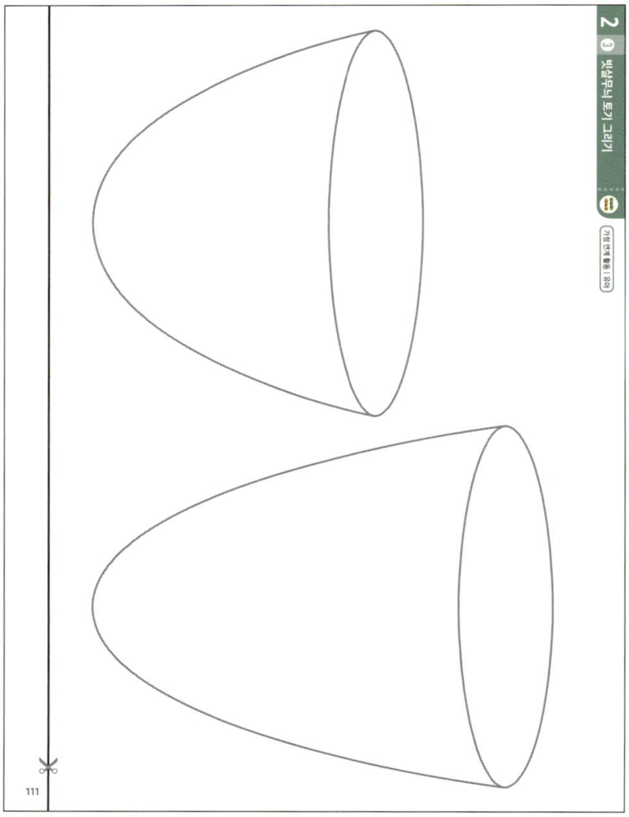

활동 수준	낮음
활동 유형	언어
집단 유형	개별
가정 연계	있음
활동지 쪽수	105~112

목표

- **활동:** 옛날 사람들의 생활 모습과 옛날 사람들이 썼던 도구에 대해 말할 수 있다.
- **표현:** '목걸이를 만들고 있어요.'의 의미를 이해할 수 있다.
  '-고 있다': 어떤 동작이 진행 중이거나 계속됨을 나타낸다.
  예) 옷을 만들고 있어요.
- **어휘:** 옛날 사람들의 생활에 대해 설명하는 단어를 알 수 있다.
  예) 밥을 하다, 과일을 따다, 목걸이를 만들다, 옷을 만들다, 동물을 잡다

자료

- 옛날 사람들의 생활 모습과 도구(2-①)
- 다른 그림 찾기(2-②)

준비물

- 가위, 풀

방법

(1) 교사는 학생들에게 옛날 사람들의 집을 소개하면서 옛날 사람들의 생활에 대해 알아볼 거라고 말한다.

(2) 교사와 학생들은 옛날 사람들의 생활 모습과 도구(2-①)를 보면서 어떤 그림들이 있는지 이야기를 나눈다.

(3) 학생들은 옛날 사람들의 생활 모습과 도구(2-①)에서 빈칸에 들어갈 그림을 오려 붙인다.

(4) 그림을 붙이는 활동이 끝난 후에 학생들은 다른 그림 찾기(2-②)에서 서로 다른 점을 찾고 무엇이 다른지 말해 본다.

질문 예시

- 아주 옛날에 사람들은 처음에는 동굴에 살았는데 그 다음에는 어디에 살았을까요?
- 사람들은 집을 짓기 시작했어요. 우리 함께 그 집을 볼까요?
- (옛날 사람들의 생활 모습과 도구(2-①)를 보며) 이 사람들이 무엇을 하고 있어요? 사람들이 과일을 따고 있어요.
- (다른 사람을 가리키며) 이 사람은 뭐 하고 있어요? 사람들이 옷을 만들고 있어요.
- 옛날 사람들은 옷을 만들고, 과일을 따고, 집을 짓기 위해 어떤 물건을 사용했을까요?

To begin, look at the lifestyles of the New Stone Age (2-①), talk about the paintings then cut and attach the cards to fill in the blanks. Compare two pictures (2-②) and talk about the differences between them.

도움말

활동

- 다른 그림 찾기(2-②) 활동지를 반으로 나누어 학생들이 자신의 그림을 묘사하여 다른 그림을 찾는 활동으로 확장할 수 있다.
- 이 활동은 신석기 시대의 생활 모습에 대해 다루고 있기는 하나, 교사가 학생에게 직접 '신석기'라는 말을 사용하거나 신석기 시대를 설명해 줄 필요는 없다.

발음

'무늬' 단어를 공부할 때 [무니]로 발음을 연습한다. 자음을 첫소리로 가지고 있는 음절의 'ㅢ'는 'ㅣ'로 발음한다.

문화와 정체성

옛날 사람들의 생활 모습과 도구 그림을 통해 선조들의 생활 모습을 유심히 살피며 그 시대에 대해 알 수 있다.
- 옛날 사람들은 어떤 집에서 살았을까요?
- 무엇을 먹었을까요? 음식은 어디에 넣었을까요?
- 어디에서 놀았을까요?

참고 자료

신석기 시대

신석기 시대는 사냥만 하던 구석기 시대에서 벗어나 식량을 생산하고 목축을 한 시대이다. 또한 이 시대에서는 과일을 채집하며 불을 사용했다. 구석기 시대와 달리 움집에서 살았으며 갈판, 주먹도끼, 빗살무늬 토기 등의 도구를 사용했다. 이 중에서 식량을 저장하기 위해 사용한 빗살무늬 토기는 신석기 시대의 대표적인 유물이다. 〈출처: 두산백과, 이다지 한국사〉

가정 연계

빗살무늬 토기 그리기(2-③)

3. 단군 이야기책 만들기 Making a Dangun Book

단군 이야기책 속지

①

⑥

113

단군 이야기책 속지

⑤

②

115

단군 이야기책 속지

③

④

117

단군 이야기책 표지

단군 이야기

이름:

119

목표

- **활동:** 단군에 대한 이야기를 듣고 이해할 수 있다.
- **표현:** '단군은 훌륭한 임금님이 되었어요.'의 의미를 이해할 수 있다.
  '-(으)ㄴ': (형용사에 붙어) 앞의 말이 뒤에 오는 단어를 꾸며주는 기능을 하게 만들고 현재의 상태를 나타내는 표현으로 앞말에 받침이 있으면 '-은'을 사용하고, 받침이 없거나 'ㄹ'이면 '-ㄴ'을 사용한다.
  예) 곰은 아름다운 여자가 되었어요.
- **어휘:** 단군 이야기에 나오는 단어를 알 수 있다.
  예) 고조선, 환웅, 곡식, 곰, 호랑이, 쑥, 마늘, 동굴, 웅녀, 똑똑하다, 용감하다

자료

- 단군 이야기책 속지(3-①)
- 단군 이야기책 표지(3-②)

준비물

- 가위, 풀, 사인펜, 색연필, 크레파스

활동 수준	높음
활동 유형	언어, 미술
집단 유형	개별
활동지 쪽수	113~120

단군 이야기

Track 06

방법

(1) 교사는 학생들에게 한국이 처음 만들어졌을 때의 이야기를 알고 있는지, 호랑이와 곰에 대해 알고 있는지 물어본 후에 단군 이야기를 들려준다.

(2) 학생들은 단군 이야기책 속지(3-①)를 보면서 이야기를 순서에 맞게 맞춰 본다.

(3) 교사가 단군 이야기책 속지(3-①)를 순서에 맞게 칠판에 붙이면 학생들이 단군 신화 이야기를 다시 말해 본다.

(4) 학생들은 단군 이야기책 속지를 색칠하고 표지의 제목을 쓴다.

(5) 학생들은 단군 이야기책의 속지와 표지를 한데 묶어 이야기책을 완성한다.

질문 예시

- 여러분, 한국이 처음 세워졌을 때의 이야기를 알아요?
- 이 그림에 호랑이와 곰이 있어요. 호랑이와 곰은 채소와 고기 중에서 무엇을 좋아할까요?
- 호랑이와 곰이 채소만 먹을 수 있을까요?
- 이야기를 함께 들어 봐요.

First, look at the card of the Dangun Story (3-①), think about what the story is about then students present the story they brainstormed. Next, the teacher attaches the figure cards of the Dangun Story (3-②) on a chalkboard and tells the myth of Dangun. While the teacher does this, attach the figure cards of the Dangun Story (3-①) to the inner page of the book in the correct order. Finally, use 'book making' (3-④) to make the book and attach the book cover (3-⑤) to complete it.

도움말

활동

- 학생의 수준에 따라 이야기책을 만들고 그림 뒷면에 이야기를 써 보는 활동을 할 수 있다.
- 학생들의 한국어 수준에 따라 동화에 나오는 단어의 수를 조절하여 읽어줄 수 있다.
- 두 명이 한 팀이 되어 교대로 이야기를 만들어 볼 수도 있다.
- 단군 이야기 원고는 부록에 수록되어 있다.

문화와 정체성

단군 신화를 듣고 이야기책을 완성하고 한민족 이야기에 관심을 가질 수 있다.

- 그림에 어떤 동물이 있어요?
- 곰은 무엇을 먹고 있어요?
- 곰은 무엇이 되었을까요?

4. 고구려 수렵도 퍼즐 맞추기 Solving a Goguryeo Painting Puzzle

4 ① 고구려 수렵도 퍼즐

121

4 ② 신라 금관 만들기

신라 금관 만들기

Making Crowns from the Silla Period

오늘 학교에서는 고구려 수렵도에 대해서 배웠습니다. 가정에서는 신라의 금관을 만들면서 이야기를 나눠 보세요.

목표

- **활동:** 신라의 금관에 대해 알 수 있다.

방법

❶ 부모님은 신라 금관 만들기(4-②)의 금관 사진을 보며 자녀와 이야기를 나눈다.
❷ 신라 금관 만들기(4-②)의 금관 장식과 머리띠를 색칠하거나 꾸민다.
❸ 금관 장식과 머리띠를 자른 후 머리띠를 이어 붙인다.
❹ 붙인 머리띠에 금관 사진을 참고하여 장식을 붙여서 완성한다.
❺ 금관을 머리에 써 본다.

We learned about the history and culture of the Three Kingdoms Period at Korean School today. Make a crown (4-②) from the Silla Period and talk about it at home.

도움말

- **질문:** 가정에서 부모님은 다음과 같은 질문을 할 수 있다.
  - (금관 사진을 보며) 이 물건이 무엇인지 알고 있어? 언제 쓰는 물건일까?
  - 이 물건은 누가 사용했을까? 머리에 쓰면 어떤 기분일까?
- **신라 금관총 금관:** 신라 시대 왕이 쓰던 금관으로 출(出)자 모양의 나뭇가지 장식 3개와 사슴뿔 장식 2개를 덧붙인 금관이다.

〈출처: 한국민족문화대백과〉

〈출처: 국립중앙박물관〉

123

4 ② 신라 금관 만들기

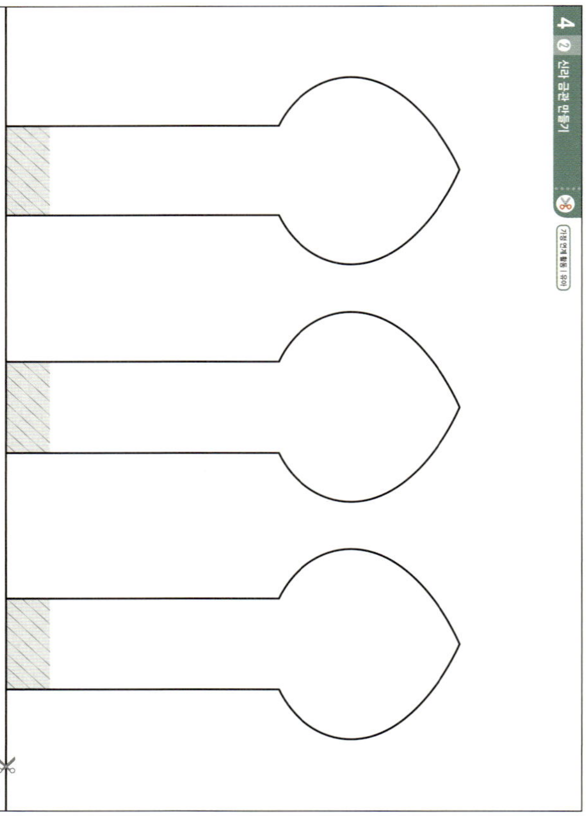

125

4 ② 신라 금관 만들기

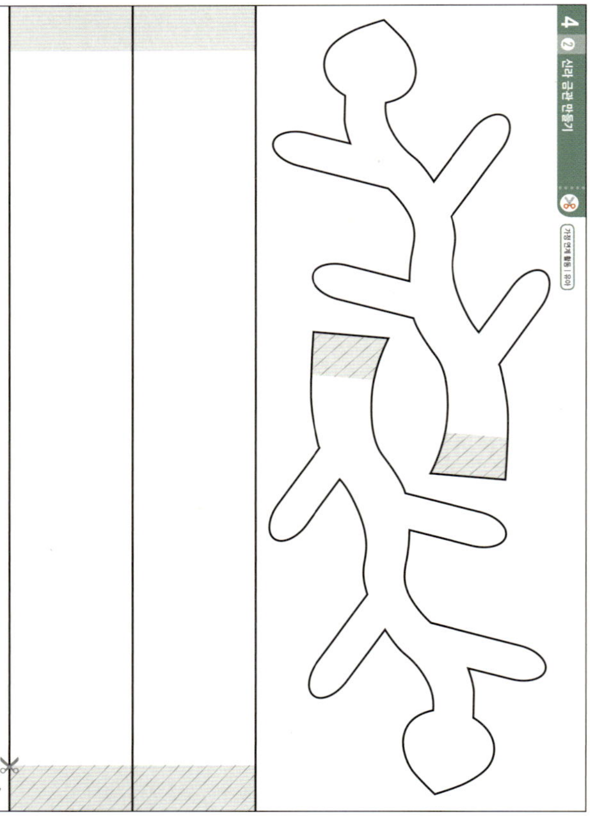

127

활동 수준	높음
활동 유형	조작
집단 유형	개별
가정 연계	있음
활동지 쪽수	121~128

목표

- **활동:** 고구려 시대의 수렵도를 알고 퍼즐을 완성할 수 있다.
- **표현:** '말을 타면서 사냥을 해요.'의 의미를 이해할 수 있다.
  '-(으)면서': 두 가지 이상의 동작이나 상태가 함께 일어남을 나타내는 표현으로 앞말에 받침이 있으면 '-으면서'를 사용하고, 받침이 없거나 'ㄹ'이면 '-면서'를 사용한다.
  예) 말을 타면서 화살을 쏴요.
- **어휘:** 그림에 나오는 단어를 알 수 있다.
  예) 말을 타다, 화살을 쏘다, 사냥을 하다, 호랑이, 사슴

자료

- 고구려 수렵도 퍼즐(4-①)

준비물

- 가위, 풀, 퍼즐을 붙일 수 있는 빈 종이

방법

(1) 교사는 학생들에게 옛날 사람들이 식량을 어디에서 구했는지에 대해 물어본 후 사냥에 대해 설명한다.

(2) 교사는 학생들과 고구려 수렵도 퍼즐(4-①)을 보면서 사람들이 무엇을 하고 있는지, 무엇을 타고 있는지, 어떤 동물이 그림에 있는지 등에 대해 이야기를 나눈다.

(3) 학생들은 고구려 수렵도 퍼즐(4-①)을 조각으로 자른 뒤 퍼즐을 빈 종이에 붙여 가며 맞춘다.

(4) 학생들은 맞춘 퍼즐을 들고 수렵도에 대해 말해 본다.

질문 예시

- 옛날에는 슈퍼마켓이 없었어요. 그럼 옛날 사람들은 먹을 것을 어디에서 구했을까요?
- 옛날 사람들은 화살을 쏘아서 동물을 직접 잡았어요. 그것을 사냥이라고 해요.
- 사냥할 때 무엇을 사용했을까요? 사냥할 때 무엇을 탔을까요?

Begin by looking at the Goguryeo Painting (4-①) and introduce horse riding types in Korea. Next, cut out pieces to make a puzzle (4-①) of that scene and spread them out. Finally, put the puzzle pieces together to complete the Goguryeo hunting scene.

도움말

문화와 정체성

고구려 수렵도를 보며 그림의 특징을 파악하고 이야기를 만들어 본다.
- 이 그림에 있는 사람은 무엇을 하고 있어요?
- 무슨 생각을 하고 있을까요?

참고 자료

수렵도와 고구려 수렵도

수렵도는 말을 타고 화살을 쏘거나 사냥하는 장면을 남긴 큰 그림이다. 본 그림은 고구려 무용총의 고분 벽화에 나타난 그림이다. 이 그림에는 말을 타고 화살을 쏘거나 사냥을 하는 장면의 묘사가 아주 생동감 있게 나타나 있다.
〈출처: 두산백과, 한국민족문화대백과〉

가정 연계

신라 금관 만들기(4-②)

참고 자료

신라 금관총 금관

신라 시대 왕이 쓰던 금관으로 출(出)자 모양의 나뭇가지 장식 3개와 사슴뿔 장식 2개를 덧붙인 금관이다. 〈출처: 한국민족문화대백과〉

5. 다보탑 만들기 Making Dabotap

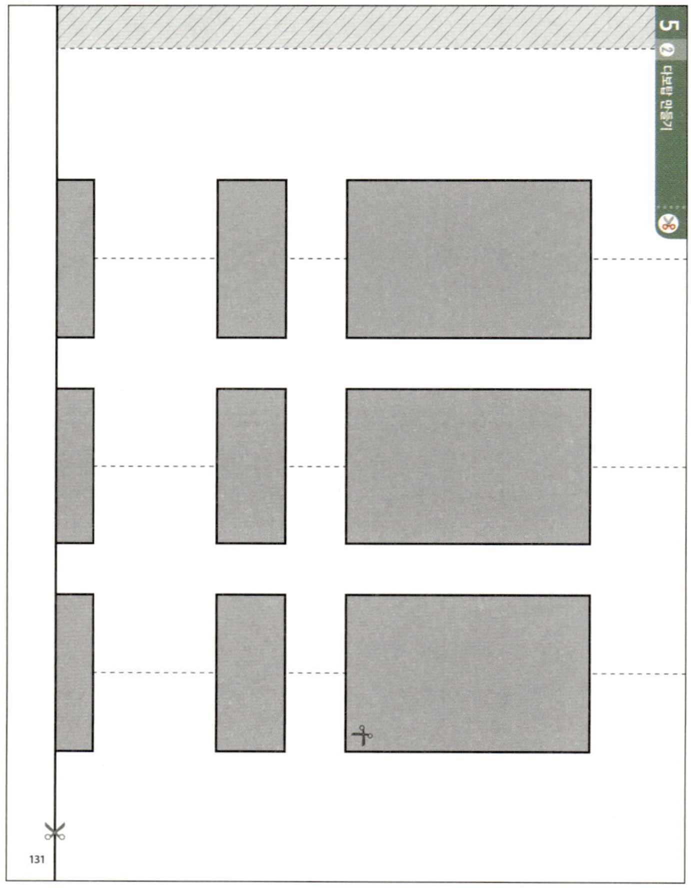

목표

- **활동:** 다보탑에 대해 알고 모형을 직접 만들어 볼 수 있다.
- **표현:** '돌을 깎아서 다보탑을 만들어요.'의 의미를 이해할 수 있다.
  '-아/어서': (동사에 붙어) 앞의 말과 뒤의 말이 순차적으로 일어남을 나타내는 표현으로, '-아서'는 끝음절의 모음이 'ㅏ, ㅗ'인 동사에 붙여 쓰고, '-어서'는 끝음절의 모음이 'ㅏ, ㅗ'가 아닌 동사에 붙여 쓴다. '-해서'는 '하다'나 '하다'가 붙는 동사 뒤에 붙여 쓴다.
  예) 종이를 접어서 탑을 만들어요.
- **어휘:** 다보탑 만들기와 관련된 단어를 알 수 있다.
  예) 탑, 돌, 깎다, 세우다

자료

- 다보탑 사진(5-①)
- 다보탑 만들기(5-②)

준비물

- 가위, 풀, 색연필, 크레파스

활동 수준	낮음
활동 유형	조작
집단 유형	개별
활동지 쪽수	129~132

방법

(1) 교사는 학생들에게 다보탑 사진(5-①)을 보여 주며 사진에 있는 것이 무엇인지를 추측해 보게 한다.
(2) 교사는 학생들에게 다보탑을 소개한 후에 탑을 만든 이유, 탑의 모양, 재료, 만드는 방법 등에 대해 이야기를 나눈다.
(3) 학생은 다보탑 만들기(5-②)의 흰색 부분을 색칠하고 점선을 따라 접는다.
(4) 회색 부분은 테두리를 따라 오려내고, 양 끝을 붙여 입체적인 다보탑을 완성한다.

질문 예시

- (다보탑 사진(5-①)을 함께 보며) 여러분 이게 무엇일까요?
- 이것은 '탑'이라고 해요. 이 탑의 이름은 다보탑이에요.
- 다보탑은 어떻게 만들었을까요? 돌을 깎아서 만들었어요.

Begin by talking about a Dabotap. Next, look at the Korean pagoda (5-①) and talk about colors, patterns and shapes. After that, color then cut out the Dabotap figure (5-②) and fold the figure. Finally, partially cut out the same numbers and glue both ends together to make a 3D shape of a Dabotap.

도움말

활동

한국의 10원짜리 동전에 다보탑이 있다고 소개할 수 있다.

문화와 정체성

다보탑의 아름다움과 특징을 감상하고 종이를 활용해서 자기만의 탑을 만들 수 있다.
- 이 탑은 언제 만들었을까요?
- 다보탑은 지금 어디에 있을까요?
- 옛날 사람들은 탑을 왜 만들었을까요?

참고 자료

다보탑 (국보 20호)

다보탑은 국보 20호로 돌로 만든 탑이다. 이 탑은 신라 경덕왕 때 김대성이 불국사에 세웠다. 다보탑은 모두 삼층으로 이루어져 있다. 현재 10원 주화에 다보탑이 새겨져 있다.

〈출처: 한국민족문화대백과〉

다보탑 만들기 완성 사진

6. 고려청자 꾸미기 Making a Goryeo Celadon

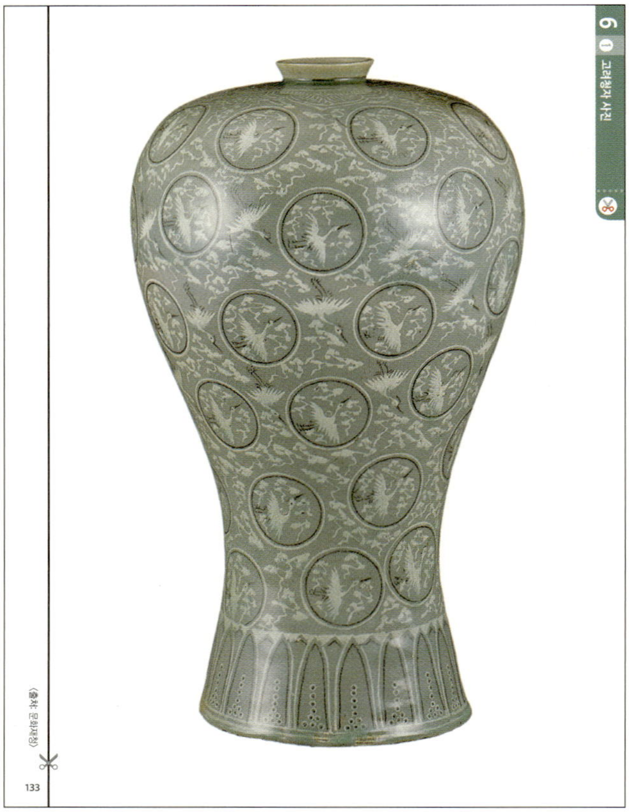

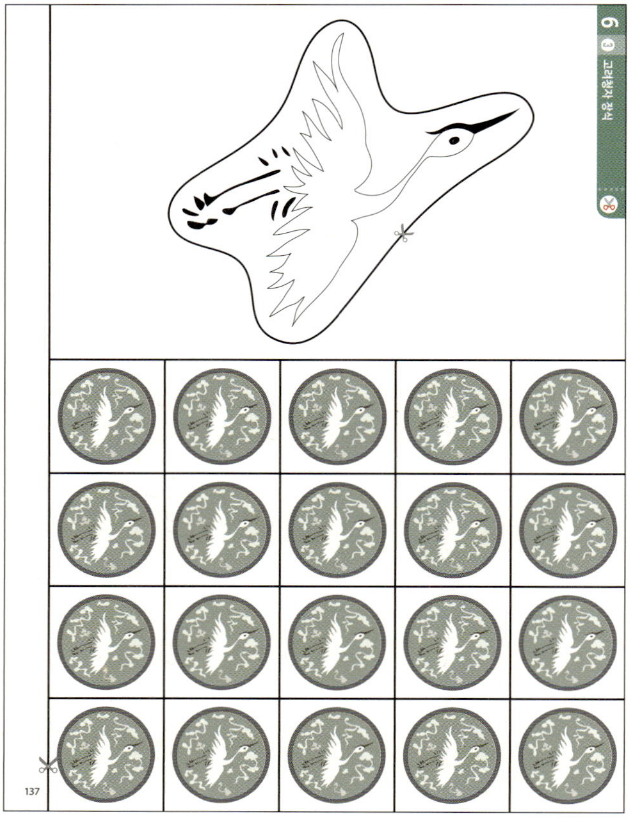

활동 수준	낮음
활동 유형	조작
집단 유형	개별
활동지 쪽수	133~138

목표

- **활동:** 고려청자에 대해 알고 직접 고려청자를 꾸밀 수 있다.
- **표현:** '고려청자를 만들어요.'의 의미를 이해할 수 있다.
  '을/를': 동작이 직접적으로 영향을 미치는 대상을 나타내는 조사이다. 앞말에 받침이 있으면 '을'을 사용하고, 받침이 없으면 '를'을 사용한다.
  예) 고려청자에 새를 붙여요.
- **어휘:** 도자기와 관련된 단어를 알 수 있다.
  예) 도자기, 흙, 굽다

자료

- 고려청자 사진(6-①)
- 고려청자 꾸미기(6-②)
- 고려청자 장식(6-③)

준비물

- 가위, 풀, 사인펜, 색연필, 크레파스

방법

(1) 교사는 학생들에게 고려청자에 대해 설명을 해 준다.
(2) 학생들은 고려청자 사진(6-①)을 보며 고려청자의 색, 무늬, 모양 등에 대해 이야기한다.
(3) 학생들은 고려청자 장식(6-③)에 있는 새 그림을 색칠한다.
(4) 학생들은 고려청자 장식(6-③)의 새 그림과 아래의 조각들을 오린 후에 고려청자 꾸미기(6-②)에 붙인다.

질문 예시

- (고려청자 사진을 보여 주며) 여러분, 이것을 본 적이 있어요?
- 이건 한국의 고려 시대 때 만든 고려청자라고 해요. 옛날 고려 사람들은 흙으로 도자기를 만든 후에 불에 구워서 이런 아름다운 청자를 만들었어요.
- 고려청자는 고려 시대에 만든 병이에요. 고려 사람들은 자신들의 기술로 멋있는 청자를 만들기 시작했어요.
- 여러분, 고려청자의 색은 어때요? 무슨 무늬가 있어요? 모양은 어때요?

First, students look at the picture (6-①) of the Goryeo celadon and talk about the color, pattern, and shape of the celadon. Next, students color the bird painting (6-③). Finally, students cut off the bird painting (6-③) and attach it to the Goryeo celadon (6-②).

도움말

문화와 정체성

고려청자의 아름다움과 특징을 감상하고 종이를 활용해서 자기만의 도자기를 만들어 볼 수 있다.
- 이것은 무슨 모양이에요? 무엇과 모양이 비슷해요?
- 무슨 색이에요? 무슨 색을 섞으면 이 색이 될까요?
- 어떤 그림이 보여요?

참고 자료

청자 상감운학문 매병 (국보 68호)

고려청자는 고려인의 뛰어난 기술을 보여 주는 도자기이다. 청자는 파란빛을 띤 도자기를 의미한다. 고려 시대 이전에도 청자는 만들어졌으나 고려 시대에 이르러 무늬와 색 등의 기술이 가장 발달하게 되어 청자를 고려의 대표적인 유물로 여긴다.
상감 기법이란 무늬를 나타내는 방법인데, 음각으로 새긴 무늬에 검은색, 붉은색, 흰색 등의 흙을 채워 무늬의 색이 달라지게 나타내는 것이다. 이 청자 상감운학문 매병은 몸체의 원 무늬 안에는 하늘을 향해 날아오르는 학을, 원 무늬 밖에는 땅으로 향하는 학들을 상감 기법으로 표현했다. 〈출처: 한국민족문화대백과, 에듀넷〉

7 ① 병풍 사진
(출처: 국립중앙박물관)
139

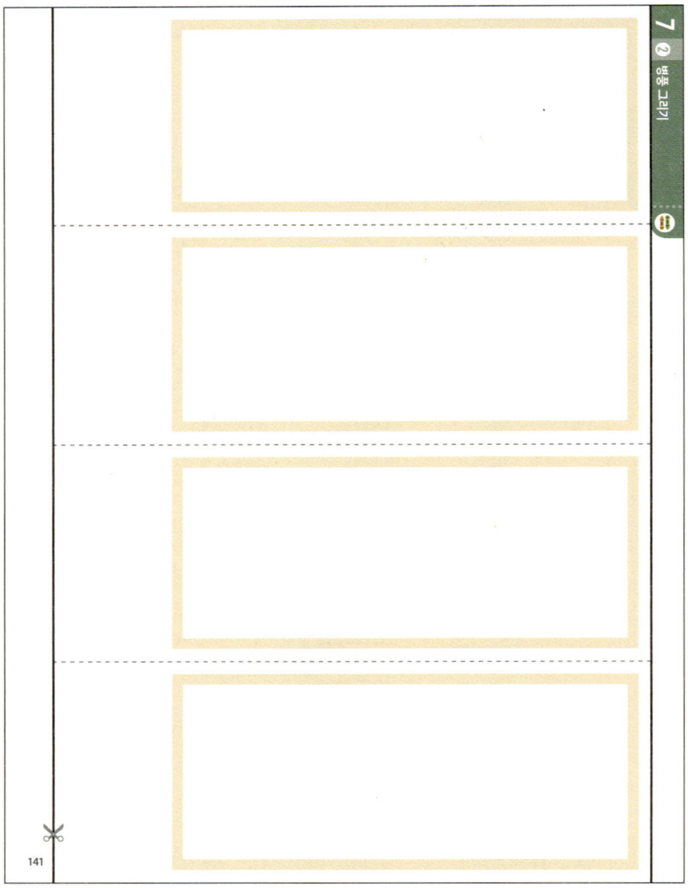
7 ② 병풍 그리기
141

목표

- **활동:** 병풍에 대해 알고 이를 만들 수 있다.
- **표현:** '병풍으로 바람을 막아요.'의 의미를 이해할 수 있다.
  '(으)로': 어떤 일의 수단이나 도구를 나타내는 조사로 앞말에 받침이 있으면 '으로'를 사용하고, 받침이 없거나 'ㄹ'이면 '로'를 사용한다.
  예) 종이로 병풍을 만들어요.
- **어휘:** 병풍과 관련된 단어나 표현을 알 수 있다.
  예) 병풍, 병풍을 접다, 병풍을 펴다

자료

- 병풍 사진(7-①)
- 병풍 그리기(7-②)

준비물

- 가위, 사인펜, 색연필, 크레파스

활동 수준	낮음
활동 유형	미술
집단 유형	개별
활동지 쪽수	139~142

방법

(1) 교사는 학생들에게 병풍 사진(7-①)을 보여 주고 이런 것을 본 적이 있는지 질문한다. 그리고 학생들이 병풍의 용도를 추측해 보게 한다.

(2) 교사는 병풍에 대해 설명을 해 주고 오늘 다 같이 병풍을 만들어 볼 것이라고 이야기한다.

(3) 학생들은 병풍 그리기(7-②)를 자유롭게 꾸민 후 점선을 따라 병풍을 접어 세운다.

(4) 학생들은 자신이 그린 병풍을 소개한다.

질문 예시

- 여러분, 혹시 이런 물건을 본 적이 있어요?
- 어디에서 봤어요?
- 옛날 사람들은 이 물건을 집에서 사용했대요. 이 물건을 왜 사용했을까요?

First, explain Traditional Korean folding screens by looking at a picture (7-①). Then students decorate a worksheet (7-②), cut it out and set up a screen. Finally, talk about the specified features of traditional Korean holding screens with students.

도움말

활동

- 교사는 병풍 만들기 활동의 예시를 준비하거나 먼저 병풍을 완성하여 학생들에게 제시할 수 있다.
- 뒷면에 두꺼운 종이를 붙이면 쉽게 세울 수 있다.

발음

단어 '병풍'과 '펴다'를 통해 'ㅕ' 발음을 연습할 수 있다.

문화와 정체성

병풍의 아름다움과 특징을 감상하고 종이를 활용해서 자기만의 병풍을 만들어 볼 수 있다.

- 이것은 무슨 모양이에요?
- 어떤 그림이 보여요?

참고 자료

병풍

병풍은 바람을 막거나 그림을 실내에서 감상하게 위해 만든 것으로 꽃, 나무, 곤충 등의 그림을 여러 폭에 걸쳐 그린 것이다. 병풍은 접었다 폈다 할 수 있게 되어 있다. 〈출처: 한국민족문화대백과〉

8. 한국의 기와와 단청 Giwa and Dancheong

활동 수준	높음
활동 유형	미술
집단 유형	개별
활동지 쪽수	143~146

목표

- **활동:** 한국의 기와와 단청에 대해 이야기할 수 있다.
- **표현:** '이것은 기와예요.'의 의미를 이해할 수 있다.
  '은/는': 문장의 주제가 되는 단어를 알릴 때 사용하는 조사로 앞말에 받침이 있으면 '은'을 사용하고, 받침이 없으면 '는'을 사용한다.
  예) 이것은 단청이에요.
- **어휘:** 집과 관련된 단어를 알 수 있다.
  예) 집, 지붕, 기와, 단청

자료

- 기와지붕과 단청(8-①)
- 기와와 단청 꾸미기(8-②)

준비물

- 사인펜, 색연필, 크레파스

방법

(1) 교사는 현재 학생들이 살고 있는 나라의 주택 형태를 이야기하면서 옛날 한국 사람들은 어떤 집에서 살았을지 상상해 보도록 한다.

(2) 교사는 기와지붕과 단청(8-①) 사진을 보여 주면서 기와와 단청을 소개한다.

(3) 교사는 학생에게 기와의 색과 단청에 있는 색을 크레파스나 색연필의 색에서 골라 보라고 한다.

(4) 학생은 기와와 단청 꾸미기(8-②)에 색칠하여 그림을 완성한다.

질문 예시

- 여러분, 지금 우리는 ○○에서 살아요. 그런데 옛날 한국 사람들은 어떤 집에서 살았을까요?
- (기와지붕과 단청(8-①) 사진을 보여 주며) 이 지붕에 있는 것을 기와라고 해요.
- 이 집의 예쁜 색을 단청이라고 해요. 어떤 색이 보여요?
- 단청에는 파란색, 빨간색, 노란색, 하얀색, 검은색의 다섯 가지 색이 있어요.

First, talk about traditional Korean houses by looking at figure (8-①). Then introduce Giwa and Dancheong, colors and paintings. Next, by using colors of dancheong (blue, red, yellow, white and black), color them (8-②) and talk about the Korean beauty.

도움말

문화와 정체성

기와와 단청을 통해 한국 기와집의 지붕 재료와 색상의 특징을 알 수 있다.

- 기와지붕과 단청(8-①)을 본 적이 있어요? 이것이 무엇일까요?
- 어떤 색이 있어요?
- 왜 색깔을 칠했을까요?
- 어떤 색을 칠하고 싶어요?

참고 자료

기와와 단청

기와는 지붕을 이는 데에 쓰기 위하여 흙을 굽거나 시멘트 따위를 굳혀서 만든 건축 자재이다. 단청은 청 · 적 · 황 · 백 · 흑색(파란색, 빨간색, 노란색, 하얀색, 검은색)의 다섯 가지 색을 기본으로 사용하여 목조 건축물에 여러 가지 무늬와 그림을 그려 넣은 것을 말한다. 〈출처: 두산백과〉

9. 서울의 사대문 The Four Historical Gates of Seoul

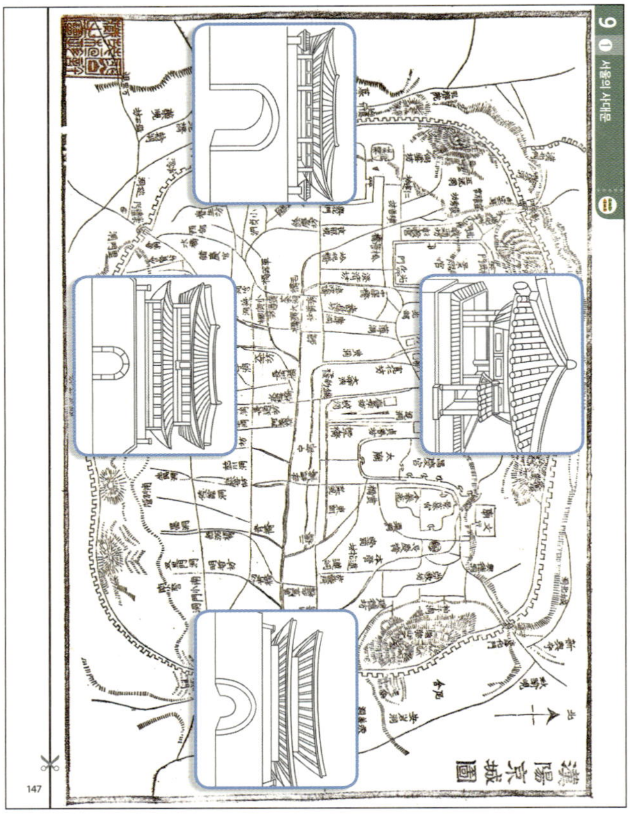

활동 수준	낮음
활동 유형	미술
집단 유형	개별
활동지 쪽수	147~152

목표

- **활동:** 서울의 사대문에 대해 알고 이를 그림으로 그릴 수 있다.
- **표현:** '옛날 서울에 큰 문이 네 개가 있었어요.'의 의미를 이해할 수 있다.
  '에': 앞말이 어떤 장소나 자리임을 나타내는 조사이다.
  예) 서울의 남쪽에 남대문이 있어요.
- **어휘:** 문에 관련된 표현을 알 수 있다.
  예) 문을 열다, 문을 닫다, 문이 열리다, 문이 닫히다, 문지기

자료

- 서울의 사대문(9-①)
- 서울의 사대문 사진(9-②)

준비물

- 사인펜, 색연필, 크레파스

방법

(1) 교사는 서울의 사대문(9-①)을 보여 주면서 옛날 서울에 큰 문이 네 개 있었다고 알려 준다.

(2) 교사는 학생들에게 지금도 서울에 남아있는 문들이 있다고 이야기하면서 서울의 사대문 사진(9-②)을 보여 준다. 사진을 하나씩 보여 주며 사대문의 모양과 이름을 함께 읽어 본다.

(3) 교사는 옛날 서울의 문을 예쁘게 꾸며 볼 것이라고 소개한다.

(4) 학생들은 서울의 사대문(9-①) 그림을 색칠하고 꾸민다.

질문 예시

- 여러분, 이 그림은 옛날 서울의 모습을 그린 지도예요.
- 옛날 서울에 살던 사람들은 서울을 안전하게 지키기 위해 주위에 돌로 벽을 쌓고 네 개의 큰 문을 만들었어요.
- 지금도 서울에는 큰 문이 남아 있어요. 우리 함께 확인해 볼까요? 이 문을 본 적이 있어요?

By using the picture of a Four Historical Gates of Seoul (9-②), talk about an old story in Korea. Color (9-①), imagine and then talk about an old period of time with students.

도움말

활동

- 교사가 한양경성도 그림 자료를 미리 준비하면 좋다. 만약 사진을 구하기 어렵다면 서울의 사대문(9-①)을 활용할 수 있다.
- 현재 남아 있는 문은 동대문, 남대문이고 서대문, 북대문은 사라졌다.

문화와 정체성

이 활동을 통해 서울의 사대문에 대해 알 수 있다.
- 문을 왜 만들었을까요?
- 서울에 큰 문이 몇 개가 있어요?
- 어느 문이 마음에 들어요?

참고 자료

한양경성도

한양경성도는 조선전도와 도별도 8장 및 한양경성도 · 경성부근지도 등 11장으로 이루어진 지도책으로 1889년 이후에 제작되었다.
〈출처: 고지도를 통해 본 서울지명연구 · 국립중앙도서관 고문헌연구총서〉

10. 거북선 만들기 Making Geobukseon

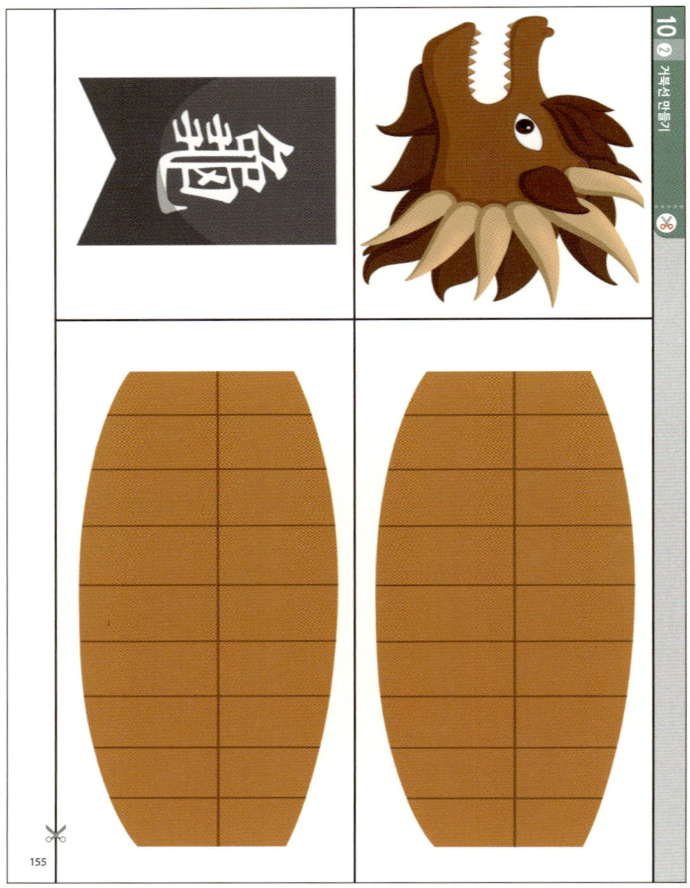

목표

- **활동:** 거북선에 대해 알고 이를 만들 수 있다.
- **표현:** '페트병으로 거북선을 만들어요.'의 의미를 이해할 수 있다.
  '(으)로': 어떤 일의 수단이나 도구를 나타내는 조사로 앞말에 받침이 있으면 '으로'를 사용하고, 받침이 없거나 'ㄹ'이면 '로'를 사용한다.
  예) 젓가락으로 거북선을 만들어요.
- **어휘:** 거북선과 관련된 단어나 표현을 알 수 있다.
  예) 배, 돛, 깃발, 용

자료

- 거북선(10-①)
- 거북선 만들기(10-②)

준비물

- 페트병, 빨대 또는 일회용 젓가락, 풀, 가위, 테이프

활동 수준	낮음
활동 유형	조작
집단 유형	개별
활동지 쪽수	153~156

방법

(1) 교사는 학생들에게 거북선 그림을 보여 주고 이것이 무엇인지 물어본다.

(2) 교사는 이것이 조선 시대에 이순신 장군이 만든 배이며 이 배 덕분에 조선이 바다에서 전쟁을 할 때 이길 수 있었음을 알려 준다.

(3) 학생들은 거북선(10-①)의 아래 조각 그림을 잘라 붙여 거북선 그림을 완성한다.

(4) 학생들은 거북선 만들기(10-②)의 그림을 오린 후 페트병에 붙여서 거북선을 만든다.

질문 예시

- 여러분, 이것이 무엇일까요?
- 이 배의 모양이 어때요?
- 누가 이 배를 만들었을까요?

First introduce the background of Admiral Yi SunShin and Joseon Dynasty and talk about the Geobukseon. The turtle ship had the head of a dragon, which contained cannons. The back of a turtle ship prevented enemies from coming onto the ship. There were also cannons on the sides of the ship. It was very quick in changing directions. Now students cut out pieces of a puzzle and attach them to the bottom of a picture (10-①). Finally, students can make a Geobukseon by using a plastic bottle and attaching it to a picture (10-②).

도움말

활동

- 100원짜리 동전 또는 광화문의 이순신 동상 사진으로 이순신에 대해 소개할 수 있다.
- 페트병은 반으로 잘라 뉘어서 사용하고, 돛을 달 때 빨대 또는 일회용 젓가락을 사용하면 좋다.

문화와 정체성

거북선의 역사적인 배경에 대해 알 수 있다. 다음의 질문을 통해 거북선의 역사적인 배경과 이순신 장군에 대한 이야기를 알고 익힌다.

- 무슨 동물하고 비슷하게 생겼어요?
- (배의 각 부분을 가리키며) 이 부분은 어떤 일을 할까요?

참고 자료

이순신(1545-1598)

조선 시대 중기의 무장으로 '임진왜란'이라는 전쟁을 승리로 이끈 영웅이며 명장이다. 이순신 장군은 거북선을 개발하고 제조하여 전투에서 큰 성과를 거두었다. 〈출처: 인물한국사〉

11. 대한민국의 화폐 속 인물 People on Korean Money

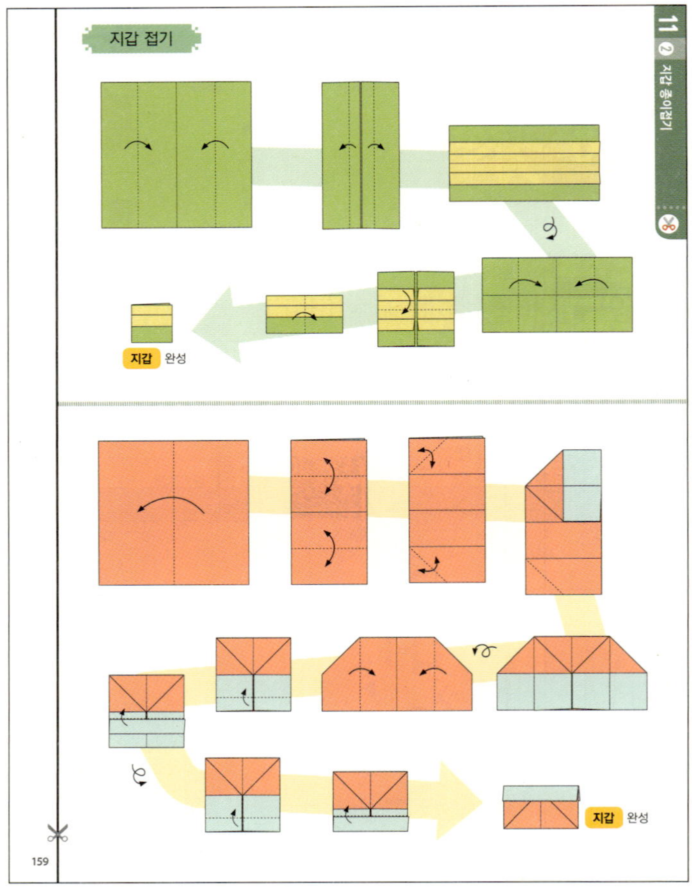

목표

- **활동:** 한국의 돈을 알고 화폐 속 인물을 알 수 있다.
- **표현:** '이 사람은 한글을 만들었어요.'의 의미를 이해할 수 있다.
  '은/는': 문장의 주제가 되는 단어를 알릴 때 사용하는 조사로 앞말에 받침이 있으면 '은'을 사용하고, 받침이 없으면 '는'을 사용한다.
  예) 이 돈은 만 원이에요.
- **어휘:** 한국 화폐를 셀 수 있는 단어를 알 수 있다.
  예) 천 원, 오천 원, 만 원, 오만 원

자료

- 대한민국의 화폐(11-①)
- 지갑 종이접기(11-②)

준비물

- 가위, 풀, 색종이

활동 수준	높음
활동 유형	조작
집단 유형	개별
활동지 쪽수	157~160

방법

(1) 교사는 학생들이 살고 있는 나라의 돈이 무슨 색깔인지 묻는다. 그리고 혹시 그 돈에 사람이 있는지, 있다면 어떤 사람이 있는지 질문한다.

(2) 교사는 대한민국의 돈을 배울 것이라고 하며 학생들에게 대한민국의 화폐(11-①)를 보여 준다.

(3) 교사는 지갑 종이접기(11-②)를 참고하여 미리 만든 종이 지갑을 보여 주며 종이를 접어 지갑을 만드는 방법을 알려 준다.

(4) 학생은 색종이를 접어 종이 지갑을 만든 후, 대한민국의 화폐(11-①)를 잘라 지갑에 넣는다.

질문 예시

- 돈 속에 있는 사람들을 볼까요?
- (만 원권을 보여 주며) 이 사람은 한글을 만들었어요. '세종대왕'이라고 해요.
- (다른 화폐를 보여 주며) 이 사람은 무슨 일을 했을까요?
- 왜 돈에 이 사람들을 그렸을까요?

Begin by showing and reading about Korean money (11-①). Next, briefly introduce and explain people who are drawn on paper money. Students fold a paper and make a wallet (11-②) and then put Korean paper money (11-①) into it.

도움말

활동

- 화폐 속 인물 소개는 업적을 중심으로 간단하게 한다.
- 한국의 화폐에 익숙하지 않은 학생의 경우 화폐의 단위까지만 다룬다.
- 돈에 쓰인 숫자는 각각 1,000원(천 원), 5,000원(오천 원), 10,000원(만 원), 50,000원(오만 원)으로 읽는다.
- 큰 그림책의 '활동지 4. 화폐' 자료를 활용할 수 있다.

문화와 정체성

한국의 화폐와 화폐 속 인물을 통해 한국에서 존경받는 인물에 대해 알 수 있다.

- 한국 돈에는 어떤 분들이 있을까요?
- 이분들의 이름을 알고 있어요?

참고 자료

대한민국의 화폐 속 인물

1,000원권에 있는 인물은 퇴계 이황으로 조선 시대의 학자였다. 5,000원권에 있는 인물은 율곡 이이로 조선 시대의 학자이자 정치가였다. 10,000원권에 있는 인물은 세종 대왕으로 조선 시대의 왕이고 한글을 창제했다. 50,000원권에 있는 인물은 신사임당으로 화가이자 율곡 이이의 어머니이다. 〈출처: 시사상식사전〉

12. 한복 종이접기 Paper Folding – Hanbok

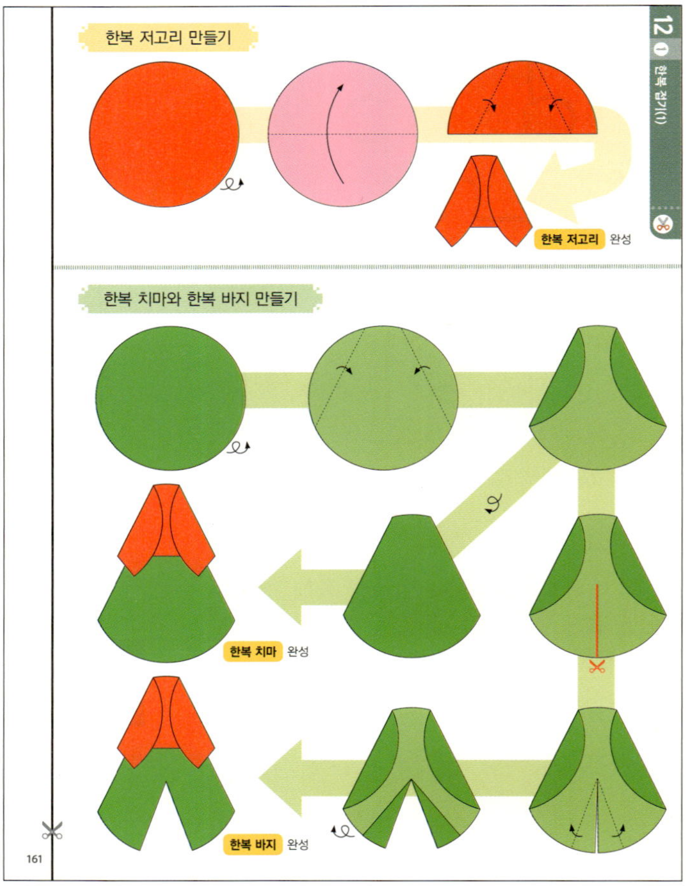

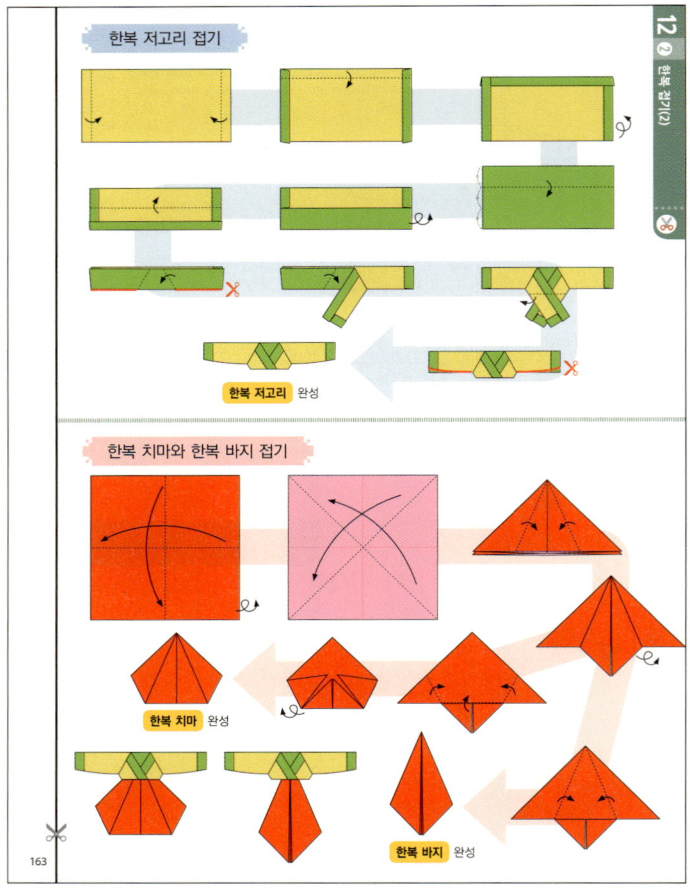

활동 수준	높음
활동 유형	조작
집단 유형	개별
활동지 쪽수	161~164

목표

- **활동:** 한복에 대해 알고 이를 종이로 접을 수 있다.
- **표현:** '한복을 접을 수 있어요.'의 의미를 이해할 수 있다.
  '-(으)ㄹ 수 있다/없다': 앞에 오는 말이 나타내는 행동이나 상태가 가능함을 나타내는 표현으로 앞말에 받침이 있으면 '-을 수 있다/없다'를 사용하고, 받침이 없거나 'ㄹ'이면 '-ㄹ 수 있다/없다'를 사용한다.
  예) 저고리를 만들 수 있어요.
- **어휘:** 한복에 관련된 표현을 알 수 있다.
  예) 치마, 저고리, 바지, 고름

자료

- 한복 접기(1)(12-①)
- 한복 접기(2)(12-②)

준비물

- 풀, 가위, 색종이

방법

(1) 교사는 학생들에게 한국 사람들은 명절에 어떤 옷을 입는지 물어본다.

(2) 교사는 학생에게 한복과 관련해 질문을 한다.

(3) 교사는 오늘 다 같이 종이로 한복을 접어 볼 것이라고 이야기한다.

(4) 교사는 한복 접는 방법을 가르쳐 준다. 학생들은 교사의 지도하에 한복 종이접기(1), (2)(12-①, 12-②)를 참고로 하여 한복을 접는다.

(5) 학생들은 각자 만든 한복을 소개한다.

질문 예시

- 여러분, 한국 사람들은 명절에 무슨 옷을 입어요?
- 한복을 입어 봤어요? 언제 입었어요?
- 여자 한복과 남자 한복이 무엇이 달라요?
- 여자 한복과 남자 한복의 저고리에 붙어 있는 긴 끈을 뭐라고 부를까요?

First, talk about traditional clothes such as Korean-hanbok. Next fold colored paper following the direction (12-①) in order to make a hanbok. Then talk about the special features of hanbok with students.

도움말

활동

학생들에게 한복을 소개할 때 교육 자료 1 '주제 8. 한국 문화'의 '한국 문화 사진 카드(1-①)'의 한복 사진을 활용할 수 있다.

문화와 정체성

이 활동을 통해 유아들은 색종이로 한복을 접어 보고 한국의 전통 옷을 알 수 있다.

- 이 옷의 이름을 알아요?
- 한국 사람들은 옛날에도 이 옷을 입었고 지금도 종종 입어요.
- 여러분은 무슨 색의 한복을 입어 보고 싶어요?

13. 무궁화 붙이기 Pinning Rose of Sharon (Mugunghwa) to the Map

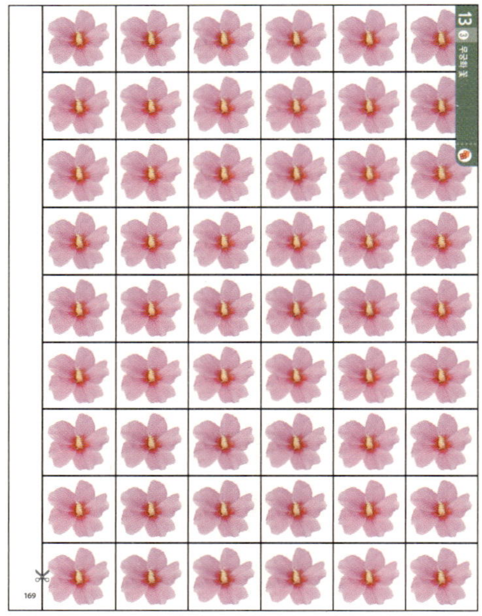

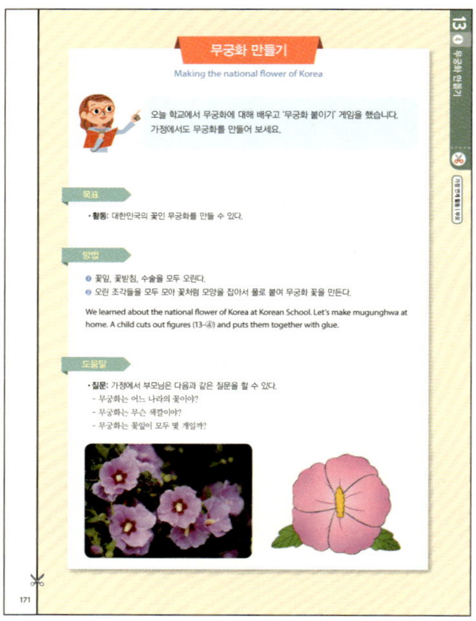

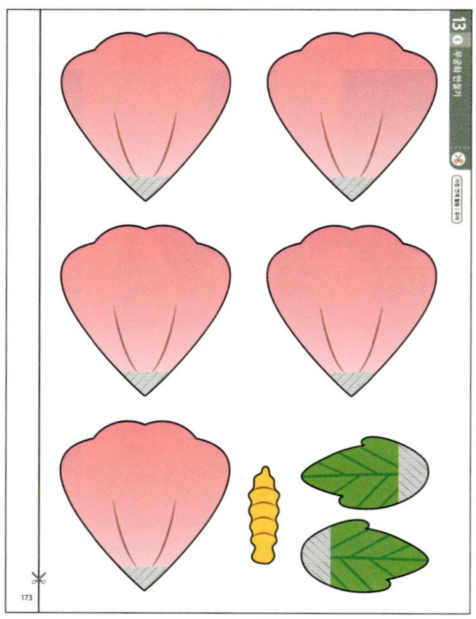

목표

- **활동:** 대한민국의 국화인 무궁화에 대해 알고 무궁화를 한국 지도에 붙일 수 있다.
- **표현:** '무궁화를 지도에 붙여 보세요.'의 의미를 이해할 수 있다.
  '에': 앞말이 어떤 장소나 자리임을 나타내는 조사이다.
  예) 한국의 지도에 무궁화를 붙여요.
- **어휘:** 무궁화와 관련된 단어와 표현을 알 수 있다.
  예) 무궁화, 송이, 심다, 피다

자료

- 무궁화 붙이기(13-①)
- 무궁화 주사위(13-②)
- 무궁화 꽃(13-③)

준비물

- 가위, 풀

활동 수준	낮음
활동 유형	게임
집단 유형	소집단
가정 연계	있음
활동지 쪽수	165~174

방법

(1) 교사는 무궁화 꽃(13-③)의 무궁화 꽃 사진을 보여 주면서 이 꽃을 본 적이 있는지 묻는다. 그리고 무궁화 꽃이 대한민국의 국화임을 이야기해 준다.

(2) 교사는 학생들에게 '무궁화 붙이기' 활동을 소개하고 게임 방법을 설명한다.

게임 방법

❶ 학생들은 두세 명이 한 팀을 이룬다.
❷ 각 팀의 학생들은 무궁화 꽃(13-③)의 무궁화 꽃을 12개 오려 준비한다.
❸ 학생들은 무궁화 주사위(13-②)를 오려 주사위를 만든다.
❹ 주사위를 굴려서 나온 무궁화의 수에 맞게 무궁화를 무궁화 붙이기(13-①)의 각 지역 이름 위에 붙인다. 각 지역에 하나의 무궁화를 붙인다.
❺ 가장 먼저 모든 지역에 무궁화를 붙인 학생이 이긴다. (서울, 경기도, 강원도, 충청남도, 충청북도, 경상북도, 경상남도, 전라북도, 전라남도, 제주도, 울릉도, 독도)

(3) 학생들은 '무궁화 붙이기' 게임을 한다.

질문 예시

- 여러분, 무궁화 꽃(13-③)을 보세요. 혹시 이 꽃을 본 적이 있어요?
- 이것은 대한민국의 꽃이에요.

A teacher explains the Korean national flower-Rose of Sharon (Mugunghwa) by looking at a picture (13-③).

Playing a Game

First, 2-3 students will be a team and each student cuts out 12 pieces of petals (13-③). Next, students cut out figures for dice (13-②) then throw it. Finally, following the numbers on the dice, students plant a flower on the board of a map (13-①), and the team who plants a flower on the map the fastest, wins the game.

도움말

활동

학생이 주사위를 만들기 어려워할 경우 우유갑(우유팩)에 그림을 붙여 주사위를 완성하도록 한다.

문화와 정체성

무궁화 꽃에 대해 이야기하면서 한국의 국화에 대해 즐겁게 익힐 수 있다.

- 이 꽃을 알아요?
- 한국을 나타내는 꽃이에요. 이름이 뭘까요?
- 무슨 색깔이에요?
- 꽃잎이 몇 장이에요?

가정 연계

무궁화 만들기(13-④)

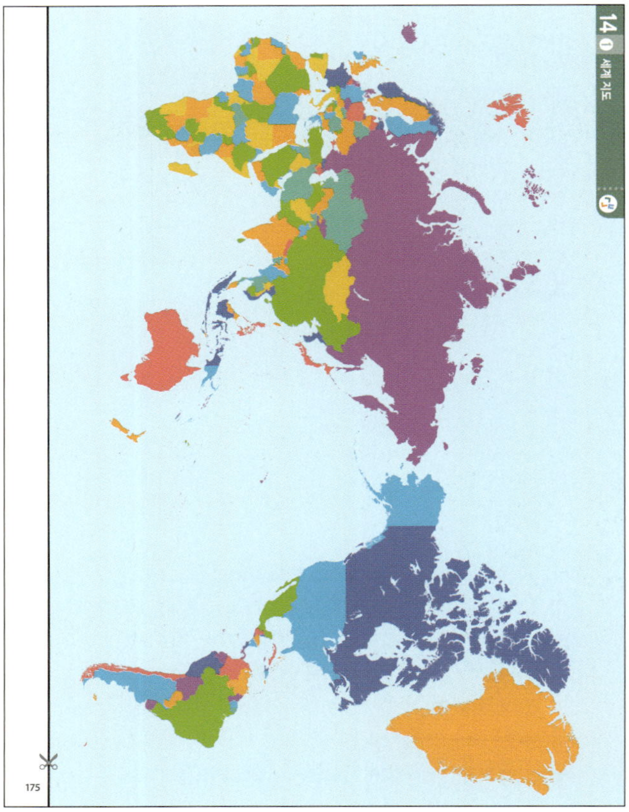

앞면

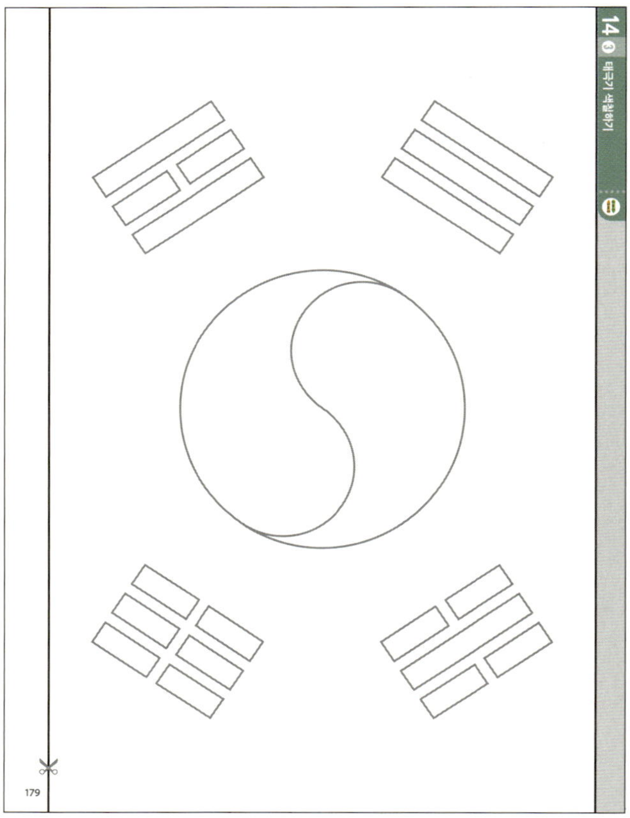

뒷면

활동 수준	높음
활동 유형	언어, 미술
집단 유형	개별
활동지 쪽수	175~180

목표

- **활동:** 대한민국의 위치와 대한민국의 국기인 태극기를 알 수 있다.
- **표현:** '세계 지도에 한국이 있어요.'의 의미를 이해할 수 있다.
  '에': 앞말이 어떤 장소나 자리임을 나타내는 조사이다.
  예) 한국은 어디에 있어요?
- **어휘:** 지도에 나오는 나라 이름을 알 수 있다.
  예) 대한민국, 중국, 미국, 멕시코, 캐나다, 러시아, 일본, 호주

자료

- 세계 지도(14-①)
- 태극기(14-②)
- 태극기 색칠하기(14-③)

준비물

- 가위, 풀, 연필, 사인펜, 색연필, 크레파스, 빈 종이, 나무젓가락

방법

(1) 교사는 학생들에게 현재 자신이 살고 있는 나라가 어디에 있는지 세계 지도(14-①)를 보면서 질문한다.

(2) 학생들은 세계 지도(14-①)를 보면서 대한민국이 어디에 있는지 찾아본다.

(3) 교사는 학생들과 태극기(14-②)를 보며 모양, 색깔 등에 대해 이야기를 나눈다.

(4) 학생들은 태극기(14-②)를 보고 태극기 색칠하기(14-③)를 색칠하고 뒷면의 '대한민국'을 따라 쓴다.

(5) 태극기를 오려서 풀칠하는 곳에 나무젓가락 등을 붙여 깃발을 만든다.

(6) 위와 같은 방법으로 빈 종이에 학생들이 현재 살고 있는 나라의 국기를 만들고 깃발을 만든다.

질문 예시

- 여러분, 지금 우리는 어느 나라에 있어요?
- 우리가 있는 곳을 세계 지도(14-①)에서 찾아볼까요?
- 대한민국을 세계 지도(14-①)에서 찾아볼까요?
- 태극기에 무슨 모양이 있어요? 무슨 색깔이 있어요?

First, a teacher asks students questions by looking at the world map (14-①) where they are currently in their country. Next, students look at the world map (14-①) to find out where Korea is. Students paint the Taegeukgi (14-②) and use the name of the country on the back. The colors needed to paint the Taegeukgi are blue, red, and black. After painting the Taegeukgi, make a flag by attaching wooden chopsticks. to the place where it is cut and paste. In the above way, on blank paper, make flags and flags of the country where students currently live.

도움말

활동

'대한민국'에는 '한국', '남한' 등의 이름도 있음을 이야기한다.

문화와 정체성

세계 지도에서 내가 사는 나라와 대한민국의 위치를 알고 주변에 있는 나라도 알 수 있다.
- 우리가 사는 나라는 어디에 있지요?
- 대한민국은 어디에 있을까요?
- 대한민국과 가까운 곳에는 어느 나라가 있을까요?

15. 대한민국의 자랑거리 The Pride and Joy of Korea

15 ② 대한민국의 자랑거리

가정 연계 활동 | 부모

대한민국의 자랑거리

The Pride and Joy of Korea

오늘 학교에서는 대한민국의 유명한 물건과 자랑거리에 대해 이야기를 했습니다. 가정에서는 대한민국의 유명한 운동선수에 대해서 이야기를 해 보세요.

목표

- 활동: 대한민국의 유명한 운동선수와 운동 경기를 안다.

방법

1. 부모는 자녀에게 좋아하는 운동을 물어본다.
2. 한국에서는 태권도, 빙상 스포츠, 양궁 등이 유명하다고 이야기를 해 준다.
3. 대한민국의 자랑거리(15-②) 하단의 그림 카드를 잘라서 알맞은 자리에 붙인다.

We talked about famous things and pride in Korea. At home, talk about a famous athlete in Korea. First, parents ask their children about their favorite sports. In Korea, Taekwondo, ice sports and archery are famous. Cut the picture cards at the bottom (15-②) and attach them to the right places.

도움말

- **질문:** 가정에서 부모님은 다음과 같은 질문을 할 수 있다.
  - 어떤 운동을 제일 좋아해?
  - 한국에서는 태권도를 잘하는 사람이 많아. 그리고 양궁도 유명해.

183

목표

- **활동:** 현재 대한민국의 유명한 것들에 대해 말할 수 있다.
- **표현:** '경복궁이 유명해요.'의 의미를 이해할 수 있다.
  '이/가': 어떤 상태나 상황의 대상이나 동작의 주체를 나타내는 조사로 앞말에 받침이 있으면 '이'를 사용하고, 받침이 없으면 '가'를 사용한다.
  예) 한국 가수가 유명해요.
- **어휘:** 대한민국의 자랑거리와 관련된 단어를 알 수 있다.
  예) 경복궁, 한글, 가수

자료

- 대한민국의 자랑거리(15-①)

준비물

- 가위와 풀

활동 수준	높음
활동 유형	언어
집단 유형	소집단
가정 연계	있음
활동지 쪽수	181~186

방법

(1) 교사는 학생에게 대한민국을 생각하면 떠오르는 것이 무엇인지 물어본다. 학생들과 이야기를 한 후 대한민국의 유명한 것들에 대해 배울 것이라고 말한다.

(2) 교사는 대한민국의 자랑거리(15-①)를 보며 학생과 이야기를 나눈다.

(3) 학생들은 활동지 하단에 있는 알맞은 그림을 잘라 활동지의 빈칸에 붙인다.
예) 경복궁 뒤에는 근정전, 세종대왕 동상 옆에는 한글, 경복궁 앞 무대에는 가수를 붙인다.

(4) 그림을 붙인 후 근정전, 세종대왕, 한글, 가수 이외에도 한국에서 무엇이 유명한지 이야기를 나눈다.
예) 김치, 비빔밥, 가전제품, 유명한 운동선수 등

질문 예시

- 여러분, 대한민국하면 무엇이 생각나요?
- 여기가 어디일까요? 여기는 서울의 광화문이에요.
- 여기에 뭐가 있어요?
-사람들이 무엇을 하고 있어요?

First, talk about the pride and joy of Korea by using figure (15-①). Next, cut out figures from a worksheet and attach them at the bottom in the blanks which relates to the situation. For example, a figure of a car has to be attached to a road, and a figure of King Sejong has to be attached to the Hangul picture. Finally, after attaching a picture card, students talk about what they know about Gyeongbokgung, Hangul, and idol singers.

도움말

활동

가정 연계 활동에 있는 대한민국의 자랑거리(15-②)를 보면서 확장해서 수업을 할 수 있다. 대한민국의 유명한 운동선수와 경기 종목을 이야기할 수 있다.

문화와 정체성

대한민국의 유명한 것들을 보면서 현재의 대한민국에 대해 알 수 있다.

- 대한민국에도 유명한 것들이 많아요. 여러분이 알고 있는 것을 말해 볼까요?
- 우리가 살고 있는 곳에는 어떤 유명한 것이 있어요?

교사를 위한 도움말

이 그림은 광화문 사거리를 그린 그림으로 이 그림을 통해 대한민국의 현재의 모습을 볼 수 있다. 광화문은 분주히 오가는 도시의 사람들, 첨단 문물과 경복궁, 세종 대왕 동상, 이순신 동상 등이 공존하는 곳이다. 이곳에서 우리는 대한민국의 과거와 현재를 모두 볼 수 있다.

가정 연계

대한민국의 자랑거리(15-②)

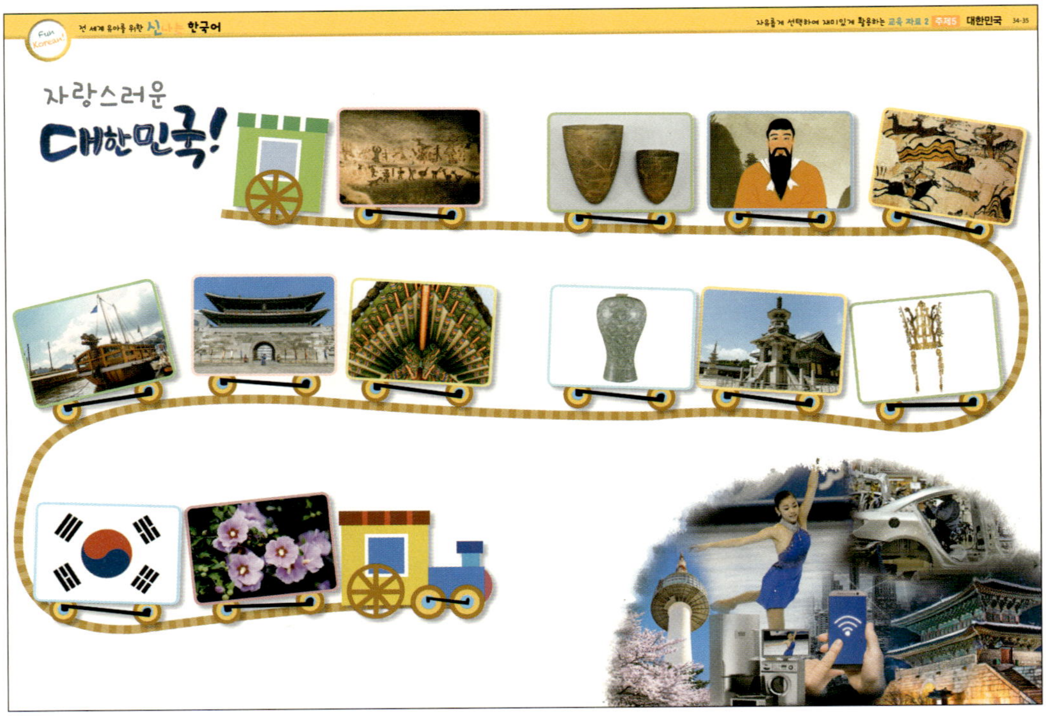

본 큰 그림책 자료는 ‘대한민국’과 관련된 활동지를 통해 습득한 언어 지식을 다시 한번 활용할 수 있도록 개발하였다. 학생은 그림을 보면서 교사와 ‘대한민국’에 관련된 이야기를 재미있게 나눌 수 있다. 이 자료는 유아가 ‘대한민국’에 대한 이해를 토대로 대한민국의 과거, 현재의 모습과 자랑거리에 대해 익힐 수 있도록 이와 관련된 어휘와 활동 내용을 포함하는 사진으로 표현하였다. 교사와 학생들이 자료를 보면서 대화를 나누는 수업은 의사소통 능력을 신장시키고 장기적으로 언어에 대한 흥미도 높일 수 있다. 자료에 소개된 내용을 기본으로 대한민국에 대한 이야기를 할 수 있다.

교사 질문

큰 그림책 자료를 활용하여 대한민국에 대해 말할 수 있다. 다음의 질문을 통해 대한민국에 관한 다양한 어휘와 표현을 확인할 수 있다.

예시

- (고구려 수렵도를 보며) 이 그림에 있는 사람은 무엇을 하고 있어요? 무슨 생각을 하고 있을까요?
- 대한민국의 유명한 옛날 물건에는 무엇이 있어요?
- 신라 금관은 무슨 색이에요?
- 옛날에 어떤 사람이 금관을 썼어요?
- 여러분도 금관을 써 보고 싶어요?
- 고려청자에는 어떤 무늬가 있어요?
- 지금도 서울에 큰 문이 있어요. 그 문을 뭐라고 부를까요?
- 거북선은 누가 만들었어요? 거북선은 어떤 배예요?
- 옛날 한국 사람들은 어떤 집에서 살았어요?
- 대한민국의 국기는 무엇이에요? 어떻게 생겼어요? 무슨 색깔이에요?
- 대한민국의 꽃은 이름이 뭐예요?
- 대한민국의 돈에 누가 그려져 있어요?
- 한국 사람들은 무슨 운동을 잘해요?
- 한국은 무엇이 유명해요?

명절 Korean Holidays

	활동명	활동 수준	활동 유형	집단 유형	가정 연계	활동지 쪽수	지도서 쪽수
1	떡국 만들기	낮음	조작	개별		189~192	180~181
2	윷놀이	높음	게임	소집단		193~196	182~183
3	세배하기	낮음	신체	대집단	○	197~204	184~185
4	고깔 만들기	낮음	조작	개별		205~208	186~187
5	'더위팔기' 게임	높음	게임	소집단		209~216	188~189
6	연 만들기	낮음	조작	개별		217~220	190~191
7	씨름하기	낮음	신체	소집단		221~224	192~193
8	부채 만들기	낮음	미술	개별	○	225~232	194~195
9	송편 만들기	낮음	조작	대집단		233~236	196~197
10	추석 차례 상 차리기 게임	낮음	게임	소집단		237~240	198~199
11	동요 '강강술래'	높음	음악, 조작	대집단		241~244	200~201
12	제기차기 놀이	낮음	신체	대집단		245~248	202~203
13	팽이 놀이	낮음	조작	대집단		249~252	204~205
14	명절 단어책 만들기	높음	조작	대집단	○	253~264	206~207
15	동요 '설날'	낮음	음악	대집단		265~266	208~209

교육 자료의 주제 및 내용 구성

유아기는 자기 자신에 대한 신뢰감과 함께 국가나 민족적인 정체성을 형성해 나가는 시기이다. 특히 전 세계가 하나의 지구촌을 이루어 가는 현대 사회에서 자기 민족에 대한 정체성은 생존과 번영을 위해 더욱 필요한 것으로 부각되고 있다. 그러한 면에서 본 교육 자료의 '명절'은 유아가 자신의 뿌리에 대한 정확한 이해와 친숙함, 그리고 자긍심을 가지고 문화적 정체성을 분명히 하도록 하는 중요한 주제다.

본 교육 자료를 통해 유아는 한국어 의사소통 능력을 향상시킬 수 있다. 예를 들어 유아는 '1. 떡국 만들기', '9. 송편 만들기' 활동 등을 통해 자신의 느낌, 생각, 경험을 말하는 연습을 함으로써 한국어 말하기 능력의 향상을 꾀할 수 있다. 또한 유아는 '11. 동요 '강강술래''와 같은 활동을 통해 우리말의 반복적 운율을 익히고 아름다운 우리말을 경험할 수 있다.

1. 떡국 만들기 Tteokguk for Lunar New Year's Day

목표

- **활동:** 명절 '설날'에 대해 말할 수 있다.
- **표현:** '설날에 떡국을 먹어요.'의 의미를 이해할 수 있다.
  '에': 앞말이 시간이나 때임을 나타내는 조사이다.
  예) 설날에 가족을 만나요.
- **어휘:** 명절 '설날'과 관련된 단어를 알 수 있다.
  예) 설날, 새해, 시작하다, 한복, 세배, 윷놀이, 떡국, 나이

자료

- 설날에 하는 일(1-①)
- 떡국 만들기(1-②)

준비물

- 가위, 풀, 연필, 사인펜

활동 수준	낮음
활동 유형	조작
집단 유형	개별
활동지 쪽수	189~192

방법

(1) 교사는 학생들에게 설날이 언제인지, 설날에 무엇을 먹는지 물어본다.

(2) 교사는 설날에 하는 일(1-①)을 보며 설날에 하는 일을 이야기한다.

(3) 교사는 설날에 떡국을 먹는 이유를 이야기한다.
예) 옛날부터 한국 사람들은 '건강하게 오래 살라(기다란 가래떡처럼 무병장수하라)'고, '새롭게 새해를 시작하라(새하얀 가래떡처럼 순수하게 깨끗한 새해를 시작하라)'고, '부자가 되라(엽전처럼 동그랗게 생긴 떡국을 먹으면서 새해에는 풍족해지라)'고 설날에 떡국을 먹었어요.

(4) 학생들은 떡국 만들기(1-②)의 재료들의 이름을 함께 읽어 보고 써 본다.

(5) 학생들은 떡국 만들기(1-②)의 하단에 있는 떡과 고명을 오려 떡국 만들기(1-②) 활동지 상단의 그릇에 붙여 떡국을 완성한다.

질문 예시

- 새해가 시작되는 1월 1일이 설날이에요.
- 설날에 무엇을 하는지 알아요?
- 설날에는 세배도 하고 떡국도 먹어요. 우리 오늘은 설날에 하는 일을 알아봐요.

To begin, talk about 'New Year's Day' such as, "New Year's Day is January 1." Then look at New Year's activities (1-①) and talk about what people do on New Year's Day. Also, talk about why we eat Tteokguk on New Year's Day. For example, "Why do we eat Tteokguk on New Year's Day? When you eat Tteokguk, you grow a year older." and, "'Eating', in Korean language can mean eating a meal or growing of age." Next, read and write names of the ingredients in making Tteokguk (1-②). Finally, cut out rice cakes and toppings to finish Tteokguk.

도움말

활동

- 떡국 만드는 법을 동영상을 활용해 알아볼 수 있다. (예: 인터넷에서 '떡국 만들기'를 검색하여 영상을 확인한다.)
- 찰흙이나 스펀지 등을 이용하여 입체적인 떡국을 만들어 볼 수 있다. (예: 찰흙으로 그릇과 떡, 고명을 만든다.)

발음

'떡국'을 공부할 때 [떡꾹]의 발음을 연습한다. 받침 'ㅂ, ㄷ, ㄱ' 뒤에 오는 'ㅂ, ㄷ, ㅅ, ㅈ, ㄱ'은 'ㅃ, ㄸ, ㅆ, ㅉ, ㄲ'으로 발음한다.

문화와 정체성

떡국을 만들어 보고 떡국을 먹는 이유를 안다.
- 떡국을 먹어 봤어요? 언제 먹어 봤어요?
- 새해 첫날에는 떡국을 먹어요. 왜 먹을까요?
- 떡국을 먹으면 나이를 한 살 더 먹는다는 뜻이에요.

2. 윷놀이 The Game of Yut

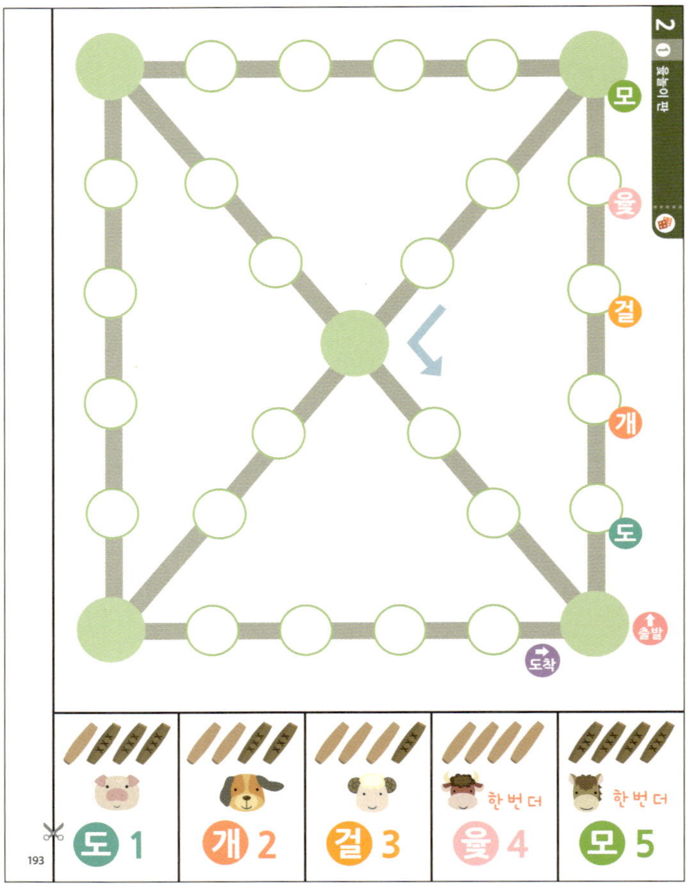

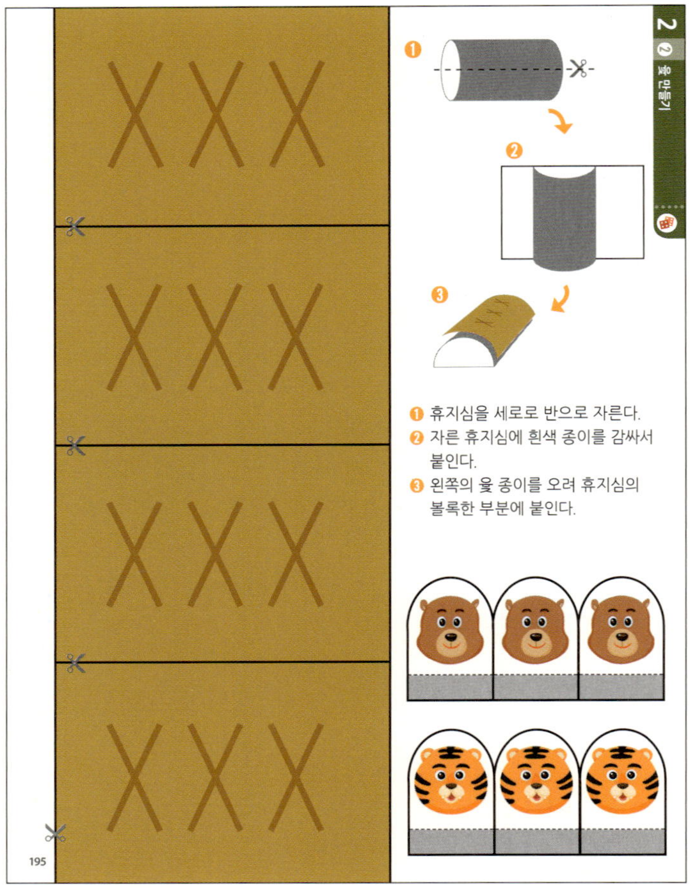

활동 수준	높음
활동 유형	게임
집단 유형	소집단
활동지 쪽수	193~196

목표

- **활동:** 윷놀이에 대해 말할 수 있고 게임을 할 수 있다.
- **표현:** '가족들이 모여서 놀아요.'의 의미를 이해할 수 있다.
  '-들': 사람이나 사물이 여럿임을 나타내는 접사이다.
  예) 친구들과 윷놀이를 해요.
- **어휘:** 윷놀이와 관련된 단어를 알 수 있다.
  예) 윷놀이, 윷판, 말, 도, 개, 걸, 윷, 모

자료

- 윷놀이 판(2-①)
- 윷 만들기(2-②)

준비물

- 가위, 풀, 휴지 심

방법

(1) 교사는 학생들에게 설날에 가족들과 무슨 놀이를 하는지 물어본 후, 윷놀이를 소개한다.

(2) 교사는 학생들과 설날에 윷놀이를 하는 풍습에 대해 이야기를 나눈다.

(3) 학생들은 윷놀이 판(2-①)을 보면서 윷놀이 방법을 배운다.

(4) 윷 만들기(2-②) 활동지를 오려서 윷을 만들고 말을 자른 후, 2~4명이 한 팀이 되어 윷놀이를 한다.

윷놀이 방법

❶ 2-4명이 한 팀이 되게 팀을 나누고 한 팀당 세 개의 말을 갖는다.
❷ 각 팀의 대표 한 명이 윷가락 두 개를 던져 그 값이 큰 쪽이 먼저 시작한다.
(예: X자로 표시된 면이 두 개인 팀이 X자로 표시된 면이 한 개인 팀보다 먼저 윷을 던질 기회가 주어진다.)
❸ 팀 안에서 윷을 던지는 순서와 말을 움직이는 사람을 정한다.
❹ 번갈아가며 각 팀당 한 번씩 윷을 던지고, 던진 윷의 결과에 맞추어 말을 이동한다.
- 도 – 한 칸 이동
- 개 – 두 칸 이동
- 걸 – 세 칸 이동
- 윷 – 네 칸 이동, 윷 한 번 더 던지기
- 모 – 다섯 칸 이동, 윷 한 번 더 던지기

❺ 세 개의 말이 '도착'에 먼저 들어오는 팀이 승리한다.

질문 예시

- 여러분은 설날에 가족들을 만나면 무엇을 해요?
- 설날에 가족들과 하는 재미있는 놀이가 있어요?
- 여러분은 윷놀이를 알아요?
- 윷놀이는 설날에 가족들이 모여서 같이 하는 한국의 전통 놀이예요.
- 윷놀이를 해 본 적이 있어요?

First, talk about the game of Yut played on New Year's Day. For example, "The game of Yut is a traditional game of Korea played by family members on New Year's Day." Next, look at the method of playing the game of Yut (2-①) and learn. Finally, prepare Yut and form teams of two to four to play the game.

How to play the game

First, make two teams and each team has three markers. Next, decide whose team goes first. That team throws the four Yut sticks at the same time and moves the team's markers following the result of what was thrown. A marker can move five steps if all four sticks show 'x' markers (mo). A marker can move one step if the four sticks show three 'x' markers (do). A marker can move two steps if the four sticks show two 'x' markers (ge). A marker can move three steps if the four sticks shows one 'x' marker (geol). A marker can move four steps if all four sticks do not show any 'x' markers (yut). Finally, the team that can get all three markers home, wins the game.

도움말

활동

- 큰 그림책 '활동지 2. 윷놀이 판'을 활용할 수 있다.
- 실제 윷이 있는 경우 이를 사용할 수 있다.
- 교실 바닥에 윷놀이 판을 만들고 학생들이 직접 말이 되어 움직이는 활동으로 활용할 수 있다. (예: 각 팀의 한 명이 말이 되어 팀의 다른 사람이 윷을 던져 나온 결과에 따라 움직인다.)
- 학생의 수준에 따라 윷놀이 규칙을 추가할 수 있다.

발음

단어 '윷놀이[윤:노리]' 발음을 연습한다.

문화와 정체성

윷놀이를 하며 설날 풍습을 즐겁게 익힌다.
- 설날에는 윷놀이를 해요. 여러분도 윷놀이를 해 봤어요?
- 그림(윷놀이 판)에 무슨 동물이 있어요?
- 윷놀이를 하려면 무엇이 필요할까요?
- 윷을 직접 만들어 볼까요?

3. 세배하기 New Year's Bow

3 ① 절하는 방법

여자의 큰절

1 ❶ 똑바로 서서 오른손을 왼손 위에 올린다.

2 ❷ 손을 눈 앞에 올린다.

3 ❸ 천천히 앉는다.

4 ❹ 고개를 숙인다.

5 ❺ 일어나서 허리를 숙여 인사한다.

197

3 ① 절하는 방법

남자의 큰절

1 ❶ 똑바로 서서 왼손을 오른손 위에 올리고 손을 눈앞에 올린다.

2 ❷ 손을 내리면서 몸을 숙인다.

3 ❸ 손을 바닥에 놓은 후에 무릎을 바닥에 놓고 앉는다.

4 ❹ 고개를 숙인다.

5 ❺ 일어나서 허리를 숙여 인사한다.

199

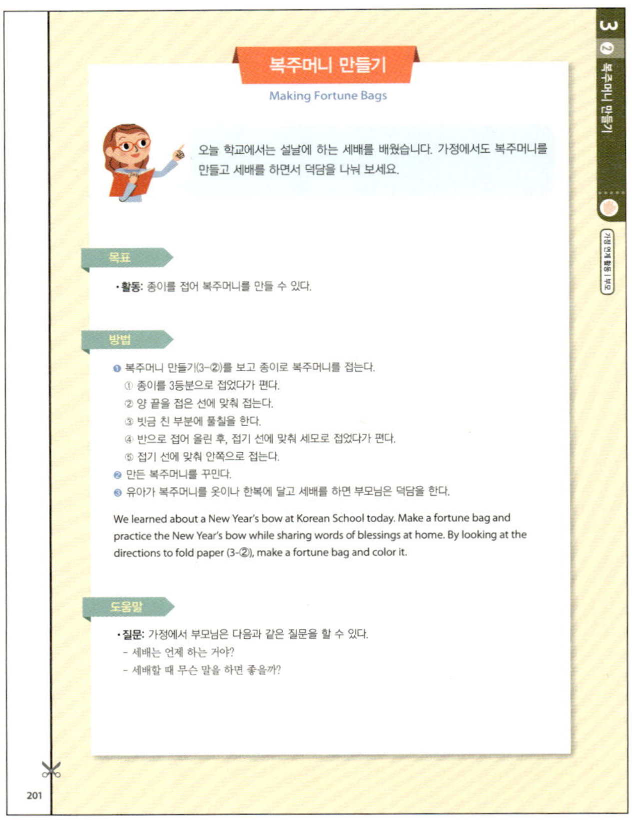

3 ② 복주머니 만들기 | 가정 연계 활동 | 유아

복주머니 만들기

Making Fortune Bags

오늘 학교에서는 설날에 하는 세배를 배웠습니다. 가정에서도 복주머니를 만들고 세배를 하면서 덕담을 나눠 보세요.

목표

- **활동:** 종이를 접어 복주머니를 만들 수 있다.

방법

❶ 복주머니 만들기(3-②)를 보고 종이로 복주머니를 접는다.
  ① 종이를 3등분으로 접었다가 편다.
  ② 양 끝을 접은 선에 맞춰 접는다.
  ③ 빗금 친 부분에 풀칠을 한다.
  ④ 반으로 접어 올린 후, 접기 선에 맞춰 세모로 접었다가 편다.
  ⑤ 접기 선에 맞춰 안쪽으로 접는다.
❷ 만든 복주머니를 꾸민다.
❸ 유아가 복주머니를 옷이나 한복에 달고 세배를 하면 부모님은 덕담을 한다.

We learned about a New Year's bow at Korean School today. Make a fortune bag and practice the New Year's bow while sharing words of blessings at home. By looking at the directions to fold paper (3-②), make a fortune bag and color it.

도움말

- **질문:** 가정에서 부모님은 다음과 같은 질문을 할 수 있다.
  - 세배는 언제 하는 거야?
  - 세배할 때 무슨 말을 하면 좋을까?

201

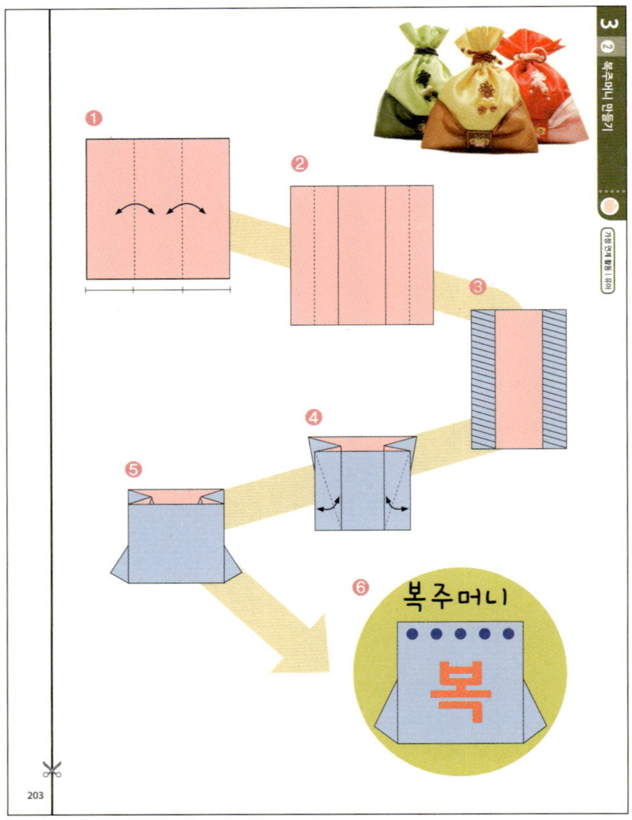

203

활동 수준	낮음
활동 유형	신체
집단 유형	대집단
가정 연계	있음
활동지 쪽수	197~204

목표

- **활동:** 설날에 하는 인사 표현에 대해 말할 수 있다.
- **표현:** '할아버지께 세배를 해요.'의 의미를 이해할 수 있다.
  '께': '에게'의 존댓말로 대상을 높여 부르는 말이다.
  예) 할머니께 인사를 해요.
- **어휘:** 세배와 관련된 단어를 알 수 있다.
  예) 세배, 큰절, 두 손, 모으다, 어른, 인사하다, 복 많이 받다, 복주머니, 덕담

자료

- 절하는 방법(3-①)

방법

(1) 교사는 학생들에게 할머니, 할아버지를 만나면 어떻게 인사를 하는지 질문한다.
(2) 교사는 한국에는 세배라는 특별한 인사 방법이 있다고 소개한 후 학생들과 설날에 세배하는 풍습에 대해 이야기를 나눈다.
(3) 학생들은 교사의 지도하에 절하는 방법(3-①)을 보며 절하는 방법을 배운다.
(4) 학생들은 다 같이 절을 해 본다. 절을 할 때 '새해 복 많이 받으세요.'라는 말을 함께 해 본다.

■ **질문 예시**

- 여러분은 할머니, 할아버지를 만나면 어떻게 인사해요?
- 그럼 설날에 할머니, 할아버지를 만나면 어떻게 인사해요?
- 한국에는 설날에 할머니, 할아버지와 같은 어른들께 하는 특별한 인사가 있어요. 그것을 세배라고 해요.
- 세배를 할 때 여러분은 어른들께 무슨 말을 하고 싶어요?

To begin, talk about the tradition of New Year's bow such as, "We bow in our greetings to elders on New Year's Day." and "Have you ever performed a New Year's bow?" Next, look at the method of bowing (3-①) and learn how to bow. For example, men and women bow differently. Students learn it together. First, students can say, 'Happy New Year' as they bow. Finally, perform the New Year's bow together.

도움말

■ **문화와 정체성**

세배하는 법을 배워 설날에 어른께 세배를 하도록 한다.
- 한국 사람들은 새해에 어떻게 인사를 하지요?
- 한국 사람들이 새해에 가장 많이 하는 말은 무엇일까요?

가정 연계

■ **복주머니 만들기(3-②)**

4. 고깔 만들기 Making a traditional Korean Hat

앞면

뒷면

강강술래를 해요.

사물놀이를 해요.

호두나 땅콩을 먹어요.

오곡밥을 먹어요.

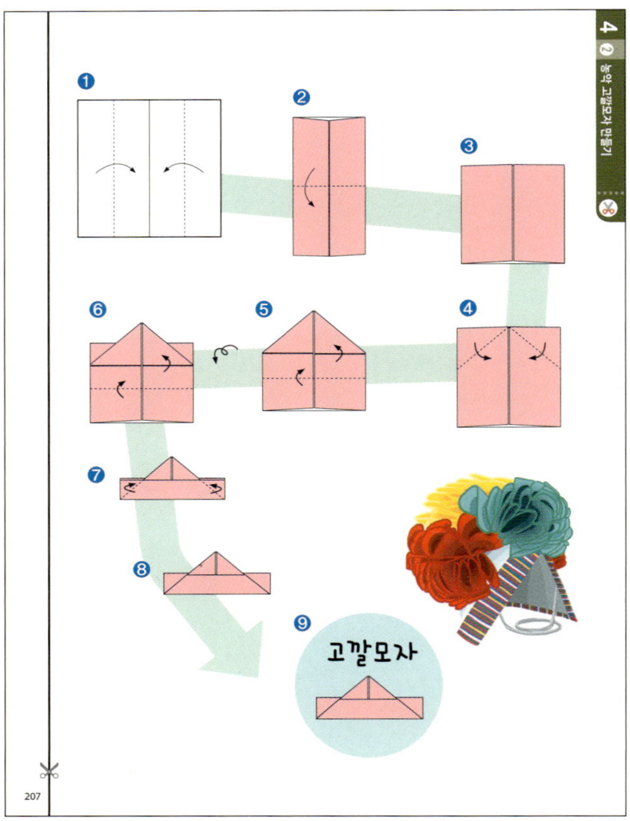

목표

- **활동:** 정월 대보름에 하는 일에 대해 이야기하고 농악 고깔을 만들 수 있다.
- **표현:** '달을 보고 소원을 비는 날이에요.'의 의미를 이해할 수 있다.
  '-는': (동사에 붙어) 앞의 말이 뒤에 나오는 내용을 꾸며 주는 기능을 하게 만들고 사건이나 동작이 현재 일어남을 나타내는 표현이다.
  예) 호두를 먹는 날이에요.
- **어휘:** 대보름과 관련된 단어를 알 수 있다.
  예) 보름달, 소원을 빌다, 강강술래, 사물놀이, 오곡밥, 호두, 땅콩, 고깔모자

자료

- 정월 대보름에 하는 일(4-①)
- 농악 고깔모자 만들기(4-②)

준비물

- 두꺼운 도화지나 한지(또는 신문지와 같은 큰 종이), 가위, 풀, 색종이

활동 수준	낮음
활동 유형	조작
집단 유형	개별
활동지 쪽수	205~208

방법

(1) 교사는 학생들에게 하늘의 달을 본 적이 있는지 묻는다. 그리고 달은 한 달에 한 번씩 동그란 모양이 되며, 그것을 '보름달'이라 부른다고 알려 준다.

(2) 교사는 학생들과 한국의 명절 정월 대보름에 대해서 함께 이야기한다.

(3) 학생들은 정월 대보름에 하는 일(4-①)을 보면서 이야기한다.
예) 정월 대보름에 무슨 일을 할까요? 무슨 음식을 먹을까요?

(4) 학생들은 농악 고깔모자 만들기(4-②) 방법을 보고 종이를 접어 고깔모자를 만든 후 색종이로 고깔모자를 꾸민다.

■ **질문 예시**

- 여러분, 밤에 하늘에 있는 달을 본 적이 있어요?
- 하늘에서 본 달은 어떻게 생겼어요?
- 달은 한 달에 한 번씩 동그란 모양이 돼요.
- 동그란 모양의 달을 '보름달'이라고 해요.
- 정월 대보름은 새해 첫 번째 보름달을 볼 수 있는 명절이에요. 달에게 올해 좋은 일만 있게 해 달라고 소원을 비는 날이에요.

To begin, talk about the First Full Moon in Korea (4-①) such as, "The First Full Moon is January 15 on the lunar calendar." And, "On the First Full Moon, we can see the first full moon of the new year." Also, "The moon is very bright, and it gets rid of the dark, sick and evil, so we pray for good things to happen during the year on this day." Or, "On national holidays like New Year's Day \and the First Full Moon, ancient Koreans played traditional instruments, danced and sang. Finally, students make a hat that people wore when they performed Nongak following the directions (4-②).

도움말

■ **활동**

교사는 여러 색깔의 습자지를 미리 준비해서 고깔모자에 붙일 꽃을 만들 때 사용할 수 있다.

■ **발음**

'먹어요'를 공부할 때 [머거요] 발음을 연습한다.

■ **문화와 정체성**

한국에서는 예로부터 정월 대보름에 달을 보고 소원을 비는 풍습이 있었음을 이해한다. 또한 설날이나 정월 대보름 같은 명절에는 농악 고깔을 쓰고 전통 악기를 연주하며 춤을 추었음을 안다.

- 생일에 소원을 빌면서 촛불을 꺼 본 적이 있어요? 만약 그런 적이 있다면 어떤 소원을 빌었어요?
- 정월 대보름에는 달을 보고 소원을 빌어요. 어떤 소원을 빌고 싶어요?

5. '더위팔기' 게임 'Selling Heat' Game

앞면

뒷면

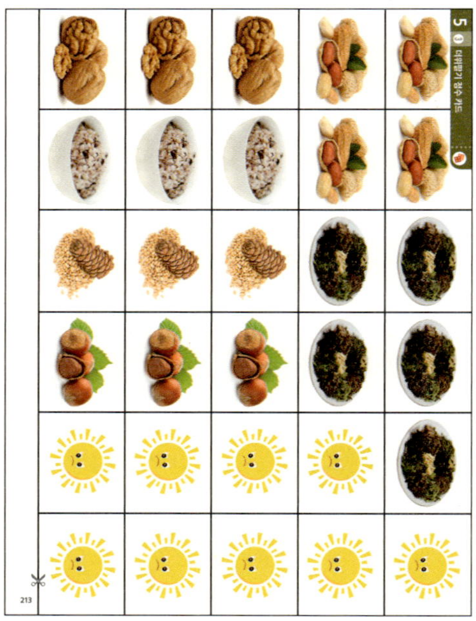

활동 수준	높음
활동 유형	게임
집단 유형	소집단
활동지 쪽수	209~216

목표

- **활동:** '더위팔기' 게임을 할 수 있다.
- **표현:** '내 더위를 사라.'의 의미를 이해할 수 있다.
  '-아/어라': (동사에 붙어) 명령을 나타내는 표현으로 문장의 끝에서 사용된다. '-아라'는 끝음절의 모음이 'ㅏ, ㅗ'인 동사 뒤에 붙여 쓰고, '-어라'는 끝음절의 모음이 'ㅏ, ㅗ'가 아닌 동사 뒤에 붙여 쓴다. '-해라'는 '하다'나 '하다'가 붙는 동사 뒤에 붙여 쓴다.
  예) 주사위를 던져라.
- **어휘:** 더위팔기와 관련된 단어를 알 수 있다.
  예) 더위, 잣, 밤, 호두, 땅콩, 보름달, 팔다, 사다

자료

- 대보름에 먹는 음식(5-①)
- 더위팔기 게임판(5-②)
- 더위팔기 점수 카드(5-③)
- 말과 주사위(5-④)

준비물

- 가위, 풀

방법

(1) 교사는 학생들과 대보름에 먹는 음식(5-①)를 보면서 정월 대보름에 먹는 음식에 대해 이야기를 나눈다.

(2) 교사는 학생들에게 정월 대보름에는 '더위팔기'라는 풍습이 있었음을 알려 준다.

(3) 학생들은 더위팔기 점수 카드(5-③), 말과 주사위(5-④)를 오린 후 주사위를 만들고 서너 명이 한 조가 되어 더위팔기 게임을 해 본다.

게임 방법

❶ 더위팔기 점수 카드(5-③)를 잘라 음식 그림 카드 더미와 해 그림 카드 더미를 각각 나누어 쌓아 둔다.

❷ 한 명씩 주사위를 던져서 나온 숫자만큼 더위팔기 게임 판(5-②)에서 말을 움직인다.

❸-1 이동한 칸에 대보름에 먹는 음식 그림이 있으면 음식 그림 카드 더미에서 카드를 한 장 가져간다.

❸-2 이동한 칸에 해 그림이 있으면 오른쪽에 앉은 친구의 이름을 부르며 "(친구 이름)야/아, 내 더위 사라!"라고 말한 후, 친구와 가위바위보를 한다. 이기면 친구가 가지고 있는 음식 그림 카드를 한 장 가져온다. 지면 친구의 해 그림 카드를 가져온다. (친구에게 카드가 없으면 카드 더미에서 가져온다.)

❹ 어느 한 사람이 한 바퀴를 돌아 출발선을 다시 지나는 순간 그 즉시 게임이 끝난다. 또한 카드를 모두 가져가도 게임이 끝난다.

❺ 게임이 끝났을 때 대보름에 먹는 음식 카드는 +1점, 해 카드는 -1점으로 계산한다. 점수를 계산해 점수가 가장 높은 사람이 이긴다.

질문 예시

- (대보름에 먹는 음식(5-①)을 보며) 그림에 먹을 것이 많지요? 뭐가 있어요?
- 한국의 정월 대보름에 사람들은 호두나 땅콩 같은 음식들을 먹으면서 "내 더위 가져가라."라고 말해요. 그리고 '올해 건강하게 지내도록 해 주세요.'하고 빌었어요.

How to play the game

First, take turns to throw the dice and move the markers (5-②). If the marker stops at a specified food which we eat in the times of the first full moon, take a card, but if the marker stops at a sun figure, call the name of another friend and say, "OO, buy my heat." Next, play rock-paper-scissors with the friend and take away one specified food card from the friend if you win. If you lose, take away a sun card from the friend. The rule is as follows: if the friend does not have a card, take a card from the card pile. Finally, when the game ends, each specified food card is +1 point and each sun card is −1 point, so the person with the highest points, wins.

도움말

문화와 정체성

더위팔기 게임을 통해 정월 대보름의 풍속을 안다.
- 옛날에는 정월 대보름에 무슨 일을 했을까요?
- 정월 대보름에는 무슨 음식을 먹을까요?

6 ① 연의 종류
217

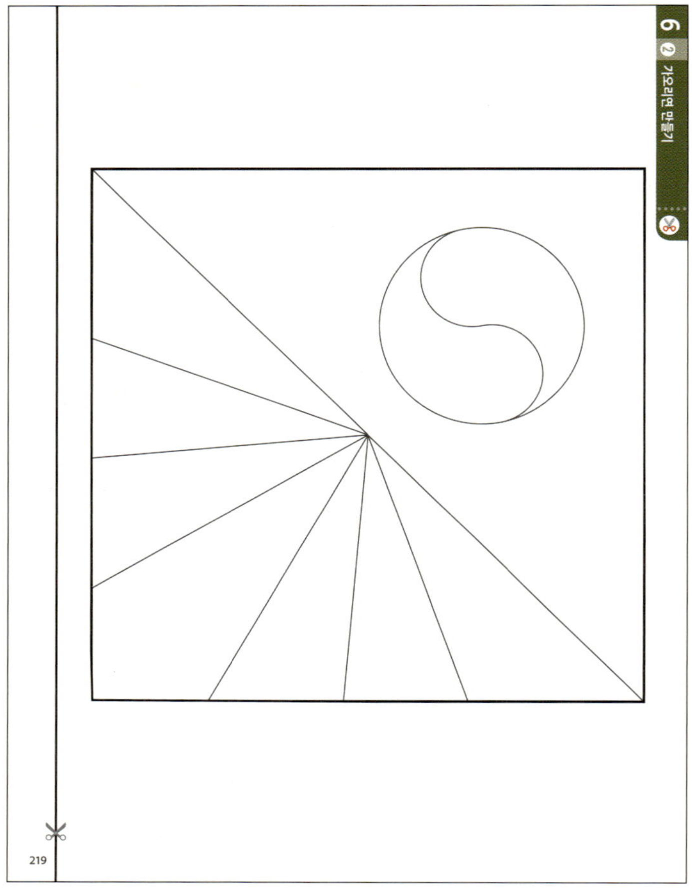
6 ② 가오리연 만들기
219

목표

- **활동:** 연날리기에 대해 알고 직접 연을 만들 수 있다.
- **표현:** '연을 날려 봐요.'의 의미를 이해할 수 있다.
  '-아/어 보다': (동사에 붙어) 앞의 말이 나타내는 행동을 시험 삼아 함을 나타내는 표현이다. '-아 보다'는 끝음절의 모음이 'ㅏ, ㅗ'인 동사 뒤에 붙여 쓰고, '-어 보다'는 끝음절의 모음이 'ㅏ, ㅗ'가 아닌 동사 뒤에 붙여 쓴다. '-해 보다'는 '하다'나 '하다'가 붙는 동사 뒤에 붙여 쓴다.
  예) 연을 만들어 봐요.
- **어휘:** 연날리기와 관련된 단어를 알 수 있다.
  예) 방패연, 가오리연, 연을 날리다, 연줄

자료

- 연의 종류(6-①)
- 가오리연 만들기(6-②)

준비물

- 가위, 풀, 색종이, 색연필, 크레파스

활동 수준	낮음
활동 유형	조작
집단 유형	개별
활동지 쪽수	217~220

방법

(1) 교사는 연의 종류(6-①)를 보여 주며 이런 것들을 본 적이 있는지 묻는다. 그리고 옛날 한국 사람들은 겨울에 연날리기라는 놀이를 했음을 알려 준다.

(2) 교사는 한국의 명절에 연을 날리는 풍습에 대해 이야기를 해 준다.

(3) 교사는 연의 종류(6-①)를 통해 연의 종류에 대해 설명을 해 준다. (왼쪽은 방패연, 오른쪽은 가오리연)

(4) 학생들은 가오리연 만들기(6-②)의 연을 색칠하고 자른다.

(5) 학생들은 색종이를 잘라 연에 꼬리를 붙인다. 색종이를 여러 개 연결하여 긴 꼬리도 만들 수 있다.

질문 예시

- (연의 종류 6-①를 보여 주며) 여러분, 혹시 이런 것을 본 적이 있어요? 이것을 연이라고 해요.
- 옛날 한국 사람들은 겨울에 연날리기라는 놀이를 했어요.
- 연날리기란 연을 공중에 띄우는 놀이를 말해요.
- 한국에서는 명절에 연을 만들어서 날렸어요.

First, talk about the Korean tradition of flying kites on national holidays. For example, "In the past, we made and flew kites on national holidays." Next, listen to the song, 'Kite Flying' and sing along. Then talk about different types of kites like, "There are many types of kites." and, "The most common kites are Bangpae kites and Gaori kites." Finally, color the kite design (6-②) to make a Bangpae kite then introduce the kite to friends.

도움말

활동

- 연의 꼬리를 만들 때 교사가 색종이로 연의 꼬리를 만드는 방법을 알려줄 수 있다. 색종이를 얇게 접어 자르고 자른 종이의 끝을 다른 자른 종이와 연결해 꼬리를 만들 수 있다.
- 실, 나무 막대기와 같은 연 만들기 재료가 준비된다면 학생들이 색을 칠한 연을 오려서 연을 실제로 만들어 볼 수 있다.
- 인터넷에서 '연 만들기'를 검색하면 연을 만드는 방법을 소개한 다양한 동영상을 볼 수 있다.

문화와 정체성

연을 만들고 연날리기를 하며 한국의 명절 풍습을 경험한다.
- 연이 잘 날려면 어떻게 만들면 될까요?
- 연이 잘 날려면 어떤 날씨가 좋을까요?
- 어떤 연이 하늘에서 예쁠까요?
- 어떤 연을 만들고 싶어요?

참고 자료

연날리기

주로 겨울철에 바람을 이용하여 연을 하늘에 띄우는 민속놀이. 종이에 가는 대나무 가지를 붙여 연을 만들고, 얼레에 감은 실을 연결한 다음 날리며 논다. 〈출처: 한국세시풍속사전〉

7. 씨름하기 Ssireum

앞면

뒷면

그네를 타요.

머리를 감아요.

부채를 선물해요.

씨름을 해요.

목표

- **활동:** 단오에 하는 일에 대해 말할 수 있다.
- **표현:** '씨름도 하고 부채도 선물해요.'의 의미를 이해할 수 있다.
  '-고': 두 가지 이상의 대등한 사실을 나열할 때 쓰는 연결 어미이다.
  예) 머리도 감고 그네도 타요.
- **어휘:** 단오와 관련된 단어와 표현을 알 수 있다.
  예) 씨름을 하다, 그네를 타다, 부채를 선물하다, 머리를 감다

자료

- 단오에 하는 일(7-①)
- 앉아서 씨름하기(7-②)

활동 수준	낮음
활동 유형	신체
집단 유형	소집단
활동지 쪽수	221~224

방법

(1) 교사는 학생들에게 한국의 명절에 어떤 것들이 있는지 질문한다. 그리고 단오라는 명절을 소개한다.

(2) 학생들은 단오에 하는 일(7-①)을 보면서 단오에 하는 일이 무엇인지 추측해 이야기한다.

(3) 교사는 단오에 하는 일(7-①)을 정리해 준 후 오늘은 씨름 그림 카드에서 본 것처럼 씨름을 할 것이라 소개한다. 단, 카드에서 본 사람들과는 조금 다르게 앉아서 씨름을 할 것이라고 이야기한다.

(4) 교사가 앉아서 씨름하기(7-②) 방법을 소개하면 학생들은 둘이 짝을 지어 씨름을 같이 해 본다.

게임 방법

❶ 교실 바닥에 네모나 동그라미로 씨름판을 표시한다.
❷ 두 학생이 등을 맞대고 앉는다.
❸ 다리를 구부려 손으로 잡는다. 엉덩이와 다리만 이용해서 다른 사람을 씨름판 밖으로 먼저 미는 사람이 이긴다.

■ 질문 예시

- 여러분, 여러분이 알고 있는 한국의 명절에는 무엇이 있어요?
- 맞아요. 그런 명절이 있어요. 그런데 여러분, 혹시 단오라는 명절을 들어봤어요?
- 한국에는 단오라는 명절이 있어요. 단오는 음력 5월 5일이에요.

First, look at what people do on the fifth day of the fifth month (7-①) and talk about it. For example, "The Sun is most powerful on the fifth day of the fifth month. People spend this day washing their hair in sweet flag water and playing Ssireum." Finally, introduce and play sitting Ssireum (7-②).

How to play the game

First, draw the Ssireum ring as a rectangle or circle on the floor then two students sit back to back. Next, they grab their legs with their hands and only use hips and legs to push the other person over the line. Finally, this game can be played by two students or in groups.

도움말

■ 활동

- 친구들과 실제 씨름이나 팔씨름을 해 볼 수도 있다.
- 필기도구를 사용해 단오에 하는 일(7-①) 뒷면의 문장을 따라 쓰게 할 수도 있다.

■ 문화와 정체성

단오의 여러 가지 생활 풍습을 알고 더위를 이겼던 옛 사람들의 지혜를 배운다.

- (단오에 하는 일(7-①)을 보며) 이 사람들은 무엇을 하고 있어요?
- 네, 맞아요. 머리를 감고 있어요. 여러분은 머리를 어떻게 감아요?
- 아이들은 엄마, 아빠한테 무엇을 선물해요?
- 이것을 더울 때 드리면 좋을까요? 추울 때 드리면 좋을까요?
- 여러분은 놀이터에서 그네를 탈 때 어떻게 타요? 이 사람들은 어떻게 그네를 타고 있어요?
- 서서 그네를 타면 앉아서 그네를 타는 것과 뭐가 다를까요?

■ 참고 자료

씨름

씨름은 예로부터 내려오는 우리나라의 전통적 기예의 하나로, 두 사람이 샅바나 띠 또는 바지의 허리춤을 잡고 힘과 기술을 겨루어 상대를 먼저 땅에 넘어뜨리는 것으로 승부를 결정하는 민속놀이이자 운동 경기이다. 〈출처: 한국민족문화대백과〉

8. 부채 만들기 Making a Handheld Fan

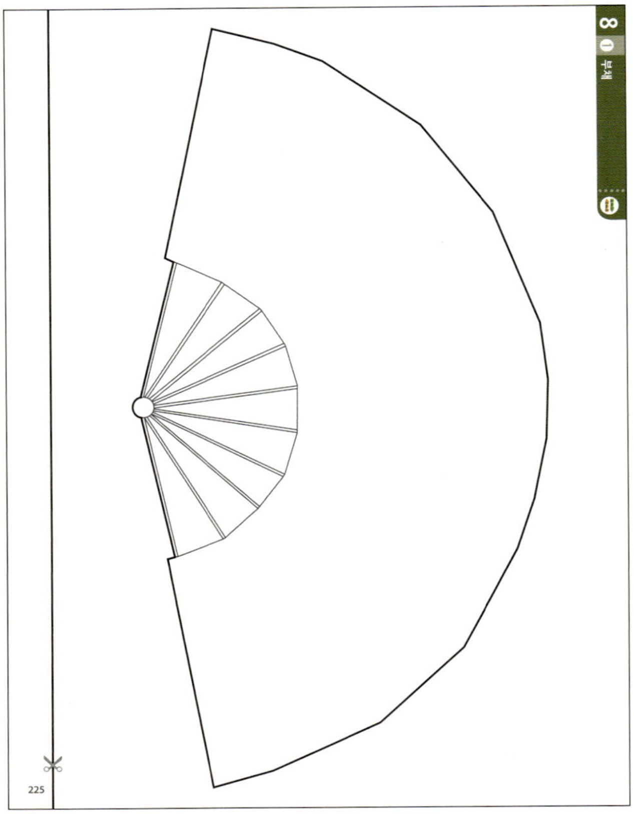

225

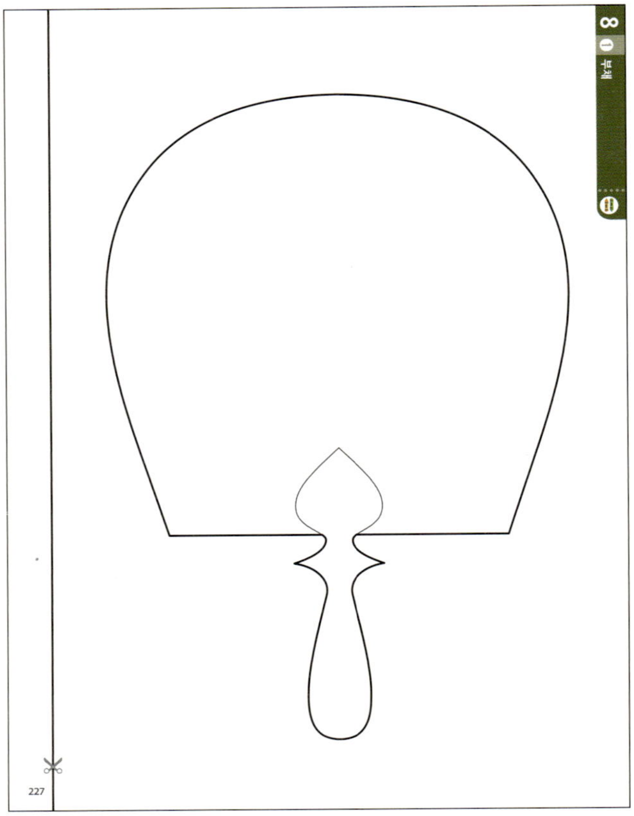

227

부채 만들기

Making a Folding Fan

오늘 학교에서 부채를 만들었습니다. 옛날에는 더위가 시작되는 단오에 부채를 선물하는 풍습이 있었습니다. 가정에서도 부채를 만들어 선물해 보세요.

목표

- **활동:** 아래 제시한 종이접기 순서에 따라 부채를 만들 수 있다.

방법

❶ ① 접기 선대로 접었다 편다.
❷ ② 빨간 선 부분을 가위로 자른다.
❸ ③~⑧ 접기 선대로 접는다.
❹ ⑨ 앞뒤로 번갈아가면서 접기 선대로 접는다.
❺ ⑩ 아랫부분을 고무줄로 고정한다.
❻ ⑪ 윗부분을 펼친다.
❼ ⑫ 완성

We made a handheld fan at Korean School today. In the old days, we had a custom of presenting handheld fans as gifts on the fifth day of May on the lunar calendar, the time when weather starts to get hot. Make a handheld fan and present it as a gift at home. Parents and their child can make a fan together following the directions.

도움말

- **질문:** 가정에서 부모님은 다음과 같은 질문을 할 수 있다.
  - 옛날 사람들이 단오에 무엇을 선물했어?
  - 우리도 부채를 만들어서 선물을 해 볼까?
  - 누구한테 선물을 하고 싶어?

229

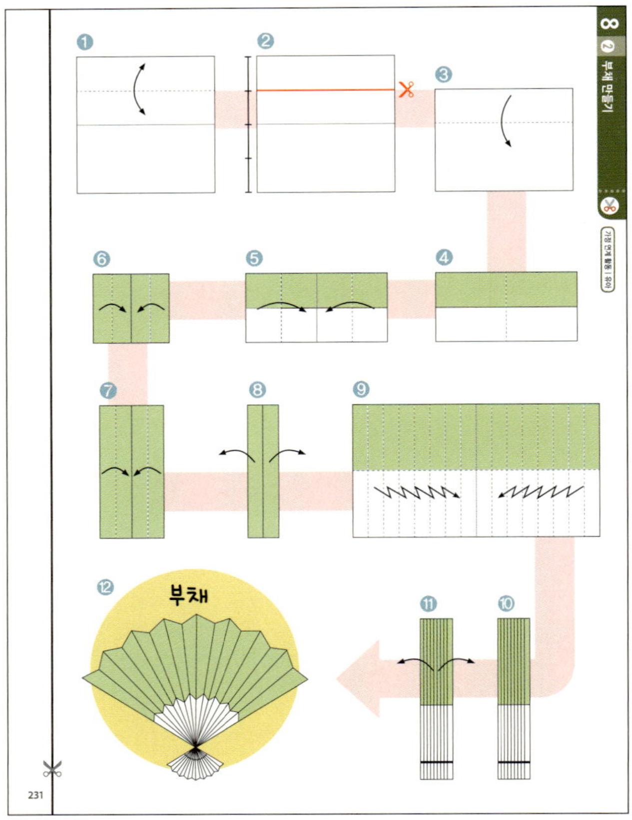

231

활동 수준	낮음
활동 유형	미술
집단 유형	개별
가정 연계	있음
활동지 쪽수	225~232

목표

- **활동:** 여러 모양의 부채를 만들 수 있다.
- **표현:** '누구한테 부채를 선물할 거예요?'의 의미를 이해할 수 있다.
  '한테': '에게'와 같은 뜻으로 어떤 행동이 미치는 대상임을 나타내는 조사이다.
  예) 친구한테 부채를 선물해요.
- **어휘:** 부채와 관련된 표현을 알 수 있다.
  예) 부채를 펴다, 부채를 접다, 부채를 부치다

자료

- 부채(8-①)

준비물

- 가위, 풀, 두꺼운 종이, 사인펜, 색연필, 크레파스

방법

(1) 교사는 부채를 보여 주면서 부채에 대해 소개한다. 그리고 단오에는 부채를 선물하는 풍습이 있었음을 알려 준다.

(2) 학생들은 부채(8-①)를 꾸미고 색칠한다.

(3) 학생들은 부채(8-①)를 오려서 두꺼운 종이에 붙인다.

(4) 학생들은 부채를 친구들이나 부모님께 선물한다.

질문 예시

- (미리 준비한 부채나 부채 사진을 보여 주며) 여러분, 이런 물건을 본 적이 있어요?
- 이건 무엇일까요? 언제 사용할까요?
- 옛날부터 단오에는 부채를 선물했어요. 우리도 부채를 만들어서 친구들이나 부모님께 선물해 볼까요?

To begin, show a folding fan and introduce it like, "We had a tradition of presenting folding fans on the fifth day of the fifth month. Let's make folding fans and give them to friends and parents." Next, color the folding fan design (8-①), cut it out and glue it onto thick paper. Finally, cut the folding fan and present it to friends and parents.

도움말

활동

- 교사는 미리 부채를 만들어 학생에게 보여 줄 수 있다.
- 교사는 여러 가지 형태의 부채나 부채 사진을 준비하여 학생들에게 소개할 수 있다. (교육 자료 1. 주제 8 한국 문화의 '부채 글자 연결하기(3-②)' 활동지를 활용할 수 있다.)

문화와 정체성

부채를 만들고 선물하면서 옛 한국의 여름 문화를 경험한다. (교사는 접는 부채를 준비해서 접은 상태의 부채를 보여 준다.)

- 여러분, 이게 뭘까요?
- 어떻게 사용해요?
- (부채(8-①)를 보여 주며) 이런 모양의 부채를 본 적이 있어요?

가정 연계

부채 만들기(8-②)

9. 송편 만들기 Making Songpyeon for Chuseok

앞면

뒷면

보름달을 봐요.	송편을 만들어요.
한복을 입어요.	차례를 지내요.

활동 수준	낮음
활동 유형	조작
집단 유형	대집단
활동지 쪽수	233~236

목표

- **활동:** 추석에 대해 말할 수 있다.
- **표현:** '감사하는 마음을 가져요.'의 의미를 이해할 수 있다.
  '-는': (동사에 붙어) 앞의 말이 뒤에 나오는 내용을 꾸며 주는 기능을 하게 만들고 사건이나 동작이 현재 일어남을 나타내는 표현이다.
  예) 감사하는 마음으로 송편을 만들어요.
- **어휘:** 추석과 관련된 단어를 알 수 있다.
  예) 송편을 만들다, 한복을 입다, 차례를 지내다, 보름달을 보다

자료

- 추석에 하는 일(9-①)
- 송편 빚는 방법(9-②)

준비물

- 여러 가지 색깔의 점토 또는 찰흙, 속 재료가 될 수 있는 재료(모래, 깨 등)

방법

(1) 교사는 학생들에게 추석에 대해 들어 봤는지 질문하고 한국의 명절 추석에 대해 설명한다.
(2) 교사는 학생들에게 추석에 하는 일과 추석에 먹는 특별한 음식인 송편에 대해 질문한다. 학생들은 추석에 하는 일(9-①)을 보며 추측하여 대답한다.
(3) 교사는 추석에 하는 일(9-①)을 정리해 준다.
(4) 교사는 오늘 직접 송편을 만들어 볼 것이라고 소개하고 난 후 학생들로 하여금 송편 빚는 방법(9-②)의 그림을 보고 방법을 익히도록 한다.
(5) 교사는 여러 가지 색깔의 점토를 준비하여 반죽과 속 재료를 준비한다.
(6) 교사의 지도하에 학생들은 반죽에 속 재료를 넣어 송편을 빚는다.
  ❶ 반죽을 동그랗게 만들어요.
  ❷ 반죽 가운데를 엄지손가락으로 눌러서 깊고 넓게 만들어요.
  ❸ 적당량의 속 재료를 넣어요.
  ❹ 다시 동글동글 뭉쳐서 속 재료가 안 보이게 해요.
  ❺ 길쭉한 모양(반달 모양, 조개 모양)으로 만들어요.
  ❻ 송편이 완성됐어요.

■ 질문 예시

- 여러분, 추석이 무엇인지 알아요?
- 맞아요. 한국의 큰 명절 중의 하나예요.
- 한국 사람들은 추석 때 가을에 수확한 곡식과 과일들로 음식을 준비하고 감사하는 마음을 가져요.
- 한국 사람들은 추석 때 무엇을 해요?
- 한국 사람들은 추석 때 특별한 음식인 송편을 먹어요.
- 송편은 추석에 먹는 특별한 떡이에요. 여러분은 송편을 먹어 봤어요?
- 한국 사람들은 추석에 차례를 지내요.
- 차례는 돌아가신 조상님께 인사를 드리는 거예요. 그래서 차례를 지낼 때는 돌아가신 조상님을 위해 많은 음식을 준비해요.

First, explain 'Chuseok' in Korea by comparing it with 'Thanksgiving Day'. For example, "Chuseok is a holiday similar to Thanksgiving Day in the United States. We have memorial services for ancestors by preparing food using crops and fruits harvested in the fall." Next, look at what people do on Chuseok (9-①) and talk about what they do such as, making half-moon rice cakes. Also, read the method for making half-moon rice cakes (9-②) and prepare fillings of different ingredients and colors. Finally, put the fillings into dough to make halfmoon rice cakes.

도움말

■ 활동

- 준비가 가능한 경우 실제 송편 재료(멥쌀 가루, 삶은 콩, 깨, 설탕, 솔잎 등)를 준비하여 송편 만들기 활동을 진행할 수 있다.
- 교사는 송편 모형을 미리 만들거나 사진을 준비하여 학생들의 이해를 돕는다.

■ 문화와 정체성

송편을 만들면서 추석 음식과 추석의 특징을 안다,
- 추석에 한국 사람들은 가을에 수확한 곡식과 과일들로 음식을 준비하고 감사하는 마음도 가져요.
- 한국 사람들은 추석에 뭘 먹을까요?
- 송편을 먹어 봤어요?
- 송편은 어떤 모양과 비슷해요?

10 ① 추석 차례 상
237

10 ② 추석 차례 상 만들기 게임판
배
산적
약과
전
생밤
생선
시금치 나물
239
감
탕
사과
도라지 나물
삼색전
한과
송편

목표

- **활동:** 추석 차례 상차림을 할 수 있다.
- **표현:** '송편을 먹고 나서'의 의미를 이해할 수 있다.
  '-고 나서': (동사에 붙어) 앞의 동작을 끝낸 다음에 다른 동작을 하는 것을 나타내는 표현이다.
  예) 차례를 지내고 나서 식사를 해요.
- **어휘:** 추석 차례 상과 관련된 단어를 알 수 있다.
  예) 추석, 차례, 떡, 배, 사과, 전

자료

- 추석 차례 상(10-①)
- 추석 차례 상 만들기 게임판(10-②)

준비물

- 가위

활동 수준	낮음
활동 유형	게임
집단 유형	소집단
활동지 쪽수	237~240

방법

(1) 교사는 추석 차례 상(10-①)을 보여 주며 이런 것들을 본 적이 있는지 묻는다. 그리고 교사는 한국의 명절 추석에 지내는 차례에 대해 이야기를 해 준다.

(2) 교사가 추석 차례 상에 어떤 음식이 있는지 질문하면 학생들은 추석 차례 상(10-①)을 보면서 어떤 음식이 있는지 이야기를 한다.

(3) 학생들은 추석 차례 상 차리기 게임을 한다.

게임 방법

❶ 학성들은 각자 추석 차례 상 만들기 게임판(10-②)의 하단에 있는 그림 카드를 오려 모아 둔다.
❷ 두 사람이 짝이 되어 각자 차례 상 만들기 게임판(10-②)과 음식 카드를 준비한다.
❸ 친구와 가위바위보 게임을 해서 이긴 사람이 추석 차례 상(10-①)을 참고하여 자신의 그림 카드 한 장을 자신의 추석 차례 상 만들기 게임판(10-②)에 놓는다.
❹ 먼저 차례 상을 완성한 사람이 이긴다.

질문 예시

- 여러분, 이러한 추석 차례 상(10-①)을 본 적이 있어요?
- 한국 사람들은 추석에 조상님께 차례를 지내요.
- 차례는 돌아가신 조상님께 인사를 드리는 거예요. 그래서 차례를 지낼 때는 돌아가신 조상님을 위해 많은 음식을 준비해요. 차례가 끝난 후 가족들이 음식을 나누어 먹어요.
- 우리 차례 상에 어떤 음식이 있는지 볼까요?
- 차례 상에 여러분이 아는 음식이 있어요?
- 차례 상에 여러분이 좋아하는 음식이 있어요?

First, talk about how Korean people perform ancestral rites on Chuseok such as, "We perform ancestral rites using harvested farm products on Chuseok." Next, look at the figure of memorial service table (10-①) and talk about the types of food at Chuseok. Finally, play the game of Chuseok memorial service table (10-②).

How to play the game

To begin, cut out figure cards (10-②) and play rock-paper-scissors with a friend with the winner taking a figure card. Next, look at the figure of Chuseok memorial service table (10-①) and put the figure card on the game board. Finally, the person who completes the table first, wins.

도움말

활동

팀별로 게임을 진행할 수 있다. (예: 두 명이 한 팀이 되어 하나의 차례 상을 함께 완성할 수 있다. 이때, 가위바위보를 하는 역할과 추석 차례 상 차리는 역할을 각각 맡는다.)

문화와 정체성

차례 상 게임을 통해 명절 음식의 종류와 특징을 안다.
- 한국은 추석에 음식을 만들고 돌아가신 어른들께 절을 해요. 차례라고 해요.
- 차례 상에는 어떤 음식이 있어요?
- 옛날 어른들은 어떤 음식을 좋아했을까요?
- 여러분은 어떤 음식을 좋아해요?

11. 동요 '강강술래' Sing 'Ganggangsulae'

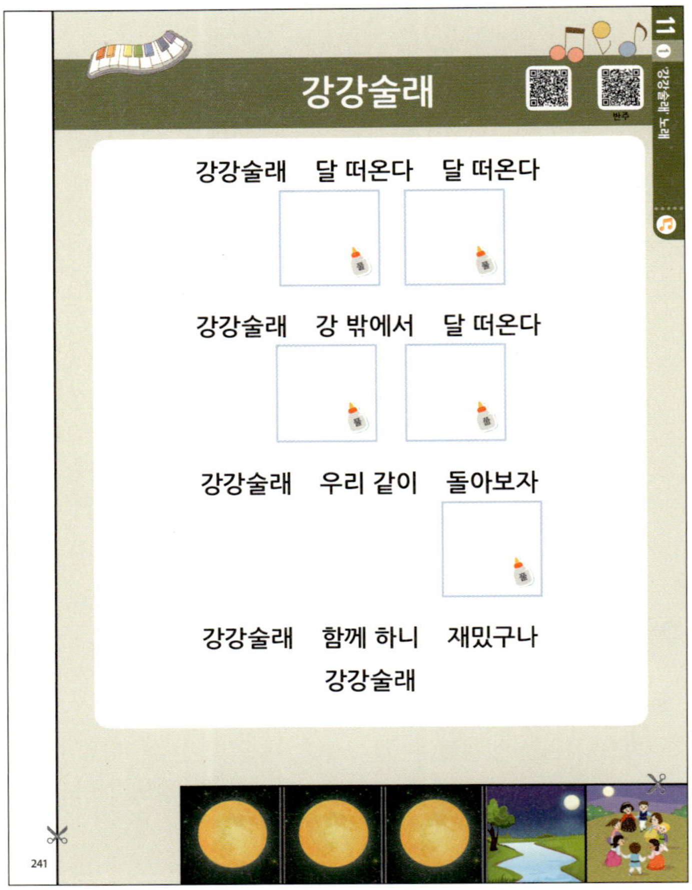

11 ① '강강술래' 노래

강강술래

반주

강강술래 달 떠온다 달 떠온다

강강술래 강 밖에서 달 떠온다

강강술래 우리 같이 돌아보자

강강술래 함께 하니 재밌구나
강강술래

241

11 ② 강강술래 인형 만들기

①

②

③

④

⑤ 강강술래 인형

243

활동 수준	높음
활동 유형	음악, 조작
집단 유형	대집단
활동지 쪽수	241~244

Track 07   Track 07_반주

목표

- **활동:** 동요 '강강술래'를 부르고 강강술래 인형을 만들 수 있다.
- **표현:** '손을 잡고 노래를 불러요.'의 의미를 이해할 수 있다.
  '-고': 앞의 말이 나타내는 행동이나 그 결과가 뒤에 오는 행동이 일어나는 동안에 그대로 지속됨을 나타내는 연결 어미이다.
  예) 손을 잡고 같이 돌아요.
- **어휘:** 동요에 나오는 단어를 알 수 있다.
  예) 강강술래, 달, 강, 함께

자료

- '강강술래' 노래(11-①)
- 강강술래 인형 만들기(11-②)
- 정월 대보름에 하는 일(4-①)

준비물

- 가위, 풀, 색연필, 크레파스, 인형 만들기용 종이

방법

(1) 교사는 학생들에게 정월 대보름에 하는 놀이가 무엇인지 물어본다. 교사는 학생들에게 정월 대보름에 하는 일(4-①)을 보여 주며 오늘은 동요 '강강술래'를 배우고 인형을 만들어 볼 것이라고 말한다.

(2) 교사와 학생들은 '강강술래' 노래(11-①)를 보며 제목과 가사를 함께 읽는다.

(3) 학생들은 강강술래가 무엇인지 이해하기 위해 '강강술래' 노래(11-①)의 하단에 있는 단어 그림을 오린 후 노랫말 아래에 있는 빈칸에 붙인다.

(4) 학생들은 노래를 듣고 '강강술래' 노래(11-①)를 보며 한 줄씩 부른다.

(5) 교실 가운데에 동그랗게 손을 잡고 돌면서 노래를 부른다.

(6) 노래를 부른 후 강강술래 인형 만들기(11-②)를 참고하여 인형을 만들어본다.

만드는 방법

❶~❷ 종이를 접는다.
❸ 사람 모양으로 종이를 오린다.
❹ 종이에 색칠한다.
❺ 여러 개를 만들어 붙여 더 많은 사람을 만들 수 있다. 양 끝의 사람을 서로 붙이면 강강술래하는 모습을 만들 수도 있다.

질문 예시

- 여러분, 정월 대보름에 하는 놀이에는 뭐가 있어요?
- (강강술래 사진을 보여 주며) 지금 무엇을 하고 있는 것 같아요?
- 한국에는 밝은 달이 떴을 때 함께 손을 잡고 돌면서 노래를 해요. 이 놀이를 강강술래라고 해요.

First, look at the lyrics of 'Ganggangsulae' (11-①) and read the title together. Next, listen to Ganggangsulae, read the lyrics and sing the song one line at a time. You can also change the lyrics and sing the song. Also, students can hold hands together in the middle of the classroom and go round in a circle while singing. Now cut out words at the bottom of a worksheet and attach them to the blanks (11-①). Finally, students can make a dancing doll by following the directions (11-②)

도움말

활동

- 교사는 큰 그림책의 강강술래 모습을 보여 줄 수 있다.
- 강강술래 음원을 들은 후 '강강술래' 노래(11-①)를 보고 따라 부르게 한다.

문화와 정체성

동요 '강강술래'를 부르고 동작을 하면서 한민족의 정서와 리듬을 체험한다.
- 무엇을 하는 것 같아요?
- 강강술래 노래를 같이 불러 볼까요?

12. 제기차기 놀이 Traditional Korean Game – Jegichagi

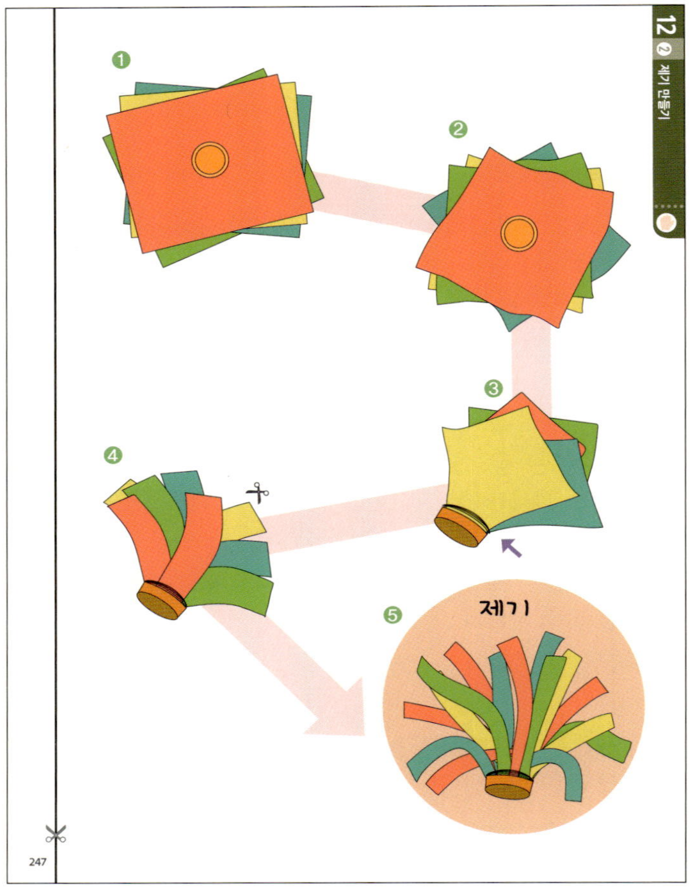

활동 수준	낮음
활동 유형	신체
집단 유형	대집단
활동지 쪽수	245~248

목표

- **활동:** 제기를 만들어 제기차기 놀이를 할 수 있다.
- **표현:** '누구하고 이 놀이를 하면 좋겠어요?'의 의미를 이해할 수 있다.
  '-(으)면 좋겠다': 말하는 사람의 소망이나 바람을 나타내는 표현으로 앞말에 받침이 있으면 '-으면 좋겠다'를 사용하고, 받침이 없거나 'ㄹ'이면 '-면 좋겠다'를 사용한다.
  예) 놀이에서 이기면 좋겠다.
- **어휘:** 제기차기 놀이와 관련된 단어를 알 수 있다.
  예) 제기차기, 제기, 차다

자료

- 제기차기(12-①)
- 제기 만들기(12-②)

준비물

- 비닐, 신문지 또는 색종이, 가위, 동전, 고무줄

방법

(1) 교사는 학생들에게 제기를 보여 주고 이것이 무엇인지 추측하게 한다.

(2) 교사는 제기차기(12-①)를 보여 주면서 제기차기를 소개한다.

(3) 학생들은 제기 만들기(12-②)를 보면서 각자 제기를 만들어 본다.

(4) 학생들은 누가 더 제기를 많이 차는지 게임을 한다.

제기 만들기 순서

❶ 신문지, 색종이 또는 비닐봉지 3~4장 정도를 준비하여 가로 35cm, 세로 30cm 정도 크기로 자른 뒤 동전을 가운데에 놓는다.
❷ 동전을 중심으로 아래에서 위로 감싸 준다.
❸ 동전이 움직이지 않게 고무줄이나 실로 묶는다.
❹ 술을 가위로 자르거나 손으로 찢어 준다.
❺ 술을 양쪽으로 펼쳐 준다.

질문 예시

- 여러분, 이것이 무엇일까요?
- 이것을 '제기'라고 해요.
- 옛날에 한국 친구들은 이것을 가지고 '제기차기'라는 놀이를 했어요. 제기차기란 제기가 땅에 떨어지지 않게 발로 제기를 차는 놀이예요.

First, talk about traditional games in Korea and introduce Jegichagi. Next, learn how to make the game Jegi (12-①) then play the game. Students can make a Jegi following the directions (12-②). Finally, someone who kicks around a Jegi many times can win the game.

도움말

활동

- 교사가 제기를 미리 준비해 도입에서 활용하면 좋다.
- 개별이나 팀별로 활동을 할 수 있다. (예: 세 명이 한 팀이 되어 제기를 찬 횟수를 합산, 그 횟수가 많은 팀이 승리한다.)

문화와 정체성

제기를 만들고 제기차기를 하면서 옛날 아이들의 놀이 문화를 경험한다.
- 추운 겨울에 밖에서 간단하게 할 수 있는 놀이는 뭐가 있을까요?
- 옛날에 친구들은 추울 때 밖에서 제기차기를 했어요. 그림(12-①)에 있는 것이 제기예요.
- 이것을 가지고 어떻게 놀 수 있을까요?

13. 팽이 놀이 Traditional Korean Game – Paengi-nori

활동 수준	낮음
활동 유형	조작
집단 유형	대집단
활동지 쪽수	249~252

목표

- **활동:** 팽이를 만들어 팽이 놀이를 할 수 있다.
- **표현:** '팽이를 신나게 돌려요.'의 의미를 이해할 수 있다.
  '-게': 뒤에 나오는 동작이나 상태의 방법이나 정도 등을 나타내는 표현이다.
  예) 팽이를 예쁘게 만들어요.
- **어휘:** 팽이 놀이 게임에 나오는 단어를 알 수 있다.
  예) 팽이, 신나게, 돌다, 돌리다, 넘어지다

자료

- 팽이 놀이(13-①)
- 종이 팽이 만들기(13-②)

준비물

- 가위, 풀, 칼, 두꺼운 종이(종이 박스 등), 동전 또는 이쑤시개, 사인펜, 색연필, 크레파스

방법

(1) 교사는 학생들에게 팽이에 대해서 소개하고 오늘은 팽이 놀이를 할 거라고 말한다.

(2) 교사는 팽이 놀이(13-①) 상단의 그림을 보여 주면서 팽이치기를 소개한다.

(3) 학생들은 팽이 놀이(13-①) 하단의 그림을 보면서 각자 팽이를 만들어 본다.

(4) 누가 더 팽이를 오래 돌리는지 게임을 한다.

종이 팽이 만들기 순서

❶ 종이 팽이 만들기(13-②)의 그림에 예쁘게 색칠을 한다. 제시된 그림이 어려운 경우 그 아래의 빈칸에 학생들이 자유롭게 그림을 그려도 좋다.
❷ 색칠한 종이 팽이 뒤에 두꺼운 종이(종이 박스 등)를 풀로 붙인다.
❸ 가위로 동그랗게 오리고 가운데에 칼집을 낸다.
❹ 종이 팽이의 정중앙에 동전이나 이쑤시개를 꽂는다. 끝부분을 잘 잡아 부러지지 않게 꽂는다.
❺ 동전이나 이쑤시개 끝을 잡고 팽이를 돌려 본다.

질문 예시

- 옛날 한국 친구들은 겨울에 무엇을 하며 놀았을까요?
- (팽이 놀이 13-①을 보여 주며) 그림에서처럼 옛날 한국 친구들은 팽이치기를 하고 놀았어요.
- (그림의 채를 가리키며) 옛날 한국 친구들은 이런 채로 팽이를 쳐서 누가 팽이를 가장 오래 돌리는지 게임을 했어요.
- 오늘 우리는 옛날 한국 친구들이 했던 팽이치기와 비슷한 팽이 놀이를 할 거예요. 우리는 채를 사용하는 대신에 손으로 팽이를 돌려서 누가 가장 팽이를 오래 돌리는지 게임을 할 거예요.

First, talk about traditional games in Korea and introduce the Korean top game (13-①). Next, learn how to make a Korean top (13-②) then play the game.

How How to Make Paper Spinning Tops

First, color the top well then cut out the shape and paste it onto thick paper. Finally, cut out the center of the top and vertically insert a coin to complete.

도움말

활동

학생이 두꺼운 종이를 오리는 것이나 칼집을 내는 것을 어려워하는 경우 교사가 도와준다.

문화와 정체성

팽이를 만들고 팽이 놀이를 하면서 옛날 아이들의 놀이 문화를 경험한다.

- 추운 겨울에 밖에서 간단하게 할 수 있는 놀이는 뭐가 있을까요?
- 옛날 친구들은 춥지만 밖에 나가서 팽이를 쳤어요.
- 팽이는 어디에서 치면 더 잘 돌아갈까요? 얼음 위? 땅?

교사를 위한 도움말

팽이는 둥글고 짧은 나무의 한쪽 끝을 뾰족하게 깎아서 쇠구슬 따위의 심을 박아 만든 아이들의 장난감이다. 주로 팽이를 채로 치거나 끈을 팽이의 몸통에 감았다가 끈을 잡아 당겨 돌린다.

14. 명절 단어책 만들기 Making a Book for Korean Holidays

앞면

뒷면

앞면

뒷면

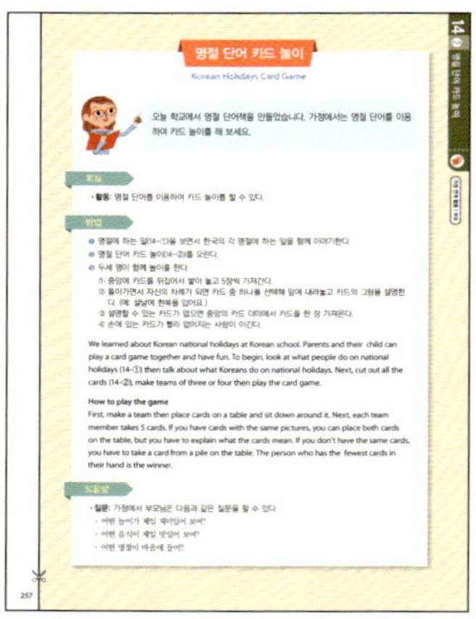

목표

• **활동:** 한국의 명절에 하는 놀이와 먹는 음식을 알 수 있다.
• **표현:** '설날에 한복을 입어요.'의 의미를 이해할 수 있다.
'에': 앞말이 시간이나 때임을 나타내는 조사이다.
예) 추석에 송편을 먹어요.
• **어휘:** 한국의 명절과 관련된 단어를 알 수 있다.
예) 설날, 정월 대보름, 단오, 추석

자료

• 명절에 하는 일(14-①)

준비물

• 가위, 연필, 사인펜

활동 수준	높음
활동 유형	조작
집단 유형	대집단
가정 연계	있음
활동지 쪽수	253~264

방법

(1) 교사는 학생들에게 지금까지 배웠던 명절에 하는 일을 다시 이야기하면서 오늘은 명절 단어책을 만들 것이라고 이야기를 한다.
(2) 교사는 학생들에게 명절에 하는 일(14-①) 그림을 보여 준다.
(3) 학생들은 그림을 보고 명절의 이름을 말해 본다. (설날, 정월 대보름, 단오, 추석)
(4) 학생들은 명절에 하는 일(14-①)을 오린 후 명절 단어를 따라 쓴다.
(5) 학생들은 오린 종이를 접어서 명절 단어책을 만든다. 이때 각 명절 단어가 가장 위에 오도록 접는다.

질문 예시

- 한국에 명절에 무엇이 있지요? 우리 명절 이름을 말해 볼까요?
- 네 맞아요. 설날, 정월 대보름, 단오, 추석이 있어요. 우리 이런 명절에 하는 놀이와 먹는 음식으로 단어책을 만들어 볼까요?

First, look at what Korean people do on national holidays (14-①) and understand Korean words indicating national holidays. Next, students cut out figures (14-①) and fold them to make a Korean book.

도움말

발음

비슷한 형식으로 다른 나라의 명절에 대한 단어책을 만들어서 여러 명절에 대한 단어 카드를 만들 수 있다.

문화와 정체성

한국 명절의 종류와 이름, 하는 일에 대해 안다.
- 설날에 먹는 음식이 무엇이에요? 음식을 좋아해요?
- 설날에 가족들과 맛있게 떡국을 먹은 후에 놀이를 해요. 이 놀이 이름이 뭔지 알아요?
- 추석에 가족끼리 앉아서 무엇을 만들어요?

가정 연계

명절 단어 카드 놀이(14-②)

15 ❶ '설날' 노래

설날

반주

까치 까치 설날은 어저께고요

우리 우리 설날은 오늘이래요

곱고 고운 댕기도 내가 드리고

새로 사 온 신발도 내가 신어요

265

목표

- **활동:** 동요 '설날'을 부르며 노랫말의 의미를 이해한다.
- **표현:** '설날은 오늘이에요.'의 의미를 이해할 수 있다.
  '이에요/예요': (명사에 붙어) 문장을 끝맺을 때 사용하며 앞말에 받침이 있으면 '이에요', 받침이 없으면 '예요'를 사용한다.
  예) 까치의 설날은 어저께예요.
- **어휘:** 동요에 나오는 단어와 표현을 알 수 있다.
  예) 설날, 까치, 댕기, 신발

자료

- '설날' 노래(15-①)

준비물

- 가위, 풀

활동 수준	낮음
활동 유형	음악
집단 유형	대집단
활동지 쪽수	265~266

Track 08

Track 08_반주

방법

(1) 교사는 학생들에게 '설날' 노래를 들려준다.
(2) 다 함께 노랫말에 나오는 설날에 대해 이야기를 나눈다.
(3) 다 함께 노래를 '랄랄라~'로 따라 부르고 노랫말을 붙여 부른다.
(4) 학생들은 노랫말을 이해하기 위해 '설날' 노래(15-①)의 하단에 있는 단어 그림을 오린 후 노랫말 아래에 있는 빈칸에 붙인다.

질문 예시

- 이 노래를 언제 부르는지 알아요? 네, 맞아요. 설날에 불러요.
- 옛날 한국에서는 설날이 되면 제일 예쁜 옷을 입었어요. 여자는 예쁜 한복을 입고 머리를 예쁘게 했어요. 머리를 무엇으로 예쁘게 장식했을까요?
- 네, 맞아요. 댕기로 머리를 예쁘게 장식했어요.

First, listen to the song, 'New Years Day'. Next, sing the song with 'Lalala' then sing it with the actual lyrics. Finally, imitate the motions of the lyrics while singing. Also, students cut out words at the bottom of a worksheet (15-①) and attach them to the blanks. It's helpful to understand the meaning of this song.

도움말

활동

교사는 댕기를 한 사진을 미리 준비해 보여 줄 수 있다.

문화와 정체성

설날 노래를 함께 부르며 설날의 정서를 느낀다.
- 새해를 맞을 때 어떤 노래를 불러요?
- 한번 불러 볼까요?
- 한국 사람들이 새해를 맞으면서 부르는 노래는 어떤 노래일까요?

설날

윤극영 작사 • 작곡

명절 2단계 주제6, 1단계 주제8

본 큰 그림책 자료는 '명절'과 관련된 활동지를 통해 습득한 언어 지식을 다시 한번 활용할 수 있도록 개발하였다. 학생은 그림을 보면서 교사와 '명절'에 관련된 이야기를 재미있게 나눌 수 있다. 이 자료는 '명절' 주제와 관련된 어휘와 활동 내용을 모두 포함하는 그림으로 표현하였으며 유아들이 보다 친근감을 가지고 접근할 수 있는 그림으로 제작하였다. 교사와 학생들이 자료를 보면서 대화를 나누는 수업은 의사소통 능력도 신장시켜 주고 장기적으로 언어에 대한 흥미도 높일 수 있다.

교사 질문

큰 그림책 자료를 활용하여 한국의 명절에 대해 말할 수 있다. 다음의 질문을 통해 여러 명절에 관한 다양한 어휘와 표현을 확인할 수 있다.

예시

- 여러분이 알고 있는 한국의 명절에는 무엇이 있어요?
- 설날이 언제예요?
- 한국 사람들은 설날에 무엇을 해요?
- 한국 사람들은 설날에 무슨 음식을 먹어요?
- 한국 사람들은 설날에 세배를 해요. 세배는 어떻게 해요? 세배를 할 때 무슨 말을 해요? 한국 사람들은 설날에 떡국을 먹어요. 한국 사람들은 설날에 떡국을 먹으면 한 살이 많아진다고 생각해요.
- 추석은 무슨 날이에요?
- 한국 사람들은 추석에 무엇을 해요? 무슨 음식을 먹어요? 여러분은 송편을 먹어 봤어요? 송편을 어떻게 만드는지 알아요?
- 여러분은 '단오'라는 명절에 대해 들어 봤어요?
- 단오에 한국 사람들은 무엇을 해요? 한국 사람들은 단오날 무슨 선물을 해요?
- 여러분은 '정월 대보름'이라는 명절에 대해 들어 봤어요?
- 정월 대보름에 한국 사람들은 무엇을 해요? 어떤 음식을 먹어요?
- 정월 대보름의 달은 무슨 모양이에요?
- 한국 사람들은 명절에 어떤 옷을 입어요?
- 여러분은 한복을 입어 봤어요? 입어 보니까 어땠어요?
- 여자 한복과 남자 한복은 무엇이 달라요?
- 옛날 한국 사람들은 겨울에 연 날리기라는 놀이를 했어요.
- 여러분은 연을 본 적이 있어요?
- 우리 연이 어떻게 생겼는지 볼까요?
- 연이 잘 날려면 어떻게 만들면 될까요?
- 연이 잘 날려면 어떤 날씨가 좋을까요?
- 어떤 연이 하늘에서 예쁠까요?
- 어떤 연을 만들고 싶어요?
- 추운 겨울에 밖에서 간단하게 할 수 있는 놀이는 뭐가 있을까요?
- 옛날에는 겨울에 무엇을 하며 놀았을까요?
- 옛날에는 추울 때 밖에서 제기차기를 했어요.
- 팽이는 어디에서 치면 더 잘 돌아갈까요? 얼음 위? 땅?

주제 7 옛날이야기 Fairy Tales

	활동명	활동 수준	활동 유형	집단 유형	가정 연계	활동지 쪽수	지도서 쪽수
1	금도끼 은도끼	낮음	언어, 미술	소집단		3~8	212~213
2	호랑이와 곶감	낮음	언어	개별		9~12	214~215
3	개와 고양이	낮음	언어	소집단		13~16	216~217
4	청개구리 이야기	낮음	언어, 미술	개별		17~22	218~219
5	호랑이 꼬리 낚시	낮음	언어, 미술	개별		23~26	220~221
6	소가 된 게으름뱅이	높음	언어, 미술	소집단		27~34	222~223
7	지혜로운 아들	높음	언어, 조작	개별		35~38	224~225
8	소금을 만드는 맷돌	높음	미술, 조작	개별		39~42	226~227
9	혹부리 할아버지	낮음	언어, 게임	소집단	○	43~52	228~229
10	의좋은 형제	낮음	언어, 게임	소집단		53~58	230~231
11	견우와 직녀	높음	미술, 게임	소집단		59~64	232~233
12	방귀쟁이 며느리	높음	언어, 미술	개별		65~68	234~235
13	주먹밥이 열리는 나무	높음	언어, 미술	소집단		69~72	236~237
14	흥부와 놀부	낮음	언어, 조작	소집단	○	73~82	238~239
15	빨간 부채 파란 부채	높음	언어, 조작	대집단		83~88	240~241

교육 자료의 주제 및 내용 구성

'옛날이야기' 주제를 통해서 유아는 이야기 속의 등장인물이 겪는 다양한 일을 간접적으로 체험하는 과정에서 다른 사람의 감정을 이해하는 능력을 기를 수 있다. 이 주제는 유아가 전래 동화를 들으면서 우리 민족의 생활 풍습과 정서를 경험하고 자신의 뿌리에 대한 이해와 친숙함을 가질 수 있도록 계획되었다.

본 교육 자료를 통해 유아는 한국어 의사소통 능력을 향상시킬 수 있다. 예를 들어 '1. 금도끼와 은도끼', '3. 개와 고양이', '6. 소가 된 게으름뱅이'에서는 유아가 역할극을 하면서 말하기와 듣기를 고루 활용하여 의사소통 능력을 기를 수 있도록 하였다. 또한 '2. 호랑이와 곶감', '7. 지혜로운 아들', '8. 소금을 만드는 맷돌', '15. 빨간 부채 파란 부채'에서는 한국의 전통 문화를 경험하고 표현할 수 있도록 하였다. 유아들은 옛날이야기를 들으며 우리의 전통문화를 알게 되고 한국어의 아름다움을 느낄 수 있을 것이다.

1. 금도끼 은도끼 Traditional Korean Story: Gold Ax and Silver Ax

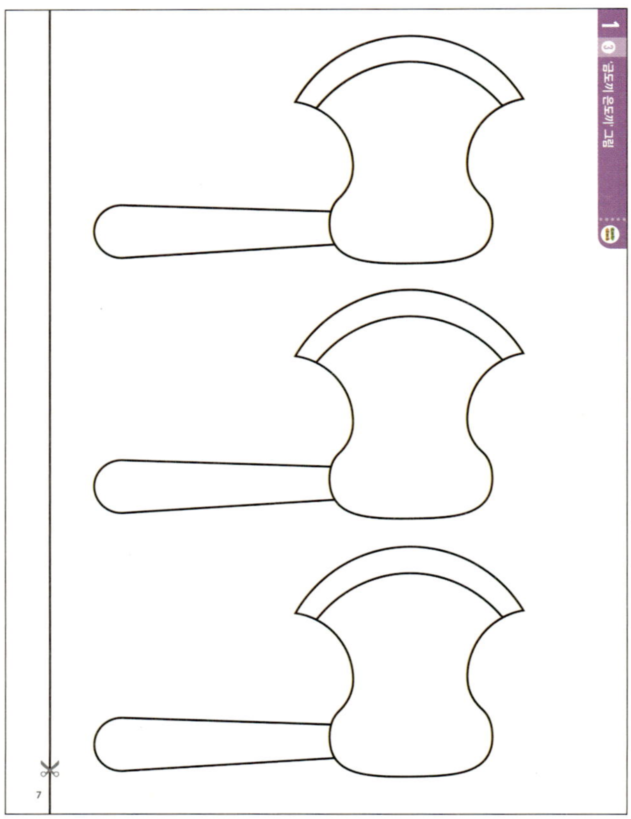

목표

- **활동:** 전래 동화 '금도끼 은도끼' 이야기를 듣고 이해한 후 역할극을 할 수 있다.
- **표현:** '산신령은 은도끼를 보여 주면서 나무꾼에게 물었어요.'의 의미를 이해할 수 있다.
  '-(으)면서': 두 가지 이상의 동작이나 상태가 함께 일어남을 나타내는 표현으로 앞말에 받침이 있으면 '-으면서'를 사용하고, 받침이 없거나 'ㄹ'이면 '-면서'를 사용한다.
  예) 산신령은 금도끼를 보여 주면서 나무꾼에게 물었어요.
- **어휘:** 이야기에 나오는 단어를 알 수 있다.
  예) 쇠도끼, 금도끼, 은도끼, 산신령, 나무꾼, 연못, 빠뜨리다

자료

- '금도끼 은도끼' 그림 카드(1-①)
- '금도끼 은도끼' 머리띠(1-②)
- '금도끼 은도끼' 그림(1-③)

준비물

- 가위, 풀, 테이프, 사인펜, 색연필, 크레파스

활동 수준	낮음
활동 유형	언어, 미술
집단 유형	소집단
활동지 쪽수	3~8

금도끼 은도끼

Track 09

방법

(1) 교사는 나무꾼이라는 직업을 소개하고 나무꾼이 하는 일에 대해 학생들과 이야기를 나눈 후 '금도끼 은도끼'라는 옛날이야기를 소개한다.

(2) 교사는 학생들에게 '금도끼 은도끼' 이야기를 들려준다.

(3) 학생들은 '금도끼 은도끼' 그림 카드(1-①)를 자르고 교사가 들려준 이야기를 떠올리며 이야기의 순서에 맞게 카드를 배열한다.

(4) 학생들은 '금도끼 은도끼' 그림(1-③)을 색칠한 후 '금도끼 은도끼' 머리띠(1-②)를 자르고 역할을 정해 '금도끼 은도끼' 역할극을 한다.

질문 예시

- 여러분, 옛날 사람들은 겨울에 어떻게 집을 따뜻하게 만들었을까요?
- 가스레인지가 없었을 때 음식을 어떻게 만들었을까요?
- 옛날에는 집을 따뜻하게 만들고 음식을 만들 때 나무를 잘라서 준비해야 했어요. 나무를 잘라 주는 사람을 나무꾼이라고 했어요.

First, read a story about 'Gold Ax and Silver Ax' to the students. Then students cut out storytelling cards (1-①) and spread them out. Next, arrange the picture cards following a story line and color a picture worksheet (1-③). Finally, students role play wearing headbands (1-②).

도움말

활동

- 학생들의 한국어 수준에 따라 동화에 나오는 어려운 단어를 쉬운 단어로 바꾸어 읽어줄 수 있다.
- 교사는 지도서에 숫자로 표시된 이야기 배열 순서를 참조하여 수업을 진행할 수 있다. 다만, 이야기 배열 순서는 학생의 상상력 증진을 위해 자유롭게 바꿀 수 있다.
- 옛날이야기 원고는 부록에 수록되어 있다.

발음

단어 '도끼'를 통해 'ㄲ' 발음을 연습한다.

문화와 정체성

'금도끼 은도끼'는 착한 마음을 가지고 있으면 복을 받는다는 내용의 전래 동화이다. 이 활동을 통해 욕심을 내지 않고 솔직하게 말하는 것의 중요성을 알 수 있다.
- 거짓말을 한 적이 있어요?
- 거짓말을 하면 어떤 기분일까요?

2. 호랑이와 곶감 Traditional Korean Story: The Tiger and the Dried Persimmon

목표

- **활동:** 전래 동화 '호랑이와 곶감' 이야기를 듣고 이해할 수 있다.
- **표현:** '곶감은 진짜 무서운 놈이군.'의 의미를 이해할 수 있다.
  '-(으)ㄴ': (형용사에 붙어) 앞의 말이 뒤에 오는 단어를 꾸며주는 기능을 하게 만들고 현재의 상태를 나타내는 표현으로 앞말에 받침이 있으면 '-은'을 사용하고, 받침이 없거나 'ㄹ'이면 '-ㄴ'을 사용한다.
  예) 밖에 무서운 호랑이가 와 있어.
- **어휘:** 이야기에 나오는 단어를 알 수 있다.
  예) 호랑이, 곶감, 어흥, 응애, 외양간, 도둑

자료

- '호랑이와 곶감' 그림 카드(2-①)
- '호랑이와 곶감' 곶감 찾기(2-②)

준비물

- 가위, 연필, 사인펜

활동 수준	낮음
활동 유형	언어
집단 유형	개별
활동지 쪽수	9~12

호랑이와 곶감

Track 10

방법

(1) 교사는 학생들과 곶감의 모양이나 맛에 대해 이야기를 나눈 후 호랑이와 곶감의 사진 등을 준비해서 보여 주고 '호랑이와 곶감' 이라는 옛날이야기를 소개한다.

(2) 교사는 학생들에게 '호랑이와 곶감' 이야기를 들려준다.

(3) 학생들은 '호랑이와 곶감' 그림 카드(2-①)를 순서대로 배열한 후 '호랑이와 곶감' 그림 카드(2-①)를 보면서 이야기 속의 등장인물과 일어난 일에 대해 이야기한다.

(4) 학생들은 '호랑이와 곶감' 곶감 찾기(2-②) 활동지를 보며 호랑이가 곶감을 찾을 수 있도록 '곶감' 글자를 선으로 잇는다.

질문 예시

- 곶감은 감을 말린 거예요. 감을 본 적이 있어요?
- 곶감은 무슨 맛일까요? 곶감은 무슨 색일까요?

First, read a story about 'The Tiger and the Dried Persimmon' to the students. By looking at a picture card (2-①), students retell the story. Then students link the letters which are 'dried persimmon' written in Korean on the worksheet to find an answer for fun (2-②).

도움말

활동

- 학생들의 한국어 수준에 따라 동화에 나오는 어려운 단어를 쉬운 단어로 바꾸어 읽어 줄 수 있다.
- 교사는 지도서에 숫자로 표시된 이야기 배열 순서를 참조하여 수업을 진행할 수 있다. 다만, 이야기 배열 순서는 학생의 상상력 증진을 위해 자유롭게 바꿀 수 있다.
- 옛날이야기 원고는 부록에 수록되어 있다.

발음

'곶감' 단어를 공부할 때 [곧깜]으로 발음해야 하는 것을 연습한다. 받침 'ㅂ, ㄷ, ㄱ' 뒤에 오는 'ㅂ, ㄷ, ㅅ, ㅈ, ㄱ'이 'ㅃ, ㄸ, ㅆ, ㅉ, ㄲ'으로 소리가 변한다.

문화와 정체성

이 활동을 통해 유아들은 한국의 전통 간식인 곶감에 대해 알 수 있다. 또한 옛날 사람들이 음식을 저장하는 방법에 대해서도 알 수 있다.
- 곶감은 어떻게 만들었을까요?
- 감과 곶감은 뭐가 다른 것 같아요?
- 사람들은 왜 곶감을 만들었을까요?

3. 개와 고양이 Traditional Korean Story: The Dog and the Cat

목표

- **활동:** 전래 동화 '개와 고양이' 이야기를 듣고 이해한 후 역할극을 할 수 있다.
- **표현:** '우리집을 기와집으로 바꿔 줘.'의 의미를 이해할 수 있다.
  '(으)로': 앞에 있는 말이 변화의 결과임을 나타내는 조사이다. 앞말에 받침이 있으면 '으로'를 사용하고, 받침이 없거나 'ㄹ'이면 '로'를 사용한다.
  예) 할머니 구슬이 다른 구슬로 바뀌었어요.
- **어휘:** 이야기에 나오는 단어를 알 수 있다.
  예) 낚시, 강, 물고기, 구슬, 기와집, 욕심쟁이, 멍멍, 야옹

자료

- '개와 고양이' 그림 카드(3-①)
- '개와 고양이' 얼굴 카드(3-②)

준비물

- 가위, 테이프

활동 수준	낮음
활동 유형	언어
집단 유형	소집단
활동지 쪽수	13~16

개와 고양이

Track 11

방법

(1) 교사는 학생들과 함께 개와 고양이 사진이나 그림 등을 보며 이름과 사는 곳에 대해 이야기를 나눈 후 '개와 고양이'라는 옛날이야기를 소개한다.

(2) 교사는 학생들에게 '개와 고양이' 이야기를 읽어 준다.

(3) 학생들은 '개와 고양이' 그림 카드(3-①)를 순서대로 배열한 후 '개와 고양이' 그림 카드(3-①)를 보면서 이야기 속의 등장인물과 일어난 일에 대해 이야기한다.

(4) 학생들은 '개와 고양이' 얼굴 카드(3-②)를 오린다.

(5) 학생들은 '개와 고양이' 얼굴 카드(3-②)를 가슴에 붙인 후 역할극을 한다.

질문 예시

- 개(고양이)는 어디에서 살아요?
- 개와 고양이는 사이좋은 친구일까요?
- 사이좋은 친구는 어떤 친구일까요?

First, read a story about 'The Dog and the Cat' to the students. By looking at a picture card (3-①), students can retell this story. Finally, students do a role play by using a figure of a face card (3-②).

도움말

활동

- 학생들의 한국어 수준에 따라 동화에 나오는 어려운 단어를 쉬운 단어로 바꾸어 읽어 줄 수 있다.
- 교사는 지도서에 숫자로 표시된 이야기 배열 순서를 참조하여 수업을 진행할 수 있다. 다만, 이야기 배열 순서는 학생의 상상력 증진을 위해 자유롭게 바꿀 수 있다.
- 옛날이야기 원고는 부록에 수록되어 있다.

발음

'착한' 단어를 공부할 때 [차칸]으로 발음해야 하는 것을 연습한다. 받침 'ㅂ, ㄷ, ㄱ' 뒤에 'ㅎ'이 오면 'ㅍ, ㅌ, ㅋ'으로 소리가 변한다.

문화와 정체성

이 활동을 통해 유아들은 동물들이 사는 곳을 알고 관심을 가질 수 있다.

- 이야기를 듣고 어떤 느낌이 들었어요?
- 개와 고양이는 옛날에 어디에서 살았을까요? 지금은 어떻게 바뀌었어요?

4. 청개구리 이야기 Traditional Korean Story: A Frog Story

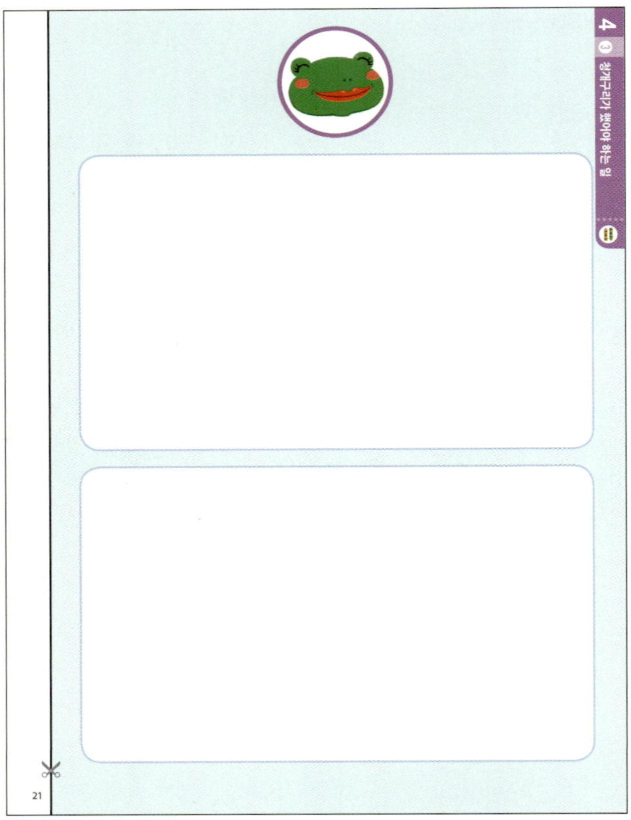

목표

- **활동:** 전래 동화 '청개구리 이야기'를 듣고 이해한 후 착한 아이의 행동에 대해 말할 수 있다.
- **표현:** '서라고 하면 앉았어요.'의 의미를 알 수 있다.
  '-(으)면': 뒤에 오는 말에 대한 근거나 조건이 됨을 나타내는 표현으로 앞말에 받침이 있으면 '-으면'을 사용하고, 받침이 없거나 'ㄹ'이면 '-면'을 사용한다.
  예) 엄마가 앉으라고 하면 섰어요.
- **어휘:** 이야기에 나오는 단어를 알 수 있다.
  예) 청개구리, 반대로, 거꾸로, 산, 냇가, 개굴개굴

자료

- 청개구리 이야기 그림 카드(4-①)
- 청개구리가 잘못한 일(4-②)
- 청개구리가 했어야 하는 일(4-③)

준비물

- 연필, 사인펜, 색연필, 크레파스

활동 수준	낮음
활동 유형	언어, 미술
집단 유형	개별
활동지 쪽수	17~22

청개구리 이야기

Track 12

방법

(1) 교사는 학생들에게 개구리 사진을 보여 주면서 개구리가 사는 곳, 개구리의 울음소리 등에 대해 이야기를 나눈 후 '청개구리 이야기'라는 옛날이야기를 소개한다.

(2) 학생들은 청개구리 이야기 그림 카드(4-①)를 보면서 교사가 들려주는 '청개구리 이야기'를 듣는다.

(3) 교사는 청개구리가 무엇을 잘했고 무엇을 잘못했는지 학생들과 이야기를 나눈다.

(4) 학생들은 들은 이야기를 떠올리며 청개구리가 잘못한 일(4-②)에 그림을 그리고, 이를 바탕으로 청개구리가 했어야 하는 일(4-③)에 그림을 그려 본다.

(5) 활동이 끝난 후 학생들은 청개구리가 잘못한 일과 했어야 하는 일을 발표한다.

질문 예시

- 개구리는 땅 위와 물속 중에서 어디를 더 좋아할까요?
- 개구리는 어떻게 울어요? 우리 한번 개구리 울음소리를 내 볼까요?
- 개구리는 비가 오면 더 크게 울어요. 왜 크게 울까요?

First, read 'A Frog Story' to the students. By looking at a picture card (4-①), students can retell this story. Next, cut cut various figures of a frog (4-③) and attach those to a board of a worksheet (4-②). Students attach figures of good behavior on the board of a smiling face or attach figures of bad behavior on the board of an angry face (4-②). Finally, students give a presentation about the good behavior and bad behavior of a frog.

도움말

활동

- 학생들의 한국어 수준에 따라 동화에 나오는 어려운 단어를 쉬운 단어로 바꾸어 읽어 줄 수 있다.
- 한국어로 개구리가 울 때에는 '개굴개굴'이라는 소리가 난다는 것을 알려 준다.
- 옛날이야기 원고는 부록에 수록되어 있다.

발음

'개굴개굴'을 공부할 때 모음 'ㅜ' 발음을 연습한다.

문화와 정체성

이 활동을 통해서 유아들은 착한 아이의 행동에 대해서 알 수 있다.

- 엄마가 청개구리에게 엄마가 죽으면 냇가에 묻어 달라고 부탁했는데 청개구리는 어떻게 했어요? 여러분은 어떻게 하고 싶어요?
- 청개구리가 엄마의 말씀을 잘 들었으면 어떻게 되었을까요?

5
1
'호랑이 꼬리 낚시' 그림 카드
4
8
6
1
2
5
7
3
23

5
2
호랑이 꼬리와 물고기
25

목표

- **활동:** 전래 동화 '호랑이 꼬리 낚시' 이야기를 듣고 이해한 후 호랑이 꼬리 낚시를 해 볼 수 있다.
- **표현:** '호랑이는 기분이 좋아졌어요.'의 의미를 이해할 수 있다.
  '-아/어지다': (형용사에 붙어) 앞에 오는 말이 나타내는 상태로 점점 되어 감을 나타내는 표현으로 끝음절의 모음이 'ㅏ, ㅗ'가 아닌 형용사 뒤에서는 '-어지다'를 사용한다. 끝음절의 모음이 'ㅏ, ㅗ'인 형용사 뒤에서 '-아지다'를 사용하고, '하다'가 붙는 형용사 뒤에서는 '-해지다'를 사용한다.
  예) 날씨가 추워졌어요.
- **어휘:** 이야기에 나오는 단어를 알 수 있다.
  예) 겨울, 호랑이, 토끼, 배고프다, 꼬리, 물고기, 낚시, 꽁꽁

자료

- '호랑이 꼬리 낚시' 그림 카드(5-①)
- 호랑이 꼬리와 물고기(5-②)

준비물

- 가위, 풀, 양면테이프, 사인펜, 색연필

활동 수준	낮음
활동 유형	언어, 미술
집단 유형	개별
활동지 쪽수	23~26

호랑이 꼬리 낚시

Track 13

방법

(1) 교사는 학생들과 낚시로 무엇을 낚을 수 있는지, 낚시를 할 때 무엇이 필요한지에 대해 이야기를 나눈 후 '호랑이 꼬리 낚시'라는 옛날이야기를 소개한다.

(2) 교사는 학생들에게 '호랑이 꼬리 낚시' 이야기를 들려준다.

(3) 이야기를 다 듣고 학생들은 '호랑이 꼬리 낚시' 그림 카드(5-①)를 순서대로 배열한 후 그림 카드(5-①)를 보면서 이야기 속의 등장인물과 일어난 일에 대해 이야기한다.

(4) 학생들은 호랑이 꼬리와 물고기(5-②) 활동지에 있는 호랑이의 꼬리와 물고기를 꾸민다. 호랑이의 꼬리와 물고기를 오린 후 호랑이의 꼬리에 물고기를 붙여서 호랑이의 꼬리를 완성한다.

(5) 학생들은 활동이 모두 끝난 후 허리에 호랑이 꼬리를 붙이고 서로의 호랑이 꼬리에 있는 물고기의 개수와 색 등에 대해 이야기한다.

질문 예시

- 강에서 낚시를 하면 무엇을 잡을 수 있어요?
- 낚시를 하려면 뭐가 필요할까요?
- 호랑이가 낚시를 하려면 뭐가 필요할까요?

First, read a story about 'Fishing with a Tiger's Tail' to the students. By looking at a picture card (5-①), students can retell this story. Next, students decorate a tiger's tail and a fish (5-②). Then cut out figures at the bottom of the worksheet and attach them to the bottom of a picture on the worksheet (5-②). Finally, count the number of fish that are attached to the tiger's tail.

도움말

활동

- 학생들의 한국어 수준에 따라 동화에 나오는 어려운 단어를 쉬운 단어로 바꾸어 읽어 줄 수 있다.
- 물고기를 다양한 색으로 꾸밀 수 있게 지도한다.
- 교사는 지도서에 숫자로 표시된 이야기 배열 순서를 참조하여 수업을 진행할 수 있다. 다만, 이야기 배열 순서는 학생의 상상력 증진을 위해 자유롭게 바꿀 수 있다.
- 옛날이야기 원고는 부록에 수록되어 있다.

6. 소가 된 게으름뱅이 Traditional Korean Story: The Lazy Man Who Became a Cow

활동 수준	높음
활동 유형	언어, 미술
집단 유형	소집단
활동지 쪽수	27~34

소가 된 게으름뱅이

Track 14

목표

- **활동:** 전래 동화 '소가 된 게으름뱅이'를 듣고 이해한 후 역할극을 할 수 있다.
- **표현:** '그 할아버지는 소머리 탈을 만들고 있었어요.'의 의미를 이해할 수 있다.
  '-고 있다': 어떤 동작이 진행 중이거나 계속됨을 나타낸다.
  예) 이 남자는 지금 잠을 자고 있어요.
- **어휘:** 이야기에 나오는 단어를 알 수 있다.
  예) 소, 게으름뱅이, 탈, 무

자료

- '소가 된 게으름뱅이' 그림 카드(6-①)
- '소가 된 게으름뱅이' 머리띠(6-②)
- '소가 된 게으름뱅이' 무 그림(6-③)

준비물

- 가위, 풀, 테이프, 고무줄 또는 긴 끈, 색연필, 크레파스

방법

(1) 교사는 학생들에게 밥을 먹자마자 바로 누운 적이 있는지 묻는다. 그리고 한국에서는 밥을 먹자마자 바로 누워서 자면 소가 된다는 말이 있다고 이야기한 후 '소가 된 게으름뱅이'라는 옛날이야기를 소개한다.

(2) 교사는 학생들에게 '소가 된 게으름뱅이' 이야기를 들려준다.

(3) 학생들은 교사의 이야기를 들은 후 '소가 된 게으름뱅이' 그림 카드(6-①)를 자른 후 선생님께 들은 이야기를 떠올리며 순서에 맞게 카드를 배열한다.

(4) 학생들은 '소가 된 게으름뱅이' 머리띠(6-②)의 등장인물과 '소가 된 게으름뱅이' 무 그림(6-③)을 색칠한다. 그리고 '소가 된 게으름뱅이' 머리띠(6-②)를 잘라 양쪽 끝에 고무줄이나 긴 끈을 붙여서 머리띠를 만든다. '소가 된 게으름뱅이' 무 그림(6-③)도 잘라서 준비한다.

(5) 학생들은 역할을 정하고 만든 머리띠를 머리에 쓰고 역할극을 한다.

질문 예시

- 여러분, 혹시 밥을 먹고 바로 누워서 잠을 잔 적이 있어요? 언제 그랬어요? 매일 그렇게 해요?
- 한국 사람들은 밥을 먹자마자 바로 누워서 자면 소가 된다고 말해요. 우리도 소가 되지 않으려면 밥을 먹자마자 바로 누우면 안 되겠죠?
- 우리 오늘은 정말로 소가 된 사람 이야기를 들어 볼까요?

First, read a story of 'The Lazy Man who Became a Cow. Next, students look at the figure cards (6-①) and cut them out. Students arrange the cards thinking about the order of events. Next, check the story for understanding and talk about the characters and their personalities. Finally, students color the picture (6-③), cut out a figure for a headband to wear and then do a role play remembering the story.

도움말

활동

- 학생들의 한국어 수준에 따라 동화에 나오는 어려운 단어를 쉬운 단어로 바꾸어 읽어줄 수 있다.
- 게으름뱅이는 소가 됐을 때와 부지런해진 농부가 됐을 때 머리띠를 각각 교체해서 역할극을 하는 것이 좋다.
- 교사는 지도서에 숫자로 표시된 이야기 배열 순서를 참조하여 수업을 진행할 수 있다. 다만, 이야기 배열 순서는 학생의 상상력 증진을 위해 자유롭게 바꿀 수 있다.
- 옛날이야기 원고는 부록에 수록되어 있다.

발음

단어 '탈', '쓰다'를 통해 'ㅌ' 발음과 'ㅆ' 발음을 연습한다.

문화와 정체성

이 활동을 위해 유아들은 게으르지 않고 부지런한 사람이 되어야 한다는 것을 알 수 있다.

- 여러분은 일찍 자고 일찍 일어나요? 아니면 늦게 자고 늦게 일어나요?
- 부지런한 사람은 어떤 사람이에요?

7. 지혜로운 아들 Traditional Korean Story: The Wise Son

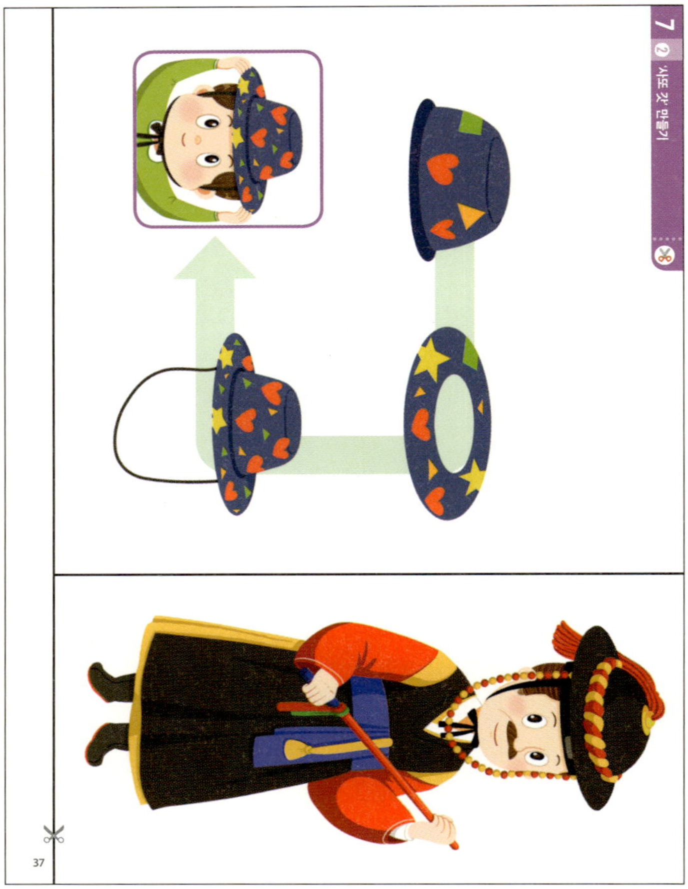

활동 수준	높음
활동 유형	언어, 조작
집단 유형	개별
활동지 쪽수	35~38

지혜로운 아들

Track 15

목표

- **활동:** 전래 동화 '지혜로운 아들' 이야기를 이해할 수 있다.
- **표현:** '산에 가서 딸기를 따요.'의 의미를 이해할 수 있다.
  '-아/어서': (동사에 붙어) 앞의 말과 뒤의 말이 순차적으로 일어남을 나타내는 표현으로, '-아서'는 끝음절의 모음이 'ㅏ, ㅗ'인 동사에 붙여 쓰고, '-어서'는 끝음절의 모음이 'ㅏ, ㅗ'가 아닌 동사에 붙여 쓴다. '-해서'는 '하다'나 '하다'가 붙는 동사 뒤에 붙여 쓴다.
  예) 사또를 찾아가서 말할 거예요.
- **어휘:** 이야기에 나오는 단어를 알 수 있다.
  예) 사또, 심술을 부리다, 이방, 딸기, 산, 뱀, 벌

자료

- '지혜로운 아들' 그림 카드(7-①)
- '사또 갓' 만들기(7-②)

준비물

- 일회용 용기(밥공기나 종이컵), 종이 접시, 색종이, 스티커, 풀, 가위, 색연필, 긴 끈

방법

(1) 교사는 다양한 과일이 열리는 시기와 장소 등에 대해 이야기한 후 '지혜로운 아들'이라는 옛날이야기를 소개한다.

(2) 교사는 학생들에게 '지혜로운 아들' 이야기를 들려준다.

(3) 학생들은 '지혜로운 아들' 그림 카드(7-①)를 순서대로 맞춰 본 후 그림 카드(7-①)를 보면서 이야기 속의 등장인물과 일어난 일에 대해 이야기한다. 이때 사또와 이방에 대해 '도움말'을 참고하여 설명해 준다.

(4) 교사는 등장인물 중에서 사또와 이방이 쓰고 있는 갓의 이름과 모양, 색깔 등에 대해 질문한다.

(5) 학생들은 '사또 갓' 만들기(7-②) 활동지를 참고하여 갓을 만든 후 머리에 써 본다.

질문 예시

- 딸기(사과, 포도 등)는 언제 많이 볼 수 있어요?
- 딸기(사과, 포도 등)는 어디에서 볼 수 있어요? 어디에서 자랄까요?

First, read the story of 'The Wise Son'. Next, students look at the figure cards (7-①) and cut them out. Students arrange the cards thinking about the order of events. Also, check the story for understanding and talk about the characters and their personalities. Finally, students make a traditional Korean hat following the directions on worksheet (7-②) and wear it.

도움말

활동

- 학생들의 한국어 수준에 따라 동화에 나오는 어려운 단어를 쉬운 단어로 바꾸어 읽어 준다. ('사또'는 과거에 중앙 정부에서 지방으로 파견을 보낸 관리를 부르는 말로 '원님'이라고도 한다. '이방'은 지방 관아에서 실무를 맡아 보던 사람이다.)
- 사또와 이방으로 역할을 나누어 동화의 내용을 활용한 역할극을 할 수 있다.
- 교사는 지도서에 숫자로 표시된 이야기 배열 순서를 참조하여 수업을 진행할 수 있다. 다만, 이야기 배열 순서는 학생의 상상력 증진을 위해 자유롭게 바꿀 수 있다.
- 옛날이야기 원고는 부록에 수록되어 있다.

발음

'사또' 단어를 공부할 때 'ㅅ' 발음을 연습한다.

문화와 정체성

이 활동을 통해 유아들은 지혜를 가지고 있으면 어려운 일을 해결할 수 있다는 것을 알 수 있다.

- 다른 사람을 괴롭히는 친구가 있으면 어떻게 하고 싶어요?
- 어려운 일이 생기면 제일 먼저 무엇을 하면 좋을까요?
- 여러분이 혼자 할 수 있는 어려운 일은 무엇이 있을까요?

8. 소금을 만드는 맷돌 Traditional Korean Story: The Salt-making Millstone

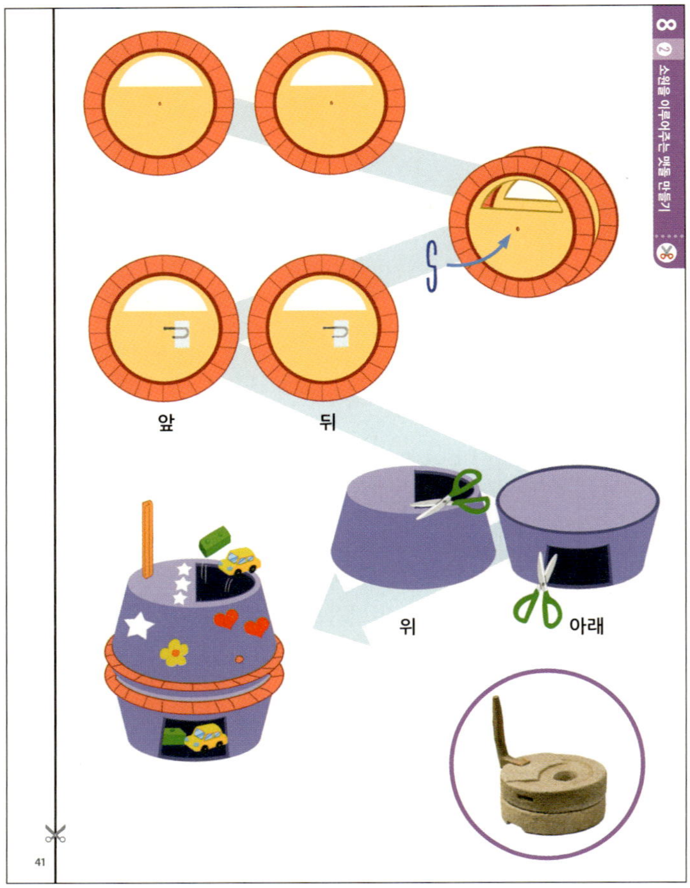

목표

- **활동:** 전래 동화 '소금을 만드는 맷돌' 이야기를 듣고 이해한 후 그림을 상상해서 그릴 수 있다.
- **표현:** '맷돌을 돌리면서 "소금아 나와라!" 하고 소리쳤어요.'의 의미를 알 수 있다.
  '-(으)면서': 두 가지 이상의 동작이나 상태가 함께 일어남을 나타내는 표현으로 앞말에 받침이 있으면 '-으면서'를 사용하고, 받침이 없거나 'ㄹ'이면 '-면서'를 사용한다.
  예) 맷돌을 돌리면서 ○○이/가 나오라고 얘기할 거예요.
- **어휘:** 이야기에 나오는 단어를 알 수 있다.
  예) 소금, 맷돌, 왕, 도둑, 훔치다

자료

- '소금을 만드는 맷돌' 바닷속 그림(8-①)
- 소원을 이루어주는 맷돌 만들기(8-②)

준비물

- 일회용 접시 2개, 일회용기 2개, 클립 1개, 빨대, 테이프, 색종이, 스티커, 가위, 풀, 사인펜, 색연필

활동 수준	높음
활동 유형	미술, 조작
집단 유형	개별
활동지 쪽수	39~42

소금을 만드는 맷돌

Track 16

방법

(1) 교사는 학생들과 바다에 가 본 경험과 바닷물의 맛에 대해 학생들과 이야기를 나눈 후 '소금을 만드는 맷돌'이라는 옛날이야기를 소개한다.

(2) 교사는 학생들에게 '소금을 만드는 맷돌' 이야기를 들려준다.

(3) 학생들은 이야기를 듣고 바닷속에 있을 맷돌을 상상해 '소금을 만드는 맷돌' 바닷속 그림(8-①)을 그려서 완성한다.

(4) 교사는 학생들에게 만약 무엇이든 만드는 맷돌이 있다면 무엇이 나오게 하고 싶은지 질문한다. 그리고 소원을 이루어 주는 맷돌 만들기 활동을 소개한다.

(5) 학생들은 맷돌 만드는 방법에 따라 맷돌을 만들고 맷돌을 돌리면서 "○○아 나와라!"하고 말한다.

맷돌 만드는 방법

❶ 일회용 접시의 테두리를 자른 후 접시의 중앙에 작은 구멍을 뚫는다. 그리고 접시의 안쪽을 반원 모양으로 도려낸다.

❷ 두 장의 접시를 포갠 후 클립을 사용해 접시를 고정시킨 후에 클립이 빠지지 않도록 테이프로 붙인다.

❸ 일회용기 중 한 개는 바닥을 반원 모양으로 도려내고 나머지 한 개는 용기의 아래쪽 옆면에 네모 모양의 큰 구멍을 만든다.

❹ 바닥을 도려낸 일회용기는 접시의 위에 바닥이 위로 가게 해서 고정시키고 옆면에 네모 구멍을 만든 일회용기는 접시의 아래에 테이프로 고정시킨다. (글루건이 있으면 더욱 좋지만 없으면 테이프로 고정시켜도 좋다.)

❺ 접시의 위에 붙인 일회용기의 바닥면에 빨대를 꽂거나 붙여서 맷돌의 손잡이를 고정시킨다.

❻ 완성된 맷돌은 스티커, 색종이, 색연필 등을 사용해 꾸민다. 맷돌 안에 작은 콩이나 장난감 등을 넣고 돌려 본다.

질문 예시

- 여러분은 바다에 가 본 적이 있어요?
- 바닷물은 어떤 맛일까요? 네, 바닷물은 짜요. 바닷물은 왜 짤까요?
- 그러면 여러분이 말한 물건들이 나오는 그림을 상상해서 그려 볼까요?

First, read the story of 'The Salt-making Millstone', so students can imagine a millstone turning deep inside the sea and complete a picture (8-①). Next, ask students what kind of a millstone they want to have and introduce an activity about making a millstone. Finally, follow the directions on how to make a millstone, turn it and students say what millstone they want.

도움말

활동

- 맷돌 만들기를 할 때 활동지에 있는 맷돌 사진을 보여주면 더 좋다.
- 접시를 고정시킬 때 클립 대신 할핀을 사용하면 더 간단하다.
- 옛날이야기 원고는 부록에 수록되어 있다.

문화와 정체성

이 활동을 통해 유아들은 음식을 만들 때 사용한 옛날의 생활 물건에 관심을 가질 수 있다. 또한 한국의 전통 생활 물건인 맷돌에 대해 알 수 있다.
- 이 물건을 본 적이 있어요?
- 이 물건의 이름은 무엇일까요?
- 이 물건은 언제 사용할까요? 지금도 사람들이 많이 사용할까요?

9. 혹부리 할아버지 Traditional Korean Story: Old Man with a Lump

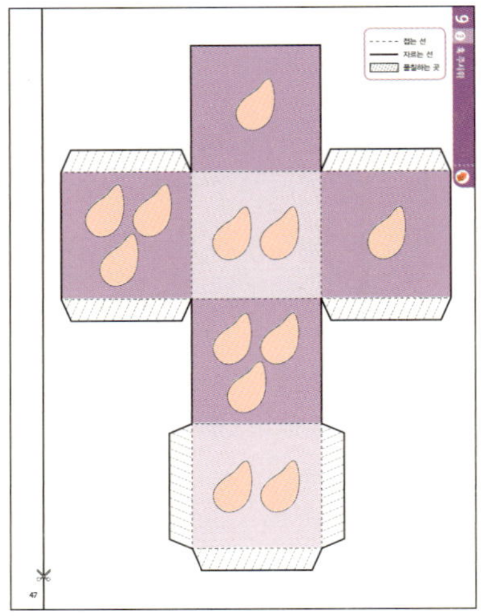

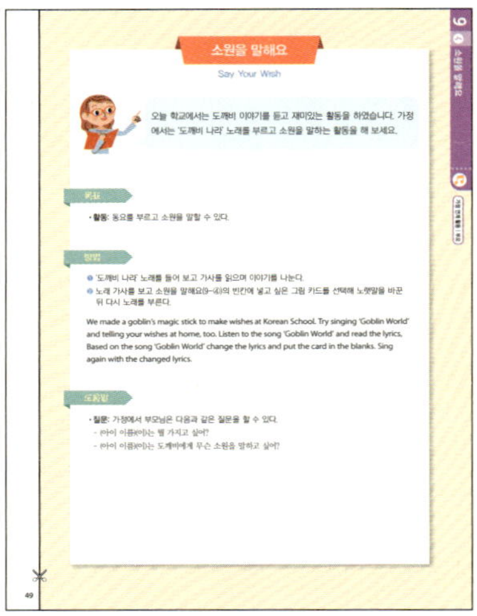

목표

- **활동:** 전래 동화 '혹부리 할아버지' 이야기를 듣고 이해한 후 혹 붙이기 게임을 할 수 있다.
- **표현:** '할아버지 얼굴에 혹이 있어요.'의 의미를 이해할 수 있다.
  '이/가 있다': 사람이나 동물, 물건 등이 어느 곳에 있음을 나타내는 표현으로 앞말에 받침이 있으면 '이 있어요'를 사용하고 받침이 없으면 '가 있어요'를 사용한다.
  예) 착한 할아버지가 있어요.
- **어휘:** 이야기에 나오는 단어를 알 수 있다.
  예) 혹, 얼굴, 도깨비, 방망이, 욕심쟁이, 부자, 떼다, 붙이다

자료

- '혹부리 할아버지' 그림 카드 (9-①)
- '혹부리 할아버지' 얼굴(9-②)
- 혹 주사위(9-③)

준비물

- 가위, 풀

활동 수준	낮음
활동 유형	언어, 게임
집단 유형	소집단
가정 연계	있음
활동지 쪽수	43~52

혹부리 할아버지

Track 17

도깨비 나라

Track 18

Track 18_반주

방법

(1) 교사는 학생들에게 '혹부리 할아버지' 그림 카드(9-①)의 혹부리 할아버지 그림을 보여 주며 혹이 무엇인지, 혹이 있으면 어떨지 등에 대해 학생들과 이야기를 나눈 후 '혹부리 할아버지'라는 옛날이야기를 소개한다.

(2) 교사가 '혹부리 할아버지' 이야기를 들려주면 학생들은 '혹부리 할아버지' 그림 카드(9-①)를 잘라서 이야기의 순서에 맞게 배열한다.

(3) 학생들이 그림 카드를 순서대로 배열하면 교사는 이야기 속의 사람과 성격에 대해 학생들과 이야기를 나눈다.

(4) 학생들은 '혹부리 할아버지' 얼굴(9-②)에서 혹을 오리고 혹 주사위(9-③)를 만든다.

(5) 오린 혹을 '혹부리 할아버지' 얼굴(9-②)에 붙인 상태에서 게임을 시작한다.

게임 방법

❶ 두 명이 한 팀이 되어 가위바위보를 한 후 혹 주사위(9-③)를 던진다.
❷ 주사위에 나온 수만큼 자신의 '혹부리 할아버지 얼굴'(9-②)에서 혹을 떼어 친구의 '혹부리 할아버지 얼굴'(9-②)에 붙인다.
❸ 10분 정도 진행한 후 자신의 '혹부리 할아버지 얼굴'(9-②)에 남은 혹을 세 본다.
❹ '혹브리 할아버지 얼굴'(9-②)에 혹이 적게 남은 사람이 이긴다.

질문 예시

- 여러분 혹이 뭘까요? 이야기 그림에서 혹부리 할아버지는 누구일까요?
- 혹이 있으면 기분이 어떨까요?
- 노래를 잘 부르게 해주는 혹이 있다면 어떻게 하고 싶어요?

First, to arouse curiosity talk about the title of 'Old Man with a Lump' and ask what 'a lump' is then look at the figure of the old man with a lump. Next, listen to the story of 'Old Man with a Lump' and talk about the characters of the story and their personalities. Then look at the figure cards (9-①) and cut them out. Students arrange the cards thinking about the order of events. Finally, prepare materials by cutting out figures on cards (9-② & 9-③) before playing a game.

How to play the game

First, form groups of two to play rock-paper-scissors then throw the dice and take off as many lumps from the face of the old man with a lump being the number on the dice and then put the lump on a friend's sheet (9-②). Finally, after playing for about 5 to 10 minutes, count the number of lump stickers on your old man's face. The winner is the one who has less lumps on the face of the 'old man with a lump' (9-②).

도움말

활동

- 학생들의 한국어 수준에 따라 동화에 나오는 어려운 단어를 쉬운 단어로 바꾸어 읽어 줄 수 있다.
- 교사는 지도서에 숫자로 표시된 이야기 배열 순서를 참조하여 수업을 진행할 수 있다. 다만, 이야기 배열 순서는 학생의 상상력 증진을 위해 자유롭게 바꿀 수 있다.
- 옛날이야기 원고는 부록에 수록되어 있다.

발음

'혹부리'와 '욕심' 단어를 공부할 때 [혹뿌리]와 [욕씸] 발음을 연습한다. 받침 'ㅂ, ㄷ, ㄱ' 뒤에 오는 'ㅂ, ㄷ, ㅅ, ㅈ, ㄱ'이 'ㅃ, ㄸ, ㅆ, ㅉ, ㄲ'으로 변한다.

문화와 정체성

이 활동을 통해 유아들은 욕심을 부리지 않고 마음씨가 고운, 착한 사람에게 복이 온다는 것을 알 수 있다. 그리고 한국의 도깨비에 대해 알 수 있다.
- 도깨비는 어떻게 생겼을까요?
- 도깨비에게 어떤 소원을 말하고 싶어요?
- 욕심쟁이 혹부리 할아버지가 혹을 더 얻게 된 이유는 뭘까요?

가정 연계

소원을 말해요(9-④)

도깨비 나라

작자 미상

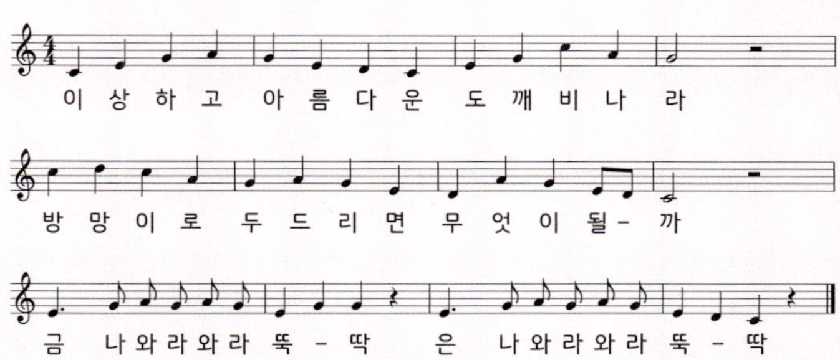

10 ① '의좋은 형제' 그림 카드
5
8
6
1
2
4
7
3
53

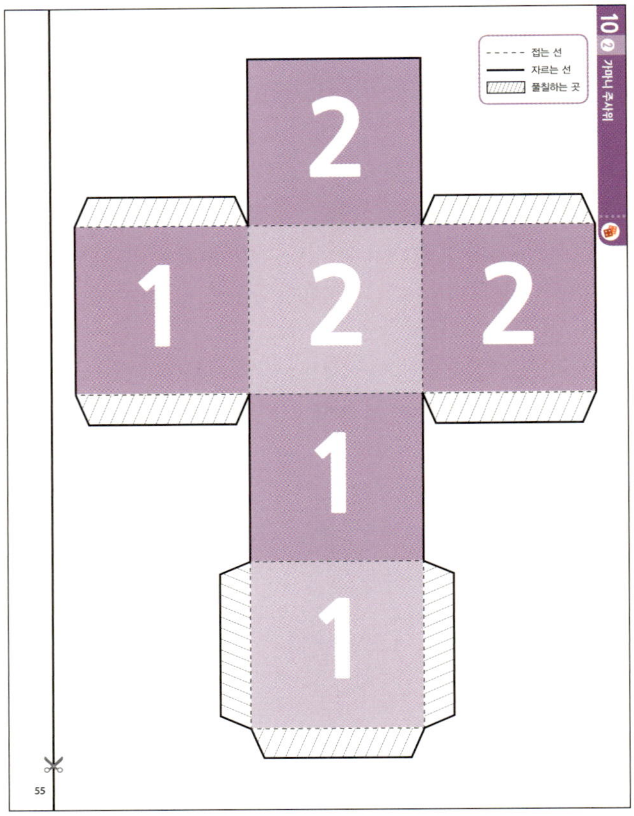

10 ② 가마니 주사위
접는 선
자르는 선
풀칠하는 곳
2
1
2
2
1
1
55

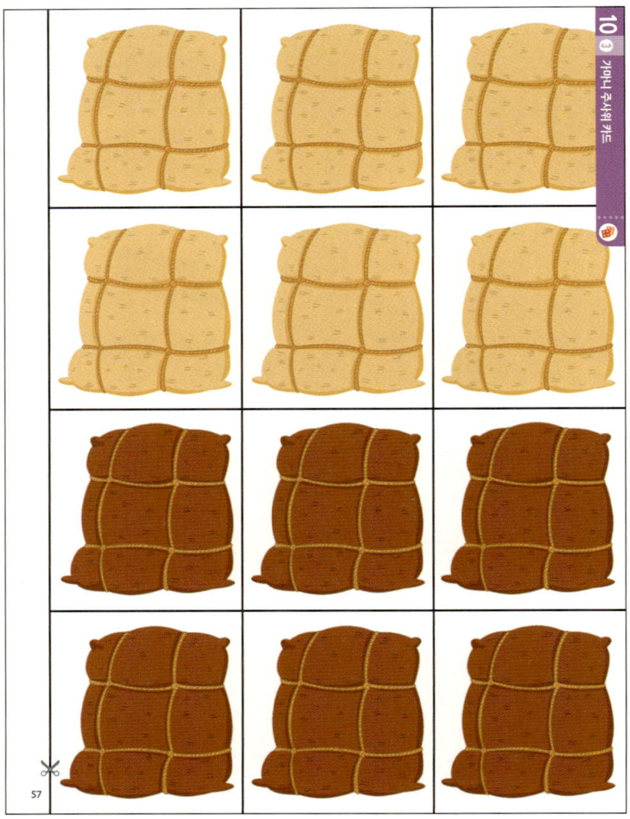

10 ③ 가마니 주사위 카드
57

활동 수준	낮음
활동 유형	언어, 게임
집단 유형	소집단
활동지 쪽수	53~58

의좋은 형제

Track 19

목표

- **활동:** 전래 동화 '의좋은 형제'를 듣고 이해한 후 가마니 게임을 할 수 있다.
- **표현:** '형과 동생은 열심히 농사를 지었어요.'의 의미를 이해할 수 있다.
  '와/과': 둘 이상의 사물이나 사람을 같은 자격으로 이어주는 조사로 앞말에 받침이 있으면 '과'를, 받침이 없으면 '와'를 사용한다.
  예) 형과 동생은 행복하게 살았어요.
- **어휘:** '의좋은 형제' 이야기에 나오는 단어를 알 수 있다.
  예) 형, 동생, 형제, 가마니

자료

- '의좋은 형제' 그림 카드(10-①)
- 가마니 주사위(10-②)
- 가마니 주사위 카드(10-③)

준비물

- 가위, 풀

방법

(1) 교사는 학생들과 함께 형제, 자매가 있는지, 평소에 자주 서로 돕는지에 대해 이야기를 나눈 후 '의좋은 형제'라는 옛날이야기를 소개한다.

(2) 교사는 학생들에게 '의좋은 형제' 이야기를 들려준다.

(3) 학생들은 '의좋은 형제' 그림 카드(10-①)를 오린 후에 이야기의 순서에 맞게 그림 카드를 배열한다.

(4) 다 같이 내용을 함께 확인하면서 등장인물과 등장인물의 성격에 대해 이야기를 나눈다.

(5) 교사는 학생들이 이야기 속에 나오는 '가마니'가 무엇인지 그림 카드(10-①)에서 찾아보게 한 다음 '가마니' 게임을 소개한다.

(6) 교사는 학생들에게 '가마니' 게임 방법을 설명하고 게임을 한다.

게임 방법

❶ 학생들은 가마니 주사위(10-②), 가마니 주사위 카드(10-③)를 잘라 게임을 준비한다.
❷ 두 명이 한 팀이 되어 한 명은 형이 되고 다른 한 명은 아우가 된다.
❸ 자른 가마니 주사위 카드(10-③)는 색깔별로 모은 다음 형과 아우가 된 학생이 색깔을 정해서 나눠 가진다. 예) 형-황토색 가마니, 동생-밤색 가마니
❹ 순서를 정해 주사위를 던지고 주사위에 나온 눈의 수대로 가마니를 준다.
❺ 한 사람의 가마니가 없어질 때까지 주사위를 던진다. 가마니가 모두 없어진 사람이 게임에서 이긴다. (이야기에서 한 사람이 다른 사람을 모두 도와주었기 때문에)

▬ 질문 예시

- 여러분은 동생이나 형(언니, 오빠, 누나)이 있어요?
- 동생이나 형(언니, 오빠, 누나)을 자주 도와줘요?
- 동생이나 형(언니, 오빠, 누나)을 도와주면 기분이 어때요?

First, listen to the story of 'Good Brothers' then look at 'Good Brothers' figure cards (10-①) and think about the order of events. Next, listen to the story of 'Good Brothers' and talk about the characters and their personalities. Finally, after listening to the story, share your thoughts about it.

How to play the game

First, students prepare materials by cutting out cards (10-② & 10-③). There are 2 students on a team; one student pretends to be the elder brother and the other is the younger brother. Next, throw the dice. Finally, each team gives a marker shaped as a rice bag to the other team following the numbers of the dice, and the team with no more markers, wins the game.

도움말

▬ 활동

- 학생들의 한국어 수준에 따라 동화의 단어를 먼저 설명하거나 쉬운 단어로 바꾸어 읽는다.
- 교사는 지도서에 숫자로 표시된 이야기 배열 순서를 참조하여 수업을 진행할 수 있다. 다만, 이야기 배열 순서는 학생의 상상력 증진을 위해 자유롭게 바꿀 수 있다.
- 옛날이야기 원고는 부록에 수록되어 있다.

▬ 문화와 정체성

이 활동을 통해 유아들은 형제가 서로 돕는 것의 중요성을 알 수 있다.

- 집에서 동생 또는 언니(오빠, 누나, 형)와 사이좋게 지내려면 어떻게 해야 할까요?
- 여러분은 동생 또는 언니(오빠, 누나, 형)에게 여러분이 아끼는 것을 준 적이 있어요? 무엇을 줬어요? 기분이 어땠어요?

11. 견우와 직녀 Traditional Korean Story: Altair and Vega

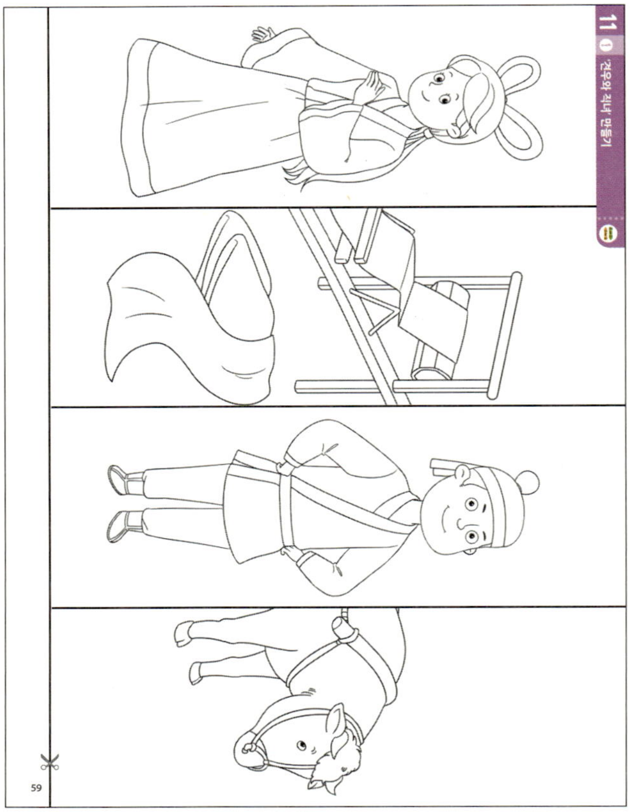

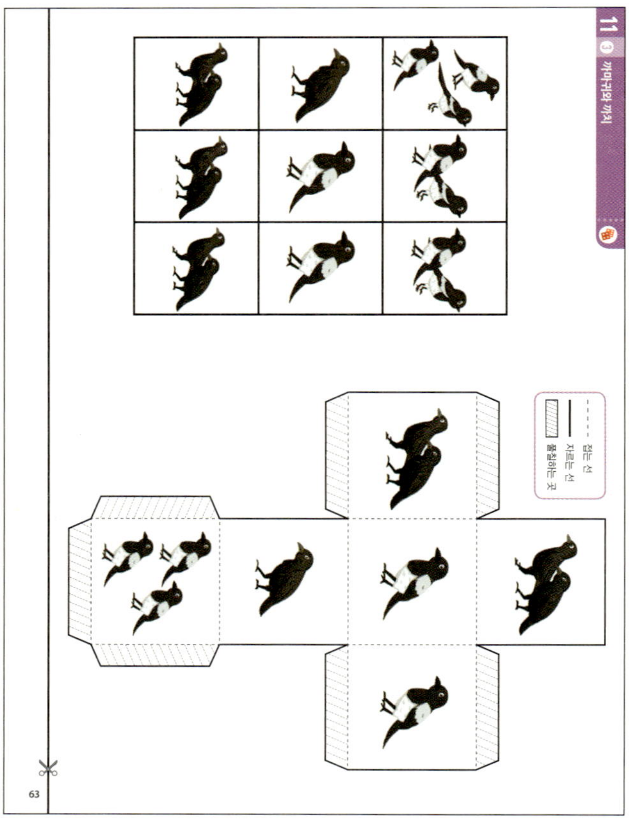

목표

- **활동:** 전래 동화 '견우와 직녀' 이야기를 듣고 이해한 후 '견우와 직녀' 이어 주기 게임을 할 수 있다.
- **표현:** '견우는 아름다운 직녀 모습에 직녀를 보고 반해 버렸지요.'의 의미를 이해할 수 있다.
  '-(으)ㄴ': (형용사에 붙어) 앞의 말이 뒤에 오는 단어를 꾸며주는 기능을 하게 만들고 현재의 상태를 나타내는 표현으로 앞말에 받침이 있으면 '-은'을 사용하고, 받침이 없거나 'ㄹ'이면 '-ㄴ'을 사용한다.
  예) 깊은 은하수 때문에 두 사람은 만날 수 없었어요.
- **어휘:** '견우와 직녀' 이야기에 나오는 단어를 알 수 있다.
  예) 옥황상제, 소, 돌보다, 베를 짜다, 까마귀, 까치, 은하수, 다리

자료

- '견우와 직녀' 만들기(11-①)
- '견우와 직녀' 이어 주기(11-②)
- 까마귀와 까치(11-③)

준비물

- 가위, 풀, 색연필, 크레파스

활동 수준	높음
활동 유형	미술, 게임
집단 유형	소집단
활동지 쪽수	59~64

견우와 직녀

Track 20

방법

(1) 교사는 학생들에게 은하수 사진을 보여 주며 은하수에 대한 느낌을 물어본다. 그리고 은하수와 관련된 한국의 옛 이야기인 '견우와 직녀'를 소개한다.

(2) 교사는 학생들에게 '견우와 직녀' 이야기를 들려준다.

(3) 학생들은 이야기를 들은 후, 견우와 직녀의 모습을 상상하여 '견우와 직녀' 만들기(11-①)에 색칠을 한다.

(4) 학생들은 두세 명씩 모여 까마귀와 까치(11-③) 활동지 우측의 주사위를 잘라 주사위를 만든다. 그리고 까마귀와 까치(11-③) 활동지 좌측의 까마귀와 까치 카드를 잘라 준비한다.

(5) 학생들은 주사위를 던져 나오는 까마귀와 까치의 수에 맞추어 까마귀와 까치 카드를 '견우와 직녀' 이어 주기(11-②)의 빈칸에 붙인다.

(6) 가장 먼저 '견우와 직녀' 이어 주기(11-②)의 빈칸을 채워 까마귀, 까치 다리를 완성한 사람이 이긴다.

질문 예시

- 여러분, 이 사진을 보세요. 이건 은하수라고 해요. 혹시 하늘에서 은하수를 본 적이 있어요? 은하수가 어때요? 예뻐요?
- 오늘은 은하수가 나오는 한국의 옛날이야기를 들어 볼 거예요.

First, read a story of 'Altair and Vega'. Next, students imagine their appearance and color a picture of a worksheet (8-①). Students cut out figures of a crow and a magpie at the bottom of a worksheet and also cut out dice at the top of a worksheet (11-③). Next, students throw the dice and attach figures (11-③) to the blanks of a board (11-②) following the number of a dice. Finally, the person who fills the all blanks first, wins the game.

도움말

활동

- 학생들의 한국어 수준에 따라 동화에 나오는 어려운 단어를 쉬운 단어로 바꾸어 읽어 줄 수 있다.
- 은하수 사진을 미리 준비해서 보여 주면 도움이 된다.
- 옛날이야기 원고는 부록에 수록되어 있다.

발음

단어 '까마귀', '까치'를 통해 'ㄲ' 발음을 연습할 수 있다.

12. 방귀쟁이 며느리 Traditional Korean Story: The Gassy Daughter-in-Law

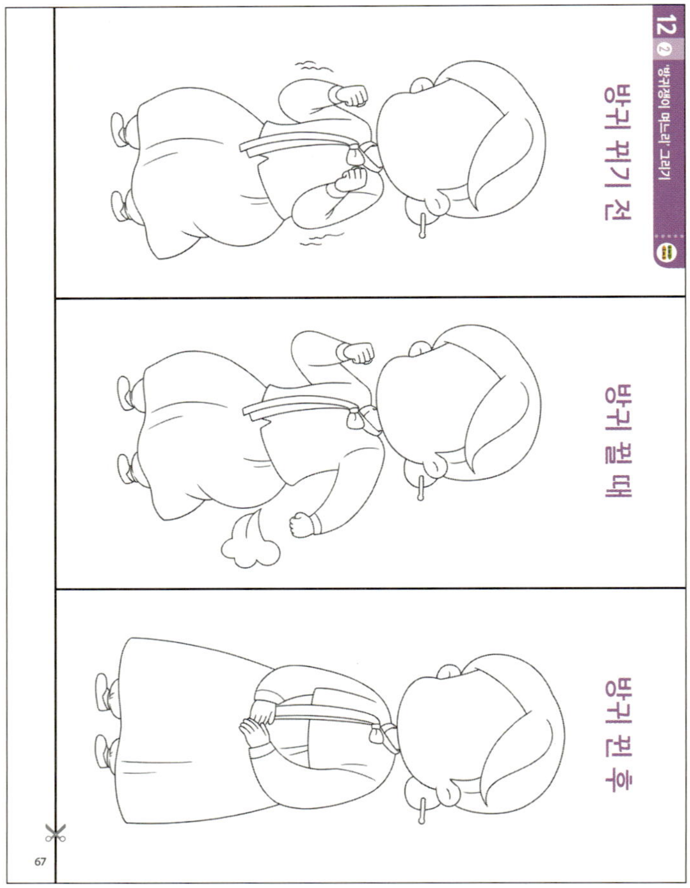

활동 수준	높음
활동 유형	언어, 미술
집단 유형	개별
활동지 쪽수	65~68

방귀쟁이 며느리

Track 21

목표

- **활동:** 전래 동화 '방귀쟁이 며느리'를 듣고 이해한 후 '방귀쟁이 며느리'의 표정을 그려볼 수 있다.
- **표현:** '방귀를 뀌면 사람들이 날아가요.'의 의미를 이해할 수 있다.
  '-(으)면': 뒤에 오는 말에 대한 근거나 조건이 됨을 나타내는 표현으로 앞말에 받침이 있으면 '-으면'을 사용하고, 받침이 없거나 'ㄹ'이면 '-면'을 사용한다.
  예) 방귀를 참으면 배가 아파요.
- **어휘:** 이야기에 나오는 단어를 알 수 있다.
  예) 부잣집, 새색시, 며느리, 방귀를 뀌다, 감나무, 복

자료

- '방귀쟁이 며느리' 그림 카드(12-①)
- '방귀쟁이 며느리' 그리기(12-②)

준비물

- 가위, 색연필, 크레파스

방법

(1) 교사는 학생들과 방귀를 뀌고 싶을 때의 느낌이나 방귀의 소리에 대해 이야기를 나눈 후 '방귀쟁이 며느리'라는 옛날이야기를 소개한다.

(2) 교사는 학생들에게 '방귀쟁이 며느리' 동화를 들려준다.

(3) 학생들은 '방귀쟁이 며느리' 그림 카드(12-①)를 보면서 이야기 속의 등장인물과 일어난 일에 대해 이야기한다.

(4) 다 같이 방귀 뀌기 전과 방귀 뀐 후의 방귀쟁이 며느리의 얼굴 표정, 얼굴 색, 모습이 어떻게 바뀌었는지 질문하고 대답해 본다.

(5) 학생들은 '방귀쟁이 며느리' 그리기(12-②)에 방귀를 뀌기 전과 후의 며느리의 표정을 그린다.

(6) 교사는 학생들에게 며느리의 방귀 소리가 어땠을지 물어본다.

(7) 교사가 먼저 입을 팔에 대고 불어서 방귀 뀌는 소리를 내 본다. 학생들은 한국어로 방귀 소리를 어떻게 말하는지 이야기해 본다. 예) 뿡뿌웅

질문 예시

- 방귀를 뀌고 싶을 때 어떤 느낌이에요?
- 방귀를 뀌면 무슨 소리가 나요?

First, read the story of 'The Gassy Daughter-in-Law' then look at figure cards (12-①). Next, listen to the story and talk about the characters and their personalities. Now draw and color facial expressions, color the appearance of the daughter-in-law before and after farting on drawing activity sheet (12-②). Also, squeeze air from your armpit to make the sound of a fart. Finally, imitate this sound in Korean language and write down the sound in the speech bubble. For example, 'Ppoong ppoong'.

도움말

활동

- 학생들의 한국어 수준에 따라 동화에 나오는 어려운 단어를 쉬운 단어로 바꾸어 읽어 줄 수 있다.
- 옛날이야기 원고는 부록에 수록되어 있다.

발음

'뿡뿌웅' 단어를 공부할 때 'ㅃ' 발음을 연습한다.

문화와 정체성

이 활동을 통해서 유아들은 한국에서는 가족 구성원을 부르거나 가리키는 여러 가지 말이 있음을 알 수 있다. 며느리, 사위, 신랑, 신부 등 남자와 여자에 따라서 다르다.

13. 주먹밥이 열리는 나무 Traditional Korean Story: The Tree that Bore Rice Balls

앞면

뒷면

햄버거 샌드위치 주먹밥 김밥

목표

- **활동:** 동화 '주먹밥이 열리는 나무'를 듣고 이해한 후 음식이 열리는 나무를 꾸밀 수 있다.
- **표현:** '나무에 뭐가 열렸을까요?'의 의미를 이해할 수 있다.
  '에': 앞말이 어떤 장소나 자리임을 나타내는 조사이다.
  예) 나무에 주먹밥이 열렸어요.
- **어휘:** '주먹밥이 열리는 나무' 이야기에 나오는 단어를 알 수 있다.
  예) 수다쟁이, 주먹밥, 금덩어리, 믿다, 신기하다

자료

- '주먹밥이 열리는 나무' 그림 카드(13-①)
- 음식이 열리는 나무(13-②)

준비물

- 가위, 풀, 색연필, 크레파스

활동 수준	높음
활동 유형	언어, 미술
집단 유형	소집단
활동지 쪽수	69~72

주먹밥이 열리는 나무

Track 22

방법

(1) 교사는 학생과 나무에 무엇이 열리는지, 밥이 열린다면 어떨지 이야기를 나눈 후 '주먹밥이 열리는 나무'라는 옛날이야기를 소개한다.

(2) 학생들은 '주먹밥이 열리는 나무' 그림 카드(13-①)를 보면서 교사가 들려주는 '주먹밥이 열리는 나무' 이야기를 듣는다.

(3) 학생들은 음식이 열리는 나무(13-②)를 보고 하단에 있는 김밥, 주먹밥, 샌드위치, 햄버거 그림 중에서 어떤 것이 열리는 나무가 있으면 좋을지 이야기를 한다.

(4) 학생들은 자신이 원하는 음식을 활동지 하단에서 잘라서 음식이 열리는 나무(13-②)에 붙여서 나무를 꾸미고 친구들에게 소개한다.

질문 예시

- 여러분, 나무에는 무엇이 열리지요? 네, 맞아요. 과일이 열려요.
- 그런데 나무에 과일이 아니라 밥이 열린다면 여러분은 믿을 수 있어요?
- 여러분, 이 동화 속에서는 나무에서 주먹밥이 열렸대요. 우리 한번 들어 볼까요?

First, read the story of 'The Tree that Bore Rice Balls' to the students. By lookng at figure cards (13-①), students can retell this story. Next, students cut out their favorite food from the bottom of a worksheet and attach them to the picture of a tree on a worksheet (13-②).

도움말

활동

- 학생들의 한국어 수준에 따라 이야기의 단어를 먼저 설명하거나 쉬운 단어로 바꾸어 읽어 줄 수 있다.
- 옛날이야기 원고는 부록에 수록되어 있다.

14. 흥부와 놀부 Traditional Korean Story: Heungbu and Nolbu

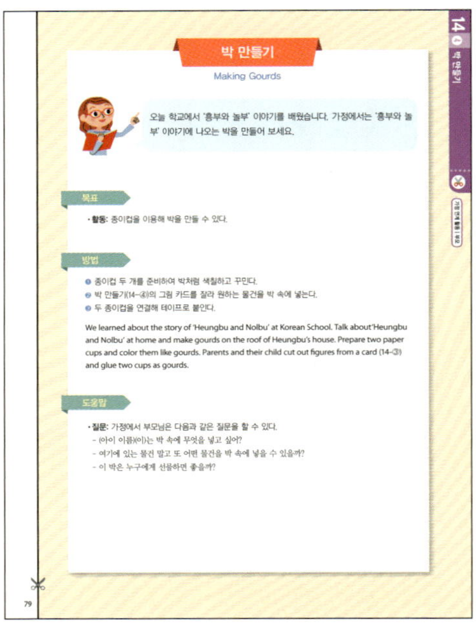

박 만들기

Making Gourds

오늘 학교에서 '흥부와 놀부' 이야기를 배웠습니다. 가정에서는 '흥부와 놀부' 이야기에 나오는 박을 만들어 보세요.

목표

- **활동:** 종이컵을 이용해 박을 만들 수 있다.

방법

1. 종이컵 두 개를 준비하여 박처럼 색칠하고 꾸민다.
2. 박 만들기(14-④)의 그림 카드를 잘라 원하는 물건을 박 속에 넣는다.
3. 두 종이컵을 연결해 테이프로 붙인다.

We learned about the story of 'Heungbu and Nolbu' at Korean School. Talk about'Heungbu and Nolbu' at home and make gourds on the roof of Heungbu's house. Prepare two paper cups and color them like gourds. Parents and their child cut out figures from a card (14-③) and glue two cups as gourds.

도움말

- **질문:** 가정에서 부모님은 다음과 같은 질문을 할 수 있다.
  - (아이 이름)(이)는 박 속에 무엇을 넣고 싶어?
  - 여기에 있는 물건 말고 또 어떤 물건을 박 속에 넣을 수 있을까?
  - 이 박은 누구에게 선물하면 좋을까?

목표

- **활동:** 동화 '흥부와 놀부'를 듣고 이해한 후 박 만들기를 할 수 있다.
- **표현:** '박에서 보물이 나왔어요.'의 의미를 이해할 수 있다.
  '에서': 어떤 행위나 동작이 이루어지고 있는 장소임을 나타낸다.
  예) 박에서 도깨비가 나왔어요.
- **어휘:** '흥부와 놀부' 이야기에 나오는 단어를 알 수 있다.
  예) 착하다, 욕심쟁이, 제비, 다리, 박

자료

- '흥부와 놀부' 그림 카드(14-①)
- 흥부의 박 타기(14-②)
- 놀부의 박 타기(14-③)

준비물

- 가위, 풀

활동 수준	낮음
활동 유형	언어, 조작
집단 유형	소집단
가정 연계	있음
활동지 쪽수	73~82

흥부와 놀부

Track 23

방법

(1) 교사는 학생들과 형제나 자매가 있는지, 평소에 사이가 좋은지에 대해 이야기를 나눈 후 '흥부와 놀부'라는 옛날이야기를 소개한다.

(2) 교사는 학생들에게 '흥부와 놀부' 이야기를 들려준다.

(3) 학생들은 '흥부와 놀부' 그림 카드(14-①)를 잘라 교사가 들려준 이야기를 떠올리면서 이야기 순서대로 배열한다.

(4) 학생들은 흥부의 박에서 나오는 것들을 흥부의 박 타기(14-②)의 그림 아래에 있는 조각 카드를 자른 후에 골라서 흥부의 박 안에 붙인다. 놀부의 박에도 흥부의 박과 마찬가지로 놀부의 박 타기(14-③)의 그림 아래에 있는 조각 카드를 자른 후에 골라서 붙인다.

(5) 학생들은 자신이 완성한 흥부와 놀부의 박에 대해 친구들에게 이야기한다.

질문 예시

- 여러분은 동생(언니, 오빠, 누나, 형)이 있어요?
- 동생(언니, 오빠, 누나, 형)이랑 잘 놀아요?
- 동생(언니, 오빠, 누나, 형)이 언제 좋아요?

First, read the story of 'Heungbu and Nolbu'. Then students cut out figure cards (14-①) and think about the order of events and arrange the cards following the storyline. Next, students cut out other figures (14-②) and attach them to the board of a picture (14-③).

도움말

활동

- 학생들의 한국어 수준에 따라 동화의 단어를 먼저 설명하거나 쉬운 단어로 바꾸어 읽어 줄 수 있다.
- 교사는 지도서에 숫자로 표시된 이야기 배열 순서를 참조하여 수업을 진행할 수 있다. 다만, 이야기 배열 순서는 학생의 상상력 증진을 위해 자유롭게 바꿀 수 있다.
- 옛날이야기 원고는 부록에 수록되어 있다.

문화와 정체성

이 활동을 통해 유아들은 욕심이 많고 심술궂으면 벌을 받기 때문에 착한 일을 해야 한다는 것을 알 수 있다.
- 언니(오빠, 형, 누나, 동생)하고 어떻게 지내야 돼요?
- 언니(오빠, 형, 누나, 동생)에게 양보를 잘 해요?

가정 연계

박 만들기(14-④)

15. 빨간 부채 파란 부채 Traditional Korean Story: The Red Fan and the Blue Fan

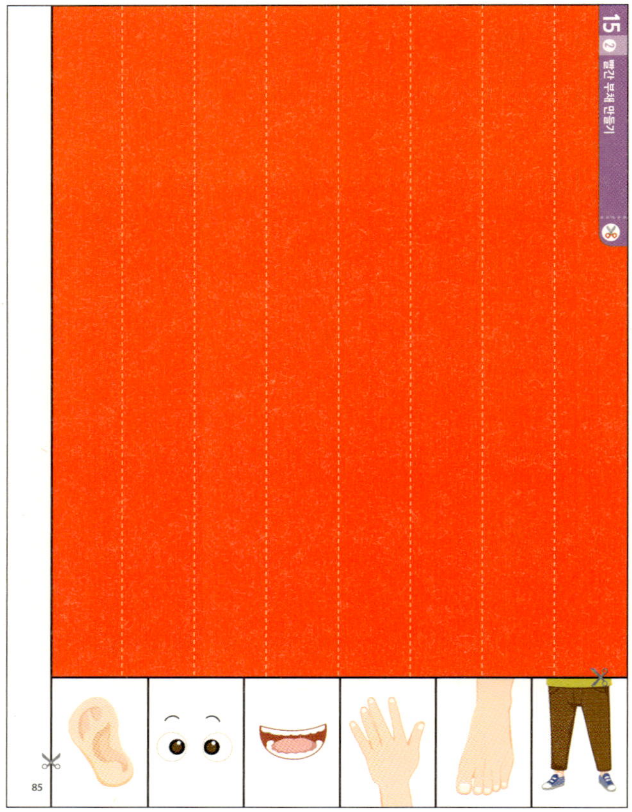

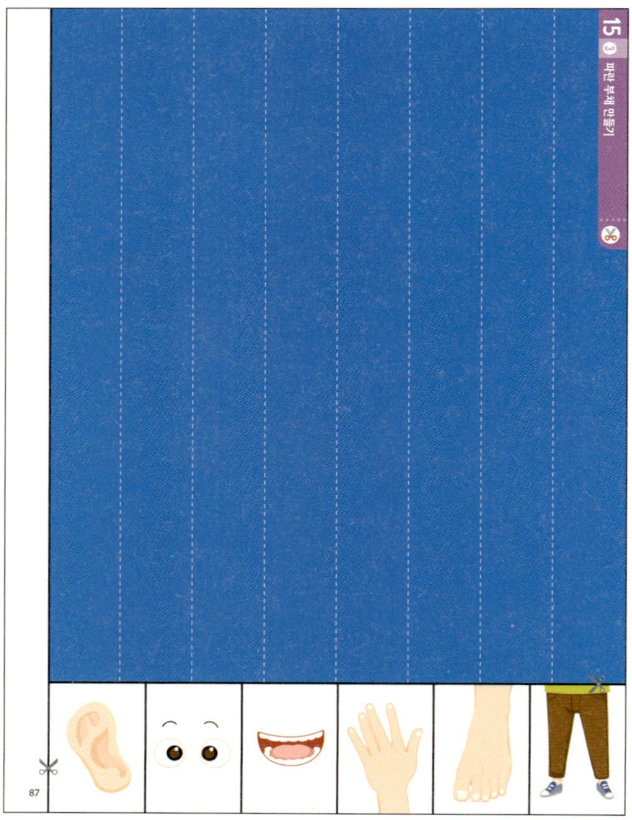

목표

- **활동:** 동화 '빨간 부채 파란 부채'를 듣고 이해한 후 부채를 만들어 볼 수 있다.
- **표현:** '코가 길어졌어요.'의 의미를 알 수 있다.
  '-아/어지다': (형용사에 붙어) 앞에 오는 말이 나타내는 상태로 점점 되어 감을 나타내는 표현으로 끝음절의 모음이 'ㅏ, ㅗ'가 아닌 형용사 뒤에서는 '-어지다'를 사용한다. 끝음절의 모음이 'ㅏ, ㅗ'인 형용사 뒤에서 '-아지다'를 사용하고 '하다'가 붙는 형용사 뒤에서는 '-해지다'를 사용한다.
  예) 코가 짧아졌어요.
- **어휘:** '빨간 부채 파란 부채' 이야기에 나오는 단어를 알 수 있다.
  예) 부채, 부치다, 빨간색, 파란색, 길어지다, 짧아지다

자료

- '빨간 부채 파란 부채' 그림 카드(15-①)
- 빨간 부채 만들기(15-②)
- 파란 부채 만들기(15-③)

준비물

- 가위, 풀, 테이프, 양면테이프, 빨대나 나무젓가락

활동 수준	높음
활동 유형	언어, 조작
집단 유형	대집단
활동지 쪽수	83~88

빨간 부채 파란 부채

Track 24

방법

(1) 교사는 학생들과 부채를 언제 사용하는지, 어떻게 사용하는지에 대해 이야기를 나눈 후 '빨간 부채 파란 부채'라는 옛날이야기를 소개한다.

(2) 교사는 학생들에게 '빨간 부채 파란 부채' 이야기를 들려준다.

(3) 학생들은 '빨간 부채 파란 부채' 그림 카드(15-①)를 잘라 교사가 들려준 이야기를 떠올리면서 이야기 순서대로 배열한다.

(4) 교사는 학생에게 만일 이런 부채가 생기면 귀, 눈, 입, 손, 발, 다리 중에서 어디가 커지고 작아지면 좋을지 이야기를 한다.

(5) 학생들은 빨간 부채(15-②)와 파란 부채(15-③)를 만든다. 자신이 만든 부채에 귀, 눈, 입, 손, 발, 다리 등 커지거나 작아졌으면 하는 부분을 부채 만들기(15-②, 15-③) 하단에서 오려 붙인다.

(6) 친구들끼리 부채를 부쳐 가며 몸의 부분이 커지고 작아지는 동작을 해본다.

(7) 활동이 끝나면 교사는 무엇이 길어졌는지, 무엇이 짧아졌는지 학생들과 함께 이야기한다.

부채 만드는 방법

❶ 종이를 접는 선에 따라 앞뒤로 번갈아가며 접는다.
❷ 접은 종이를 반으로 접는다.
❸ 가운데 부분에 나무젓가락이나 빨대 등을 붙여서 부채에 고정한다.
❹ 부처 만들기(15-②, 15-③)의 하단에 있는 몸 그림을 잘라서 부채에 붙인다.

질문 예시

- 여러분, 부채를 사용해 본 적이 있어요? 언제 사용해요?
- 부채로 무엇을 해요? 부채를 어떻게 부쳐요?
- 오늘은 어떤 부채를 발견한 나무꾼의 이야기를 한번 들어볼까요?

First, read the story of 'The Red Fan and the Blue Fan'. Students cut out figure cards (15-①) and think about the order of events and arrange the cards following the storyline. Next, teacher tells the student which of the following would be better off: ears, eyes, mouth, hands, feet, or height if they had such a debt. Then, students cut out figures (15-② & 15-③) and make red and blue fans following the directions. Students make red (15-②) and blue (15-③). Finally, At the bottom of a fan (15-②, 15-③), he or she wants to be bigger and smaller such as ears, eyes, mouth, hands, feet, and height.

도움말

활동

- 교사가 이야기를 중간까지만 들려주고 뒷부분을 학생들이 상상을 해서 이야기를 만들 수 있는 활동을 함께 해도 좋다.
- 이야기를 다 들려준 후에 마지막 부분을 바꾼다면 어떻게 바꿀 것인지 함께 이야기를 해도 좋다.
- 교사는 지도서에 숫자로 표시된 이야기 배열 순서를 참조하여 수업을 진행할 수 있다. 다만, 이야기 배열 순서는 학생의 상상력 증진을 위해 자유롭게 바꿀 수 있다.
- 옛날이야기 원고는 부록에 수록되어 있다.

본 큰 그림책 자료는 '옛날이야기'와 관련된 활동지를 통해 습득한 언어 지식을 다시 한번 활용할 수 있도록 개발하였다. 학생은 그림을 보면서 교사와 '옛날이야기'에 관련된 이야기를 재미있게 나눌 수 있다. 이 자료는 유아가 들은 옛날이야기에 대한 이해를 바탕으로 옛날이야기의 주요 장면을 보면서 등장인물과 일어난 일에 대한 내용과 어휘를 익힐 수 있도록 이와 관련된 어휘와 활동 내용을 모두 포함하는 그림으로 표현하였다. 교사와 학생들이 자료를 보면서 대화를 나누는 수업은 의사소통 능력을 신장시키고 장기적으로 언어에 대한 흥미도 높일 수 있다.

교사 질문

큰 그림책 자료를 활용하여 여러 종류의 옛날이야기에 대해 말할 수 있다. 다음의 질문을 통해 옛날이야기에 관한 다양한 어휘와 표현을 확인할 수 있다.

예시

- 곶감은 감을 말린 거예요. 감을 본 적이 있어요?
- 곶감은 무슨 맛일까요? 곶감은 왜 만들었을까요?
- 사이좋은 친구는 어떤 친구일까요? 개와 고양이는 사이좋은 친구일까요?
- 한국 사람들은 밥을 먹자마자 바로 누워서 자면 소가 된다고 말해요. 밥을 먹고 바로 누워서 잠을 잔 적이 있어요? 언제 그랬어요?
- 바닷물은 짜요. 바닷물은 왜 짤까요?
- 도깨비는 어떻게 생겼을까요?
- 도깨비에게 어떤 소원을 말하고 싶어요?
- 방귀를 뀌면 무슨 소리가 나요?
- 여러분은 동생(누나, 언니, 형, 오빠)이 있어요?
- 동생(누나, 언니, 형, 오빠)이랑 친해요? 동생(누나, 언니, 형, 오빠)이 언제 좋아요?
- 부채를 사용해 본 적이 있어요? 언제 사용해요?
- 부채로 무엇을 해요? 부채를 어떻게 부쳐요?

주제 8 계절 Seasons

	활동명	활동 수준	활동 유형	집단 유형	가정 연계	활동지 쪽수	지도서 쪽수
1	한국의 사계절 시간표 만들기	낮음	조작	소집단		91~94	244~245
2	동요 '올챙이와 개구리'	낮음	음악	대집단		95~98	246~247
3	물놀이 준비하기	낮음	언어	개별	○	99~106	248~249
4	낙엽 꾸미기	낮음	미술	개별		107~108	250~251
5	여름과 겨울에 하는 놀이	높음	게임	소집단	○	109~120	252~253
6	크리스마스 카드 만들기	높음	미술	개별	○	121~130	254~255
7	여름과 겨울에 먹는 음식	낮음	언어	개별		131~136	256~257
8	계절 풍경 꾸미기	높음	조작	소집단		137~144	258~259
9	텔레파시 게임	높음	게임	소집단		145~148	260~261
10	과일과 채소 사진 책 만들기	높음	언어	개별		149~158	262~263
11	계절 수수께끼	높음	언어	대집단		159~162	264~265
12	계절과 날씨	높음	언어	개별	○	163~170	266~267
13	날씨에 맞는 옷 입기	높음	조작	개별		171~176	268~269
14	날씨 소식 전하기	높음	언어	소집단		177~182	270~271
15	동요 '꼬마 눈사람'	낮음	음악	대집단		183~184	272~273

교육 자료의 주제 및 내용 구성

유아들이 경험하는 여러 가지 자연 현상 중 계절의 변화는 가장 친숙한 영역이다. 유아들은 계절이라는 시공간적 배경 속에서 뚜렷한 날씨와 자연의 변화를 직접 체험하게 된다. 더불어 계절이 변화함에 따라 사람들의 생활 모습도 달라지므로 유아들은 이를 이해하고 각 계절에 적합하게 생활하는 법을 익혀야 한다. 특히 한국은 '봄 · 여름 · 가을 · 겨울' 사계절이 명확하며 그에 따라 사람들의 생활 모습이 달라지므로 재외동포 유아들은 한국의 사계절에 대해 알고, 이를 이해할 필요가 있다. 그러한 면에서 본 교육 자료의 '계절'은 흥미로운 교육적 주제가 될 수 있다.

본 교육 자료를 통해 유아는 한국어 의사소통 능력을 향상시킬 수 있다. 예를 들어 유아는 '3. 물놀이 준비하기', '5. 여름과 겨울에 하는 놀이', '7. 여름과 겨울에 먹는 음식' 활동 등을 통해 자신의 느낌, 생각, 경험을 말하는 연습을 함으로써 한국어 말하기 능력의 향상을 꾀할 수 있다. 또한 유아는 '2. 동요 '올챙이와 개구리'', '15. 동요 '꼬마 눈사람''과 같은 활동을 통해 운율을 느끼고 흥미로운 구절을 접함으로써 우리말의 재미를 느낄 수 있다. 아울러 '6. 크리스마스 카드 만들기'와 같은 활동을 통해 자신의 생각과 감정을 글로 표현하는 법을 배울 수 있다.

1. 한국의 사계절 시간표 만들기 The Four Seasons of Korea

1 ① 사계절 시간표

91

앞면

1 ② 사계절 사진 카드

93

뒷면

나비	시냇물	새싹	꽃
물안경, 공	아이스크림	나무	에어컨
밤	단풍	허수아비	벼
장갑, 목도리	스키	눈사람	눈

활동 수준	낮음
활동 유형	조작
집단 유형	소집단
활동지 쪽수	91~94

목표

- **활동:** 한국의 사계절에 대해 말할 수 있다.
- **표현:** '눈이 오면 좋겠어요.'의 의미를 이해할 수 있다.
  '-(으)면 좋겠다': 말하는 사람의 소망이나 바람을 나타내는 표현으로 앞말에 받침이 있으면 '-으면 좋겠다'를 사용하고 받침이 없거나 'ㄹ'이면 '-면 좋겠다'를 사용한다.
  예) 여름이 되면 좋겠어요.
- **어휘:** 한국의 사계절과 관련된 단어를 알 수 있다.
  예) 봄, 여름, 가을, 겨울

자료

- 사계절 시간표(1-①)
- 사계절 사진 카드(1-②)

준비물

- 가위, 풀

방법

(1) 교사는 사계절 시간표(1-①)를 보여 주며 한국의 사계절에 대해 학생들에게 질문한다.

(2) 학생들은 사계절 사진 카드(1-②)를 보면서 각각의 그림이 무엇인지 말해 본다.

(3) 학생들은 사계절 사진 카드(1-②)를 계절에 맞게 사계절 시간표(1-①)에 붙인다.

(4) 학생들은 교사의 주도하에 사계절 시간표(1-①)를 보고 어떤 단어들이 있는지 이야기해 보고, 여기에 없는 것도 함께 이야기해 본다.

질문 예시

- 한국에는 몇 개의 계절이 있을까요?
- 한국에는 이 시간표에서 보는 것처럼 네 개의 계절이 있어요.
- 그 계절은 바로 '봄', '여름', '가을', '겨울' 이에요.
- 우리가 살고 있는 ○○○(나라 이름)에는 어떤 계절이 있어요?
- 여러분은 사계절 중 어느 계절이 제일 좋아요? 왜요?

Begin with discussions about the four seasons of Korea such as, Korea has four seasons and the seasons are spring, summer, fall and winter. Next, read the four seasons figure cards (1-②) and attach the four seasons figure cards (1-②) to the four seasons timetable (1-①). Finally, look at the completed four seasons timetable, talk about the words, and about things that are not in the table.

도움말

활동

- 그림 카드를 붙이지 않고 학생들이 원하는 그림을 직접 그릴 수 있다.
- 교사는 학생들의 거주국이 남반구 지역인 경우 계절이 한국과 반대임을 알려 준다.

2. 동요 '올챙이와 개구리' Sing 'Tadpole and Frog'

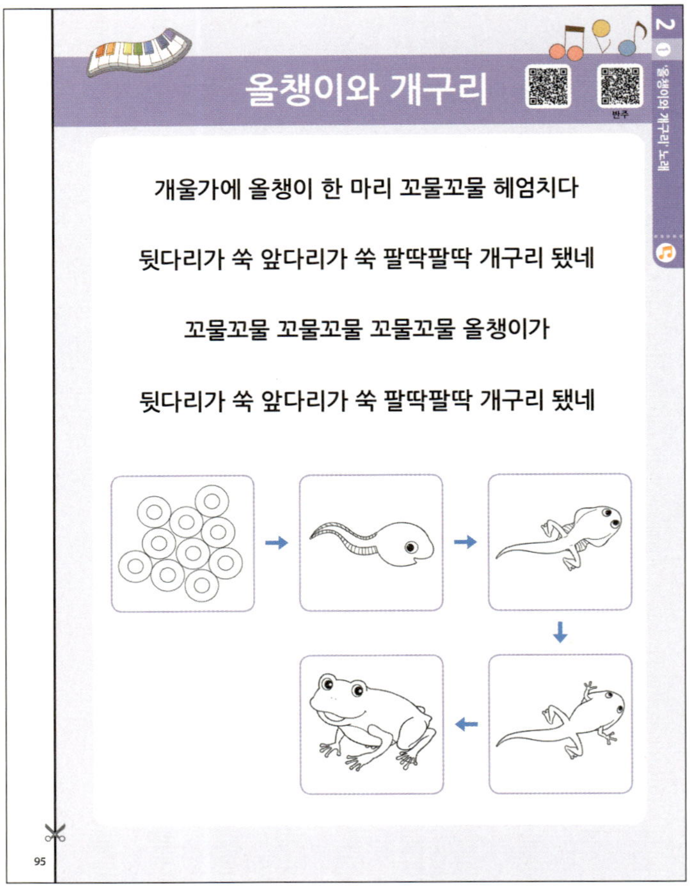

올챙이와 개구리

반주

개울가에 올챙이 한 마리 꼬물꼬물 헤엄치다

뒷다리가 쑥 앞다리가 쑥 팔딱팔딱 개구리 됐네

꼬물꼬물 꼬물꼬물 꼬물꼬물 올챙이가

뒷다리가 쑥 앞다리가 쑥 팔딱팔딱 개구리 됐네

2 ① '올챙이와 개구리' 노래

95

목표

- **활동:** 동요를 부를 수 있고 율동을 할 수 있다.
- **표현:** '율동을 할 수 있어요?'의 의미를 이해할 수 있다.
  '-(으)ㄹ 수 있다/없다': 앞에 오는 말이 나타내는 행동이나 상태가 가능함을 나타내는 표현으로 앞말에 받침이 있으면 '-을 수 있다/없다'를 사용하고, 받침이 없거나 'ㄹ'이면 '-ㄹ 수 있다/없다'를 사용한다.
  예) 노래를 부를 수 있어요.
- **어휘:** 동요 '올챙이와 개구리'와 관련된 단어를 알 수 있다.
  예) 올챙이, 개구리, 개울가, 헤엄치다

자료

- '올챙이와 개구리' 노래(2-①)
- '올챙이와 개구리' 율동(2-②)

준비물

- 색연필, 크레파스

활동 수준	낮음
활동 유형	음악
집단 유형	대집단
활동지 쪽수	95~98

Track 25   Track 25_반주

방법

(1) 교사는 학생들에게 개구리를 본 적이 있는지, 개구리는 어떻게 생겼는지 질문한다.

(2) 교사가 '올챙이와 개구리' 노래(2-①) 그림을 보면서 올챙이가 어떻게 개구리가 되는지를 학생들에게 설명해 주면 학생들은 설명을 들은 후 '올챙이와 개구리' 노래(2-①) 하단의 그림을 색칠한다.

(3) 교사는 '올챙이와 개구리' 노래를 들려준다.

(4) 학생들은 노래를 들으며 '올챙이와 개구리' 노래(2-①)를 보고 노래를 익힌다.

(5) 교사는 '올챙이와 개구리' 율동(2-②)을 토대로 학생들에게 율동을 알려 준다.

(6) 학생들은 노래를 부르며 율동을 한다.

■ **질문 예시**

- 여러분, 개구리를 본 적이 있어요?
- 개구리는 어떻게 생겼어요?
- 여러분은 자라서 저와 같은 어른이 돼요. 그럼 무엇이 자라서 개구리가 될까요?
- 맞아요. 올챙이가 자라서 개구리가 돼요. 우리 올챙이가 어떻게 개구리가 되는지 그림(2-①)으로 같이 확인해 볼까요?
- 그림에서 보는 것처럼 가장 먼저 개구리 알에서 올챙이가 태어나요. 그리고 새로 태어난 올챙이에게 뒷다리가 생겨요. 그 후에는 앞다리가 생겨요. 마지막으로 꼬리가 짧아지면서 마침내 개구리가 되어요.

First, listen to the song, 'Tadpole and Frog' then read the lyrics together and sing. Next, learn the dance for the song, 'Tadpole and Frog' by looking at the dance figures(2-①). Finally, sing the song while dancing.

도움말

■ **활동**

교사가 미리 율동을 숙지하여 시범을 보인다.

■ **발음**

노래 가사에 나오는 단어 '꼬물꼬물', '팔딱팔딱', '쑥'을 통해 'ㄲ, ㄸ, ㅆ' 발음을 연습한다.

올챙이와 개구리

윤현진 작사 작곡

3. 물놀이 준비하기 Preparing for Swimming

앞면

뒷면

수영복	튜브
물안경	수영 모자
옷	수건
선크림	간식

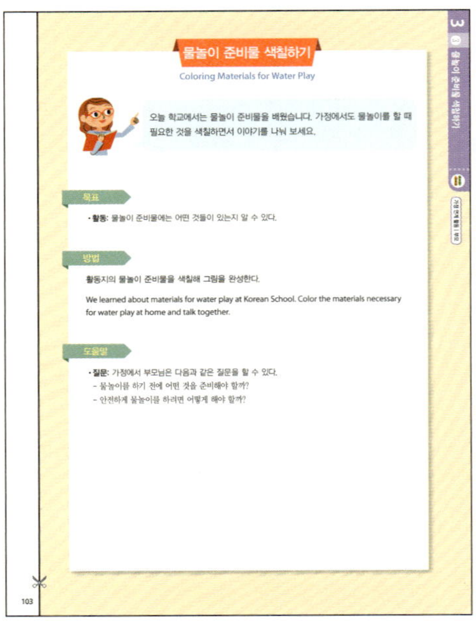

물놀이 준비물 색칠하기

Coloring Materials for Water Play

오늘 학교에서는 물놀이 준비물을 배웠습니다. 가정에서도 물놀이를 할 때 필요한 것을 색칠하면서 이야기를 나눠 보세요.

목표

- **활동:** 물놀이 준비물에는 어떤 것들이 있는지 알 수 있다.

방법

활동지의 물놀이 준비물을 색칠해 그림을 완성한다.

We learned about materials for water play at Korean School. Color the materials necessary for water play at home and talk together.

도움말

- **질문:** 가정에서 부모님은 다음과 같은 질문을 할 수 있다.
  - 물놀이를 하기 전에 어떤 것을 준비해야 할까?
  - 안전하게 물놀이를 하려면 어떻게 해야 할까?

활동 수준	낮음
활동 유형	언어
집단 유형	개별
가정 연계	있음
활동지 쪽수	99~106

목표

- **활동:** 물놀이에 필요한 물건들의 이름을 말할 수 있다.
- **표현:** '물놀이를 하기 전에 무엇을 준비해야 해요?'의 의미를 이해할 수 있다.
  '-기 전에': 뒤에 오는 말이 나타내는 행동이 앞에 오는 말이 나타내는 행동보다 앞서는 것을 나타내는 표현이다.
  예) 물놀이를 하기 전에 준비를 해요.
- **어휘:** 물놀이에 필요한 물건들에 대한 단어를 알 수 있다.
  예) 튜브, 수영복, 수영 모자, 물안경, 간식, 수건, 옷

자료

- 물놀이 준비물(3-①)
- 물놀이 가방(3-②)

준비물

- 가위, 풀

방법

(1) 교사는 학생들에게 물놀이를 해 본 적이 있는지, 언제, 누구와 물놀이를 했는지 질문한다.

(2) 교사는 학생들에게 물놀이를 하기 전에 준비해야 할 것이 무엇이 있는지 질문한다.

(3) 학생들은 물놀이 준비물(3-①) 중 필요하다고 생각되는 것을 오린 후, 물놀이 가방(3-②)에 붙인다.

(4) 학생들은 물놀이 준비물(3-①)을 붙인 물놀이 가방(3-②)을 보며 무엇을 붙였는지 이야기를 나눈다.

질문 예시

- 여러분, 물놀이를 해 본 적이 있어요?
- 언제, 누구하고 했어요?
- 물놀이를 하려면 무엇이 필요할까요? 그것이 왜 필요해요?
- 물놀이를 하려면 어떤 것을 준비해야 할까요?

To begin, talk about how to prepare before going swimming in the water such as, what you need to swim, and how you need to prepare. Next, look at swimming preparations (3-①) and read each item. Also, cut out swimming preparations (3-①) that are necessary and attach them to the basket (3-②). Finally, introduce the basket of preparations.

도움말

활동

물놀이를 하기 전 준비 운동 등 기본적인 물놀이 수칙도 이야기할 수 있다. (예: 물놀이를 하기 전에는 반드시 준비 운동을 한다. 물에 처음 들어가기 전 다리, 팔, 얼굴, 가슴 등의 순서, 즉 심장에서 먼 부분부터 물을 적신다.)

발음

단어 '물놀이[물로리]' 발음을 연습한다. 유음화는 'ㄴ'이 일정한 음운론적 환경에서 유음 'ㄹ'의 영향으로 유음 'ㄹ'로 동화되는 현상이다.

문화와 정체성

물놀이를 할 때 여러 가지 도구를 이용하여 즐겁게 신체 활동을 하는 방법을 배운다. 또한 안전한 장소를 알고 안전하게 놀이하는 법을 익힌다.

- 여러분, 물놀이를 해 봤어요? 누구와 같이 물놀이를 했어요?
- 물놀이를 재미있게 하려면 어떤 것을 준비해야 해요?
- (대답을 바탕으로) 튜브, 수영복 말고 물놀이를 하기 전에 준비해야 하는 것은 뭐가 있을까요?
- 다른 사람들과 함께 재미있고 안전하게 물놀이를 하려면 어떻게 해야 할까요?

가정 연계

물놀이 준비물 색칠하기(3-③)

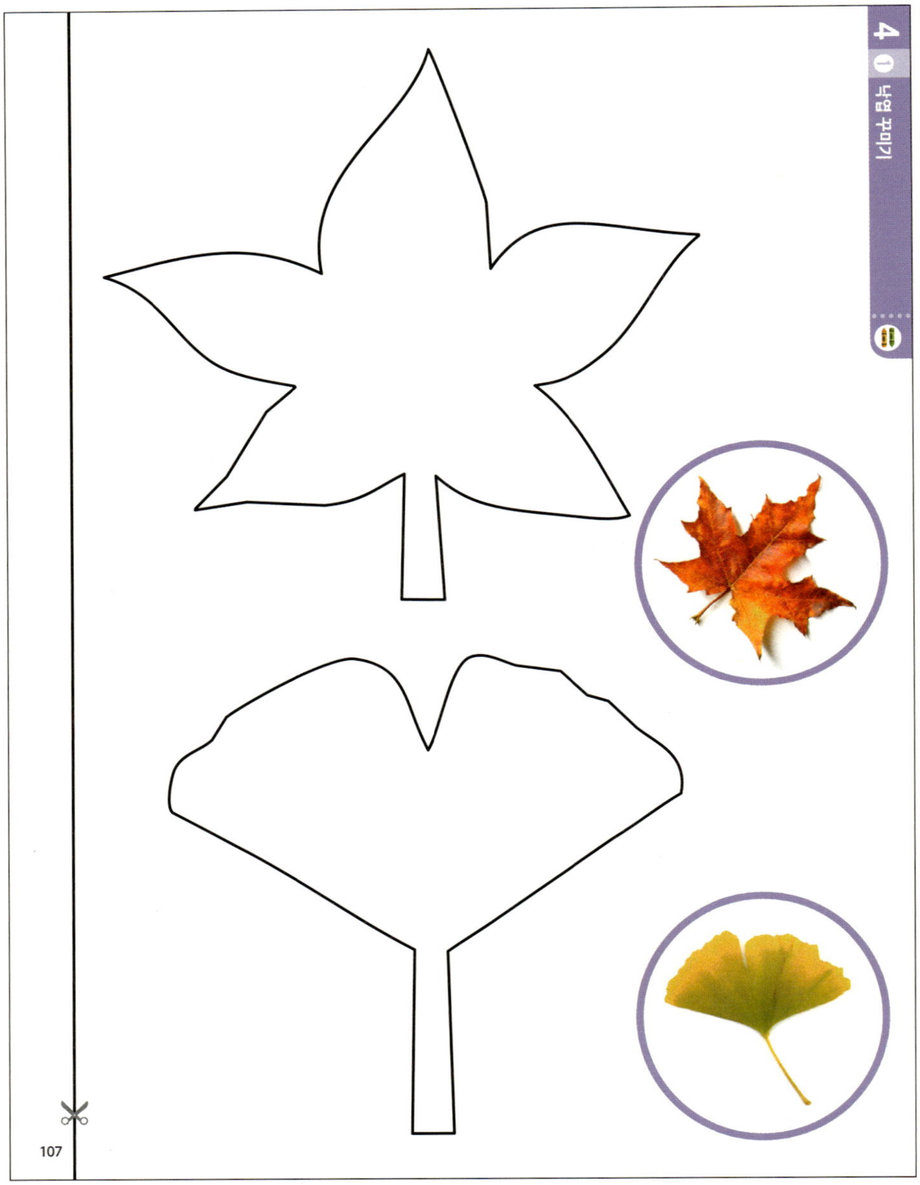

4 ① 낙엽 꾸미기
107

활동 수준	낮음
활동 유형	미술
집단 유형	개별
활동지 쪽수	107~108

목표

- **활동:** 색종이를 이용하여 낙엽을 예쁘게 꾸밀 수 있다.
- **표현:** '색종이로 낙엽을 꾸며요.'의 의미를 이해할 수 있다.
  '(으)로': 어떤 일의 수단이나 도구를 나타내는 조사로 앞말에 받침이 있으면 '으로'를 사용하고, 받침이 없거나 'ㄹ'이면 '로'를 사용한다.
  예) 풀로 색종이를 붙여요.
- **어휘:** 가을에 하는 활동들에 대한 단어를 알 수 있다.
  예) 가을, 낙엽, 단풍잎, 은행잎

자료

- 낙엽 꾸미기(4-①)

준비물

- 풀, 색종이

방법

(1) 교사는 학생들에게 가을에 나뭇잎을 본 적이 있는지, 봤다면 그 색깔이 두엇이었는지 질문한다.

(2) 교사는 가을에 볼 수 있는 낙엽(단풍잎, 은행잎)에 대해 설명하고 소개한다.

(3) 학생들은 낙엽 꾸미기(4-①)에 색종이를 작게 찢어 붙여 낙엽을 꾸민다.

(4) 학생들은 서로가 만든 낙엽을 소개한다.

질문 예시

- 여러분, 가을에 나뭇잎을 본 적이 있어요?
- 그 나뭇잎 색깔이 무슨 색이었어요?
- 한국에는 사계절(봄, 여름, 가을, 겨울)이 있어요. 가을이 되면 한국에 있는 나무들의 잎은 노란색, 빨간색으로 색깔이 변해요.

First, explain why leaves fall in autumn. Next, students tear colored paper and glue them together as fallen leaves (4-①). Finally, students introduce their own decorated fallen leaves.

도움말

활동

- 실제 낙엽을 준비하여 활동을 진행할 수 있다.
- 학생들의 거주국에 계절 '가을'이 없다면 교사는 한국에 사계절이 있음을 알리고 가을에는 나뭇잎이 초록색이 아닌 울긋불긋한 색으로 변한다는 것을 설명해 준다.
- 계절 사진판(8-①)을 활용해 한국의 가을 풍경과 단풍을 보여 줄 수 있다.

발음

단어 '단풍잎', '은행잎'을 통해 [-닙] 발음을 연습한다. 'ㄴ' 첨가는 음절의 끝소리에 받침이 있고 다음 음절에 모음 'ㅣ, ㅑ, ㅕ, ㅛ, ㅠ' 등이 연결되면 일어난다.

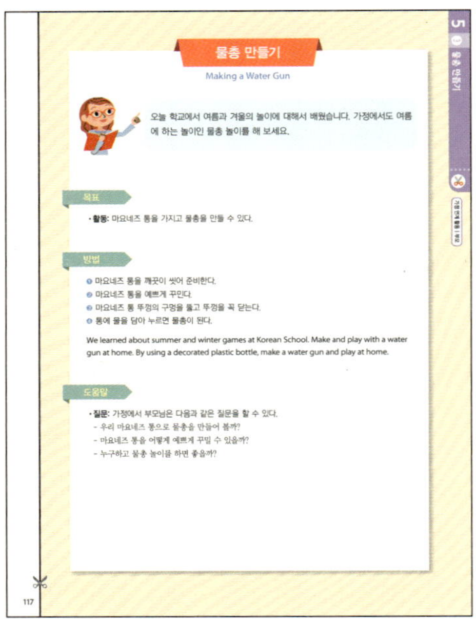

물총 만들기

Making a Water Gun

오늘 학교에서 여름과 겨울의 놀이에 대해서 배웠습니다. 가정에서도 여름에 하는 놀이인 물총 놀이를 해 보세요.

목표

- **활동:** 마요네즈 통을 가지고 물총을 만들 수 있다.

방법

1. 마요네즈 통을 깨끗이 씻어 준비한다.
2. 마요네즈 통을 예쁘게 꾸민다.
3. 마요네즈 통 뚜껑의 구멍을 뚫고 뚜껑을 꼭 닫는다.
4. 통에 물을 담아 누르면 물총이 된다.

We learned about summer and winter games at Korean School. Make and play with a water gun at home. By using a decorated plastic bottle, make a water gun and play at home.

도움말

- **질문:** 가정에서 부모님은 다음과 같은 질문을 할 수 있다.
  - 우리 마요네즈 통으로 물총을 만들어 볼까?
  - 마요네즈 통을 어떻게 예쁘게 꾸밀 수 있을까?
  - 누구하고 물총 놀이를 하면 좋을까?

117

목표	자료
• **활동:** 여름과 겨울에 하는 활동에 대해 말할 수 있다. • **표현:** '겨울에 어떤 놀이를 해요?'의 의미를 이해할 수 있다. '에': 앞말이 시간이나 때임을 나타내는 조사이다. 예) 여름에 수영을 해요. • **어휘:** 여름과 겨울에 하는 활동들에 대한 단어를 알 수 있다. 예) 물총, 모래성, 수영, 눈썰매, 눈싸움, 눈사람	• 여름 놀이와 겨울 놀이(5-①) • 같은 그림 찾기(5-②) **준비물** • 가위, 연필, 사인펜

활동 수준	높음
활동 유형	게임
집단 유형	소집단
가정 연계	있음
활동지 쪽수	109~120

방법

(1) 교사는 학생들에게 여름과 겨울에 어떤 놀이를 하는지 질문한다.

(2) 학생들은 여름 놀이와 겨울 놀이(5-①)를 보면서 자신이 어떤 놀이를 해 봤고, 어떤 놀이를 해 보고 싶은지 이야기한다.

(3) 교사가 여름 놀이와 겨울 놀이(5-①)의 문장을 읽어 주면 학생들이 따라 읽는다.

(4) 학생들은 여름 놀이와 겨울 놀이(5-①)를 잘라 문장을 따라 쓰고 두 명씩 짝을 지어 각 놀이 그림을 설명하는 문장을 말한다.

(5) 학생들은 같은 그림 찾기(5-②)를 오려서 섞은 다음 뒤집어 놓고 같은 그림 찾기 게임을 한다.

게임 방법

❶ 2명씩 짝이 되어 게임을 한다.
❷ 번갈아 가며 뒤집어져 있는 카드 중에서 두 장을 선택한다. 두 장이 같은 그림이 아니면 다시 뒤집어 놓는다.
❸ 두 장이 같은 그림일 경우 그 문장을 말해야 카드를 가져갈 수 있다.

질문 예시

- 여러분은 여름과 겨울에 어떤 놀이를 해요? 누구하고 그 놀이를 해요?
- 우리 그럼 여름 놀이와 겨울 놀이(5-①)를 볼까요? 여기서 어떤 놀이를 해 봤어요? 어떤 놀이를 해 보고 싶어요?

To begin, look at summer and winter activities (5-①) and talk about them. Next, talk about what activities students have played before and what they want to play. Also, read sentences for summer and winter activities (5-①) and cut out 'finding the same pictures' (5-②). Flip them over to play the game of finding the same pictures. Finally, when the same pictures are flipped, students can take the cards, but only after reading the sentence.

도움말

활동

- 눈이 내리지 않는 나라라면 교사는 눈이 내리는 사진 또는 영상을 미리 준비해 보여 준다. (인터넷에서 '눈이 내리는 풍경'을 검색하면 관련 영상을 찾을 수 있다.)
- 몸으로 말하고 어떤 놀이인지 맞히는 활동으로 할 수도 있다. (예: 세 명씩 두 팀으로 나눈다. 팀의 한 명이 카드를 보고 몸으로 표현하면 나머지 두 명이 맞힌다. 많은 카드를 맞힌 팀이 승리한다.)

가정 연계

물총 만들기(5-③)

6. 크리스마스 카드 만들기 Making a Christmas Card

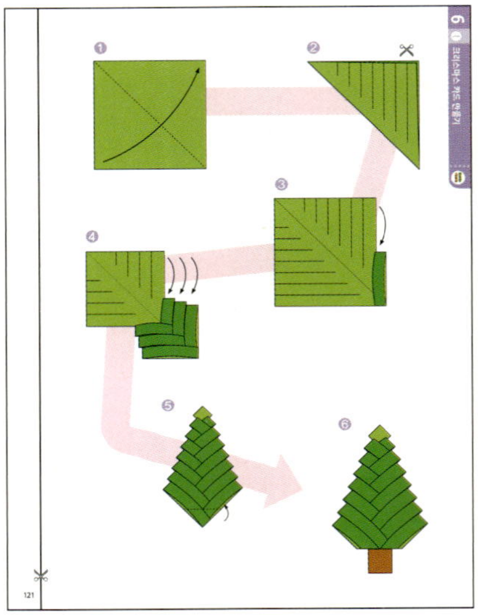

앞면

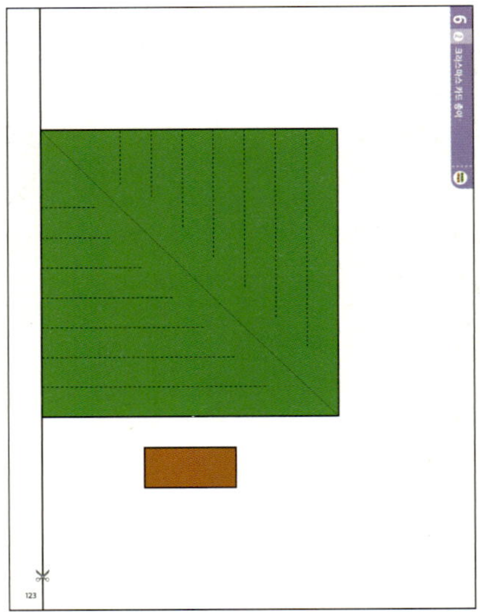

뒷면

앞면

뒷면

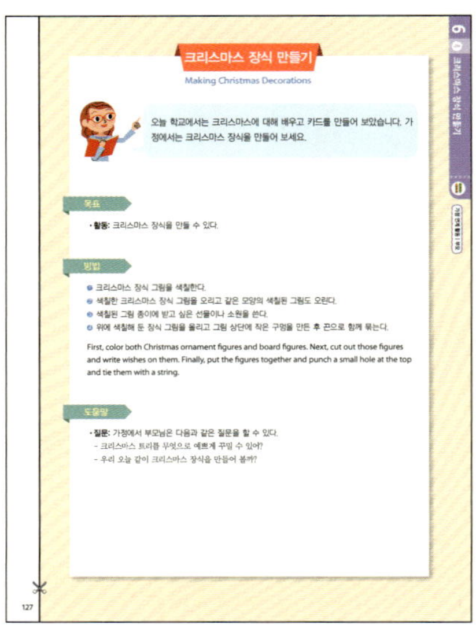

크리스마스 장식 만들기

Making Christmas Decorations

오늘 학교에서는 크리스마스에 대해 배우고 카드를 만들어 보았습니다. 가정에서는 크리스마스 장식을 만들어 보세요.

목표

- **활동:** 크리스마스 장식을 만들 수 있다.

방법

1. 크리스마스 장식 그림을 색칠한다.
2. 색칠한 크리스마스 장식 그림을 오리고 같은 모양의 색칠된 그림도 오린다.
3. 색칠된 그림 종이에 받고 싶은 선물이나 소원을 쓴다.
4. 위에 색칠해 둔 장식 그림을 올리고 그림 상단에 작은 구멍을 만든 후 끈으로 함께 묶는다.

First, color both Christmas ornament figures and board figures. Next, cut out those figures and write wishes on them. Finally, put the figures together and punch a small hole at the top and tie them with a string.

도움말

- **질문:** 가정에서 부모님은 다음과 같은 질문을 할 수 있다.
  - 크리스마스 트리를 무엇으로 예쁘게 꾸밀 수 있어?
  - 우리 오늘 같이 크리스마스 장식을 만들어 볼까?

활동 수준	높음
활동 유형	미술
집단 유형	개별
가정 연계	있음
활동지 쪽수	121~130

목표

- **활동:** 크리스마스에 대해 알고 크리스마스 카드를 만들 수 있다.
- **표현:** '착한 일을 하면 크리스마스에 선물을 받아요.'의 의미를 이해할 수 있다.
  '-(으)면': 뒤에 오는 말에 대한 근거나 조건이 됨을 나타내는 표현으로 앞말에 받침이 있으면 '-으면'을 사용하고, 받침이 없거나 'ㄹ'이면 '-면'을 사용한다.
  예) 나쁜 일을 하면 선물을 받을 수 없어요.
- **어휘:** 크리스마스와 관련된 단어를 알 수 있다.
  예) 겨울, 크리스마스, 크리스마스 카드, 선물

자료

- 크리스마스 카드 만들기(6-①)
- 크리스마스 카드 종이(6-②)
- 크리스마스 카드(6-③)

준비물

- 가위, 풀, 연필, 사인펜, 색연필, 크레파스

방법

(1) 교사는 크리스마스에 대해 학생들에게 질문한다.

(2) 교사는 크리스마스에는 사람들이 카드를 주고받기도 한다는 사실을 이야기해 준다. 그리고 오늘은 다 함께 카드를 만들어 볼 것이라고 소개한다.

(3) 학생들은 크리스마스 카드 만들기(6-①)를 보면서 크리스마스 카드 종이(6-②)를 오려 트리를 만든다.

(4) 만든 트리를 크리스마스 카드(6-③)에 붙이고 부모님이나 선생님, 친구들에게 카드를 쓴다.

질문 예시

- 여러분, 크리스마스에 대해 들어 봤어요?
- 크리스마스는 언제예요?
- 크리스마스에는 사람들이 무엇을 해요?
- 크리스마스에는 사람들이 서로 카드를 주고받기도 해요. 우리 오늘은 같이 크리스마스 카드를 만들어 볼 거예요.

Begin by talking about Christmas (6-①) then cut out the making Christmas card sheet (6-②) to make a tree. Finally, attach the tree to a card (6-③) and write a card to a parent, teacher or friend.

도움말

활동

- 학생들이 쓰기를 어려워할 경우, 교사가 학생들이 말하는 것을 대신 써 준다.
- 활동지 외에도 색종이를 이용하여 여러 장의 카드를 추가로 만들 수 있다.

가정 연계

크리스마스 장식 만들기(6-④)

7. 여름과 겨울에 먹는 음식 Summer and Winter Food

앞면

뒷면

앞면

뒷면

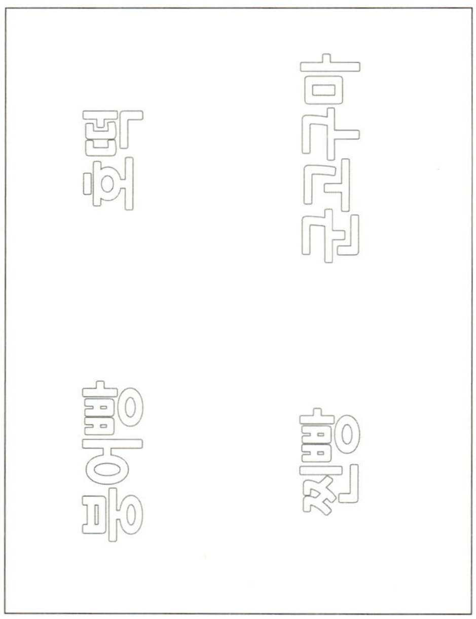

목표

- **활동:** 여름과 겨울에 먹는 음식에 대해 말할 수 있다.
- **표현:** '여름에 냉면이나 팥빙수를 먹어요.'의 의미를 이해할 수 있다.
  '(이)나': 둘 이상의 사물을 같은 자격으로 이어 주거나 그중에 하나만이 선택됨을 나타내는 조사이다. 앞 단어에 받침이 있으면 '이나'를 사용하고, 받침이 없으면 '나'를 사용한다.
  예) 겨울에 군고구마나 호떡을 먹어요.
- **어휘:** 여름과 겨울에 먹는 음식에 대한 단어를 알 수 있다.
  예) 냉면, 삼계탕, 팥빙수, 아이스크림, 군고구마, 호떡, 찐빵, 붕어빵

자료

- 여름과 겨울 음식 카드(7-①)
- 식탁 그림판(7-②)

준비물

- 가위, 풀, 연필, 색연필

활동 수준	낮음
활동 유형	언어
집단 유형	개별
활동지 쪽수	131~136

방법

(1) 교사는 여름과 겨울에 자주 먹는 음식에 대해 학생들에게 질문을 한다.

(2) 교사는 여름과 겨울 음식 카드(7-①)를 통해 한국에서 여름과 겨울에 자주 먹는 음식에 대해 알려 준다.

(3) 학생들은 여름과 겨울 음식 카드(7-①)를 자르고 사진 뒤의 글자를 따라 쓴다. 따라 쓴 후에는 두 명이 짝이 되어 사진을 위로 가게 카드를 놓고 각 음식의 이름을 말한다.

(4) 학생들은 식탁 그림판(7-②) 활동지 하단의 음식 카드를 오린다.

(5) 학생들은 자른 음식 카드를 계절 상황에 맞게 식탁 그림판(7-②) 활동지 상단의 식탁 위에 붙인다.

■ 질문 예시

- 여러분은 여름에 어떤 음식을 자주 먹어요?
- 겨울에는 어떤 음식을 자주 먹어요?
- 한국에서는 여름과 겨울에 어떤 음식을 자주 먹을까요?

First, talk about seasonal food and look at the word cards (7-①) to learn about summer and winter food in Korea. Next, cut out the food cards (7-①), flip them over and color food names. Finally attach the appropriate seasonal food cards (7-①) to the summer table or the winter table (7-②).

도움말

■ 활동

- 여름과 겨울 음식 카드(7-①)에 제시된 음식 외에 다른 음식을 추가로 제시할 수 있다.
  예) 화채(여름), 팥죽(겨울)
- 학생이 여름이나 겨울에 자주 먹는 음식을 직접 그려서 붙일 수 있다.

■ 문화와 정체성

여름과 겨울에 특히 많이 먹는 한국 음식에 대해 안다.
- 좋아하는 한국 음식이 뭐예요?
- 여름에 많이 먹는 한국 음식이 무엇인지 알아요?
- 겨울에 많이 먹는 한국 음식이 뭘까요?

8
계절 사진판
137

8
계절 사진판
139

8
계절 사진판
141

8
계절 사진판
143

목표

- **활동:** 계절과 관련된 이야기를 할 수 있다.
- **표현:** '여름에 수영하러 수영장에 가요.'의 의미를 이해할 수 있다.
  '-(으)러': (동사에 붙어) 가거나 오거나 하는 동작의 목적을 나타내는 표현으로 앞에 있는 단어에 받침이 있으면 '-으러'를 사용하고, 받침이 없거나 'ㄹ'이면 '-러'를 사용한다.
  예) 겨울에 스키를 타러 스키장에 가요.
- **어휘:** 계절에 대한 단어를 알 수 있다.
  예) 봄, 여름, 가을, 겨울

자료

- 계절 사진판(8-①)

준비물

- 잡지나 신문, 가위, 풀

활동 수준	높음
활동 유형	조작
집단 유형	소집단
활동지 쪽수	137~144

방법

(1) 교사는 학생들에게 각 계절에 관련된 물건 또는 필요한 물건이 무엇이 있는지 질문한다.

(2) 교사는 학생들에게 봄, 여름, 가을, 겨울 중 한 계절을 고르라고 하고 고른 계절에 따라 팀을 나눈다.

(3) 학생들은 잡지나 신문, 전단지 등에서 계절 이름 글자를 오리고 각 계절과 관련된 물건, 음식 등 사진도 오린다. (예: 겨울 사진판으로 활동을 하는 학생은 '겨', '울' 글자와 눈사람, 스키, 군고구마 사진 등을 찾아서 오려 붙인다.)

(4) 학생들은 각 계절의 계절 사진판(8-①)에 신문이나 잡지에서 오린 계절 이름을 붙이고 계절과 관련된 사진도 붙인다.

(5) 학생들은 각 팀에서 만든 활동지에 대해 발표한다.

■ **질문 예시**

- 여러분, 여름에 사람들은 어떤 옷을 입어요?
- 겨울에는 어떤 옷을 입어요?
- 봄과 가을에는 어떤 옷을 자주 입을까요?
- 여름에 사람들은 어떤 운동을 많이 해요?
- 그 운동을 하려면 어떤 물건이 필요해요?

First, talk about seasonal stuff and things needed for each season then divide students into four teams and pick a season among spring, summer, fall and winter. Next, cut out the season names and photographs of objects and food related to the season from magazines, newspapers and flyers. For example, a team that chooses 'fall' finds letters 'f', 'a' and 'l' from newspapers, as well as photographs of things and food items related to 'fall. Finally, attach the season names and photographs related to the correct season on the season activity sheet (8-①) and each team presents its activity sheet.

도움말

■ **활동**

- 잡지나 신문 등을 준비하기 어려운 경우에는 직접 그림을 그리게 할 수 있다.
- 글자 찾기를 어려워하는 경우 교사가 대신 찾아 주거나 써 줄 수 있다.

앞면

뒷면

봄에
소풍을
가요.

봄에
꽃 구경을
해요.

여름에
수영을
해요.

여름에
물총 놀이를
해요.

앞면

뒷면

가을에
낙엽을
모아요.

가을에
단풍놀이를
해요.

겨울에
눈사람을
만들어요.

겨울에
크리스마스
트리를
만들어요.

활동 수준	높음
활동 유형	게임
집단 유형	소집단
활동지 쪽수	145~148

목표

- **활동:** 각 계절에 사람들이 많이 하는 활동에 대해 이야기하고, 계절과 관련된 단어를 사용하여 게임을 할 수 있다.
- **표현:** '겨울에는 눈싸움을 하거나 썰매를 타요.'의 의미를 이해할 수 있다.
  '-거나': 앞에 오는 말과 뒤에 오는 말 중에서 하나가 선택될 수 있음을 나타내는 표현이다.
  예) 여름에는 수영을 하거나 물총 놀이를 해요.
- **어휘:** 각 계절에 자주 하는 활동과 관련된 단어를 알 수 있다.
  예) 소풍, 물총 놀이, 수영, 등산, 눈사람

자료

- 계절 활동 그림 카드(9-①)

방법

(1) 교사는 학생들에게 각 계절에 사람들이 어떤 활동을 많이 하는지 질문한다.

(2) 학생들은 계절 활동 그림 카드(9-①)를 보고 각 계절에 할 수 있는 일에 대해 배운다. 그리고 모든 교사의 설명이 끝나면 학생들은 각 활동의 내용을 교사와 함께 몸으로 표현해 본다.
예) "'겨울에 눈사람을 만들어요.'를 몸으로 어떻게 표현할 수 있을까요? 우리 눈사람을 만드는 모습을 몸으로 표현해 볼까요?"

(3) 학생 두 명이 한 팀이 되어 교사가 계절을 하나 말하면 학생들은 제한 시간 내에 그 계절에 할 수 있는 일을 몸으로 표현한다.
예) "선생님이 '겨울'이라고 말하면 겨울에 할 수 있는 활동을 몸으로 표현해 보세요."

(4) 제한 시간 내에 가장 많은 활동을 몸으로 잘 표현한 팀이 이긴다.

질문 예시

- 여러분, 봄에는 새싹이 나고 예쁜 꽃들도 많이 피어요. 그래서 봄에는 꽃을 보러 가는 사람들이 많아요.
- 봄에는 사람들이 또 어떤 활동을 많이 할까요?
- 여름에는 사람들이 어떤 활동을 많이 할까요?
- 여름에 친구들과 주로 무엇을 해요?

First, talk about seasonal activities then look at the figure cards (9-①) and learn activities for each season. Next, form teams of two to describe a seasonal activity using body motions as chosen by the teacher. For example, when the teacher says 'winter', describe a winter activity using body motions. Finally, the team gains a point if the two students make the same body motions and the team with the highest score wins.

도움말

활동

- 〈활동 9〉에서 제시되는 그림 카드(9-①) 외에 〈활동 5〉, 〈활동 7〉, 〈활동 10〉 등 다른 활동에서 제시되는 카드를 추가로 이용할 수 있다.
- 계절에 할 수 있는 활동을 동작으로 표현하는 대신 단어를 외치는 활동으로 확장하여 진행할 수 있다.
  예) "선생님이 '겨울'이라고 말하면 생각나는 단어를 말해 보세요."

10. 과일과 채소 사진 책 만들기 Making a Book of Fruits and Vegetables

앞면

뒷면

활동 수준	높음
활동 유형	언어
집단 유형	개별
활동지 쪽수	149~158

목표

- **활동:** 각 계절에 나는 과일과 채소의 이름을 말할 수 있다.
- **표현:** '여름에는 자두하고 수박을 먹어요.'의 의미를 이해할 수 있다.
  '하고': 앞과 뒤의 명사를 같은 자격으로 이어주는 조사이다.
  예) 나는 가을에 감하고 고구마를 먹어요.
- **어휘:** 각 계절에 나는 과일과 채소의 이름을 알 수 있다.
  예) 딸기, 수박, 자두, 옥수수, 포도, 사과, 배, 감, 고구마, 귤, 무

자료

- 과일과 채소 카드(10-①)
- 사계절의 과일과 채소 사진 책(10-②)

준비물

- 가위, 풀, 연필, 사인펜

방법

(1) 교사는 학생들에게 각 계절에 어떤 과일과 채소를 많이 먹는지 질문한다.

(2) 학생들은 과일과 채소 카드(10-①)를 보고 한국에서 각 계절에 자주 먹는 과일과 채소에 대해 배운다.

(3) 학생들은 과일과 채소 카드(10-①)의 글자를 따라 쓴다. 그리고 과일과 채소 카드(10-①)에서 자신이 좋아하는 과일/채소 카드를 골라 오린다.

(4) 학생들은 자른 카드를 사계절의 과일과 채소 사진 책(10-②)에 붙인다.

(5) 학생들은 자신이 만든 사계절의 과일과 채소 사진 책(10-②)을 보여 주고 자신이 각 계절마다 어떤 과일과 채소를 많이 먹는지, 또 그 과일과 채소를 왜 좋아하는지 이야기한다.

질문 예시

- 저는 수박을 좋아해서 여름에 수박을 많이 먹어요.
- 여러분은 여름에 어떤 과일을 많이 먹어요?
- 그럼 여름에 어떤 채소를 많이 먹어요?
- 그럼 가을에는 어떤 과일을 많이 먹어요?

To begin, talk about seasonal fruits and vegetables then look at figure cards (10-①) to learn about seasonal fruits and vegetables of Korea. Next, pick a favorite fruit or vegetable for each season from the word cards and cut the cards out (10-①). Finally, attach the cards to the board of a book (10-②), then present a story.

도움말

활동

- 학생이 원하는 단어를 추가하여 활동을 진행할 수 있다.
- 단어 쓰기를 어려워하는 경우 교사가 써 준다.
- 과일과 채소 카드(10-①)의 각 과일과 채소는 한국 기준으로 다음의 계절에 주로 먹는 음식이다.

딸기(봄, 겨울)	쑥(봄)	수박(여름)
자두(여름)	포도(여름)	옥수수(여름)
사과(가을, 겨울)	배(가을)	감(가을)
고구마(여름, 가을)	귤(겨울)	무(겨울)

11. 계절 수수께끼 Season Riddles

앞면

뒷면

군고구마	팥빙수
눈	스키
우산	목도리

앞면

뒷면

썰매	눈싸움
산	냉면
포도	감

목표

- **활동:** 계절에 관한 수수께끼를 듣고 추측하여 답을 맞힐 수 있다.
- **표현:** '겨울이 오면 추워요.'의 의미를 이해할 수 있다.
  '–(으)면': 뒤에 오는 말에 대한 근거나 조건이 됨을 나타내는 표현으로 앞말에 받침이 있으면 '–으면'을 사용하고, 받침이 없거나 'ㄹ'이면 '–면'을 사용한다.
  예) 겨울이 되면 스키를 타요.
- **어휘:** 각 계절의 날씨와 활동에 대한 단어를 알 수 있다.
  예) 팥빙수, 군고구마, 스키, 눈, 목도리, 우산, 눈싸움, 썰매, 냉면, 산, 포도, 감

자료

- 수수께끼 카드(11–①)

활동 수준	높음
활동 유형	언어
집단 유형	대집단
활동지 쪽수	159~162

방법

(1) 교사가 〈활동 5〉, 〈활동 7〉, 〈활동 9〉, 〈활동 10〉을 활용해 각 계절의 날씨 특징, 각 계절에 먹는 음식, 각 계절에 하는 활동 등을 질문하면 학생들이 대답을 한다.

(2) 교사가 수수께끼 카드(11-①)를 이용하여 수수께끼를 낸다.

(3) 학생들은 교사의 수수께끼를 듣고 정답을 말한다.

수수께끼 질문 (1)

팥빙수
- 여름에 자주 먹어요.
- 얼음으로 만들어요.
- 팥과 과일, 떡이 들어 있어요.

군고구마
- 겨울에 자주 먹어요.
- 밖은 갈색인데 안은 노란색이에요.
- 맛있고 달아요.

스키
- 겨울에 자주 하는 운동이에요.
- 눈이 있는 산에서 타요.
- 긴 막대기 2개와 특별한 신발이 필요해요.

눈
- 겨울에 볼 수 있어요.
- 하늘에서 내려와요.
- 날씨가 따뜻하면 없어져요.

목도리
- 겨울에 자주 사용해요.
- 보통 길어요.
- 목을 따뜻하게 해 줘요.

우산
- 비가 오는 날 사용해요.
- 머리 위에 쓰면 젖지 않아요.
- 여러 가지 색과 무늬가 있어요.

수수께끼 질문 (2)

눈싸움
- 겨울에 밖에서 해요.
- 먼저 눈을 동그랗게 만들어요.
- 그리고 친구에게 던져요.

썰매
- 겨울에 밖에서 타요.
- 눈이나 얼음 위에서 타요.
- 크리스마스에 산타 할아버지가 타고 와요.

냉면
- 여름에 자주 먹어요.
- 국수의 한 종류예요.
- 먹으면 시원해요.

산
- 여기에는 꽃과 나무가 많아요.
- 아주 높아요.
- 올라가면 다시 내려와요.

감
- 가을에 자주 먹는 과일이에요.
- 주황색이 되면 먹어요.
- 딱딱한 것도 있고 부드러운 것도 있어요.

포도
- 여름에 자주 먹는 과일이에요.
- 작은 알이 많이 달려 있어요.
- 보라색이나 초록색이에요.

질문 예시

- 여러분, 겨울에는 날씨가 어때요? 그래서 사람들이 어떤 옷을 입어요?
- 겨울에는 사람들이 무슨 음식을 많이 먹어요?
- 겨울에 하는 놀이에는 뭐가 있어요?
- 그럼 이제부터 계절에 대한 수수께끼를 해봐요.
- 지금부터 제가 하는 말을 잘 듣고 이것이 무엇인지 맞혀 보세요.

To begin, use activities 5, 7, 9 and 12 to ask and answer questions about weather, food and activities for each season. Next, the teacher uses cards (11-①) to pose riddles, the students listen to the riddles from the teacher and guess the answers.

도움말

활동

- 〈활동 5〉, 〈활동 7〉, 〈활동 9〉, 〈활동 10〉를 활용해 단어를 충분히 익힌 후에 수수께끼를 진행한다.
- 언어 수준이 높은 경우, 카드 사진을 보고 학생들끼리 수수께끼 문제를 내고 정답을 말하는 활동을 할 수 있다.

발음

단어 '목도리[목또리]' 발음을 연습한다. 받침 'ㅂ, ㄷ, ㄱ' 뒤에 'ㅂ, ㄷ, ㅅ, ㅈ, ㄱ' 이 'ㅃ, ㄸ, ㅆ, ㅉ, ㄲ'으로 변한다.

12. 계절과 날씨 Talking about Seasons and Weather

12 ① 날씨 판 만들기

163

12 ② 날씨 판

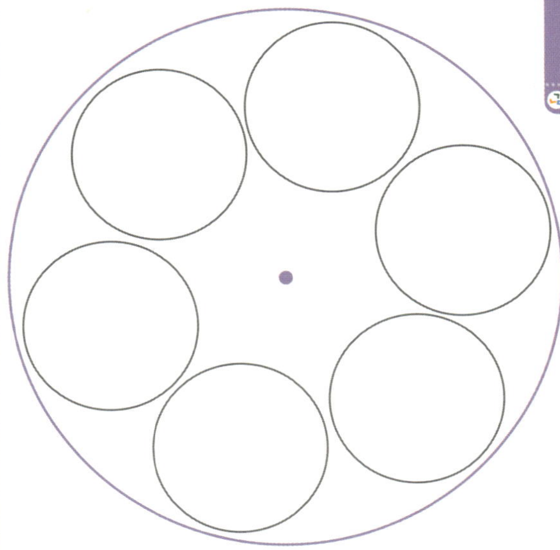

165

12 ③ 우산 만들기

가정 연계 활동 | 부모

우산 만들기

Making Umbrellas

오늘 학교에서는 날씨에 대해서 배웠습니다. 가정에서는 비가 올 때 필요한 우산을 예쁘게 만들어 보세요.

목표

• **활동:** 우산을 만들고 예쁘게 꾸밀 수 있다.

방법

❶ 우산을 예쁘게 꾸민다.
❷ 우산을 오려서 풀로 붙인다.
❸ 우산의 가운데에 빨대나 나무 막대를 붙인다.

We learned about weather at Korean School. Make a pretty umbrella used for rainy weather. First decorate an umbrella and cut it out then attach it with a straw or wooden chopstick.

도움말

• **질문:** 가정에서 부모님은 다음과 같은 질문을 할 수 있다.
- 비가 오면 사람들이 무엇을 써?
- 우리 오늘 같이 우산을 만들어 볼까?
- (아이 이름)(이)는 어떤 우산을 만들고 싶어?

167

12 ③ 우산 만들기

가정 연계 활동 | 유아

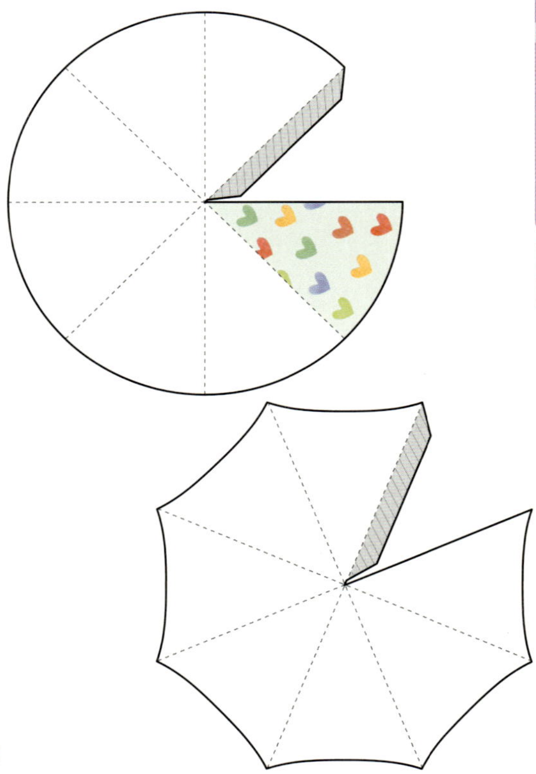

169

활동 수준	높음
활동 유형	언어
집단 유형	개별
가정 연계	있음
활동지 쪽수	163~170

목표

- **활동:** 각 계절의 날씨에 대해 말할 수 있다.
- **표현:** '비가 와서 우산을 써요.'의 의미를 이해할 수 있다.
  '-아/어서': 앞말이 뒤에 나오는 내용의 이유나 근거를 나타내는 표현이다. '-아서'는 끝음절의 모음이 'ㅏ, ㅗ'인 동사와 형용사 뒤에 붙여 쓰고, '-어서'는 끝음절의 모음이 'ㅏ, ㅗ'가 아닌 동사와 형용사 뒤에 붙여 쓴다. '-해서'는 '하다'나 '하다'가 붙는 동사와 형용사 뒤에 붙여 쓴다.
  예) 눈이 와서 눈사람을 만들어요.
- **어휘:** 각 계절의 날씨에 대한 단어를 알 수 있다.
  예) 눈, 바람, 비, 구름, 햇빛

자료

- 날씨 판 만들기(12-①)
- 날씨 판(12-②)

준비물

- 가위, 풀, 압정이나 핀, 두꺼운 종이, 스티로폼, 사인펜, 색연필, 크레파스

방법

(1) 교사는 학생들에게 각 계절의 날씨가 어떤지 질문하고 각각의 날씨에는 어떤 옷차림을 하는 것이 좋은지 물어본다.

(2) 학생들은 날씨 판 만들기(12-①)의 날씨를 색칠하고 오린다.

(3) 학생들은 날씨 판(12-②) 크기에 맞게 두꺼운 종이를 잘라 날씨 판(12-②) 뒤에 덧대어 붙인다.

(4) 학생들은 오린 날씨 판 만들기(12-①)의 날씨 카드를 날씨 판(12-②) 원 안에 붙이고 스티로폼을 날씨 판(12-②) 가운데에 붙인다. 그리고 화살표 뒤에 두꺼운 종이를 잘라 덧대어 붙인 후 스티로폼 위에 압정으로 화살표를 꽂는다.

(5) 학생들은 두세 명이 한 그룹이 되어 활동을 한다.

(6) 번갈아 가며 화살표를 손가락으로 튕기고 화살표가 멈춘 날씨에 대해 이야기한다.
예) 오늘 날씨가 어때요?
이런 날씨에는 어떤 옷을 입어야 해요?
이런 날씨에는 무엇이 필요할까요?
이런 날씨에는 무엇을 하면 좋을까요?

질문 예시

- 봄, 여름, 가을, 겨울 날씨가 어때요?
- 봄에는 어떤 옷을 입어야 해요?
- 여름에는 어떤 옷을 입는 것이 좋아요?

First, talk about what the weather is like in the spring, summer, fall and winter. Next, color and cut out the weather cards on the 'making weather' board (12-①). Now attach the weather cards to the weather board (12-②) and put an arrow figure in the middle of the weather board. Students turn the arrow on the board and explain when the arrow indicates specified weather (12-②). For example, "How's the weather today?" or "How is the weather in the spring, summer, fall and winter?" or "What kind of clothes do you like to wear in that season?" or "What activities are good/bad for this weather?"

도움말

활동

- 제시된 날씨가 아닌 다른 날씨 표현을 그려서 사용할 수 있다. (태풍이 불다, 천둥 번개가 치다, 덥다, 춥다, 따뜻하다, 시원하다 등)
- 〈활동 13〉과 연계하여 날씨 판(12-②)을 돌려 나오는 날씨에 따라 인형에게 옷을 달리 입히는 활동을 할 수 있다.

가정 연계

우산 만들기(12-③)

13. 날씨에 맞는 옷 입기 Different Clothes for Different Weather

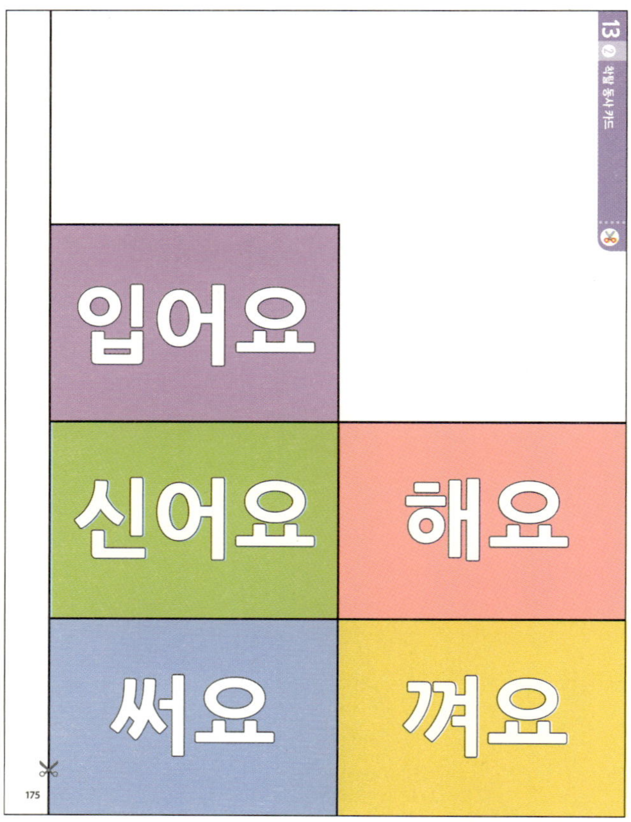

활동 수준	높음
활동 유형	조작
집단 유형	개별
활동지 쪽수	171~176

목표

- **활동:** 계절에 따른 옷차림에 대해 말할 수 있다.
- **표현:** '추운 날에는 코트를 입어요.'의 의미를 이해할 수 있다.
  '-(으)ㄴ': (형용사에 붙어) 앞의 말이 뒤에 오는 단어를 꾸며주는 기능을 하게 만들고 현재의 상태를 나타내는 표현으로 앞말에 받침이 있으면 '-은'을 사용하고, 받침이 없거나 'ㄹ'이면 '-ㄴ'을 사용한다.
  예) 더운 날에는 반바지를 입어요.
- **어휘:** 계절에 따른 옷차림에 대한 단어를 알 수 있다.
  예) 치마, 반바지, 긴 바지, 장화, 장갑, 민소매, 털모자, 입다, 신다, 하다, 쓰다, 끼다

자료

- 옷 그림(13-①)
- 착탈 동사 카드(13-②)
- 날씨 그림 카드(14-①)

준비물

- 가위

방법

(1) 교사는 학생들에게 날씨에 따라 옷차림이 어떻게 달라지는지 질문한다.

(2) 교사는 옷 그림(13-①)을 보며 어떤 옷이 있는지 학생들과 이야기를 한 후 각 옷이 어떤 동사와 어울리는지 옷과 관련된 착탈 동사 카드(13-②)를 이용해 설명한다.

(3) 학생들은 옷 그림(13-①)에 있는 옷을 자른다.

(4) 학생들은 날씨 그림 카드(14-①)에서 하나의 날씨를 고른 후, 잘라 둔 옷 중에서 그 날씨와 어울리는 옷을 찾아 옷 그림(13-①)의 인형에 입힌다.

(5) 학생들은 자신이 옷을 입힌 인형의 옷차림에 대해 옷과 관련된 착탈 동사 카드(13-②)를 활용해 말한다.

(6) 학생들은 완성된 인형의 옷차림이 어떤 날씨에 적합한지 이야기한다.

질문 예시

- 여러분, 오늘은 비가 오고 추워요.
- 오늘처럼 비가 오고 추운 날에는 어떤 옷을 입어야 할까요?
- 그럼 더운 날에는 어떤 옷을 입으면 좋을까요?

First, talk about different clothes worn in different weather such as the kinds of clothes to wear when it is raining or cold. Next, look at clothes figures (13-①), read and cut out each figure. Also, look at weather figure cards (14-①) and put clothes appropriate for the weather on a doll. Describe the clothing on the doll using wearing verb cards (13-②). For example, 'the doll is wearing boots', 'the doll is wearing clothes' or, 'the doll is wearing a hat'. Students select weather from pictures (14-①) and select the proper clothes for that weather and for the doll (13-①). By using verb cards (13-②), students talk about the doll's clothes. Finally, talk about which weather is suited for the clothes worn by the doll.

도움말

활동

- 날씨 상황별로 나누어 조별 활동으로 할 수도 있다. (예: 조를 두 개로 나누어 한 조는 여름, 한 조는 겨울에 맞는 옷차림을 인형에게 입히게 한다.)
- 인형에게 옷을 잘 입힐 수 있도록 자를 때 옷에 붙어 있는 작은 막대를 함께 자르고 입힐 때는 그 부분을 접어 옷을 입힌다.
- 학생들에게 착탈 동사 카드(13-②)의 각 동사를 써 보게 할 수도 있다.
- 제시된 옷과 관련된 동사와 주로 함께 쓰이는 단어는 아래와 같다.
  예) 쓰다: 모자, 우산, 안경 등
  끼다: 장갑, 안경 등
  하다: 목도리, 머리띠 등
  입다: 치마, 블라우스, 바지, 남방, 점퍼, 코트 등
  신다: 운동화, 장화, 부츠, 슬리퍼 등

발음

단어 '입어요[이버요]', '신어요[시너요]' 발음을 연습한다.

14 ① 날씨 그림 카드
177

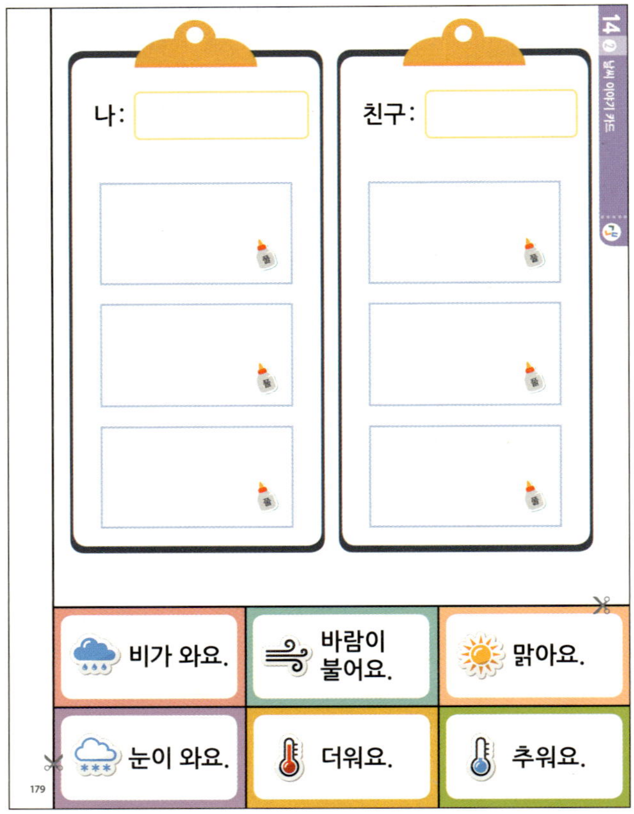

14 ② 날씨 이야기 카드
나:
친구:
비가 와요.
바람이 불어요.
맑아요.
눈이 와요.
더워요.
추워요.
179

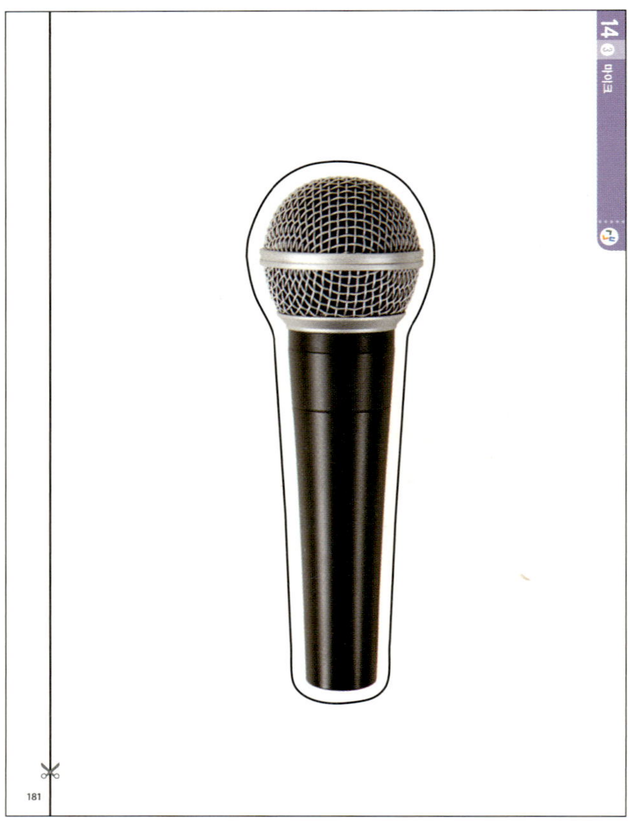

14 ③ 마이크
181

활동 수준	높음
활동 유형	언어
집단 유형	소집단
활동지 쪽수	177~182

목표

- **활동:** 기상 캐스터가 되어 계절에 따른 날씨에 대해 말할 수 있다.
- **표현:** '내일은 눈이 오겠습니다.'의 의미를 이해할 수 있다.
  '-겠-': 미래의 일이나 추측을 나타내는 표현이다.
  예) 내일은 바람이 불겠습니다.
- **어휘:** 계절에 따른 날씨에 대한 단어를 알 수 있다.
  예) 맑다, 덥다, 춥다, 비가 오다, 눈이 오다, 바람이 불다

자료

- 날씨 그림 카드(14-①)
- 날씨 이야기 카드(14-②)
- 마이크(14-③)

준비물

- 가위, 풀

방법

(1) 교사는 내일 날씨를 어떻게 알 수 있는지 학생들에게 질문을 한 뒤 오늘은 우리가 기상 캐스터가 되어 날씨를 전할 것임을 알려 준다.

(2) 교사가 두 명씩 팀을 만들어 주면 학생들은 팀별로 날씨 그림 카드(14-①)의 카드 한 세트를 자른다. 그리고 각각 세 장의 카드를 나눠 가진다.

(3) 학생들은 날씨 이야기 카드(14-②) 하단의 문장 카드를 각각 잘라 둔다.

(4) 학생들은 각자 자신이 원하는 나라를 정하고 날씨 이야기 카드(14-②)의 빈칸에 자신과 짝이 선택한 나라 이름을 각각 쓴다.
예) 나: 한국, 친구: 미국

(5) 한 학생이 상대가 선택한 나라의 날씨에 대해 질문을 하면 다른 한 명은 자신이 가진 날씨 그림 카드(14-①)에 기초해 날씨 이야기를 해 준다.
예) (미국을 선택한 친구에게 한국을 선택한 친구가 질문을 한다.) "내일 미국의 날씨가 어때요?"
(미국을 선택한 친구가 대답한다.) "내일 미국은 비가 와요."

(6) 대답을 들은 학생은 잘라 둔 날씨 이야기 카드(14-②) 문장 카드를 찾아 날씨 이야기 카드(14-②)의 빈칸에 알맞게 붙인다.
예) 미국 하단의 빈칸에 '비가 와요' 카드를 붙인다.

(7) (5)-(6)의 활동을 번갈아가며 진행하여 날씨 이야기 카드(14-②)의 빈칸을 채운다. 자신의 날씨 그림 카드(14-①)에 대한 정보를 상대에게 다 알려 준 뒤에는 서로 카드를 바꾸어 (5)-(6)의 활동을 다시 진행할 수도 있다.

(8) 학생들은 마이크(14-③)를 오린 후 친구가 알려 준 나라의 날씨 정보 중 하나를 선택해 기상 캐스터가 되어 내일의 날씨 소식을 전한다.
예) "내일 미국에는 비가 오겠습니다."

질문 예시

- 여러분은 내일 날씨를 알고 싶으면 어떻게 해요?
- 맞아요. 뉴스로 날씨 소식을 봐요.
- 오늘은 우리가 기상 캐스터가 되어 날씨를 전해 볼 거예요.

First work in pairs and hand out three different weather cards (14-①), one to each student. Students write selected country names in the blanks (14-②). Next, one person asks a question and the other person describes the weather. For example, "How is the weather in Seoul?" and, "It is snowing." Listen to both students, find a sentence card and attach the sentence card to the weather story card (14-②). Finally, cut out the microphone figure (14-③) and look at the weather story card (14-②) in order to deliver the weather forecast. For example, "It is snowing in Seoul. It is also cold."

도움말

활동

- 한국어가 유창하지 않은 학생의 경우, 교사가 옆에서 글을 읽어 주고 따라 해 볼 수 있도록 한다.
- 학생들이 (8)번 활동을 잘 수행하는 경우, 날짜를 달리하여 세 가지의 날씨 정보를 모두 말하게 할 수도 있다.
  예) 12월 11일 수요일에는 한국에 비가 오겠습니다.
  12월 12일 목요일에는 한국에 바람이 불겠습니다.
  12월 13일 금요일에는 한국에 눈이 오겠습니다.

15. 동요 '꼬마 눈사람' Sing 'Frosty the Snowman'

꼬마 눈사람

반주

15 ① '꼬마 눈사람' 노래

한겨울에 밀짚모자 꼬마 눈사람

눈썹이 우습구나 코도 삐뚤고

거울을 보여 줄까 꼬마 눈사람

183

활동 수준	낮음
활동 유형	음악
집단 유형	대집단
활동지 쪽수	183~184

Track 26

Track 26_반주

목표

- **활동:** 동요 '꼬마 눈사람'을 부르며 노랫말의 의미를 이해한다.
- **표현:** '집으로 들어갈까?'의 의미를 이해할 수 있다.
  '-(으)ㄹ까': (동사에 붙어) 듣는 사람의 의사를 물을 때 두루 낮춰서 쓰는 표현으로 문장의 마지막에서 쓰인다. 앞말에 받침이 있으면 '-을까'를 사용하고, 받침이 없거나 'ㄹ'이면 '-ㄹ까'를 사용한다.
  예) 거울을 보여 줄까?
- **어휘:** 동요에 나오는 단어와 표현을 알 수 있다.
  예) 눈, 코, 입, 손, 눈썹, 밀짚모자, 목도리

자료

- '꼬마 눈사람' 노래(15-①)

준비물

- 연필, 사인펜

방법

(1) 교사는 학생들에게 눈사람을 만들어 본 적이 있는지 질문한 뒤 '꼬마 눈사람' 노래를 들려준다.
(2) 교사는 노랫말에 나오는 눈사람에 대해 학생들에게 질문을 한다.
예) 이 눈사람 얼굴이 어떻게 생겼어요?
이 눈사람은 머리에 무엇을 썼어요?
(3) 학생들은 '꼬마 눈사람' 노래(15-①)에 있는 눈사람의 회색 글자를 따라 쓴다.
(4) 교사가 다시 '꼬마 눈사람' 노래를 들려주면 학생들은 노래를 '랄랄라~'로 따라 부르고 다시 노랫말을 붙여 부른다.
(5) 학생들은 노랫말에 나오는 눈사람의 모습을 몸으로 표현하며 노래를 부른다.
예) '코도 삐뚤고' 부분을 부를 때 코를 비틀어 본다.

질문 예시

- 눈사람을 만들어 본 적이 있어요?
- 누구하고 눈사람을 만들었어요?
- 그 눈사람은 키가 컸어요? 얼굴은 어땠어요?

First, listen to the song, 'Frosty the snowman' then talk about the snowman that appears in the lyrics. Students color the written letters on the worksheet (15-①). Next, sing the song with 'Lalala' then sing it with the actual lyrics. Finally, imitate the motions of the snowman in the lyrics while singing.

도움말

활동

학생들이 종이를 준비해 자신이 만들고 싶은 눈사람을 자유롭게 그려 보도록 할 수도 있다.

발음

단어 '눈사람[눈싸람]' 발음을 연습한다.

꼬마 눈사람

강소청 작사, 한용희 작곡

본 큰 그림책 자료는 '계절'과 관련된 활동지를 통해 습득한 언어 지식을 다시 한번 활용할 수 있도록 개발하였다. 학생은 그림을 보면서 교사와 '계절'에 관련된 이야기를 재미있게 나눌 수 있다. 이 자료는 '계절' 주제와 관련된 어휘와 활동 내용을 모두 포함하는 그림으로 표현하였으며 유아들이 보다 친근감을 가지고 접근할 수 있는 그림으로 제작하였다. 교사와 학생들이 같이 주제와 관련된 그림 자료를 보면서 대화를 나누는 수업은 의사소통 능력을 신장시키고, 장기적으로 언어에 대한 흥미도 높일 수 있다.

교사 질문

큰 그림책 자료를 활용하여 여러 가지 계절에 대해 말할 수 있다. 다음의 질문을 통해 계절에 관한 다양한 어휘와 표현을 확인할 수 있다.

예시

- 그림에서 보는 것처럼 한국에는 사계절이 있어요.
- 봄/여름/가을/겨울 날씨는 어때요?
- 봄/여름/가을/겨울에는 사람들이 어떤 옷을 입어요?
- 봄/여름/가을/겨울에는 사람들이 어떤 일을 많이 해요?
- 봄/여름/가을/겨울에는 사람들이 무슨 음식을 많이 먹어요?
- 여러분은 여름에 무슨 과일을 많이 먹어요?
- 여름에 무슨 채소를 많이 먹어요?
- 가을에는 무슨 과일을 많이 먹어요?
- 봄/여름/가을/겨울에는 사람들이 어떤 운동을 많이 해요? 어디에서 그것을 해요?
- 봄/여름/가을/겨울에는 사람들이 어떤 놀이를 많이 해요? 그 놀이는 어떻게 해요?
- 비가 오는 날에는/추운 날에는 어떤 옷을 입어야 할까요?
- 더운 날에는 어떤 옷을 입으면 좋을까요?
- 비가 오는 날/ 눈이 오는 날에는 무엇을 준비해야 할까요?
- 더운 날에는 물놀이를 많이 해요. 물놀이를 하기 전에 어떤 것들을 준비해야 해요?
- 물놀이를 할 때 무엇을 조심해야 해요?

주제 9 나의 하루 My Daily Life

	활동명	활동 수준	활동 유형	집단 유형	가정 연계	활동지 쪽수	지도서 쪽수
1	교실 정리 정돈하기	낮음	조작	개별		187~190	276~277
2	집에서 안전하게 생활하기	높음	조작	대집단	○	191~200	278~279
3	놀이터에서 안전하게 놀기	낮음	언어	대집단		201~204	280~281
4	지켜야 할 생활 습관	높음	언어	소집단		205~208	282~283
5	방 정리 정돈하기	낮음	조작	개별		209~212	284~285
6	집안일 돕기	높음	언어	개별	○	213~222	286~287
7	쓰레기 분리수거	높음	조작	개별		223~226	288~289
8	간식 만들기	낮음	조작	개별	○	227~236	290~291
9	공공장소 예절	높음	언어	대집단		237~240	292~293
10	교통안전 게임	높음	게임	대집단	○	241~248	294~295
11	하루 일과 시작하기	낮음	언어	소집단		249~250	296~297
12	학교에 다녀와서 하는 일	낮음	언어	소집단		251~252	298~299
13	좋은 습관 칭찬하기	높음	언어	소집단		253~254	300~301
14	나의 하루 그림책 만들기	높음	미술	개별		255~256	302~303
15	동요 '시계'	낮음	음악, 미술	개별		257~260	304~305

교육 자료의 주제 및 내용 구성

유아의 하루는 집에서 일어나서 등교 준비를 하고, 학교에 가서 작은 사회의 구성원으로 활동을 한 후에 집으로 돌아와서 하루를 마무리하는 것으로 이루어진다. 본 교육 자료의 '나의 하루' 주제는 유아가 학교에서 알아야 하는 것들, 집에서 알아야 하는 것들, 그리고 유아의 안전한 놀이와 생활로 이루어졌다. 이러한 활동을 통해 유아는 일상생활에서의 예절과 안전에 대한 올바른 지식을 쌓고 위험한 상황에 대처하는 방법에 대해 배울 수 있다.

본 교육 자료를 통해 유아는 한국어 의사소통 능력을 향상시킬 수 있다. 예를 들어, '2. 집에서 안전하게 생활하기', '3. 놀이터에서 안전하게 놀기', '10. 교통안전 게임'과 같은 활동을 통해 안전에 대한 지식을 말하기, 듣기를 기본으로 하는 의사소통 활동을 익힐 수 있다. 또한, '4. 지켜야 할 생활 습관', '5. 방 정리 정돈하기', '6. 집안일 돕기', '13. 좋은 습관 칭찬하기'와 같은 활동 등을 통해 자신의 습관과 관련된 경험을 자연스럽게 말하면서 한국어 말하기 능력의 향상을 꾀할 수 있다. 아울러, '15. 동요 '시계'' 등의 노래를 부르는 다양한 의사소통 활동을 통해 유아가 재미있게 날짜와 시간의 개념을 배울 수 있다.

1. 교실 정리 정돈하기 Clean Up!

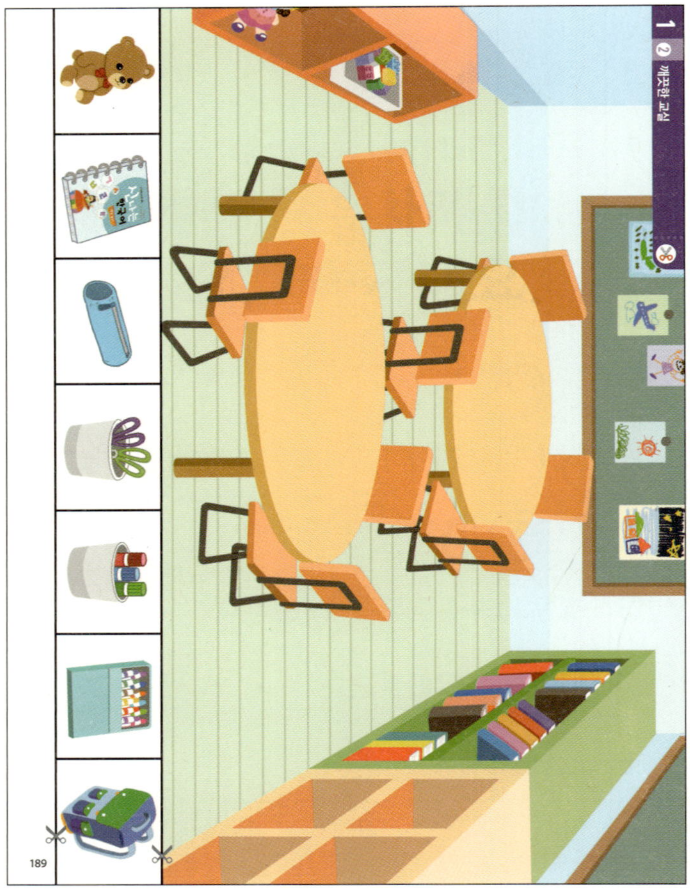

목표

- **활동:** 교실을 깨끗이 정리했을 때 자신의 기분과 느낌을 말할 수 있다.
- **표현:** '책상을 정리하면 기분이 좋아요.'의 의미를 이해할 수 있다.
  '-(으)면': 뒤에 오는 말에 대한 근거나 조건이 됨을 나타내는 표현으로 앞말에 받침이 있으면 '-으면'을 사용하고, 받침이 없거나 'ㄹ'이면 '-면'을 사용한다.
  예) 교실을 정리하면 기분이 좋아요.
- **어휘:** 정리 정돈과 관련된 단어를 알 수 있다.
  예) 깨끗하다, 정리하다, 기분이 좋다, 지저분하다

자료

- 정리되지 않은 교실(1-①)
- 깨끗한 교실(1-②)

준비물

- 가위, 풀

활동 수준	낮음
활동 유형	조작
집단 유형	개별
활동지 쪽수	187~190

방법

(1) 교사는 학생에게 교실이 정리되지 않은 상황을 설명하고 어떻게 하면 교실이 깨끗해지는지 이야기를 한다.

(2) 교사는 학생에게 정리되지 않은 교실(1-①)과 깨끗한 교실(1-②)을 보면서 어떤 교실이 더 좋아 보이는지 물어본다.

(3) 교사는 학생에게 정리되지 않은 교실(1-①)을 보여 주면서 어떻게 정리하면 깨끗한 교실이 될 수 있는지 이야기한다.

(4) 학생은 깨끗한 교실(1-②) 하단에 있는 단어 카드를 오린 후 교실의 알맞은 곳에 붙인다.

(5) 학생은 정리된 교실을 보고 어떻게 달라졌는지, 자신의 기분과 느낌을 말해 본다.

질문 예시

- 여러분, 우리 교실이 지저분해요. 우리 교실을 깨끗하게 만들려면 무엇을 하는 것이 좋을까요?
- 깨끗한 교실을 보면 기분이 어때요?

First, look at the clean classroom background sheet (1-①) then the disorganized classroom background sheet (1-②) and talk about which classroom is better. Next, look at the disorganized classroom background sheet (1-2) and talk about how to organize things. Also, cut out the things below the clean classroom background sheet (1-①) using scissors and put them in the appropriate places. Finally, after putting them all in the correct places, share your feelings about how the organized classroom is different from the disorganized classroom.

도움말

활동

활동이 끝난 후에 실제로 교실을 정리해 본다. 교실이 어떻게 달라졌는지 함께 이야기를 한다. 교사는 학생에게 깨끗한 교실을 보고 기분이 어떤지 물어볼 수 있다.

2. 집에서 안전하게 생활하기 Living Safely at Home

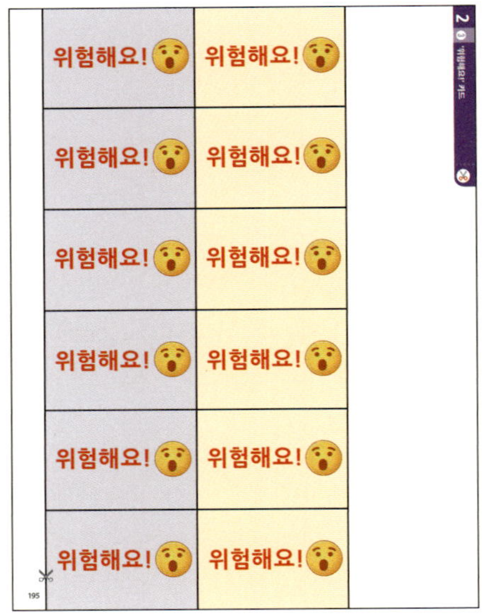

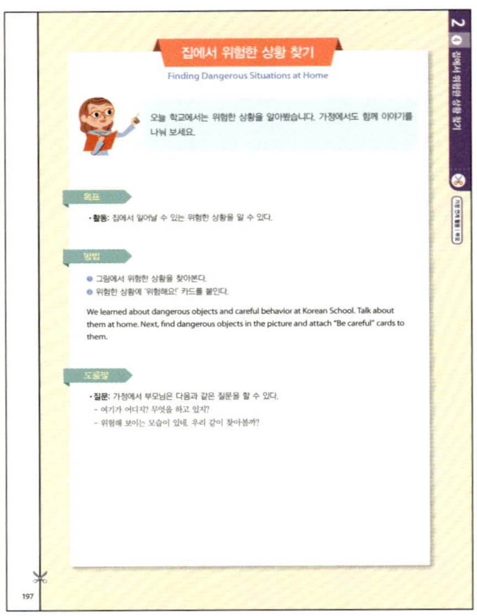
집에서 위험한 상황 찾기

Finding Dangerous Situations at Home

오늘 학교에서는 위험한 상황을 알아봤습니다. 가정에서도 함께 이야기를 나눠 보세요.

목표

• **활동:** 집에서 일어날 수 있는 위험한 상황을 알 수 있다.

방법

❶ 그림에서 위험한 상황을 찾아본다.
❷ 위험한 상황에 '위험해요!' 카드를 붙인다.

We learned about dangerous objects and careful behavior at Korean School. Talk about them at home. Next, find dangerous objects in the picture and attach "Be careful" cards to them.

도움말

• **질문:** 가정에서 부모님은 다음과 같은 질문을 할 수 있다.
- 여기가 어디지? 무엇을 하고 있지?
- 위험해 보이는 모습이 있네. 우리 같이 찾아볼까?

목표

• **활동:** 집안에서 위험한 상황을 찾고 안전하게 생활할 수 있다.

• **표현:** '만지면 위험해요.'의 의미를 이해할 수 있다.
'-(으)면': 뒤에 오는 말에 대한 근거나 조건이 됨을 나타내는 표현으로 앞말에 받침이 있으면 '-으면'을 사용하고, 받침이 없거나 'ㄹ'이면 '-면'을 사용한다.
예) 손에 물이 있으면 조심하세요.

• **어휘:** 위험한 상황을 나타내는 단어를 알 수 있다.
예) 위험하다, 조심하다, 뜨겁다, 미끄럽다, 넘어지다

자료

• 부엌에서 위험한 상황 (2-①)
• 욕실에서 위험한 상황 (2-②)
• '위험해요!' 카드(2-③)

준비물

• 가위, 풀

활동 수준	높음
활동 유형	조작
집단 유형	대집단
가정 연계	있음
활동지 쪽수	191~200

방법

(1) 교사는 학생들에게 가장 많은 시간을 보내는 곳을 물어보면서 집안에서 위험한 상황이 무엇인지 알아볼 것이라고 말한다.

(2) 교사는 부엌에서 위험한 상황(2-①)의 상황을 학생에게 말로 설명을 하면서 O, X 게임을 한다.

O, X 게임 방법

위험하지 않으면 손으로 동그라미를 하면서 '안전해요!'를 말하고, 위험하면 손으로 엑스를 하면서 '위험해요!'라고 말한다.

〈부엌 상황〉

❶ 밥솥에서 뜨거운 김이 나와요. 손으로 밥솥을 만져요. 안전해요? 위험해요?

❷ 오븐으로 요리를 하고 있어요. 오븐이 뜨거워요. 장갑이 없는데 문을 열어요. 안전해요? 위험해요?

❸ 포크로 동생과 집에서 놀아요. 안전해요? 위험해요?

❹ 내 손이 닿지 않는 곳에 그릇이 있어요. 내가 올라가서 꺼내려고 해요. 안전해요? 위험해요?

❺ 식탁 위에 유리 물병이 있는데 식탁보를 잡아 당겨요. 안전해요? 위험해요?

---

(3) 교사는 학생과 부엌에서 위험한 상황(2-①)과 욕실에서 위험한 상황(2-②) 활동지를 보면서 어떤 상황이 위험한지 찾는다.

(4) 학생은 '위험해요!' 카드(2-③)를 오려 부엌에서 위험한 상황(2-①)에 붙인다.

(5) 교사와 학생은 완성된 활동지를 보면서 위험한 상황에 대해 이야기를 나눈다.

(6) 욕실에서 위험한 상황(2-②)도 동일한 방법으로 활동을 한다.

The teacher asks students where they spend most of their time and says they will find out about the dangerous situation at home today. The teacher plays an o, x game, explaining to the student the situation of dangerous goods in the kitchen (2-①). Teachers look at student and hazardous situations (2-①, 2-②) activity sites to find out what kind of situations are. The student tries to cut out the word card (2-③) and attach it to a dangerous situation in the kitchen (2-①). Teachers and students talk about dangerous situations while watching the completed activity. Find dangerous situations in the bathroom (2-②) in the same way.

How to play the game

If it is not dangerous, circle it by hand and say 'safe!' and if it is dangerous, say 'danger!' by hand.

<Situation in kitchen>

- The hot steam is coming out of the rice cooker. I touch the rice cooker with my hands. Is it safe? Is it dangerous?
- I'm cooking in the oven. The oven is hot. Open the door without gloves. Is it safe? Is it dangerous?
- I play at home with my sister for a fork. Is it safe? Is it dangerous?
- There's a bowl out of my reach. I'm going up and trying to get out. Is it safe? Is it dangerous?
- There's a glass jar on the table, and pull the tablecloth. Is it safe? Is it dangerous?

■ 질문 예시

- 여러분, 주방에서 무엇을 하면 안 돼요?
- 왜 주방에서 포크로 장난치면 안 돼요?
- 여러분, 욕실에서 무엇을 하면 안 돼요?
- 왜 욕실에서 뛰면 안 돼요?

도움말

■ 활동

위험한 상황 그림에 '위험해요!' 카드(2-③)를 빨리 붙이는 게임으로 활동을 바꿔서 진행할 수도 있다.

가정 연계

■ 집에서 위험한 상황 찾기(2-④)

3. 놀이터에서 안전하게 놀기 Playing Safely at the Playground

활동 수준	낮음
활동 유형	언어
집단 유형	대집단
활동지 쪽수	201~204

목표

- **활동:** 놀이터에서 위험한 상황을 찾고 안전하게 놀 수 있다.
- **표현:** '위험하게 노는 친구가 있어요.'의 의미를 이해할 수 있다.
  '-는': (동사에 붙어) 앞의 말이 뒤에 나오는 내용을 꾸며 주는 기능을 하게 만들고 사건이나 동작이 현재 일어남을 나타내는 표현이다.
  예) 안전하게 노는 친구를 찾아요.
- **어휘:** 안전과 관련된 단어를 알 수 있다.
  예) 위험하다, 안전하다

자료

- 위험하게 노는 친구 찾기(3-①)
- 안전하게 노는 친구 찾기(3-②)

준비물

- 사인펜, 색연필, 크레파스

방법

(1) 교사는 학생들에게 놀이터에서 논 경험을 묻는다. 그리고 놀이터에서 위험한 상황이 무엇인지에 대해 소개한다.

(2) 교사는 학생과 놀이할 때 지켜야 할 안전 규칙에 대해서 이야기를 나눈다.

(3) 학생은 위험하게 노는 친구 찾기(3-①)를 보면서 위험한 행동을 하는 친구들을 찾는다.

(4) 교사는 학생과 이 친구들이 왜 위험한지 함께 이야기를 나눈다.

(5) 학생은 안전하게 노는 친구 찾기(3-②)에서 올바른 행동을 하는 친구들을 찾고, 놀이터에서 놀 때 어떻게 해야 하는지 이야기를 나눈다.

(6) 학생은 안전하게 노는 친구 찾기(3-②)를 보고 안전하게 노는 친구를 찾아서 색칠한다.

질문 예시

- 친구들은 어디에서 많이 놀아요? 네, 놀이터에서도 많이 놀지요?
- 놀이터에서 놀다가 다친 적이 있어요?
- 다치지 않고 재미있게 놀기 위해서 어떻게 행동해야 해요?

First, talk about safety rules and find pictures of someone who is playing dangerously (3-①). Next, find a picture of someone who is playing cautiously and following the safety rules (3-②). Finally, see at (3-②) and find a friend who plays safely and color it (3-②).

도움말

활동

- 위험하게 노는 친구 찾기(3-①)와 안전하게 노는 친구 찾기(3-②) 그림을 비교하여 틀린 그림 찾기 활동으로 진행할 수 있다.
- 그림의 의미는 다음과 같다.

위험하게 노는 상황	안전하게 노는 상황
• 미끄럼틀을 차례대로 타지 않는다.	• 미끄럼틀을 차례대로 탄다.
• 높은 곳에서 장난친다.	• 높은 곳에서 장난치지 않는다.
• 시소를 잡지 않고 서서 탄다.	• 시소를 잘 잡고 앉아서 탄다.
• 모래 놀이를 할 때 친구에게 모래를 뿌린다.	• 모래 놀이를 할 때 친구에게 모래를 뿌리지 않는다.
• 모래 놀이를 할 때 위험한 도구를 사용한다.	• 모래 놀이를 할 때 안전한 도구를 사용한다.
• 신발을 신고 벤치에 올라간다.	• 벤치에 앉는다.

4. 지켜야 할 생활 습관 Differentiating Good Habits and Bad Habits

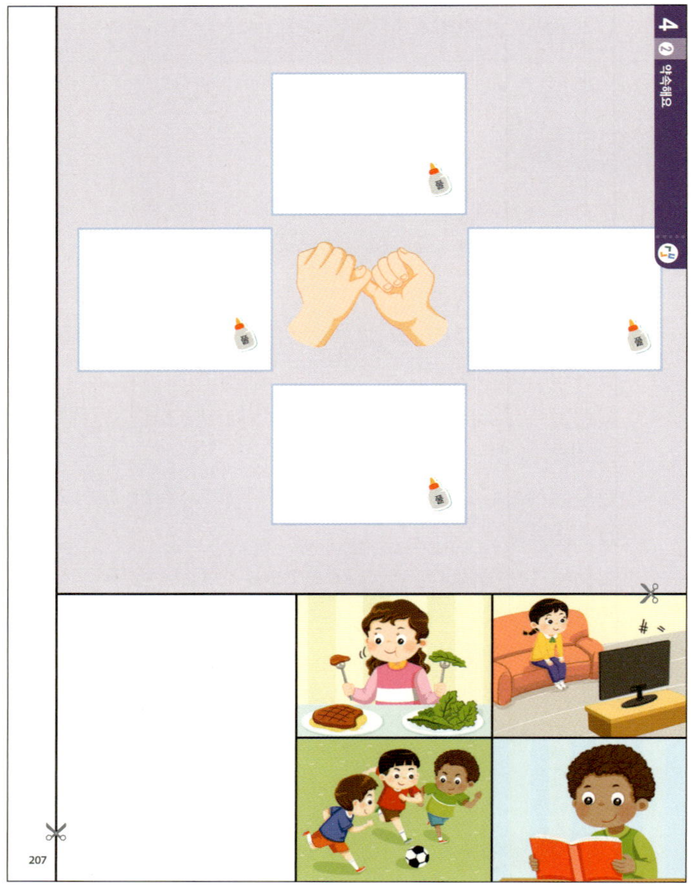

활동 수준	높음
활동 유형	언어
집단 유형	소집단
활동지 쪽수	205~208

목표

- **활동:** 좋은 습관과 나쁜 습관에 대해 말할 수 있다.
- **표현:** '텔레비전을 너무 오래 보면 눈이 나빠질 거예요.'의 의미를 이해할 수 있다.
  '-(으)ㄹ 거예요': 어떤 상황이나 사실에 대한 전망이나 추측을 나타내는 표현으로, 앞말에 받침이 있으면 '-을 거예요'를 사용하고, 받침이 없거나 'ㄹ'이면 'ㄹ 거예요'를 사용한다.
  예) 사탕을 많이 먹으면 이가 아플 거예요.
- **어휘:** 좋은 습관과 나쁜 습관을 표현하는 단어를 알 수 있다.
  예) 습관, 지키다, 약속하다

자료

- 무슨 일이 생길까요?(4-①)
- 약속해요(4-②)

준비물

- 가위, 풀

방법

(1) 교사와 학생은 일상생활에서 지켜야 할 생활 습관에 대해 이야기를 나눈다.

(2) 교사는 무슨 일이 생길까요?(4-①) 카드를 보고 나쁜 습관과 그에 따른 안 좋은 결과에 대해 이야기를 한다.

(3) 학생은 무슨 일이 생길까요?(4-①)를 오린 후 나쁜 습관과 그에 따른 안 좋은 결과에 대한 그림을 찾아 짝을 지어 본다.

(4) 학생들은 짝을 지은 후 찾은 카드를 보여 주면서 나쁜 습관이 있으면 생길 일에 대해 이야기한다.

(5) 학생은 약속해요(4-②) 활동지에 하단 그림을 오려서 붙이고, 자신의 다짐을 이야기해 본다.

질문 예시

- 여러분, 텔레비전 보는 것을 좋아해요? 텔레비전에서 무엇을 자주 봐요? 얼마나 오래 봐요?
- 텔레비전을 너무 오래 보면 어떻게 될까요?
- 우리 모두 사탕, 초콜릿, 아이스크림을 좋아하지요? 그런데 너무 많이 먹으면 어떻게 될까요?
- 친구들과 사이좋게 놀지 않고 혼자서만 장난감을 가지고 놀면 재미있어요?
- 하루 종일 게임만 해요. 나중에 어떻게 될까요?

To begin, talk about daily habits then look at the bad habit card (4-①) and talk about what could happen if bad habits continue. For example, talk about what might happen if we watch too much television. Next, cut out bad habit cards (4-①), find a related figure and link them together. Students introduce what can happen from bad habits such as, watching too much television can harm peoples' eyes. Finally, make a promise on the activity sheet (4-②) to stop bad habits.

도움말

활동

- 학생의 수준에 따라 약속해요(4-②) 활동지의 여백에 활동지에 제시되지 않은 다른 약속하는 문장을 쓰게 할 수 있다.
- 카드 그림의 의미는 다음과 같다.

나쁜 습관	결과
텔레비전을 너무 오래 보다	눈이 나빠지다
단것을 많이 먹다	이가 아프다
친구들과 사이좋게 놀지 않다	혼자서만 놀게 되다
하루 종일 게임만 하다	책이 재미없어지다

5. 방 정리 정돈하기 Clean Up Your Room!

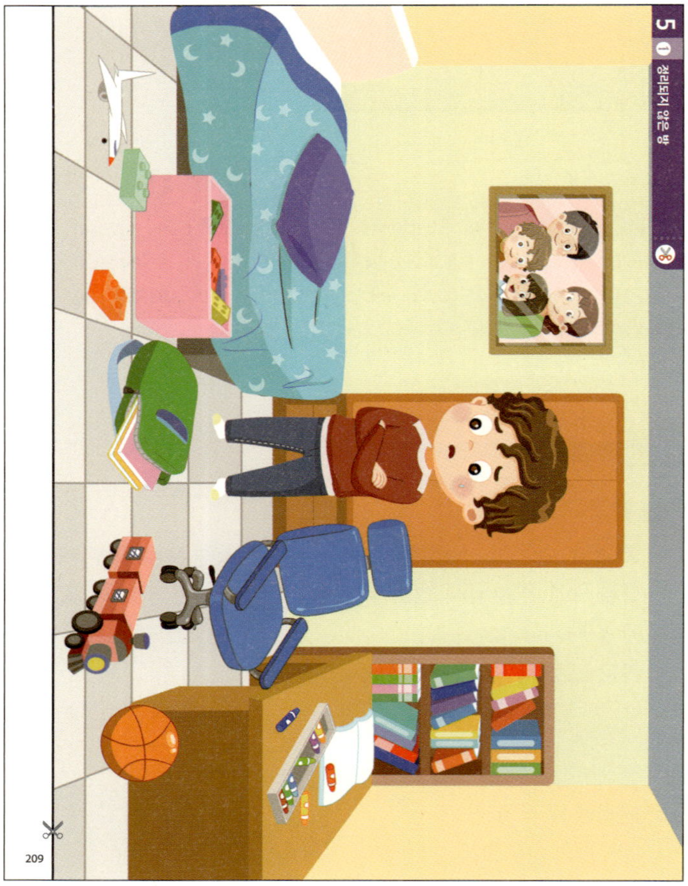

활동 수준	낮음
활동 유형	조작
집단 유형	개별
활동지 쪽수	209~212

목표

- **활동:** 방을 깨끗이 정리했을 때 자신의 기분과 느낌을 말할 수 있다.
- **표현:** '장난감을 정리하면 기분이 좋아요.'의 의미를 이해할 수 있다.
  '-(으)면': 뒤에 오는 말에 대한 근거나 조건이 됨을 나타내는 표현으로 앞말에 받침이 있으면 '-으면'을 사용하고, 받침이 없거나 'ㄹ'이면 '-면'을 사용한다.
  예) 방을 정리하면 기분이 좋아요.
- **어휘:** 정리 정돈과 관련된 단어를 알 수 있다.
  예) 깨끗하다, 정리하다, 기분이 좋다

자료

- 정리되지 않은 방(5-①)
- 깨끗한 방(5-②)

준비물

- 가위, 풀

방법

(1) 교사는 학생에게 방이 정리되지 않은 상황을 설명하고 어떻게 하면 방이 깨끗해지는지에 대해 이야기한다.

(2) 교사는 학생에게 정리되지 않은 방(5-①)과 깨끗한 방(5-②)을 보면서 어떤 방이 더 좋아 보이는지 물어본다.

(3) 교사는 학생에게 정리되지 않은 방(5-①)을 보면서 물건들을 어디에 두면 깨끗한 방이 될 수 있는지 이야기한다.

(4) 학생은 깨끗한 방(5-②) 그림의 아래에 있는 단어 카드를 오린 후 방의 알맞은 곳에 붙인다.

(5) 학생은 정리된 방을 보고 어떻게 달라졌는지, 자신의 기분과 느낌을 말해 본다.

질문 예시

- 방에서 장난감을 가지고 재미있게 놀았어요. 그래서 장난감들이 방에 많이 있네요. 어떻게 하면 좋을까요?
- 정리를 하고 나면 기분이 어때요?

First, look at the clean room background sheet (5-②) then the disorganized room background sheet (5-①) and talk about which room is better. Next, look at the disorganized room background sheet (5-①) and talk about how to organize things. Also, cut out the things below the clean room background sheet (5-②) using scissors and put them in the appropriate places. Finally, after putting them all in the correct places, share your feelings about how the organized room is different from the disorganized room.

도움말

활동

정리된 방과 정리되지 않은 방의 사진을 준비해서 비교하는 활동을 해도 좋다.

6. 집안일 돕기 Helping with Housework

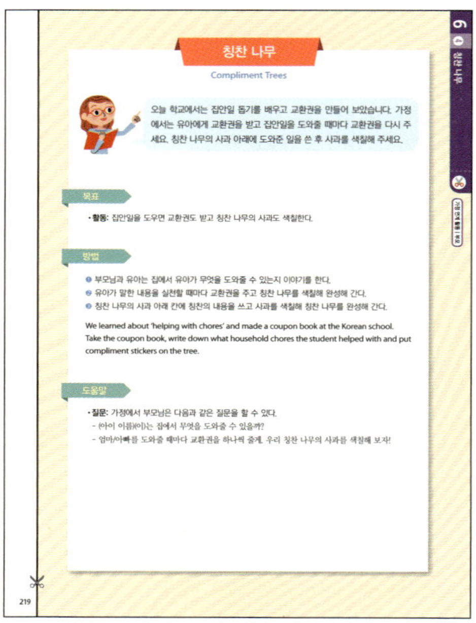

칭찬 나무

Compliment Trees

오늘 학교에서는 집안일 돕기를 배우고 교환권을 만들어 보았습니다. 가정에서는 유아에게 교환권을 받고 집안일을 도와줄 때마다 교환권을 다시 주세요. 칭찬 나무의 사과 아래에 도와준 일을 쓴 후 사과를 색칠해 주세요.

목표

- **활동:** 집안일을 도우면 교환권도 받고 칭찬 나무의 사과도 색칠한다.

방법

1. 부모님과 유아는 집에서 유아가 무엇을 도와줄 수 있는지 이야기를 한다.
2. 유아가 말한 내용을 실천할 때마다 교환권을 주고 칭찬 나무를 색칠해 완성해 간다.
3. 칭찬 나무의 사과 아래 칸에 칭찬의 내용을 쓰고 사과를 색칠해 칭찬 나무를 완성해 간다.

We learned about 'helping with chores' and made a coupon book at the Korean school. Take the coupon book, write down what household chores the student helped with and put compliment stickers on the tree.

도움말

- **질문:** 가정에서 부모님은 다음과 같은 질문을 할 수 있다.
  - (아이 이름)(이)는 집에서 무엇을 도와줄 수 있을까?
  - 엄마/아빠를 도와줄 때마다 교환권을 하나씩 줄게. 우리 칭찬 나무의 사과를 색칠해 보자!

219

목표	자료
• **활동:** 자신이 집에서 무슨 일을 도울 수 있는지 알 수 있다. • **표현:** '물건을 정리하고 있어요.'의 의미를 이해할 수 있다. '-고 있다': 어떤 동작이 진행 중이거나 계속됨을 나타낸다. 예) 방을 청소하고 있어요. • **어휘:** 집안일과 관련된 단어를 알 수 있다. 예) 돕다, 정리하다, 치우다, 물을 주다	• 정리되지 않은 집(6-①) • 정리된 집(6-②) • 집안일 교환권(6-③) **준비물** • 가위, 색연필, 사인펜, 크레파스, 스테이플러

활동 수준	높음
활동 유형	언어
집단 유형	개별
가정 연계	있음
활동지 쪽수	213~222

방법

(1) 교사는 학생에게 가정에서 가족 구성원이 어떤 일을 하는지 물어본다.

(2) 학생이 가족을 위해 집에서 해 본 일이나 할 수 있는 일을 이야기한다.

(3) 교사와 학생은 정리되지 않은 집(6-①)을 보면서 어떤 집안일이 필요한지 이야기를 한다. 정리된 집(6-②)그림을 보면서 집안일을 하기 전과 한 후의 변화에 대해 이야기한다.

(4) 학생은 집안일 교환권(6-③) 그림을 보면서 자신이 할 수 있는 일에 무엇이 있는지 이야기해 보고, 집안일 교환권(6-③)의 빈칸에 자신이 할 수 있는 일을 추가로 그린다.

(5) 학생은 집안일 교환권(6-③)을 모두 잘라서 스테이플러 등으로 찍어서 교환권을 만든 후 가정으로 가져간다. 학생은 집안일을 도와 드릴 때마다 부모님께 교환권을 받는다.

질문 예시

- 여러분, 집에서 엄마(아빠)는 무슨 일을 하세요?
- 형(오빠, 누나, 언니, 동생)은 무슨 일을 해요?
- 여러분은 집에서 어떤 일을 할 수 있을까요? 어떤 일을 해 봤어요?

To begin, ask and answer questions about housework done by parents at then talk about your experiences helping your parents. Next, look at the unclean house (6-①) and what has to be done. Look at the clean house (6-②) and talk about your feelings. Finally, talk about what you can do to help parents, and present 'helping' coupons on the coupon book (6-③).

도움말

활동

학생이 교환권에 그려진 집안일을 하면 부모님은 해당 교환권을 자녀에게 준다. 학생은 일주일 동안 모은 교환권을 학교에 가져와서 교사에게 어떤 집안일을 했는지, 집안일을 한 후 기분이 어땠는지에 대해 이야기를 한다.

문화와 정체성

이 활동을 통해 유아들은 가정에서 부모님을 돕고 공경하는 것에 대해 알 수 있다.
- 집에서 장난감을 가지고 놀고 난 후 정리를 하나요?
- 여러분은 집에서 부모님을 어떻게 도와주나요?

가정 연계

칭찬 나무(6-④)

7. 쓰레기 분리수거 Recycling Trash

활동 수준	높음
활동 유형	조작
집단 유형	개별
활동지 쪽수	223~226

목표

- **활동:** 재활용이 가능한 물건을 분류할 수 있다.
- **표현:** '콜라를 마신 후에 캔을 재활용통에 버려요.'의 의미를 이해할 수 있다.
  '-(으)ㄴ 후에': (동사에 붙여) 앞에 오는 말이 나타내는 행동을 하고 시간적으로 뒤에 다른 행동을 함을 나타내는 표현으로 앞말에 받침이 있으면 '-은 후에'를 사용하고, 받침이 없거나 'ㄹ'이면 '-ㄴ 후에'를 사용한다.
  예) 과자를 먹은 후에 봉지를 쓰레기통에 버려요.
- **어휘:** 분리수거에 관련된 단어를 알 수 있다.
  예) 재활용, 재활용품, 쓰레기통

자료

- 쓰레기통(7-①)
- 여러 가지 쓰레기(7-②)

준비물

- 가위, 풀

방법

(1) 교사는 학생에게 재활용 표시가 있는 재활용품의 물건을 사용한 후 쓰레기는 어디에 버리는지 묻는다.

(2) 교사는 학생에게 재활용 표시가 있는 재활용품의 표시를 보여 주면서 다시 사용할 수 있다는 것을 알려 준다.

(3) 교사는 학생에게 캔 외에 재활용을 할 수 있는 다양한 물건을 보여 주고 재활용이 가능하다는 것과 재활용했을 때 좋은 점(환경 보호, 에너지 절약)에 대해 이야기한다.

(4) 교사와 학생은 분리수거의 필요성과 중요성을 이야기한 후 쓰레기통(7-①)에 여러 가지 쓰레기(7-②)에서 오린 쓰레기를 분리해서 붙여 본다.

질문 예시

- 콜라를 마신 후 캔을 어디에 버려야 해요?
- 과자를 다 먹었어요. 봉지를 어디에 버려야 해요?

To begin, ask and answer questions about things that we use and how we throw them away. For example, what do we do after drinking a can of coke? Next, look at the recycling marks drawn on the can and determine if the can is recyclable. Also, show students different things that can be recycled and talk about the advantages of recycling such as, environmental protection or energy saving. Finally, talk about the importance of separating recyclables, cut out the garbage figures (7-②) and put them in the correct collection bins (7-①).

도움말

활동

- 활동지에 오려서 붙이는 활동으로 분리수거를 배운 후 직접 교실에 있는 쓰레기를 분리수거해 볼 수 있다.
- 두 팀으로 나누어 게임도 할 수 있다. 가위바위보를 해서 여러 가지 쓰레기(7-②) 중에서 가장 먼저 재활용품을 다 모으는 팀이 이긴다.
- 나라마다 분리수거 방법이 다를 수 있으므로 교사가 상황에 맞게 활동을 지도한다.

8. 간식 만들기 Making Snacks

앞면

뒷면

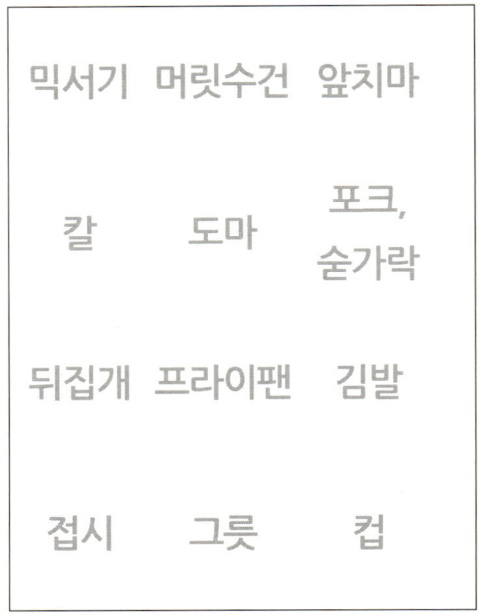

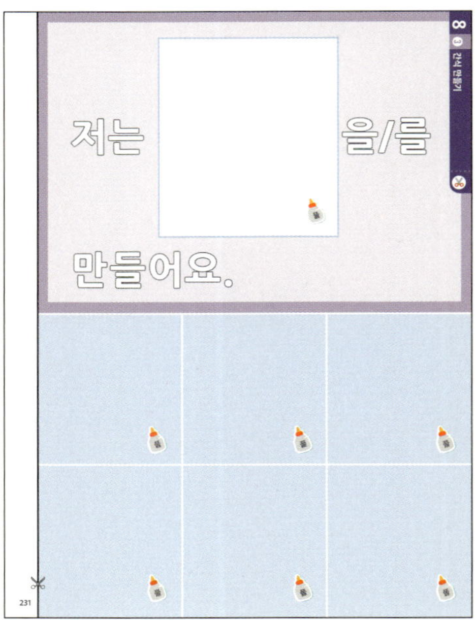

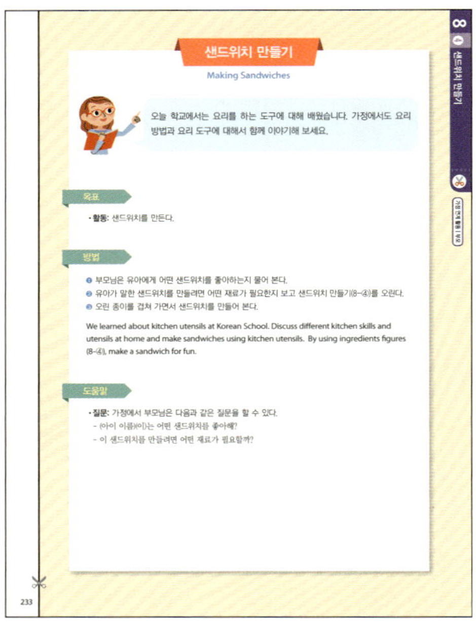

샌드위치 만들기

Making Sandwiches

오늘 학교에서는 요리를 하는 도구에 대해 배웠습니다. 가정에서도 요리 방법과 요리 도구에 대해서 함께 이야기해 보세요.

목표

- **활동:** 샌드위치를 만든다.

방법

1. 부모님은 유아에게 어떤 샌드위치를 좋아하는지 물어 본다.
2. 유아가 말한 샌드위치를 만들려면 어떤 재료가 필요한지 보고 샌드위치 만들기(8-④)를 오린다.
3. 오린 종이를 겹쳐 가면서 샌드위치를 만들어 본다.

We learned about kitchen utensils at Korean School. Discuss different kitchen skills and utensils at home and make sandwiches using kitchen utensils. By using ingredients figures (8-④), make a sandwich for fun.

도움말

- **질문:** 가정에서 부모님은 다음과 같은 질문을 할 수 있다.
  - (아이 이름)(이)는 어떤 샌드위치를 좋아해?
  - 이 샌드위치를 만들려면 어떤 재료가 필요할까?

233

목표

- **활동:** 자신이 좋아하는 간식을 만들 수 있다.
- **표현:** '간식을 만들어서 먹어요.'의 의미를 이해할 수 있다.
  '-아/어서': (동사에 붙어) 앞의 말과 뒤의 말이 순차적으로 일어남을 나타내는 표현으로, '-아서'는 끝음절의 모음이 'ㅏ, ㅗ'인 동사에 붙여 쓰고, '-어서'는 끝음절의 모음이 'ㅏ, ㅗ'가 아닌 동사에 붙여 쓴다. '-해서'는 '하다'나 '하다'가 붙는 동사 뒤에 붙여 쓴다.
  예) 채소를 넣어서 샐러드를 만들어요.
- **어휘:** 간식의 이름과 요리 도구와 관련된 단어를 알 수 있다.
  예) 과일 주스, 샐러드, 김밥, 샌드위치, 앞치마, 머릿수건, 믹서기, 포크, 숟가락, 도마, 칼, 김발, 프라이팬, 뒤집개, 컵, 그릇, 접시

자료

- 여러 가지 간식(8-①)
- 요리 도구(8-②)
- 간식 만들기(8-③)

준비물

- 가위, 풀

활동 수준	낮음
활동 유형	조작
집단 유형	개별
가정 연계	있음
활동지	227~236

방법

(1) 교사는 학생에게 언제 간식을 먹고 어떤 간식을 좋아하는지 묻는다. 그리고 간식을 함께 만들어 볼 것이라고 이야기를 한다.

(2) 교사는 학생과 여러 가지 간식(8-①) 사진을 보면서 이 중에서 무슨 간식을 좋아하는지 이야기를 나눈다.

(3) 학생은 여러 가지 간식(8-①) 사진을 보고 자신이 만들고 싶은 간식을 하나 정한다.

(4) 교사는 학생과 각 간식을 만들 때 어떤 요리 도구가 필요한지 이야기를 나눈다.

(5) 학생은 자신이 정한 간식을 여러 가지 간식(8-①)에서 오리고 이에 필요한 도구를 요리 도구(8-②) 그림 카드에서 오린다.

(6) 간식 만들기(8-③)에 간식을 붙이고, 활동지 하단에 간식 만들기에 필요한 요리 도구를 붙인다.

질문 예시

- 여러분, 오늘 아침에 밥을 먹었어요? 선생님도 밥을 먹었어요. 그런데 지금 배가 고파요.
- 선생님은 간식으로 샌드위치를 먹을 거예요.
- 여러분은 무슨 간식을 좋아해요?

First, look at the snack figure cards (8-①) and talk about what snacks you like. Next, cut out the most favorite snacks (8-①) and paste the utensils figure cards used to make the snacks (8-②). Attach those figures (8-① & 8-②) on the board for making snacks (8-③).

도움말

활동

- 실제 요리 도구를 준비해서 활용할 수 있다.
- 활동지에 제시된 간식 외에 다른 간식으로 확장할 수 있다.

가정 연계

샌드위치 만들기(8-④)

9. 공공장소 예절 Keeping Manners in Public Places

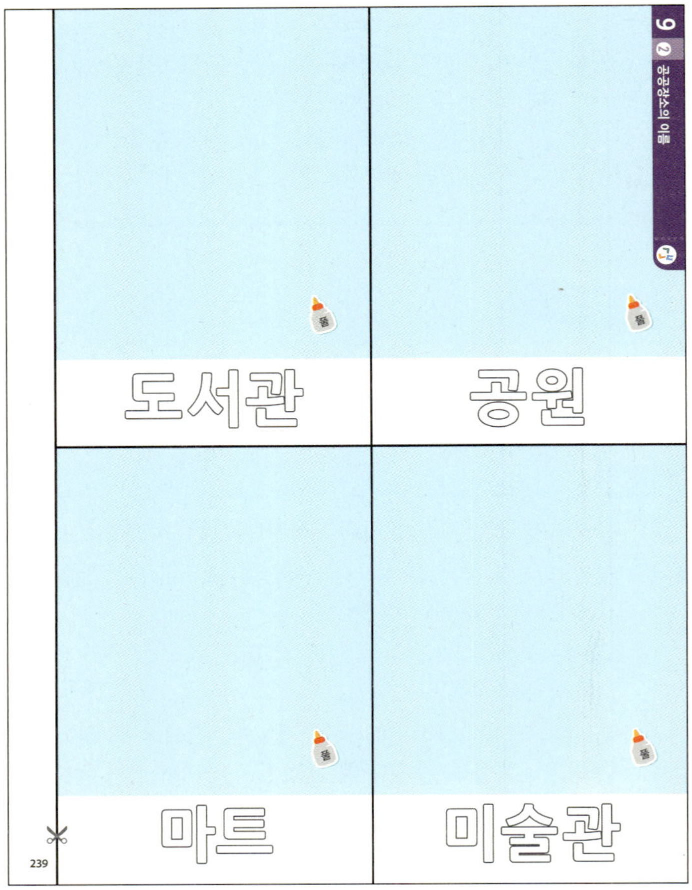

활동 수준	높음
활동 유형	언어
집단 유형	대집단
활동지 쪽수	237~240

목표

- **활동:** 공공장소에서 지켜야 하는 예절에 대해 말할 수 있다.
- **표현:** '도서관에서 작은 목소리로 말해요.'의 의미를 이해할 수 있다.
  '에서': 어떤 행위나 동작이 이루어지고 있는 장소임을 나타낸다.
  예) 공원에서 쓰레기를 쓰레기통에 버려요.
- **어휘:** 공공장소에서 지켜야 하는 예절에 대한 단어를 알 수 있다.
  예) 떠들다, 뛰다, 버리다, 사진을 찍다

자료

- 공공장소에서 지켜야 할 예절(9-①)
- 공공장소의 이름(9-②)

준비물

- 가위, 풀, 연필, 사인펜

방법

(1) 교사는 학생에게 우리가 자주 가거나 이용하는 공공장소에 무엇이 있는지 말한다.

(2) 교사는 많은 사람들이 이용하는 공공장소에서 지켜야 하는 예절에 무엇이 있는지 말한다. 학생과 예절을 지키면 좋은 점을 함께 생각해 본다.

(3) 교사는 공공장소에서 지켜야 할 예절(9-①)에서 예절을 지키지 않는 모습을 보여 주면서 지켜야 하는 예절에 대해 질문하고 대답한다.

(4) 공공장소에서 지켜야 할 예절(9-①)에서 하단에 있는 예절을 지키는 모습 카드를 오려 예절을 지키지 않는 모습 위에 붙인다.

(5) 공공장소에서 지켜야 할 예절(9-①)그림이 완성되면 활동지를 오린다.

(6) 공공장소에서 지켜야 할 예절(9-①) 카드를 공공장소의 이름(9-②)(공원, 마트, 미술관, 도서관) 위 알맞은 곳에 붙이고 장소 글자를 따라 쓴다.

질문 예시

- 여러 사람이 함께 이용하는 장소에는 무엇이 있을까요? 많은 사람들이 함께 이용하는 장소를 공공장소라고 해요.
- 공공장소에는 도서관/공원/마트/미술관 등이 있어요.
- 도서관/공원/마트/미술관에서는 어떻게 해야 해요?
- 도서관에서는 작은 목소리로 말해요.
- 공원에서는 쓰레기를 쓰레기통에 버려요.
- 마트에서는 뛰지 않고 걸어 다녀요.
- 미술관에서는 그림을 사진으로 찍지 않고 눈으로만 봐요.

First, talk about what can be found in frequently visited public places then talk about manners to be kept at public places where there are many people. Also, think and talk about the pros and cons of keeping manners such as, "What do we do at a park? What should we do at the park? Why do we need to keep our manners? What are the cons of not keeping manners?" Next, look at the public places background board (9-①) and ask questions about manners to be kept. For example, "How should we behave at a library? What can't we do?" Next, cut figures from the bottom of the worksheet and attach them to card (9-①). Finally, attach them to the board of public places (9-②) and write the name of the place.

도움말

활동

본 활동을 하기 전이나 후에 공공장소를 견학하는 활동으로 확장할 수 있다.

10. 교통안전 게임 Traffic Safety Game

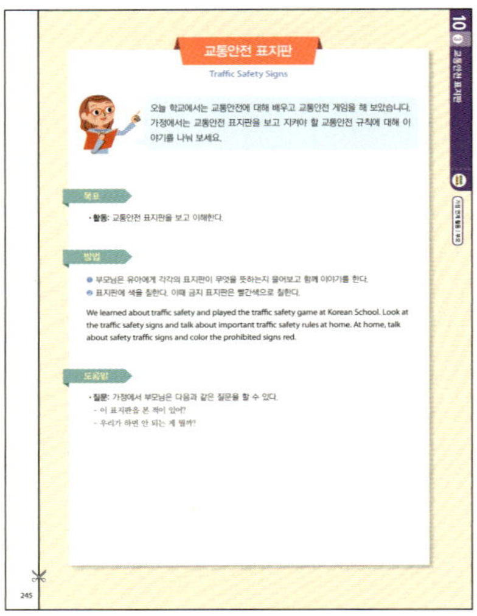

교통안전 표지판

Traffic Safety Signs

오늘 학교에서는 교통안전에 대해 배우고 교통안전 게임을 해 보았습니다. 가정에서는 교통안전 표지판을 보고 지켜야 할 교통안전 규칙에 대해 이야기를 나눠 보세요.

목표

- **활동:** 교통안전 표지판을 보고 이해한다.

방법

1. 부모님은 유아에게 각각의 표지판이 무엇을 뜻하는지 물어보고 함께 이야기를 한다.
2. 표지판에 색을 칠한다. 이때 금지 표지판은 빨간색으로 칠한다.

We learned about traffic safety and played the traffic safety game at Korean School. Look at the traffic safety signs and talk about important traffic safety rules at home. At home, talk about safety traffic signs and color the prohibited signs red.

도움말

- **질문:** 가정에서 부모님은 다음과 같은 질문을 할 수 있다.
  - 이 표지판을 본 적이 있어?
  - 우리가 하면 안 되는 게 뭘까?

목표

- **활동:** 교통안전에 대한 이야기를 할 수 있다.
- **표현:** '엄마 손을 꼭 잡아야 해요.'의 의미를 이해할 수 있다.
  '-아/어야 하다': 앞에 오는 말이 어떤 일을 하거나 어떤 상황에 이르기 위한 의무적인 행동이거나 필수적인 조건임을 나타내는 표현이다. 끝음절 모음이 'ㅏ, ㅗ'인 동사와 형용사 뒤에 '-아야 하다'를 붙여 쓰고, 끝음절의 모음이 'ㅏ, ㅗ'가 아닌 동사와 형용사 뒤에 '-어야 하다'를 붙여 쓴다. '-해야 하다'는 '하다'나 '하다'가 붙는 동사와 형용사 뒤에 붙여 쓴다.
  예) 안전띠를 꼭 매야 해요.
- **어휘:** 안전과 관련된 표현을 알 수 있다.
  예) 조심하다, 신호를 지키다, 안전띠를 매다, 안전모를 쓰다

자료

- 교통안전을 지키는 모습(10-①)
- 교통안전을 지키지 않는 모습(10-②)

준비물

- 가위

활동 수준	높음
활동 유형	게임
집단 유형	대집단
가정 연계	있음
활동지 쪽수	241~248

방법

(1) 교사는 학생에게 차를 탈 때 안전띠를 매야 한다는 것을 말하면서 오늘은 교통안전에 대해 이야기를 할 거라고 말한다.

(2) 교사와 학생은 교통안전을 지키는 모습(10-①)과 교통안전을 지키지 않는 모습(10-②)을 보고 교통안전 규칙을 함께 이야기한다.

(3) 학생들은 교통안전을 지키는 모습(10-①)과 교통안전을 지키지 않는 모습(10-②)을 모두 오려 그림 카드를 준비한다.

(4) 교사는 빈 상자에 그림 카드 16개를 넣는다. 학생 한 명이 앞에 나와 카드를 뽑고 그 카드의 그림을 동작으로 표현하거나 말로 설명을 한다.

(5) 학생이 설명한 카드가 교통안전을 지키는 모습이면 다른 친구들이 손으로 동그라미, 그렇지 않으면 가위표를 한다.

(6) 한 카드의 설명이 끝나면 다른 학생이 나와 똑같은 방법으로 활동을 반복한다.

질문 예시

- 여러분은 집에서 학교까지 어떻게 왔어요?
- 학교 버스를 타고 온 사람도 있고 부모님 차를 타고 온 사람도 있어요.
- 여러분, 차를 타면 안전을 위해 먼저 무엇을 해야 해요? 네, 안전띠를 매야 해요.
- 롤러스케이트, 자전거를 타요. 무엇을 써야 하지요? 네, 안전모를 써야 해요.

To begin, talk about safety rules by looking at both figures (10-①, 10-②). Next, cut out the 16 figures and put them in a box. One student picks up a card from a box and explains about it. After listening to an explanation about the card, the rest of the students decide if this card indicates a good safety rule or not. Finally, students try to make the shape of a circle ‘o’ with both hands for good safety rules, otherwise make ‘x’ motions.

How to play the game

First, cut out the traffic safety figure cards and flip them upside down then take turns to flip a card over and read it. If it is a card that keeps traffic rules, move forward, but if not, move backward. Finally, the student who arrives at the finish first, wins.

도움말

활동

게임 전에 교통 규칙에 대해서 충분히 이야기를 나눈다.

문화와 정체성

이 활동을 통해 유아는 안전을 위해 지켜야 할 교통 규칙이 무엇인지 알고 이를 숙지할 수 있다.

- 신호등의 색이 무슨 색일 때 길을 건너요?
- 만약 차를 타고 갈 때 안전띠를 매지 않으면 어떻게 될까요?
- 우리의 안전을 위해서 어떤 교통 규칙들을 지켜야 할까요?

가정 연계

교통안전 표지판(10-③)

11
1
아침에 일어나서 하는 일
249

목표

- **활동:** 아침에 일어나서 하는 일을 말할 수 있다.
- **표현:** '일어나자마자 세수해요.'의 의미를 이해할 수 있다.
  '-자마자': (동사에 붙어) 앞말이 나타내는 사건이나 상황이 일어나고, 곧바로 뒤의 말이 나타내는 사건이나 상황이 일어남을 나타내는 연결 어미이다.
  예) 세수하자마자 옷을 입어요.
- **어휘:** 아침에 일어나서 하는 일과 관련된 단어를 알 수 있다.
  예) 일어나다, 이불을 정리하다, 세수하다, 이를 닦다, 밥을 먹다, 옷을 입다, 신발을 신다, 인사를 하다

자료

- 아침에 일어나서 하는 일 (11-①)

준비물

- 가위

활동 수준	낮음
활동 유형	언어
집단 유형	소집단
활동지 쪽수	249~250

방법

(1) 교사는 학생에게 아침에 일어나서 하는 일에 대해 물어본다.

(2) 학생은 아침에 일어나서 하는 일(11-①) 그림을 보고 아침에 일어나서 하는 일에 대해 말한다.

(3) 두 명이 한 팀이 되어 한 명이 아침에 일어나서 하는 일을 행동으로 표현하면, 다른 한 명이 맞히는 게임을 한다.

질문 예시

- 여러분은 아침에 학교 가기 전에 무엇을 해요?

First, talk about what we do when we wake up in the morning then look at figure cards (11-①) and say what we do in the morning. Next, make teams of two where one person expresses a daily activity done in the morning, and the other person guesses the answer.

도움말

활동

- 교사가 문제를 내고 학생들이 정답을 맞히거나, 학생 한 명이 문제를 내고 다른 학생들이 정답을 맞히는 전체 활동으로 진행할 수 있다.
- 그림 카드를 오려서 자신이 아침에 일어나서 하는 일을 순서대로 소개하는 활동을 추가로 진행할 수 있다.

문화와 정체성

부모님과 선생님께 공손하게 인사하는 법을 배운다. 고개를 숙이고 허리를 굽히는 한국의 인사 예절을 배운다.
- 부모님과 학교 선생님께 어떻게 인사를 해요?

12 ❶ 학교에 다녀와서 하는 일
251

활동 수준	낮음
활동 유형	언어
집단 유형	소집단
활동지 쪽수	251~252

목표

- **활동:** 학교에 다녀와서 하는 일을 말할 수 있다.
- **표현:** '집에 오면 손을 씻어요.'의 의미를 이해할 수 있다.
  '-(으)면': 뒤에 오는 말에 대한 근거나 조건이 됨을 나타내는 표현으로 앞말에 받침이 있으면 '-으면'을 사용하고, 받침이 없거나 'ㄹ'이면 '-면'을 사용한다.
  예) 집에 오면 옷을 제자리에 걸어요.
- **어휘:** 학교에 다녀와서 하는 일과 관련된 단어를 알 수 있다.
  예) 옷을 벗다, 제자리에 걸다, 손을 씻다, 친구와 놀다, 텔레비전을 보다, 간식을 먹다, 운동을 하다, 책을 읽다, 자다

자료

- 학교에 다녀와서 하는 일 (12-①)

준비물

- 가위

방법

(1) 교사는 학생에게 학교에 다녀와서 하는 일에 대해 물어본다.

(2) 학생은 학교에 다녀와서 하는 일(12-①) 그림을 보고 학교에 다녀와서 하는 일에 대해 말한다.

(3) 두 명이 한 팀이 되어 한 명이 학교에 다녀와서 하는 일을 행동으로 표현하면, 다른 한 명이 맞히는 게임을 한다.

질문 예시

- 여러분은 학교가 끝나고 제일 먼저 무엇을 해요?
- 여러분은 학교가 끝나고 나서 무엇을 하는 것을 제일 좋아해요?

First, talk about what we do after going back home after school. By looking at figure cards (12-①), say what we do at home. Next, make teams of two where one person expresses a daily activity done after school, and the other person guesses the answer.

도움말

활동

- 교사가 문제를 내고 학생들이 정답을 맞히거나, 학생 한 명이 문제를 내고 다른 학생들이 정답을 맞히는 전체 활동으로 진행할 수 있다.
- 그림 카드를 오려서 자신이 학교에 다녀와서 하는 일을 순서대로 소개하는 활동을 추가로 진행할 수 있다.

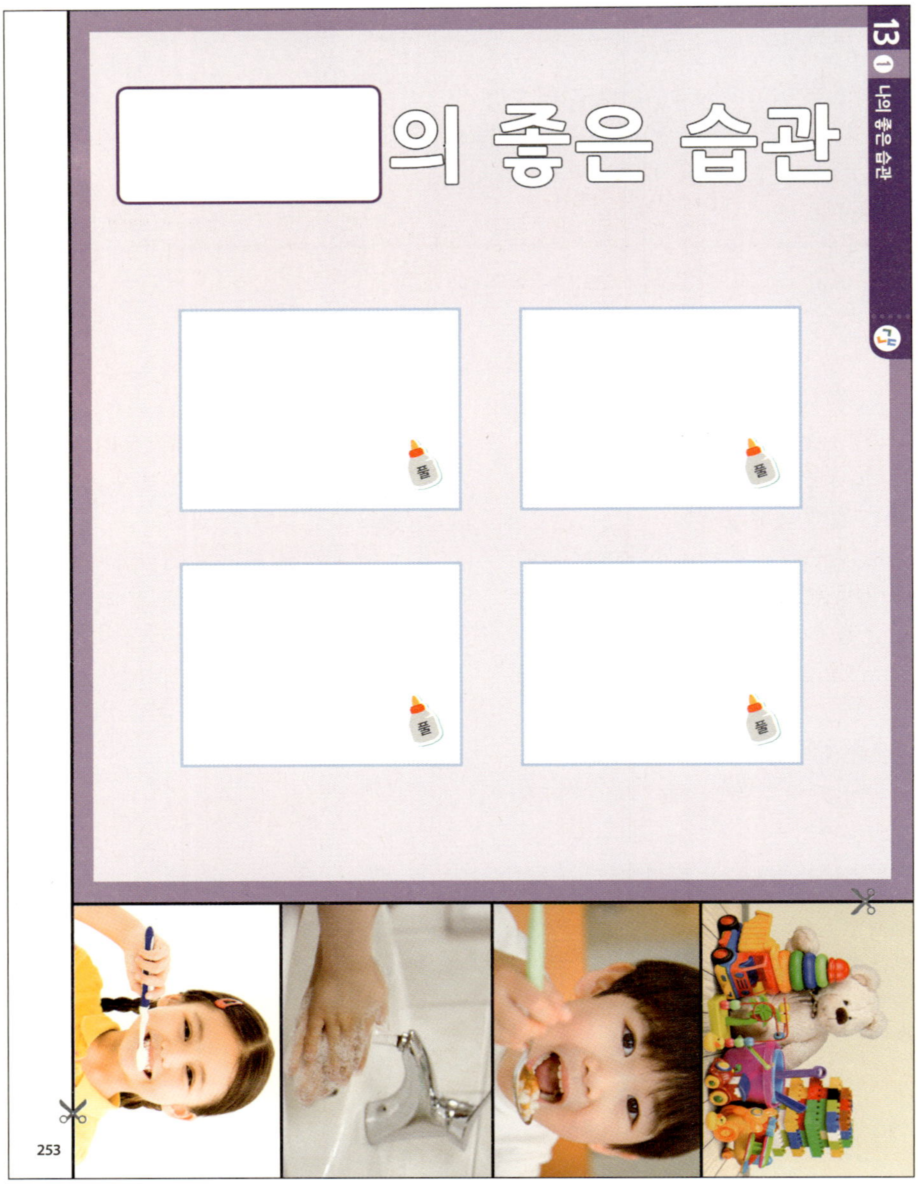

의 좋은 습관
13
나의 좋은 습관
풀
풀
풀
풀
253

활동 수준	높음
활동 유형	언어
집단 유형	소집단
활동지 쪽수	253~254

목표

- **활동:** 자신의 좋은 습관에 대해 말할 수 있다.
- **표현:** '과자를 먹은 후에 이를 닦아요.'의 의미를 이해할 수 있다.
  '-(으)ㄴ 후에': (동사에 붙어) 앞에 오는 말이 나타내는 행동을 하고 시간적으로 뒤에 다른 행동을 함을 나타내는 표현으로 앞말에 받침이 있으면 '-은 후에'를 사용하고, 받침이 없거나 'ㄹ'이면 '-ㄴ 후에'를 사용한다.
  예) 집에 온 후에 손을 씻어요.
- **어휘:** 좋은 습관에 대해 표현하는 단어를 알 수 있다.
  예) 이를 닦다, 손을 씻다, 정리하다, 골고루 먹다

자료

- 나의 좋은 습관(13-①)

준비물

- 가위, 풀, 연필, 사인펜

방법

(1) 교사는 학생에게 매일 아침이나 외출 후에 하는 일에 대해 물어본다. 그리고 좋은 습관을 소개하는 활동을 할 거라고 말한다.

(2) 교사와 학생은 나의 좋은 습관(13-①) 하단의 사진 네 개를 보면서 언제 이 행동을 하는지 이야기를 나눈다. (양치를 하는 습관, 손을 씻는 습관, 밥을 잘 먹는 습관, 놀이를 한 후 장난감을 잘 정리하는 습관)

(3) 학생은 나의 좋은 습관(13-①)에 교사와 이야기를 한 습관 중에서 자신의 좋은 습관을 오려서 붙인다.

(4) 학생은 이름을 써서 활동지를 완성한 후 반 친구들에게 나의 좋은 습관을 소개한다.

■ 질문 예시

- 아침에 일어나서 매일 무엇을 해요?
- 집에 돌아오면 제일 먼저 무엇을 해요?
- 손을 씻어요? 정말 좋은 습관이에요.

First, the teacher asks students what habits they have every day. And they say they will be doing some activities to introduce good habits. Next, a teacher and a student shall talk about when they do this by looking at the four pictures below my good habits (13-①). (Habit for brushing, habit of washing hands, habit of eating well, habit of organizing toys after play) Also, the student shall draw a picture of his or her good habit of talking to the teacher in my good habit (13-①). Or draw pictures of my other good habits that are not in the active site. Finally, after completing the activity paper, introduce my good habit to my classmates.

도움말

■ 활동

학생의 수준에 따라 직접 그림을 그리는 활동으로 확장할 수 있다.

■ 문화와 정체성

이 활동을 통해 유아들은 자신이 가진 습관에 대해 이야기하고 좋은 습관을 기르고 나쁜 습관은 고칠 수 있다.

- 여러분은 밖에 나갔다 오면 꼭 손을 씻어요? 자기 전에 이를 꼭 닦아요?
- 여러분이 가지고 있는 좋은 습관에는 뭐가 있어요?
- 친구가 가지고 있는 좋은 습관을 배워 볼까요?
- 나쁜 습관을 고치려면 어떻게 하면 좋을까요?

14. 나의 하루 그림책 만들기 Making a Book about My Day

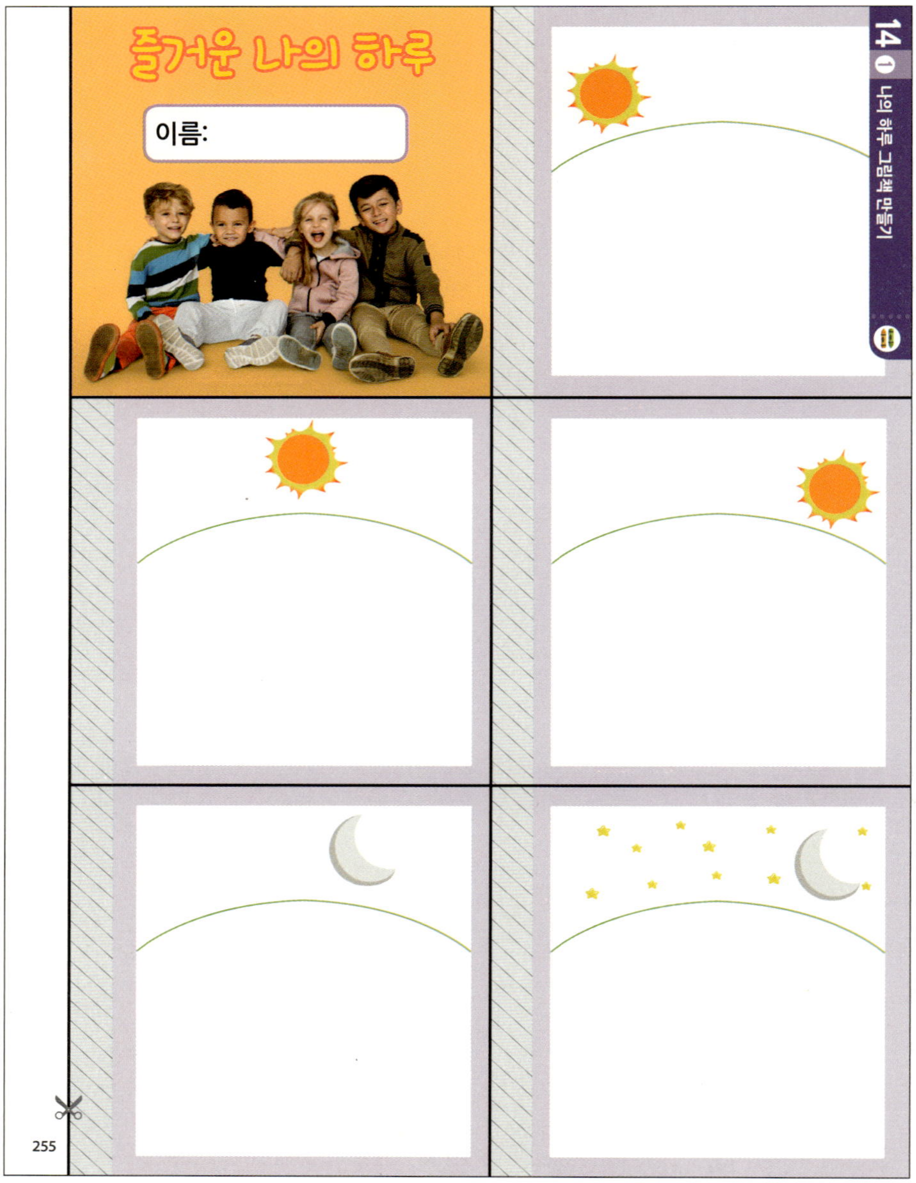

활동 수준	높음
활동 유형	미술
집단 유형	개별
활동지 쪽수	255~256

목표

- **활동:** 하루 동안 한 일에 대해 말할 수 있다.
- **표현:** '수영장에 가서 수영을 했어요.'의 의미를 이해할 수 있다.
  '-아/어서': (동사에 붙어) 앞의 말과 뒤의 말이 순차적으로 일어남을 나타내는 표현으로, '-아서'는 끝음절의 모음이 'ㅏ, ㅗ'인 동사에 붙여 쓰고, '-어서'는 끝음절의 모음이 'ㅏ, ㅗ'가 아닌 동사에 붙여 쓴다. '-해서'는 '하다'나 '하다'가 붙는 동사 뒤에 붙여 쓴다.
  예) 산에 가서 캠핑을 했어요.
- **어휘:** 하루 시간을 표현하는 단어를 알 수 있다.
  예) 아침, 점심, 저녁, 밤

자료

- 나의 하루 그림책 만들기(14-①)

준비물

- 가위, 풀, 색연필, 크레파스

방법

(1) 교사는 학생들과 함께 가장 즐거웠던 하루에 대해 이야기를 나눈다.
(2) 교사는 칠판에 '즐거운 나의 하루'라는 주제를 적고 학생들과 이야기를 나눈다.
(3) 학생은 나의 하루 그림책 만들기(14-①)에 '즐거운 나의 하루'라는 주제로 그림을 그린다.
(4) 학생은 그림을 오려 그림책을 만든다.
(5) 학생은 자신이 만든 그림책을 반 친구들에게 소개한다.

질문 예시

- 여러분, 지난주에 가장 재미있었던 날이 언제예요?
- 왜 그날 제일 재미있었어요?
- 우리 그날의 일을 그림으로 그려서 그림책을 만들어 볼까요?

To begin, talk about the most exciting day with students then the teacher writes the theme, 'My Exciting Day' on a chalkboard and talks with students. Next, students draw a picture about the theme such as, 'My Exciting Day' on the activity sheet (14-①). Also, cut out the activity sheet to make a book then introduce the book.

도움말

활동

- 교사는 그림책 속지의 여분을 준비하여 그림을 더 많이 그리기를 원하는 학생에게 제공한다.
- 학생의 수준에 따라 그림에 말풍선을 쓰도록 지도할 수 있다.
- 그림은 시간대별로 그리거나, 제일 즐거웠던 일 다섯 개를 골라 그릴 수 있다.

15. 동요 '시계' Sing 'Clock'

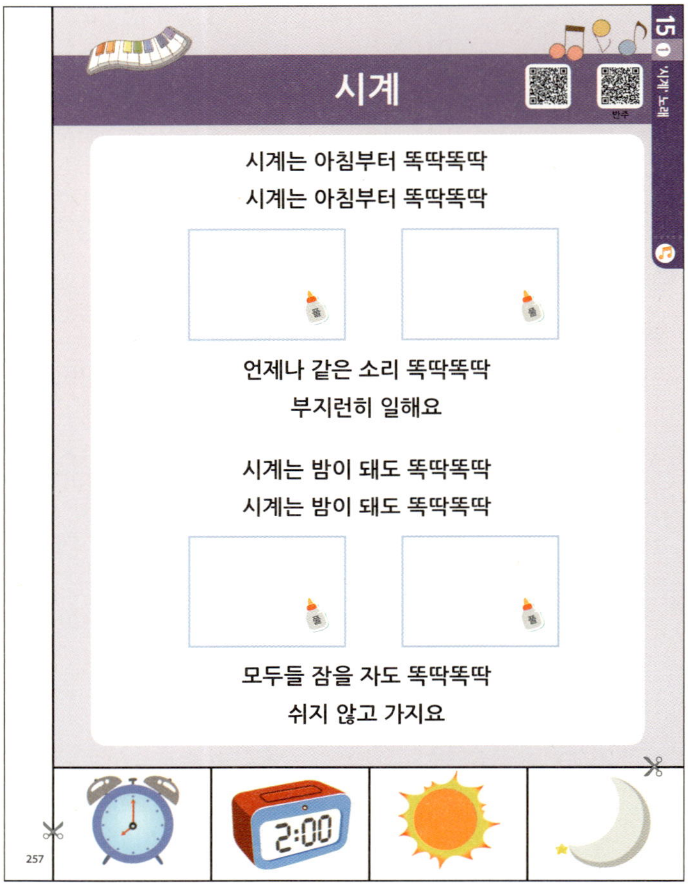

15 ① '시계' 노래

시계

반주

시계는 아침부터 똑딱똑딱
시계는 아침부터 똑딱똑딱

언제나 같은 소리 똑딱똑딱
부지런히 일해요

시계는 밤이 돼도 똑딱똑딱
시계는 밤이 돼도 똑딱똑딱

모두들 잠을 자도 똑딱똑딱
쉬지 않고 가지요

257

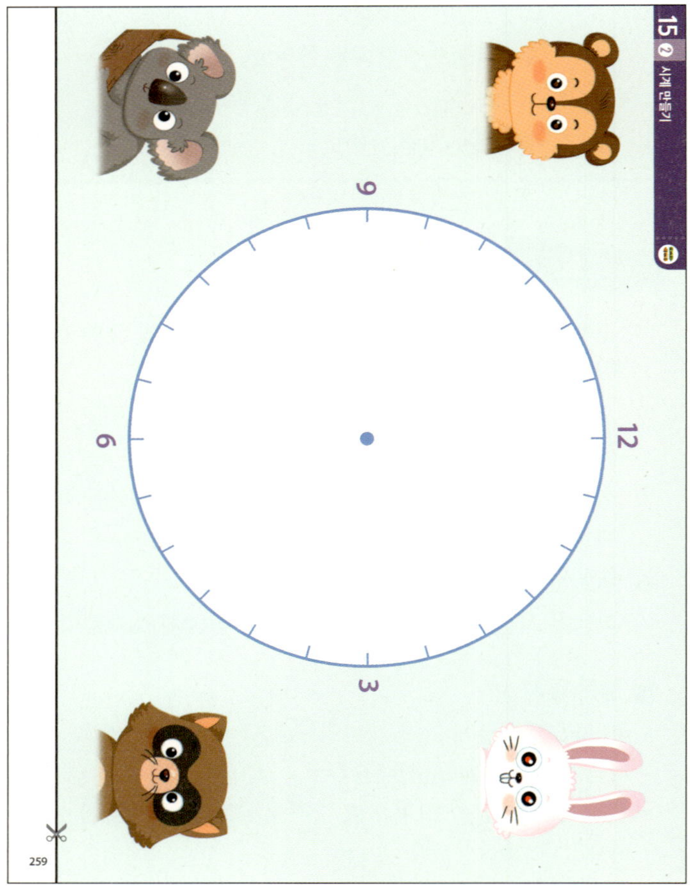

목표

- **활동:** '시계' 노래를 배우고 나만의 시계를 만들 수 있다.
- **표현:** '시계는 아침부터 밤까지 일해요.'의 의미를 이해할 수 있다.
  '까지': 어떤 범위의 끝임을 나타내는 조사이다.
  예) 1시까지 학교에서 공부해요.
- **어휘:** 시간과 시계에 대한 단어를 알 수 있다.
  예) 시계, 똑딱똑딱, 시, 분

자료

- '시계' 노래(15-①)
- 시계 만들기(15-②)

준비물

- 가위, 풀, 사인펜, 색연필, 크레파스

활동 수준	낮음
활동 유형	음악, 미술
집단 유형	개별
활동지 쪽수	257~260

Track 27 Track 27_반주

방법

(1) 교사는 학생에게 시계를 보여 주면서 시계를 통해 시간을 알 수 있다고 말한다.

(2) 이야기를 나눈 후, '시계' 노래를 배우고, 나만의 시계를 만들어 볼 것이라고 말한다.

(3) 학생은 '시계' 노래를 듣고 '시계' 노래(15-①)의 그림을 오려 맞는 가사에 붙인다.

(4) 학생은 노래를 부른 후에 시계 만들기(15-②)에 있는 동물의 얼굴을 참고하여 나만의 시계를 꾸민다.

(5) 학생은 시계를 만든 후에 반 친구들에게 나만의 시계를 소개한다.

질문 예시

- (손목시계나 벽시계를 가리키며) 여러분, 이게 뭐예요? 네, 시계예요.
- 우리는 이 시계를 보고 시간을 알 수 있어요.
- 오늘은 '시계' 노래를 배울 거예요. 그리고 내가 만들고 싶은 시계를 만들어 봐요.

First, a teacher tells a student that he or she can tell the time by showing the clock. After talking, say that today we will learn to sing "clock" and make their own clock. After listening to the song "clock," cut off the picture of the activity sheet (15-①) and attach it to the correct lyrics. After singing a song, the student makes their own clock by referring to the face of the animal in activity sheet (15-②). Finally, after student makes a clock, introduce it to their classmates.

도움말

활동

'시계' 노래를 부를 때 교사는 검지 손가락을 양 옆으로 움직이는 손 유희를 하면서 입 안에서 '똑딱똑딱' 소리를 내며 노래를 알려 줄 수 있다.

시계

역사 미상 • 나운영 작곡

본 큰 그림책 자료는 '나의 하루'와 관련된 활동지를 통해 습득한 언어 지식을 다시 한번 활용할 수 있도록 개발하였다. 학생은 그림을 보면서 교사와 '나의 하루'에 관련된 이야기를 재미있게 나눌 수 있다. 이 자료는 유아가 '나의 하루'에 대한 이해를 토대로 안전한 놀이와 생활에 대해 익힐 수 있도록 이와 관련된 어휘와 활동 내용을 포함하는 그림으로 표현하였다. 교사와 학생들이 자료를 보면서 대화를 나누는 수업은 의사소통 능력을 신장시키고 장기적으로 언어에 대한 흥미도 높일 수 있다. 아침에 일어나서 잠자리에 들 때까지 시간 표현을 사용하면서 이야기를 할 수 있다.

교사 질문

큰 그림책 자료를 활용하여 나의 하루에 대해 말할 수 있다. 다음의 질문을 통해 나의 하루에 관한 다양한 어휘와 표현을 확인할 수 있다.

예시

- 학교에 가기 전에 무엇을 해요?
- 아침에 무슨 일을 하는 것을 좋아해요?
- 학교가 끝나고 집에 가면 제일 먼저 무엇을 해요?
- 학교가 끝나고 무엇을 하는 것을 제일 좋아해요?
- 아침에 일어나서 매일 무엇을 해요?
- 학교에 다녀와서 무엇을 해요?
- 우리 함께 나의 하루에 대해 이야기해 봐요.

부록

- 표현
- 어휘
- 옛날이야기 대본
- QR코드 모음

표현

주제 1 가족과 친구

	표현	쪽수
1-1	에	18~19
1-2	-(으)세요	20~21
1-3	-아/어 보이다	22~23
1-4	-지 않다	24~25
1-5	을/를	26~27
1-6	입니다	28~29
1-7	입니다	30~31
1-8	입니다	32~33
1-9	-(으)세요	34~35
1-10	께	36~37
1-11	-(으)ㄹ 때	38~39
1-12	한테서	40~41
1-13	의	42~43
1-14	(으)로	44~45
1-15	에	46~47

주제 2 건강과 운동

	표현	쪽수
2-1	-(으)ㄴ	50~51
2-2	-(으)ㄴ	52~53
2-3	-아/어요	54~55
2-4	-고 나서	56~57
2-5	에	58~59
2-6	을/를	60~61
2-7	-(으)ㄹ 거예요	62~63
2-8	-아/어서	64~65
2-9	-(으)ㄹ 때	66~67
2-10	에서	68~69
2-11	-(으)면서	70~71
2-12	-(으)세요	72~73
2-13	-아/어 보다	74~75
2-14	-(으)ㄹ 수 있다/없다	76~77
2-15	-고 있다	78~79

주제 3 직업

	표현	쪽수
3-1	이에요/예요	82~83
3-2	에서	84~85
3-3	-(으)ㄹ 때	86~87
3-4	입니다	88~89
3-5	의	90~91
3-6	-(으)ㄹ 때	92~93
3-7	입니다	94~95
3-8	-(으)ㄴ	96~97
3-9	-게	98~99
3-10	-(으)면	100~101
3-11	을/를	102~103
3-12	에	104~105
3-13	-아/어서	106~107
3-14	-고	108~109
3-15	-고 싶다	110~111

주제 4 우리 동네

	표현	쪽수
4-1	-(으)며	114~115
4-2	에	116~117
4-3	까지	118~119
4-4	에서	120~121
4-5	이/가	122~123
4-6	은/는	124~125
4-7	안	126~127
4-8	-(으)ㄹ 때	128~129
4-9	하고	130~131
4-10	에서	132~133
4-11	도 -고, 도	134~135
4-12	까지	136~137
4-13	에서	138~139
4-14	-았/었-	140~141
4-15	-다	142~143

주제 5 **대한민국**

	표현	쪽수
5-1	에	148~149
5-2	-고 있다	150~151
5-3	-(으)ㄴ	152~153
5-4	-(으)면서	154~155
5-5	-아/어서	156~157
5-6	을/를	158~159
5-7	(으)로	160~161
5-8	은/는	162~163
5-9	에	164~165
5-10	(으)로	166~167
5-11	은/는	168~169
5-12	-(으)ㄹ 수 있다/없다	170~171
5-13	에	172~173
5-14	에	174~175
5-15	이/가	176~177

주제 6 **명절**

	표현	쪽수
6-1	에	180~181
6-2	-들	182~183
6-3	께	184~185
6-4	-는	186~187
6-5	-아/어라	188~189
6-6	-아/어 보다	190~191
6-7	-고	192~193
6-8	한테	194~195
6-9	-는	196~197
6-10	-고 나서	198~199
6-11	-고	200~201
6-12	-(으)면 좋겠다	202~203
6-13	-게	204~205
6-14	에	206~207
6-15	이에요/예요	208~209

주제 7 **옛날이야기**

	표현	쪽수
7-1	-(으)면서	212~213
7-2	-(으)ㄴ	214~215
7-3	(으)로	216~217
7-4	-(으)면	218~219
7-5	-아/어지다	220~221
7-6	-고 있다	222~223
7-7	-아/어서	224~225
7-8	-(으)면서	226~227
7-9	이/가 있다	228~229
7-10	와/과	230~231
7-11	-(으)ㄴ	232~233
7-12	-(으)면	234~235
7-13	에	236~237
7-14	에서	238~239
7-15	-아/어지다	240~241

주제 8 **계절**

	표현	쪽수
8-1	-(으)면 좋겠다	244~245
8-2	-(으)ㄹ 수 있어요/없어요	246~247
8-3	-기 전에	248~249
8-4	(으)로	250~251
8-5	에	252~253
8-6	-(으)면	254~255
8-7	(이)나	256~257
8-8	-(으)러	258~259
8-9	-거나	260~261
8-10	하고	262~263
8-11	-(으)면	264~265
8-12	-아/어서	266~267
8-13	-(으)ㄴ	268~269
8-14	-겠-	270~271
8-15	-(으)ㄹ까	272~273

주제 9 **나의 하루**

	표현	쪽수
9-1	-(으)면	276~277
9-2	-(으)면	278~279
9-3	-는	280~281
9-4	-(으)ㄹ 거예요	282~283
9-5	-(으)면	284~285
9-6	-고 있다	286~287
9-7	-(으)ㄴ 후에	288~289
9-8	-아/어서	290~291
9-9	에서	292~293
9-10	-아/어야 하다	294~295
9-11	-자마자	296~297
9-12	-(으)면	298~299
9-13	-(으)ㄴ 후에	300~301
9-14	-아/어서	302~303
9-15	까지	304~305

어휘

주제 1 가족과 친구

	어휘	쪽수
1-1	눈, 입, 목, 가슴, 무릎, 발, 머리, 귀, 코, 어깨, 배, 손	18~19
1-2	머리, 어깨, 무릎, 발, 귀, 코, 눈, 입	20~21
1-3	기쁘다, 슬프다, 무섭다, 화나다	22~23
1-4	기쁘다, 슬프다, 화나다, 무섭다	24~25
1-5	아버지, 어머니, 형, 누나, 오빠, 언니, 동생	26~27
1-6	제, 이름, 엄마, 오빠, 형, 언니, 누나, 동생, 가족, 자음, 모음	28~29
1-7	월, 일, 생일	30~31
1-8	이름, 나이, ○살, 제 이름은 ○○○입니다, 저는 ○살입니다	32~33
1-9	고맙습니다-고마워, 안녕하세요-안녕, 안녕히 주무세요-잘 자, 맛있게 드세요-맛있게 먹어, 안녕히 가세요-잘 가, 죄송해요-미안해	34~35
1-10	어버이날, 감사 카드, 카네이션, 감사합니다, 사랑해요, 께, 올림	36~37
1-11	도시락, 과자, 우산, 텐트, 모자, 물통, 운동화, 손전등, 고기	38~39
1-12	생일, 파티, 초대장, 날짜, 장소, 축하하다	40~41
1-13	친구, 나무, 소개하다	42~43
1-14	선물, 상자, 접다, 자르다, 풀칠하다, 가위, 풀, 리본, 묶다	44~45
1-15	곰, 엄마, 아빠, 아기, 세, 한, 뚱뚱하다, 날씬하다, 귀엽다	46~47

주제 2 건강과 운동

	어휘	쪽수
2-1	채소와 과일을 많이 먹는다, 식사 30분 전에 물을 마신다, 매일 운동을 한다	50~51
2-2	등받이에 등을 바짝 붙이고 앉다, 가방을 양쪽 어깨에 메다, 핸드폰을 가까이에서 보다, 엎드려서 책을 읽다	52~53
2-3	손바닥, 손등, 손가락, 병균, 문지르다	54~55
2-4	이를 닦다, 윗니, 아랫니, 칫솔, 치약	56~57
2-5	우유, 생강, 배, 시금치, 당근, 멸치, 호두, 블루베리	58~59
2-6	토마토, 양상추, 오이, 달걀, 햄, 빵, 치즈, 당근	60~61
2-7	양파, 토마토, 당근, 가지, 버섯, 피망	62~63
2-8	눈병이 나다, 배탈이 나다, 감기에 걸리다, 무릎에 상처가 나다, 이가 아프다	64~65
2-9	축구, 야구, 농구, 양궁, 배드민턴, 골프, 축구공, 농구공, 야구공, 야구 방망이, 활, 라켓, 골프채	66~67
2-10	공원, 바다, 골프장, 농구장, 축구장, 스케이트장, 스키장	68~69
2-11	양궁, 과녁판, 공, 올림픽	70~71
2-12	박수를 치다, 앉다, 일어나다, 팔을 흔들다, 허리를 돌리다, 한 발로 서 있다	72~73
2-13	엄지손가락, 집게손가락, 가운뎃손가락, 새끼손가락	74~75
2-14	축구, 양궁, 태권도, 수영, 골프, 테니스, 배구, 체조, 농구, 승마	76~77
2-15	공을 던지다, 공을 받다, 손을 내밀다, 공이 날아가다	78~79

주제 3 직업

	어휘	쪽수
3-1	경찰관, 소방관, 기자, 선생님	82~83
3-2	경찰서, 방송국, 학교, 소방서	84~85
3-3	호스, 마이크, 책, 무전기	86~87
3-4	모자, 무전기, 마이크	88~89
3-5	의사, 간호사, 요리사, 제빵사, 가수, 미용사	90~91
3-6	청진기, 주사기, 국자, 마이크, 거품기, 가위, 빗	92~93
3-7	모자, 호스, 청진기	94~95
3-8	케이크, 꾸미다	96~97
3-9	가위, 빗, 자르다, 다듬다	98~99
3-10	불, 소방관, 교통사고, 의사, 도둑, 경찰	100~101
3-11	청진기, 호스, 책, 무전기, 마이크, 가위, 빗, 주사기, 국자	102~103
3-12	경찰, 소방관, 선생님, 기자, 의사, 간호사, 요리사, 제빵사, 미용사, 가수	104~105
3-13	환경미화원, 농부, 집배원, 청소, 채소, 배달	106~107
3-14	멋있다, 용감하다, 똑똑하다, 친절하다	108~109
3-15	자라다, 되다	110~111

주제 4 우리 동네

	어휘	쪽수
4-1	동네, 바퀴, 아침, 일찍, 일어나다, 나팔꽃, 바둑이	114~115
4-2	앞, 뒤, 옆, 학교, 병원, 소방서, 공원, 은행, 슈퍼마켓, 경찰서, 도서관, 영화관, 백화점, 카페, 빵집	116~117
4-3	도서관, 병원, 소방서, 공원, 학교, 경찰서, 슈퍼마켓, 햄버거 가게, 수영장, 은행	118~119
4-4	과일 가게, 옷 가게, 채소 가게, 빵집, 청바지, 치마, 딸기, 사과, 오이, 당근	120~121
4-5	개, 송이, 잔, 자루, 켤레, 권	122~123
4-6	빵, 꽃, 과일, 신발, 개, 켤레, 송이, 가게, 케이크, 복숭아, 배, 구두, 운동화, 딸기, 과자, 슬리퍼	124~125
4-7	사다, 팔다, 가격표	126~127
4-8	소방서, 불을 끄다, 경찰서, 잡다, 학교, 배우다, 병원, 아프다, 우체국, 편지를 보내다, 도서관, 빌리다	128~129
4-9	도서관, 학교, 소방서, 경찰서, 병원, 우체국	130~131
4-10	공원, 미용실, 학교, 도서관, 병원, 소방서, 박물관, 경찰서	132~133
4-11	병원, 주유소, 은행, 소방서, 경찰서, 슈퍼마켓, 학교	134~135
4-12	동네, 공원, 학교, 주유소, 슈퍼마켓	136~137
4-13	농촌, 어촌, 산촌, 도시	138~139
4-14	무궁화, 피다, 술래, 멈추다, 도망가다	140~141
4-15	가게 놀이, 재미있다, 짜리, 과자, 사다, 그림책, 참	142~143

주제 5 **대한민국**

	어휘	쪽수
5-1	바위, 긁다, 그리다, 잡다, 물건, 그리다	148~149
5-2	밥을 하다, 과일을 따다, 목걸이를 만들다, 옷을 만들다, 동물을 잡다	150~151
5-3	고조선, 환웅, 곡식, 곰, 호랑이, 쑥, 마늘, 동굴, 웅녀, 똑똑하다, 용감하다	152~153
5-4	말을 타다, 화살을 쏘다, 사냥을 하다, 호랑이, 사슴	154~155
5-5	탑, 돌, 깎다, 세우다	156~157
5-6	도자기, 흙, 굽다	158~159
5-7	병풍, 병풍을 접다, 병풍을 펴다	160~161
5-8	집, 지붕, 기와, 단청	162~163
5-9	문을 열다, 문을 닫다, 문이 열리다, 문이 닫히다, 문지기	164~165
5-10	배, 돛, 깃발, 용	166~167
5-11	천 원, 오천 원, 만 원, 오만 원	168~169
5-12	치마, 저고리, 바지, 고름	170~171
5-13	무궁화, 송이, 심다, 피다	172~173
5-14	대한민국, 중국, 미국, 멕시코, 캐나다, 러시아, 일본, 호주	174~175
5-15	경복궁, 한글, 가수	176~177

주제 6 **명절**

	어휘	쪽수
6-1	설날, 새해, 시작하다, 한복, 세배, 윷놀이, 떡국, 나이	180~181
6-2	윷놀이, 윷판, 말, 도, 개, 걸, 윷, 모	182~183
6-3	세배, 큰절, 두 손, 모으다, 어른, 인사하다, 복 많이 받다, 복주머니, 덕담	184~185
6-4	보름달, 소원을 빌다, 강강술래, 사물놀이, 오곡밥, 호두, 땅콩, 고깔모자	186~187
6-5	더위, 잣, 밤, 호두, 땅콩, 보름달, 팔다, 사다	188~189
6-6	방패연, 가오리연, 연을 날리다, 연줄	190~191
6-7	씨름을 하다, 그네를 타다, 부채를 선물하다, 머리를 감다	192~193
6-8	부채를 펴다, 부채를 접다, 부채를 부치다	194~195
6-9	송편을 만들다, 한복을 입다, 차례를 지내다, 보름달을 보다	196~197
6-10	추석, 차례, 떡, 배, 사과, 전	198~199
6-11	강강술래, 달, 강, 함께	200~201
6-12	제기차기, 제기, 차다	202~203
6-13	팽이, 신나게, 돌리다, 돌다, 넘어지다	204~205
6-14	설날, 정월 대보름, 단오, 추석	206~207
6-15	설날, 까치, 댕기, 신발	208~209

주제 7 **옛날이야기**

	어휘	쪽수
7-1	쇠도끼, 금도끼, 은도끼, 산신령, 나무꾼, 연못, 빠뜨리다	212~213
7-2	호랑이, 곶감, 어흥, 응애, 외양간, 도둑	214~215
7-3	낚시, 강, 물고기, 구슬, 기와집, 욕심쟁이, 멍멍, 야옹	216~217
7-4	청개구리, 반대로, 거꾸로, 산, 냇가, 개굴개굴	218~219
7-5	겨울, 호랑이, 토끼, 배고프다, 꼬리, 물고기, 낚시, 꽁꽁	220~221
7-6	소, 게으름뱅이, 탈, 무	222~223
7-7	사또, 심술을 부리다, 이방, 딸기, 산, 뱀, 벌	224~225
7-8	소금, 맷돌, 왕, 도둑, 훔치다	226~227
7-9	혹, 얼굴, 도깨비, 방망이, 욕심쟁이, 부자, 떼다, 붙이다	228~229
7-10	형, 동생, 형제, 가마니	230~231
7-11	옥황상제, 소, 돌보다, 베를 짜다, 까마귀, 까치, 은하수, 다리	232~233
7-12	부잣집, 새색시, 며느리, 방귀를 뀌다, 감나무, 복	234~235
7-13	수다쟁이, 주먹밥, 금덩어리, 믿다, 신기하다	236~237
7-14	착하다, 욕심쟁이, 제비, 다리, 박	238~239
7-15	부채, 부치다, 빨간색, 파란색, 길어지다, 짧아지다	240~241

주제 8 **계절**

	어휘	쪽수
8-1	봄, 여름, 가을, 겨울	244~245
8-2	올챙이, 개구리, 개울가, 헤엄치다	246~247
8-3	튜브, 수영복, 수영 모자, 물안경, 간식, 수건, 옷	248~249
8-4	가을, 낙엽, 단풍잎, 은행잎	250~251
8-5	물총, 모래성, 수영, 눈썰매, 눈싸움, 눈사람	252~253
8-6	겨울, 크리스마스, 크리스마스 카드, 선물	254~255
8-7	냉면, 삼계탕, 팥빙수, 아이스크림, 군고구마, 호떡, 찐빵, 붕어빵	256~257
8-8	봄, 여름, 가을, 겨울	258~259
8-9	소풍, 물총 놀이, 수영, 등산, 눈사람	260~261
8-10	딸기, 수박, 자두, 옥수수, 포도, 사과, 배, 감, 고구마, 귤, 무	262~263
8-11	팥빙수, 군고구마, 스키, 눈, 목도리, 우산, 눈싸움, 썰매, 냉면, 산, 포도, 감	264~265
8-12	눈, 바람, 비, 구름, 햇빛	266~267
8-13	치마, 반바지, 긴 바지, 장화, 장갑, 민소매, 털모자, 입다, 신다, 하다, 쓰다, 끼다	268~269
8-14	맑다, 덥다, 춥다, 비가 오다, 눈이 오다, 바람이 불다	270~271
8-15	눈, 코, 입, 손, 눈썹, 밀짚모자, 목도리	272~273

주제 9 **나의 하루**

	어휘	쪽수
9-1	깨끗하다, 정리하다, 기분이 좋다, 지저분하다	276~277
9-2	위험하다, 조심하다, 뜨겁다, 미끄럽다, 넘어지다	278~279
9-3	위험하다, 안전하다	280~281
9-4	습관, 지키다, 약속하다	282~283
9-5	깨끗하다, 정리하다, 기분이 좋다	284~285
9-6	돕다, 정리하다, 치우다, 물을 주다	286~287
9-7	재활용, 재활용품, 쓰레기통	288~289
9-8	과일 주스, 샐러드, 김밥, 샌드위치, 앞치마, 머릿수건, 믹서기, 포크, 숟가락, 도마, 칼, 김발, 프라이팬, 뒤집개, 컵, 그릇, 접시	290~291
9-9	떠들다, 뛰다, 버리다, 사진을 찍다	292~293
9-10	조심하다, 신호를 지키다, 안전띠를 매다, 안전모를 쓰다	294~295
9-11	일어나다, 이불을 정리하다, 세수하다, 이를 닦다, 밥을 먹다, 옷을 입다, 신발을 신다, 인사를 하다	296~297
9-12	옷을 벗다, 제자리에 걸다, 손을 씻다, 친구와 놀다, 텔레비전을 보다, 간식을 먹다, 운동을 하다, 책을 읽다, 자다	298~299
9-13	이를 닦다, 손을 씻다, 정리하다, 골고루 먹다	300~301
9-14	아침, 점심, 저녁, 밤	302~303
9-15	시계, 똑딱똑딱, 시, 분	304~305

주제 5 **대한민국**

활동 3. 단군 이야기책 만들기 〈단군 이야기〉

옛날 옛날에 하늘나라에서 환웅이 땅으로 내려 왔어요. 환웅은 바람, 비, 구름을 데리고 내려 왔어요. 환웅은 바람과 비와 구름으로 곡식과 과일이 잘 자라게 했어요. 어느 날 곰과 호랑이가 환웅을 찾아와 부탁을 했어요.

"저희는 사람이 되고 싶어요."

그러자 환웅이 말했어요.

"100일 동안 동굴에서 쑥과 마늘만 먹어라. 그러면 사람이 될 것이다."

곰과 호랑이는 동굴에서 쑥과 마늘만 먹으며 지냈어요. 며칠이 지나자 호랑이는 동굴 밖으로 나왔어요.

"나는 못 참겠어. 나갈 거야!"

하지만 곰은 동굴 안에서 100일 동안 잘 참았어요. 100일 후에 곰은 아름다운 여자가 되었어요. 곰에게는 웅녀라는 이름이 생겼어요. 환웅은 착하고 아름다운 웅녀와 결혼을 했어요. 그리고 아들을 낳았어요. 아들의 이름이 '단군'이에요. 단군은 똑똑하고 용감했어요. 그리고 어른이 되어 '고조선'이라는 나라를 만들었어요. 단군은 훌륭한 임금님이 되었어요. 사람들은 고조선에서 행복하게 살았어요. 이 고조선이 대한민국의 첫 번째 나라예요.

주제 7 **옛날이야기**

활동 1. 금도끼 은도끼

옛날 옛날에 마음씨 착한 나무꾼이 나무를 하고 있었어요. 한참 열심히 나무를 하던 나무꾼은 손이 미끄러져서 실수로 도끼를 연못에 풍덩 빠뜨렸어요.

"아이고, 하나밖에 없는 도끼가 물에 빠졌으니 나는 어떻게 하나. 아이고."

그런데 그때 갑자기 연못 안에서 밝은 빛이 나더니 산신령이 나타났어요. 그리고 착한 나무꾼에게 도끼 하나를 보여주면서 "이 도끼가 네 도끼냐?" 하고 물었어요. 착한 나무꾼이 산신령이 들고 있는 도끼를 보니 그것은 번쩍번쩍 빛나는 금도끼였어요. 마음씨 착한 나무꾼은 "그 도끼는 제 도끼가 아닙니다."라고 이야기했어요.

그러자 산신령은 다시 연못으로 들어가서 다른 도끼를 들고 나왔어요. 그리고 착한 나무꾼에게 다시 물었어요. "그럼, 이 도끼가 네 도끼냐?" 마음씨 착한 나무꾼이 자세히 보니 그건 반짝반짝 윤이 나는 은도끼였어요. 착한 나무꾼은 다시 "그 도끼는 제 도끼가 아닙니다. 제 도끼는 낡은 쇠도끼입니다."라고 대답했어요.

그러자 산신령은 "허허허, 참으로 정직한 청년이구나."라고 말했어요. 그리고 "네가 정직하게 대답을 했으니 내가 상으로 이 도끼들을 모두 주마."라고 하면서 금도끼, 은도끼, 쇠도끼를 마음씨 착한 나무꾼에게 주었어요. 마음씨 착한 나무꾼은 "정말 감사합니다. 정말 감사합니다."라고 말하고 선물로 받은 도끼를 모두 들고 집으로 돌아왔어요.

옆 마을 욕심 많은 나무꾼은 마음씨 착한 나무꾼의 이야기를 듣고 '나도 산신령에게 가서 금도끼와 은도끼를 받아야겠다!'라고 생각했어요. 그래서 그 나무꾼은 당장 연못으로 달려가 자신의 쇠도끼를 던졌어요. "에잇!"

그러자 연못 안에서 빛이 나더니 산신령이 나타났어요. 그리고 도끼를 하나 보여주며 "이 도끼가 네 것이냐?"라고 욕심 많은 나무꾼에게 물었어요. 욕심 많은 나무꾼이 보니 그것은 번쩍번쩍 빛나는 금도끼였어요. 그래서 욕심 많은 나무꾼은 "예, 그 도끼가 제 도끼입니다."라고 대답했어요.

그러자 산신령은 반짝반짝 빛나는 은도끼를 보여주면서 다시 욕심 많은 나무꾼에게 물었어요. "그럼 이 도끼도 네 것이냐?" 욕심 많은 나무꾼은 "예, 그 도끼도 제 도끼입니다."라고 말했어요.

산신령은 그 말을 듣고 화가 나서 소리쳤어요. "이런 고얀 녀석을 봤나! 남의 도끼를 탐내다니! 너 같은 욕심쟁이에게는 도끼를 하나도 줄 수 없다!" 그리고 산신령은 연못 속으로 사라져 버렸어요.

결국 욕심 많은 나무꾼은 자신의 쇠도끼만 잃고 집으로 터덜터덜 돌아갔답니다.

활동 2. 호랑이와 곶감

옛날에 깊은 산속에 호랑이가 살았어요. 흰 눈이 펑펑 내리는 어느 밤에 배가 고픈 호랑이는 먹을 것을 찾아서 마을로 내려왔어요. "어흥! 배고파. 어디 뭐 먹을 거 없나?"

마을 여기저기를 두리번거리던 호랑이는 불이 켜진 어느 집 앞에서 "응애! 응애!"하고 우는 아기의 울음소리를 들었어요. 궁금해진 호랑이는 살금살금 아기가 우는 집 앞으로 다가갔어요. 불이 켜진 집 안에는 우는 아기를 안고 있는 엄마의 그림자가 보였어요. 엄마는 우는 아기를 안고 말했어요. "아가, 뚝 그쳐야지. 지금 밖에 무서운 호랑이가 와 있어."

호랑이는 '아니, 내가 온 걸 어떻게 알았지?' 하고 생각하며 깜짝 놀랐어요. 엄마는 계속 우는 아기에게 말했어요. "아가, 뚝 안 그치면 무서운 호랑이가 '어흥' 하고 잡아갈 거야!" 그렇지만 아기는 계속 울기만 했어요. 아기의 울음을 들은 호랑이는 생각했어요. '저 아기는 나처럼 무서운 호랑이를 안 무서워하네?'

그때 엄마는 아기에게 말했어요. "아가! 자, 여기 곶감이 있어. 이거 봐. 곶감이야." 그러자 아기는 갑자기 울음을 뚝 그쳤답니다. 밖에서 이 말을 들은 호랑이는 깜짝 놀랐어요. "세상에 나보다 더 무서운 놈이 있다니! 곶감은 진짜 무서운 놈이군."

그때 방문이 조금 열렸어요. 무서운 곶감이 나오는 줄 알고 호랑이는 소가 있는 외양간에 숨었어요. 그 순간, 어두운 외양간에 숨어 있는 호랑이 등에 갑자가 무엇인가가 툭 하고 떨어졌어요. 호랑이는 깜짝 놀랐어요. "아악! 무서운 곶감이 내 등에 탔나 보다! 호랑이 살려!"

호랑이는 아주 빨리 산속으로 도망갔어요. 사실 호랑이 등에 탄 것은 아기의 집에 소를 훔치러 온 도둑이었어요. 호랑이 등에 탄 도둑도 깜짝 놀랐답니다. "아니! 이건 소가 아니라 호랑이잖아!" 도둑은 깜짝 놀라서 달리는 호랑이 등에서 내려 도망갔어요.

호랑이는 깊은 산속으로 계속 도망가면서 생각했답니다. '휴, 곶감한테 잡아먹힐 뻔했네.'

활동 3. 개와 고양이

옛날 어느 마을에 할머니와 할아버지가 작은 개 한 마리, 고양이 한 마리와 함께 살고 있었어요. 어느 날 할아버지는 강에 물고기를 잡으러 나갔어요. 할아버지의 낚시 바늘에 아주 크고 반짝이는 물고기가 잡혔어요. 그때 물고기가 눈물을 뚝뚝 흘리면서 할아버지에게 말했어요. "할아버지, 제발 저를 살려 주세요."

착한 할아버지는 잡은 물고기를 다시 강에 놓아주었어요. 그러자 물고기는 입안에서 크고 파란 구슬 하나를 꺼내 할아버지에게 드렸어요. "할아버지, 고맙습니다. 이 구슬이 할아버지의 소원을 들어드릴 거예요."

할아버지는 집에 구슬을 가져와서 할머니에게 보여 주었어요. 할머니와 할아버지는 소원을 빌었어요. "우리 집을 크고 멋진 기와집으로 바꿔 줘." 그러자 할머니와 할아버지의 작은 집이 큰 기와집으로 바뀌었어요. 할아버지와 할머니는 파란 구슬 덕분에 근사한 기와집에서 편하고 행복하게 살았어요.

어느 날 강 건너 이웃 마을에 사는 욕심쟁이 할머니가 착한 할머니와 할아버지의 집을 찾아갔어요. 욕심쟁이 할머니는 착한 할머니에게 말했어요.

"이 집에 아주 신기한 구슬이 있지요? 나도 똑같은 구슬이 있는데 한 번 볼래요?"

착한 할머니는 그 말에 속아 파란 구슬을 보여주었어요. 욕심쟁이 할머니는 그 구슬을 몰래 가져갔어요. 그러자 착한 할아버지와 할머니의 집은 다시 작은 집으로 바뀌었어요. 할아버지와 할머니는 너무 슬펐어요.

그 모습을 본 개와 고양이는 할아버지와 할머니를 위해 욕심쟁이 할머니의 집에서 파란 구슬을 찾아오기로 했어요. 강을 건너간 개와 고양이는 욕심쟁이 할머니 집에 가서 파란 구슬을 찾았답니다. 고양이는 수영을 못해서 입에 파란 구슬을 물고, 수영을 잘하는 개의 등에 업혔어요. 그런데 고양이가 구슬을 잘 가지고 있는지 궁금한 개는 고양이에게 계속 물었어요.

"야옹아, 구슬을 잘 가지고 있지?"

하지만 입에 구슬이 있는 고양이는 말을 할 수 없었어요. 고양이는 개가 계속 물어서 어쩔 수 없이 대답을 했어요.

"야옹, 잘 가지고 있어!"

그 순간 고양이 입에 있던 구슬이 강에 빠졌어요. 개는 물에 빠진 구슬을 찾을 수 없어서 집으로 가 버렸고 고양이는 계속 구슬을 찾았어요. 고양이는 낚시를 하는 사람들에게서 받은 물고기 안에서 파란 구슬을 찾았어요. 할머니와 할아버지는 고양이가 찾은 파란 구슬 덕분에 다시 부자가 되었고 고양이를 아주 많이 칭찬했어요. 집 안에서 할머니와 할아버지의 사랑을 받는 고양이가 부러운 개는 그 뒤로 고양이를 볼 때마다 "멍멍!"하고 짖었고 고양이도 개를 보면 "야옹!"하고 울면서 사이가 안 좋아졌대요.

활동 4. 청개구리

옛날 옛날에 뭐든지 엄마 말이라면 반대로 듣는 아기 청개구리가 살았어요. 엄마가 앉으라고 하면 섰어요. 서라고 하면 앉았어요. 더우니까 물속에 들어오라고 하면 안 들어오고 밤에 자라고 하면 시끄럽게 노래를 불렀어요.

결국 엄마 청개구리는 말을 안 듣는 아기 청개구리 때문에 병이 났어요. 엄마 청개구리는 아기 청개구리한테 이렇게 말했어요. "내가 죽으면 산이 아니라 냇가에 묻어 다오."

엄마 청개구리는 항상 아기 청개구리가 거꾸로 엄마 말을 들었기 때문에 일부러 이렇게 말을 했어요. 왜냐하면 냇가에 묻으면 비가 왔을 때 다 떠내려가기 때문이에요. 이런 엄마 청개구리의 마음을 몰랐던 아기 청개구리는 엄마가 돌아가시자 울면서 처음으로 엄마 말을 들었어요. 그래서 아기 청개구리는 엄마 청개구리를 산이 아니라 냇가에 묻었어요. 하지만 비가 오자 엄마 청개구리 무덤이 모두 물에 씻겨 내려가 버리고 말았어요.

"엉엉, 내가 잘못했어." 그제야 아기 청개구리는 자신의 잘못을 깨달았어요. 그래서 개구리는 비가 오면 항상 개굴개굴 크게 우는 거랍니다.

활동 5. 호랑이 꼬리 낚시

옛날 어느 추운 겨울에 배고픈 호랑이가 있었어요. 호랑이는 너무 배가 고팠어요. 하지만 하루 종일 다녀도 아무것도 먹지 못했어요. 그때였어요. 저기에 토끼 한 마리가 나타났어요. 호랑이는 토끼를 잡아먹으려고 입을 크게 벌렸어요. 그때 토끼가 말했어요.

"호랑이님! 배가 너무 고프시죠? 저는 너무 작아서 먹어도 배가 안 부르실 거예요. 제가 정말 먹을 게 많은 곳을 아니까 저를 따라오세요."

"먹을 게 많다고?"

"그럼요! 저를 믿어 보세요!"

배가 너무 고픈 호랑이는 일단 토끼를 믿어 보기로 했어요. 토끼는 호랑이를 얼음이 꽁꽁 언 강으로 데려갔어요. 그런데 강에는 구멍만 있고 아무리 둘러봐도 먹을 것은 보이지 않았어요. 호랑이는 화가 났어요.

"여기에 먹을 게 어디에 있단 말이냐!"

"호랑이님, 여기 강 속을 보세요. 물고기가 정말 많지요? 얼음에 구멍을 만들어서 꼬리를 넣고 있으면 물고기가 꼬리에 매달릴 거예요. 그때 얼른 꼬리를 올려서 물고기를 잡아먹으면 돼요!"

호랑이는 물고기를 먹을 생각에 기분이 너무 좋아졌어요. 그래서 토끼의 말대로 꼬리를 물속에 넣었어요. 그날은 겨울바람이 쌩쌩 불었어요. 호랑이는 너무 추웠지만 물고기를 먹을 생각에 계속 기다렸지요. 그때 꼬리가 무거워지는 것을 느꼈어요.

"오호, 드디어 물고기들이 내 꼬리를 물었구나!"

호랑이는 물속에서 꼬리를 빼려고 했어요. 하지만 꼬리가 얼음에 꽁꽁 얼어서 움직이지 않았어요. 아무리 잡아당

겨도 꼬리만 아팠어요.
"헤헤! 호랑이님, 열심히 물고기를 잡아 보세요. 저는 가겠습니다!"
목숨을 건진 토끼는 호랑이를 비웃으며 도망을 갔답니다.

활동 6. 소가 된 게으름뱅이

옛날에 일을 하지 않고 매일 잠만 자는 게으름뱅이가 살았어요. 게으름뱅이의 아내는 화가 나서 말했어요.
"그렇게 매일 잠만 잘 거예요? 그러려면 집에서 나가요!"
"흥, 나가라면 못 나갈 줄 알고?"
화가 난 게으름뱅이는 집을 나왔어요. 그러다 길에서 한 할아버지를 만났어요. 그 할아버지는 소머리 탈을 만들고 있었어요.
"할아버지, 탈이 소와 똑같이 생겼네요? 한 번만 써 보면 안 될까요?"
"아니야, 탈을 쓰면 안 돼."
"그러도 한 번만 써 볼게요."
게으름뱅이는 소머리 탈을 머리에 썼어요. 그러자 게으름뱅이가 소로 변했어요.
"아니, 이게 어떻게 된 일이지?"
하지만 이 말은 '음매'라고만 들렸어요. '음매…'
"이랴!" 할아버지는 소를 농부에게 팔았어요. 그리고 농부에게 말했어요. "이 소는 무를 먹으면 죽는다오. 절대 무밭에 가지 마시오!"
소가 된 게으름뱅이는 아침부터 저녁까지 하루 종일 일만 했어요. '아, 진작 이렇게 일을 했으면…….' 게으름뱅이는 매일 놀기만 한 것을 후회했어요. 다음 날, 소는 무 밭에 가게 되었어요. 그때, 할아버지의 말이 생각났어요. '이렇게 소로 사는 건 너무 싫어. 그래, 차라리 무를 먹고 죽자.'
게으름뱅이는 무를 먹었어요. 그러자 다시 사람이 되었어요. "어? 내가 다시 사람이 되었네. 아, 이제 살았다!"
다시 사람이 된 게으름뱅이는 집으로 돌아왔어요. 그리고 아내에게 말했어요. "여보, 미안해요. 이제부터는 열심히 일할게요." 그날부터 게으름뱅이는 열심히 일을 하였답니다.

활동 7. 지혜로운 아들

옛날 어느 마을에 심술쟁이 사또가 있었어요. 이 사또는 나쁜 일을 하지 않은 사람에게도 벌을 주고 마을 사람들에게 좋은 물건이 있으면 마음대로 다 빼앗았어요. 그래서 마을 사람들은 사또를 싫어했고 사또의 일을 돕는 사람인 이방도 아주 힘들었어요. 이방은 마음씨가 착해서 사또가 마을 사람들에게 심술을 부리는 것을 많이 막았어요. 그래서 사또는 착한 이방을 미워했어요. 심술쟁이 사또는 이방을 멀리 내쫓을 방법만 매일매일 생각했답니다.
눈이 펑펑 내리는 어느 겨울, 사또는 착한 이방을 방으로 불렀어요.
"나는 지금 빨갛게 잘 익은 딸기가 매우 먹고 싶구나. 지금 당장 산에 가서 딸기를 따 오너라. 사흘 안에 딸기를 가져오지 않으면 큰 벌을 내릴 것이다."
착한 이방은 눈이 하얗게 쌓인 산을 바라보며 한숨만 쉬었어요.
"휴, 이렇게 추운 겨울에 산에 딸기가 어디에 있다는 말인가…."
이방은 걱정을 하다가 그만 병에 걸려서 눕고 말았어요. 그런데 착한 이방에게는 아주 지혜로운 아들이 하나 있었어요. 아들은 아버지가 병에 걸려 누워 계신 것을 보고 걱정이 되었어요.
"아버지, 무슨 걱정이 있으세요? 저에게도 말씀해 주세요."
착한 이방은 아들에게 그동안 있었던 일을 모두 이야기해 주었어요. 아버지의 이야기를 모두 들은 아들은 빙긋이 웃으며 말했어요.
"아버지, 제가 사또를 찾아가서 잘 말씀드리고 올게요. 걱정하지 마세요. 저에게 좋은 생각이 있어요."
아들은 집을 나섰어요. 심술쟁이 사또는 자신을 만나러 온 이방의 아들을 보고 말했어요.
"내가 말한 딸기는 가져왔느냐?"
아들은 사또에게 대답했어요.
"아버지께서 많이 아프셔서 제가 대신 왔습니다."
심술쟁이 사또는 아들에게 화를 버럭 냈답니다.
"어디가 아프다는 거냐? 딸기를 가져오지 못해서 거짓말을 하는 거냐? 딸기를 가져오지 못하면 내가 큰 벌을 내린다고 했다."

아들은 화를 내는 사또에게 이렇게 말했어요.

"아버지께서는 어제 산에서 딸기를 따다가 큰 뱀에 물리셨습니다. 그래서 딸기도 못 따고 병에 걸리고 말았습니다."

그 말을 들은 사또는 크게 화를 내며 아들에게 말했어요.

"이 추운 겨울에 산에 뱀이 어디 있다는 말이냐? 지금 내게 거짓말을 하고 있구나! 당장 벌을 내리겠다."

아들은 사또에게 용감하게 말했지요.

"사또의 말씀이 맞습니다. 추운 겨울에는 산에 뱀이 없는 것처럼 딸기도 없습니다."

아들의 말을 들은 사또는 아무 말도 할 수 없었어요. 그래서 착한 이방과 이방의 아들에게 사과를 하고 그동안 사람들에게 심술을 부린 일을 반성하게 되었답니다.

활동 8. 소금을 만드는 맷돌

옛날 옛적에 마음씨 착한 왕이 살았어요. 왕은 배고픈 사람들에게는 쌀을 나누어 주고, 가난한 사람들에게는 옷을 나누어 주었지요. 사실 왕에게는 무엇이든지 만들어 낼 수 있는 신기한 맷돌이 있었어요. 그래서 왕은 어려운 사람들에게 필요한 물건들을 줄 수 있었던 거예요.

이 사실을 우연히 알게 된 한 도둑은 그 맷돌을 훔쳐야겠다고 생각했어요. 그래서 왕이 살고 있는 궁궐에 숨어 들어가 몰래 왕의 맷돌을 가지고 나왔어요. 그리고 배를 타고 먼 곳으로 도망을 갔지요. 배를 타고 먼 바다로 나오자 도둑은 '정말 이 맷돌이 내가 원하는 물건을 만들어 낼까?' 하는 생각이 들었어요.

그래서 도둑은 고민을 하다가 '그래! 맷돌을 한번 사용해 보자.'고 생각했어요.

그리고 도둑은 맷돌을 천천히 돌리면서 "소금아, 나와라!" 하고 소리쳤어요. 왜냐하면 옛날에는 소금은 돈처럼 아주 귀했거든요.

도둑이 맷돌을 돌리면서 "소금아, 나와라!" 하고 소리치자 정말 맷돌에서 소금이 쏟아져 나왔어요. 도둑은 부자가 될 수 있다는 생각에 신이 났어요. "하하하! 나도 드디어 부자가 되는구나! 아하하하하하!"

도둑은 부자가 될 수 있다는 생각에 기뻐서 춤을 추었어요. 그런데 시간이 지날수록 배가 소금으로 가득 차면서 배는 조금씩 가라앉기 시작했어요.

"어, 이거 소금 때문에 배가 가라앉잖아? 이걸 어떻게 하지?"

도둑은 맷돌에서 소금이 더 안 나오게 하고 싶었어요. 하지만 도둑은 어떻게 하면 맷돌이 소금을 그만 만들어 내게 하는지 몰랐어요.

"소금아, 그만 나와라!"

"그만, 그만 나와라. 소금!"

"맷돌이 소금을 계속 만들어 내네. 이를 어떻게 하나… 아이고…."

배는 계속해서 맷돌에서 나오는 소금 때문에 무거워졌어요. 결국 배와 맷돌, 도둑은 바닷속으로 가라앉아 버렸어요. 지금도 바닷물이 짠 이유는 아직도 그 맷돌에서 소금이 나오고 있기 때문이랍니다.

활동 9. 혹부리 할아버지

옛날 어느 마을에 얼굴에 커다란 혹이 달린 할아버지가 살았어요. 사람들은 할아버지를 혹부리 할아버지라고 불렀어요. 할아버지는 노래를 잘 불렀어요. 하루는 산에 갔는데 갑자기 비가 왔어요. 할아버지는 산속에 있는 집으로 들어갔어요. 그리고 노래를 부르기 시작했어요.

"아리랑 아리랑 아라리요. 아리랑 고개로 넘어간다."

이때 노랫소리를 들은 도깨비들이 집 안으로 들어왔어요.

"할아버지, 노래를 참 잘하시네요! 하하하. 어떻게 하면 이렇게 노래를 잘할 수 있지요?"

할아버지는 도깨비들이 무서웠어요. 하지만 침착하게 이야기했어요.

"내 노랫소리? 이 혹에서 나오지! 허허허허."

그러자 도깨비들은 할아버지의 혹을 떼었어요. 그리고

도깨비 방망이를 선물로 주었어요. 할아버지는 혹을 떼서 기분이 좋았어요. 그리고 도깨비 방망이 덕분에 큰 부자가 되었어요. 며칠 후 이 이야기를 옆 마을에 있는 욕심쟁이 혹부리 할아버지가 들었어요. 욕심쟁이 할아버지는 곧바로 산에 있는 집으로 갔어요.

"아리랑 아리랑 아라리요. 아리랑 고개로 넘어간다."

"어, 할아버지 또 오셨네!"

"아, 도깨비들! 나 노래 잘하지? 바로 이 혹 때문이라네."

"뭐? 노래를 잘한다고? 지난번에 준 혹도 가짜던데? 우릴 속였지? 이 혹도 가져가쇼!"

도깨비들은 욕심쟁이 할아버지의 턱에 혹을 하나 더 붙여 주었어요.

그래서 욕심쟁이 할아버지는 혹이 두 개가 되었어요. 혹 떼러 갔다가 혹이 하나 더 늘어서 집으로 왔답니다.

"아이고. 흑흑흑흑흑."

활동 10. 의좋은 형제

옛날 옛날에 사이가 아주 좋은 형제가 살았어요. 형과 동생은 열심히 농사를 지었어요. 가을이 되자 형제의 논에는 벼가 많이 자랐어요. 형과 동생은 벼를 가마니에 넣고 가마니를 똑같이 나누었어요. 며칠이 지난 뒤, 형은 밤에 동생 집에 가마니를 몰래 가져다 놓았어요.

"동생은 나보다 식구가 더 많으니까 가마니가 더 필요할 거야."

그런데 이게 무슨 일일까요? 다음날 아침에 보니 형의 가마니가 어제와 똑같았어요.

"이상하네. 분명히 내가 어제 동생 집에 가마니를 가져다 놓았는데. 내가 꿈을 꿨나?"

형은 밤에 다시 동생의 집에 가마니를 가져다 놓기로 했어요.

"오늘은 조금 더 일찍 가야겠어."

형은 가마니를 들고 동생의 집으로 갔어요. 그런데 저기서 어떤 사람이 가마니를 들고 오고 있었어요.

"이 밤에 누구지?"

형은 깜짝 놀랐어요. 그 사람은 바로 동생이었어요. 동생도 형을 위해서 형의 집에 가마니를 가져다 놓은 것이었어요. 둘은 서로 꼭 껴안았어요. 형과 동생은 오래오래 행복하게 살았답니다.

활동 11. 견우와 직녀

옛날 하늘나라의 옥황상제에게는 직녀라는 아름다운 딸이 있었어요. 직녀는 하루도 빠짐없이 베를 짜는 일을 했지요. 직녀는 베 짜는 솜씨가 아주 좋았어요. 그래서 옥황상제는 직녀의 베 짜는 솜씨를 늘 자랑스러워했어요.

어느 날 직녀는 베를 짜다가 잠시 쉬는 동안 창밖을 바라보았어요. 그때 창밖에는 견우라는 청년이 소를 타고 피리를 불며 지나가고 있었어요. 아름다운 피리 소리에 귀를 기울이던 직녀는 피리를 부는 청년이 누구인지 궁금해졌어요. 그래서 혼잣말로 "저렇게 아름답게 피리를 부는 사람은 누구일까?"라고 말했어요.

마침 직녀의 유모가 그 말을 듣고 "저 피리를 부는 분이요? 저분은 견우님이세요. 피리를 정말 잘 부시지요? 이 하늘나라에서는 잘생긴 견우님을 모르는 사람이 없답니다. 그리고 견우님은 소를 돌보는 일을 하는데 직녀님처럼 그 솜씨가 대단해요."라고 대답했어요.

그때, 창밖을 보던 직녀를 견우가 보게 되었어요. 견우는 아름다운 직녀를 보고 한눈에 반해 버렸지요. 결국 두 사람은 사랑을 하게 됐어요.

사랑에 빠진 두 사람은 함께 하는 시간이 너무 즐거워서 일을 하지 않고 매일매일 만나서 놀았어요. 두 사람은 행복했지만 일하지 않는 두 사람 때문에 옥황상제는 마음이 좋지 않았어요. 옥황상제는 그래도 시간이 조금 더 지나면 두 사람이 다시 일을 시작할 것이라고 생각했어요. 하지만 두 사람은 놀기만 하고 일을 전혀 하지 않았어요.

그러던 어느 날 옥황상제는 더 이상 참을 수 없다고 생각하고 두 사람을 불러 말했어요.

"내가 그만큼 기다렸거늘……. 일을 하지 않고 놀기만 하는 너희를 이제는 더 이상 봐 줄 수 없다. 은하수를 사이에 두고 견우와 직녀는 따로 떨어져 살도록 해라! 단, 1년에 한 번, 음력 7월 7일에는 만날 수 있도록 해 주겠다!"

그렇게 견우와 직녀는 따로 떨어져서 음력 7월 7일을 기다리며 열심히 일을 했어요. 그리고 7월 7일이 되던 날, 서로를 보기 위해 은하수로 달려갔어요. 하지만 넓고 깊은 은하수 때문에 두 사람은 만날 수가 없었어요. 그래서 두 사람은 은하수를 사이에 두고 울기 시작했어요.

"견우님! 흑흑흑……."

"직녀! 아, 이럴 수가……. 우리는 1년에 단 한 번도 만날 수가 없다니……."

안타까운 두 사람의 이야기를 들은 까마귀와 까치는 자신들이 두 사람을 도와줘야겠다고 생각을 했어요. 그래서 함께 모여 은하수로 날아갔어요.

"까악까악. 견우님, 직녀님, 저희가 다리를 만들어 드릴게요. 저희를 밟고 지나가세요."

견우와 직녀는 까마귀와 까치가 만들어 준 다리 덕에 무사히 서로를 만날 수 있게 되었어요. 그리고 두 사람은 서로를 안고 기쁨의 눈물을 흘렸어요.

지금도 음력 7월 7일에 비가 많이 오는 이유는 1년 만에 만난 견우와 직녀가 끝없이 눈물을 흘리기 때문이랍니다.

활동 12. 방귀쟁이 며느리

옛날 어느 부잣집에 새색시가 시집을 왔어요.

"우리 며느리는 얼굴도 예쁘고 마음도 참 착해요. 허허허."

"아유, 복덩이가 들어왔어요. 호호호호."

그런데 날이 갈수록 새색시 얼굴이 누렇게 변하기 시작했어요.

"아가야, 얼굴색이 안 좋구나. 어디 아프니?"

"아버님, 제가 방귀를 못 뀌어서 그렇습니다."

"그까짓 방귀야 뀌면 되지. 마음 놓고 뀌어라."

"그래도 돼요? 그런데 제 방귀가 엄청 세요. 그러니까 아버님, 문을 꼭 잡으세요. 어머님은 가마솥을 잡으시고 서방님은 기둥을 꼭 잡으세요."

며느리가 아랫배에 끙 하고 힘을 모았어요. 그러자 뿡뿡 뿌웅뿡 아주 큰 방귀 소리가 들렸어요. 그리고 빵빵 빠앙빵 아주 센 방귀 바람이 휙휙 불었어요.

"아아아악!"

방귀 바람 때문에 시아버지는 마당으로 떨어지고 시어머니는 멀리 날아갔어요. 신랑은 기둥을 잡고 뱅글뱅글 돌았어요.

"호호호호. 방귀를 뀌니 정말 시원해요."

며느리의 얼굴이 다시 밝아졌어요. 하지만 식구들은 너무 놀라서 얼굴이 새파랗게 되었어요.

"얘야, 방귀 두 번만 뀌었다간 큰일 나겠구나!"

"영감, 저런 며느리를 두었다가는 집안이 망하겠어요. 쯧쯧."

"안 되겠다. 아가야. 네 방귀 무서워서 같이 못 살겠다. 너희 집으로 가거라. 내가 데려다 주마."

며느리는 눈물을 흘리며 시어머니와 신랑에게 인사를 했어요.

"흑흑."

두 사람이 산을 넘을 때였어요.

"아가야, 다리가 아프구나. 저 감나무 아래에서 쉬었다 가자."

시아버지와 며느리는 감나무 아래에 앉았어요.

"감이 참 맛있겠다."

"아버님, 제가 따 드릴게요. 저쪽에 피해 계세요."

"뿡뿡 뿌웅뿡!" 큰 방귀 소리가 하늘 위로 울려 퍼졌어요. 그러자 나무에 있던 감들이 우르르 떨어졌어요.

"오, 우리 며느리 방귀가 좋은 일을 했네. 알고 보니 복방귀로구나."

"하하하하."

시아버지는 며느리와 함께 다시 집으로 돌아왔어요.

그 후 며느리는 복 방귀를 뿡뿡 뿌웅뿡 빵빵 빠앙빵 시원하게 뀌면서 행복하게 살았답니다.

활동 13. 주먹밥이 열리는 나무

옛날에 나무꾼 부부가 살았어요. 나무꾼의 아내는 말을 아주 많이 하는 수다쟁이였어요. 항상 동네 사람들을 만나서 이야기를 많이 했어요.

어느 날 남편은 산에 나무를 하러 갔어요. 그때 산에서

반짝거리는 커다란 금덩어리를 발견했어요.

나무꾼은 '와, 여기에 금이 있다니! 신난다! 나는 부자가 될 거야.'하고 생각했어요.

그때 나무꾼은 부인이 수다쟁이라는 사실이 생각났어요.

'그런데 우리 부인이 동네 사람들을 만나면 이야기를 다 해서 모든 동네 사람들이 이 사실을 알게 될 거야. 그래서 우리 집에 도둑이 와서 금덩어리를 가져갈 텐데……. 어떻게 하지?'

나무꾼은 한참을 생각하다가 좋은 생각이 났어요.

'맞아! 좋은 방법이 생각났다!'

나무꾼은 점심 도시락으로 싸 온 주먹밥을 나무에 매달았어요. 나무에는 맛있는 주먹밥이 주렁주렁 열린 것처럼 보였어요. 나무꾼은 금덩어리를 들고 집으로 갔어요.

"여보! 우리 집 뒤에 있는 나무에 주먹밥이 열렸어요."

수다쟁이 아내는 깜짝 놀랐어요.

"아니 그런 나무가 세상에 어디에 있어요?"

나무꾼은 아내를 데리고 주먹밥이 열리는 나무로 갔어요.

"와, 진짜 주먹밥이 열려 있네요! 우리는 이제 밥을 안 해도 되겠어요. 동네 사람들에게도 이 사실을 알려야겠어요."

수다쟁이 아내는 동네 사람들에게 가서 주먹밥이 열리는 나무에 대해 말해 주었어요.

"뒷산에 주먹밥이 열리는 나무가 있어요! 제가 지금 봤는데 정말 신기해요."

동네 사람들은 수다쟁이 아내를 따라 뒷산에 갔어요. 그런데 나무에는 아무 것도 없었답니다.

나무꾼이 수다쟁이 아내가 동네 사람들을 만나서 이야기하는 동안 주먹밥을 모두 먹어 버렸거든요. 동네 사람들이 가고 난 뒤에 나무꾼은 수다쟁이 아내에게 모든 사실을 이야기했어요.

"여보, 사실은 내가 산에서 주먹밥이 열리는 나무가 아니라 금덩어리를 찾았어요."

수다쟁이 아내는 나무꾼의 이야기를 듣고 또 깜짝 놀랐어요.

"정말이에요? 신난다! 우리는 이제 큰 부자가 될 거예요."

아내는 다시 동네 사람들에게 가서 이야기를 했어요.

"우리가 뒷산에서 큰 금덩어리를 찾았어요. 우리는 이제 부자가 될 거예요."

그러나 동네 사람들은 아내의 말을 믿지 않았어요.

"저 여자가 또 거짓말을 하고 있어요. 아까 우리가 모두 속았잖아요."

사람들이 아내의 말을 믿지 않자 아내는 아주 실망했어요. 그때 나무꾼이 금덩어리를 보여 주면서 사실은 아까 주먹밥이 아니라 금덩어리를 발견했다고 이야기를 해 줬어요. 그리고 이 사실을 다른 사람이 알게 되면 도둑이 들까 봐 말하는 것을 조심했다고 말했어요.

그제야 남편의 행동을 이해한 수다쟁이 아내는 그동안 자신이 사람들에게 너무 이야기를 많이 한 것을 후회했어요. 그리고 말을 할 때 조심해야겠다고 생각했어요. 이후에 나무꾼은 가지고 있는 금덩어리를 팔아서 부자가 되어 아내와 행복하게 살았답니다.

활동 14. 흥부와 놀부

옛날에 흥부와 놀부가 살았어요. 형 놀부는 욕심쟁이였고, 동생 흥부는 아주 착했어요. 어느 날 부모님이 돌아가셨어요. 그러자 놀부는 동생에게 집을 나가라고 했어요.

"이제 여기는 내 집이니 당장 나가거라!"

집에서 쫓겨난 흥부는 먹을 것이 없었어요. 그래서 다시 놀부의 집에 갔어요.

"형수님, 너무 배가 고파요. 쌀 좀 빌려 주세요."

"흥, 우리 먹을 것도 없는데 무슨! 쌀 대신 밥주걱이나 받으쇼!"

욕심쟁이 놀부 부인은 흥부 얼굴을 밥주걱으로 때렸어요. 흥부는 할 수 없이 집으로 돌아왔어요.

그러던 어느 날, 구렁이 한 마리가 흥부네 집에 살던 제비를 잡아먹으려고 했어요. 그래서 흥부가 구렁이를 쫓아 주었어요. 그때 제비 한 마리가 땅에 떨어져 다리가 부러졌어요.

"불쌍한 제비야, 얼른 고쳐 줄게."

흥부는 제비 다리를 고쳐 주었어요. 다음 해 봄, 흥부네 집에 제비가 다시 왔어요.

"아, 너는 작년에 다리가 부러진 그 제비구나."

제비는 흥부에게 박 씨 하나를 주고 갔어요. 흥부는 박 씨를 심었어요. 가을이 되자, 커다란 박이 주렁주렁 열렸어요.

"아버지, 이것 보세요! 박이 가득해요!"

"배고프지? 얼른 이 박을 먹자."

배가 고픈 흥부네 가족은 큰 톱으로 박을 자르기 시작했어요.

"아니, 이게 웬 쌀이야?"

이게 웬일이에요? 박에서 쌀이 나왔어요. 그리고 두 번째 박에서는 돈과 보석과 비단 옷이, 세 번째 박에서는 멋진 집이 나왔어요.

"아니, 이게 어떻게 된 일이지?"

흥부네 가족은 기뻤어요. 이제 흥부네 집은 부자가 되었어요.

"아버지, 우리 이제 부자가 됐네요!"

그런데 욕심쟁이 놀부가 이 소식을 듣고 더 부자가 되고 싶다고 생각했어요. 그래서 놀부는 일부러 제비를 잡아서 다리를 부러뜨렸어요. 그리고 다시 고쳐 주었어요. 다음 해 제비가 놀부에게도 박 씨를 주었어요. 놀부는 신이 나서 박 씨를 심었어요. 가을이 되자 놀부네 집에도 커다란 박이 주렁주렁 열렸어요. 놀부는 신이 나서 박을 자르기 시작했어요.

"하하, 이제 나도 부자가 된다고!"

그런데 놀부네 박에서는 도깨비가 나왔어요. 도깨비는 놀부의 집과 물건을 다 부수고 없애 버렸어요. 그래서 놀부는 거지가 되었어요.

"아이고, 망했다. 흑흑흑."

착한 흥부는 이 소식을 듣고 놀부에게 달려왔어요.

"형님, 우리하고 같이 살아요!"

"아우야, 내가 잘못했어. 정말 미안해. 흑흑."

그 후 흥부와 놀부는 사이좋게 살았답니다.

활동 15. 빨간 부채 파란 부채

옛날에 가난한 나무꾼이 있었어요. 그 나무꾼은 일하는 것을 너무 싫어했어요. 그날도 너무 일하기가 싫어서 나무 옆에서 쉬고 있는데 나무 옆에 부채 두 개가 있는 거예요. 파란색 하나, 빨간색 하나가 있었어요.

'어? 왜 여기에 부채가 있지?'

나무꾼은 날도 더운데 잘됐다고 생각하고 빨간색 부채를 부치기 시작했어요. 그런데 코가 점점 길어지는 거예요. 그래서 파란색 부채를 부쳐 봤어요. 다시 코가 짧아졌어요. 나무꾼은 신기한 요술 부채를 얻어서 기분이 너무 좋았어요. 그리고 다음날, 빨간색 부채만 들고 부잣집에 찾아갔어요.

부잣집에는 부자가 낮잠을 자고 있었어요. 나무꾼은 부자에게 조용히 가서 빨간색 부채를 세 번 부치고 왔어요. 잠에서 깬 부자는 코가 너무 길어져서 깜짝 놀랐어요. 그래서 코를 짧게 해주면 많은 돈을 준다고 사람들에게 말했어요. 많은 사람들이 가서 부자의 길어진 코를 고치려고 했어요. 그러나 부자의 코는 고쳐지지 않았어요. 그때 나무꾼이 파란색 부채를 들고 부자를 찾아갔어요. 그리고 부자와 이야기를 하는 척하면서 파란색 부채로 부자의 코를 세 번을 부쳤어요. 그러자 부자의 코가 다시 원래대로 돌아왔어요. 부자는 너무 기분이 좋았어요. 그래서 나무꾼에게 많은 보물을 주었어요.

부자가 된 나무꾼은 일을 하지 않아도 되었어요. 그래서 너무 심심했어요. 좋은 옷을 입고 큰 집에 누워서 빨간색 부채로 부채질을 시작했어요. 나무꾼은 세 번, 네 번 크게 부치면서 어디까지 코가 길어지는지 궁금해졌어요. 지붕 위보다 높아지고 나무보다 높아지다가 결국 하늘나라까지 올라갔어요.

나무꾼이 신이 나서 계속 빨간색 부채로 신나게 부채질을 했어요. 그런데 갑자기 나무꾼이 하늘에 올라가기 시작했어요. 무서워진 나무꾼은 얼른 파란색 부채를 부치기 시작했어요. 하지만 계속 하늘 위로 올라갔어요. 지붕 위를 올라가고, 나무 위를 올라가다가 결국 하늘나라에 올라갔어요. 하늘나라에서는 이상하고 긴 것이 계속 올라와서 나무에 나무꾼의 코를 묶었던 거예요. 알고 보니 그 부채는 하늘나라 왕이 잃어버린 부채였어요. 그 물건으로 다른 사람을 속여서 부자가 된 것을 안 하늘나라 왕은 화가 났어요. 그래서 나무꾼의 코를 길게 만들고 부채를 다시 가져갔어요. 꾀를 부려 벌을 받은 나무꾼은 평생 긴 코를 가지고 살게 되었답니다.

"아이고, 내 코야. 흑흑흑."

QR코드 모음

Track 01 | Track 01_반주

주제 1 가족과 친구

활동 2 동요 '머리 어깨 무릎 발' (머리 어깨 무릎 발)

Track 02 | Track 02_반주

주제 1 가족과 친구

활동 15 동요 '곰 세 마리' (곰 세 마리)

Track 03 | Track 03_반주

주제 4 우리 동네

활동 1 동요 '동네 한 바퀴' (동네 한 바퀴)

Track 04 | Track 04_반주

주제 4 우리 동네

활동 3 '어디까지 왔나' 게임 (어디까지 왔나)

Track 05 | Track 05_반주

주제 4 우리 동네

활동 15 동요 '가게 놀이' (가게 놀이)

Track 06

주제 5 대한민국

활동 3 단군 이야기책 만들기 (단군 이야기)

Track 07 | Track 07_반주

주제 6 명절

활동 11 동요 '강강술래' (강강술래)

Track 08 | Track 08_반주

주제 6 명절

활동 15 동요 '설날' (설날)

Track 09
금도끼 은도끼

Track 10
호랑이와 곶감

Track 11
개와 고양이

Track 12
청개구리 이야기

Track 13
호랑이 꼬리 낚시

Track 14
소가 된 게으름뱅이

Track 15
지혜로운 아들

Track 16
소금을 만드는 맷돌

Track 17
혹부리 할아버지

Track 19
의좋은 형제

Track 20
견우와 직녀

Track 21
방귀쟁이 며느리

Track 22
주먹밥이 열리는 나무

Track 23
흥부와 놀부

Track 24
빨간 부채 파란 부채

주제 7 옛날이야기

활동 1 금도끼 은도끼 ~ **활동 15** 빨간 부채 파란 부채

Track 18

Track 18_반주

주제 7 옛날이야기

활동 9 가정 연계 활동: 소원을 말해요 (도깨비 나라)

Track 25

Track 25_반주

주제 8 계절

활동 2 동요 '올챙이와 개구리' (올챙이와 개구리)

Track 26

Track 26_반주

주제 8 계절

활동 15 동요 '꼬마 눈사람' (꼬마 눈사람)

Track 27

Track 27_반주

주제 9 나의 하루

활동 15 동요 '시계' (시계)

담당 연구원

이슬비 국립국어원 학예연구사
김혜민 국립국어원 연구원
김은혜 국립국어원 연구원

집필진

김경령 숙명여자대학교 한국어문학부 교수
이홍식 숙명여자대학교 한국어문학부 교수
문금현 숙명여자대학교 한국어문학부 교수
정선아 숙명여자대학교 아동복지학부 교수
김영실 원광대학교 유아교육과 교수
김태진 삼육보건대학교 국제언어교육원 특임교수

보조 연구원

김수미 숙명여자대학교 한국어문학부 박사
이지혜 숙명여자대학교 한국어문학부 박사
김미선 숙명여자대학교 한국어문학부 박사 수료
김유리 숙명여자대학교 한국어문학부 박사 수료
이세훈 숙명여자대학교 한국어문학부 박사 수료
최혜민 숙명여자대학교 한국어문학부 박사 수료
김희진 숙명여자대학교 아동복지학부 박사과정
박보영 숙명여자대학교 아동복지학부 박사과정
이금자 숙명여자대학교 아동복지학부 박사과정
박정은 원광대학교 유아교육과 박사과정
조윤희 원광대학교 유아교육과 박사과정
최진숙 원광대학교 유아교육과 박사과정

영문 감수

Richard P. Dubois 숙명여자대학교 기초교양학부 교수
Richard Pak 숙명여자대학교 기초교양학부 교수

전 세계 유아를 위한 Fun Korean!
신나는 한국어 교사용 지도서(2단계)

초판 1쇄 발행 2019년 2월 28일
3쇄 발행 2020년 1월 3일

기획·개발 국립국어원
펴낸이 박민우
기획팀 송인성, 김선명, 박종인
편집팀 박우진, 김영주, 김정아, 최미라, 전혜련
관리팀 임선희, 정철호, 김성언, 권주련
펴낸곳 (주)도서출판 하우

주소 서울시 중랑구 망우로68길 48
전화 (02)922-7090
팩스 (02)922-7092
홈페이지 http://www.hawoo.co.kr
e-mail hawoo@hawoo.co.kr
등록번호 제475호

값 15,000원
ISBN 979-11-88568-65-9 74710
ISBN 979-11-88568-61-1 74710 (set)